Die Technologie der Virtuellen Realität

Miriam Ommeln

Die Technologie der Virtuellen Realität

Technikphilosophisch nachgedacht

PETER LANG
Frankfurt am Main · Berlin · Bern · Bruxelles · New York · Oxford · Wien

Bibliografische Information Der Deutschen Bibliothek
Die Deutsche Bibliothek verzeichnet diese Publikation in der
Deutschen Nationalbibliografie; detaillierte bibliografische
Daten sind im Internet über <http://dnb.ddb.de> abrufbar.

Umschlagabbildung:
„Cave"
mit freundlicher Genehmigung von
Herrn Dr. Joachim Deisinger,
Fraunhofer Institut (IAO), Stuttgart.

Gedruckt auf alterungsbeständigem,
säurefreiem Papier.

ISBN 3-631-54245-3
© Peter Lang GmbH
Europäischer Verlag der Wissenschaften
Frankfurt am Main 2005
Alle Rechte vorbehalten.

Das Werk einschließlich aller seiner Teile ist urheberrechtlich
geschützt. Jede Verwertung außerhalb der engen Grenzen des
Urheberrechtsgesetzes ist ohne Zustimmung des Verlages
unzulässig und strafbar. Das gilt insbesondere für
Vervielfältigungen, Übersetzungen, Mikroverfilmungen und die
Einspeicherung und Verarbeitung in elektronischen Systemen.

Printed in Germany 1 2 3 4 6 7

www.peterlang.de

In memoriam

Luise Deimel

sowie

Prof. Dr. Julius Schaaf

Inhaltsverzeichnis

Einleitende Bemerkungen — 11
Aufgabenstellung — 15

I. Einleitung

1. *Technikphilosophisches* — 19

2. *Historisches* — 47

Das Dreigestirn — 49

Die Namensgebung — 55

Turing Test einmal anders – die Technologie der
Künstlichen Intelligenz – Hinter- und Vordergründe — 65

Vor- und Übergriffe auf zukünftige Visionen und
Grenzbereiche — 75

Rückgriff und Spaltung der Neuen Technologien
und der Kommunikationsarchitektur — 85

II. Die Technologie der Virtuellen Realität

1. *Das Massenphänomen – die vergessene Variable
in der Rechnung?* — 99

2. *Interfaces – In der Schnittstelle:
Spiegelbild von Logik und Anthropologie*

Die Kombinationsarten der Baukastenelemente:
eine philosophische Herausforderung — 119

Im Inneren der Schnittstelle an sich –
und die Suche nach dem Bezugspunkt der Simulation — 133

Die Ko-Evolution von Mensch und Maschine
aus Sicht der VR-Technologie:
die Revolution von Douglas Engelbart — 145

Das informationstheoretische Problem der
    Automatisierbarkeit von Ästhetik und Design   159

‚Wenn-das-Wörtchen-wenn-nicht-wäre'-Strategien
    und die Implikationen von Gedankenexperimenten
    für die VR-Technologie   181

Die De-Ontologisierung und die Matrix der Erkenntnis:
    die Designgesetzlichkeiten   205

Die dynamische alétheia:
    "It's like going on a hike and being the sculptor
    of the mountain at the same time"   247

3. Programmierte Identitäten   271

4. Netzwerkarchitektur und nodale   291

5. Technik: Kontext oder Mittel?   397

6. Die Schnittstellenthematik   307

7. Die Bedeutung von der Schaffung ‚schöner' Software
    und dem Designen von Information   313

III. Das virtuelle Environment und der erfahrbare Cyber-Space

Kennzeichen der Technologie der Virtuellen Realität:
Die fünf i's   329

Kausalität und Virtualität   341

Kreativität und postsymbolische Kommunikation   355

Anhang

Abbildungen   367
Bibliographie   387

Danksagung

Den folgenden Personen, mit denen ich mich mit jeder einzelnen ganz individuell, in jeweils ganz besonderer und eigener Weise verbunden fühle, möchte ich meinen herzlichsten und besonderen Dank für ihre großartige, engagierte und mir vertrauende Unterstützung dieser Arbeit in alphabetischer Reihenfolge,– mit Ausnahme meines Habilitationsvaters Herrn Prof. Dr. Hans-Peter Schütt, den ich an erster Stelle nennen möchte,– aussprechen:

Herrn Prof. Dr. Hans-Peter Schütt, TH Karlsruhe, *Inst. f. Philosophie*

Herrn Prof. Dr. Joachim Anlauf, Universität Bonn, *Inst. f. Informatik*

Herrn Dr.-Ing. Klaus-Peter Beier, dem Direktor des *University of Michigan Virtual Reality Laboratory*, USA

Herrn Dipl.-Ing. Roland Blach, Herrn Dr.-Ing. Joachim Deisinger, und Herrn Dipl.-Ing Frank Haselberger vom *Competence Center for Virtual Environments* am *Fraunhofer-Institut für Arbeitswirtschaft und Organisation (IAO)*, Stuttgart

Frau Martha A. Bugarin von der Firma *Sun Microsystems Inc.*, Corporate Office, CA

Herrn Ph.D. Michael Heim, USA

Herrn Dr. Ing. Erwin Keeve, dem Direktor des *Surgical Systems Lab* sowie Herrn Dipl.-Ing. Andreas Zollorsch vom *Caesar (center of advanced european studies and research)*, Bonn.

Dem Pionier Herrn Jaron Lanier, USA

Herrn Prof.Dr.Dr.c.h.mult. Hans Lenk, *Inst. f. Philosophie* Karlsruhe

Dem Pionier Herrn Myron W. Krueger, USA

Herrn Dr. Kurt Wallat vom Verlag *Peter Lang GmbH*

Herrn Dr.-Ing. Andreas Wierse, dem Geschäftsführer der Firma *VirCinity*, Stuttgart

und:
meinen Eltern und meiner Omi Luise Deimel †

Einleitende Bemerkungen

„Reality is not my best window."
Diese Quintessenz ist das nahezu konforme Ergebnis aller Aussagen, der von Sherry Turkle getesteten Versuchspersonen, die mit dem Cyberspace konfrontiert wurden.[1] Die in diesem Kontext verwendete Formulierung *window* weist hinaus auf ein Gegebenes dahinter. Sie verweist auf ein Mehr, das im subjektiven Begründen gegeben ist. Zugleich eröffnet sie ein Nebeneinander, das zum möglichen Auffinden von Wertigkeiten und Differenzen, eines Bezugssystems bedürftig, ein Rückgewandtes enthält. Solcherart wird in der Verfahrens- und Herangehensweise ein Überstieg impliziert, der seine thematische und inhaltliche Brisanz aus der Bedeutung des Begriffes Realität bezieht, da ein andersartiges Gesetztes, ein *„window plus"*, das *window* der Realität trans-zendieren können soll, wobei das *window plus* in den Informations- und Kommunikationswissenschaften allgemein als „Virtuelle Realität" betituliert wird, sich damit also Realität vervielfältigt zu haben scheint, und man zu der paradoxalen Formulierung gelangt, das die Realität die Realität transzendiert. Das im allgemeinsten Sinne verstandene Überschreiten der Grenze zwischen zwei Bereichen, die Transzendenz, gestaltet sich in diesem Fall, wo die Realität verstanden als Seiendes, seine Identität im Identischen, d.h. im eigenen Bereich, verwirklichen muss, und das Übersteigende, sich Erhöhende und Vergleichende aus sich selbst, seinem eigenen Seinsgrund schöpfen und gründen muss, als wenn nicht unmöglich, dann doch als schwierig.
Erkennendes und Erkanntes fallen in dem dualistischen Paar *window* und *window plus* durch ihre gleichartige Seinsgegebenheit der kategorialen Realitätsqualität zusammen, ihre Dualität wird aufgehoben, höchstens erhalten in einer Art Qualität von Spiegelabbildlichkeit, und sie verschmelzen, überspitzt formuliert, zu einem *kath'heauto*, einem „an sich", da das *window* seine Grenzhaftigkeit in der Form eingebüßt hat, da sie erstarrt und nicht grenzlos, d.h. begrenzt ist, das *window* gleichsam in sich selber, auf sich selbst zurückgeworfen gründet, und vor allem ruht.

---

[1] Vgl. Turkle, Sherry, *Life on the Screen. Identity in the Age of Internet*, Simon and Schuster, New York, 1995

Im philosophischen Begriffsverständnis von *Realität* werden die Unterscheidungen *Möglichkeit* und *Notwendigkeit* in dem selbigen mit aufgegriffen und reflektiert. Das bedeutet aber nun, dass wir unser Augenmerk auf die Anfangssituation der sich anscheinend vervielfältigenden Realitäten richten, also zurückdenken müssen, und die Frage aufwerfen, ob die *Virtuelle Realität* unter den Realitätsbegriff an sich subsumiert werden darf, oder fällt die Virtualität der *dóxa* anheim. Die uralte, von Parmenides erstmals in aller Deutlichkeit aufgezeigte, für die europäische Tradition wegweisende Grundfrage nach Sein und Schein, in einer Weise zu erforschen, dass man „nicht zu einem Letzten, Eigentlichen strebt über alles andere hinaus, das dann wegfällt, sondern indem dieses andere mit erfasst wird"[2], schimmert deutlich durch die oben gegebene technikdurchdrungene Thematik hindurch. In Anlehnung an die ursprüngliche, an die griechische Denkart soll die Konnotation von *noeîn*[3], in der im Begriff der Gegenstand schon mitgedacht ist, also immer ein Gedachtes auf ein Geschautes bezogen ist, und noch kein rein innerlich subjektives Denken als Vorstellungsablauf gekannt wurde, bei der Betrachtung der *doxa*, beziehungsweise der *doxai* mit einbezogen werden.
Die, die Moderne prägend-bedingende, vollzogene Aufspaltung der frühgriechischen Einheit Subjekt-Objekt in zwei getrennte dualistisch, meist entgegengesetzte kategoriale Bereiche, wird im 21. Jahrhundert, dem Zeitalter der Informations- und Kommunikationstechnologien, wie später aufgezeigt wird, auf eine merk- und denkwürdige Weise nahezu hinfällig. bzw. ist rückgewandt. Die Aufspaltung der Realität in eine „reale" Realität und eine „virtuelle" Realität, derart, dass von einer Aporie die Rede ist, ist im Grunde genommen per definitionem nicht möglich. Die Virtualität bezeichnet eine den Dingen charakteristische, wesengemäße, innewohnende Kraft oder Möglichkeit, die untrennbar mit ihrem ontologischen Status verknüpft ist, und auf keinen Fall mit der Fiktionalität und dem Imaginären verwechselt werden sollte, die einer nach außen gewandten Projektionsfläche bedürfen, um ihr Vorgestelltes und Erdachtes ohne Notwendigkeit zu verwirklichen.

---

[2] Schadewaldt, Wolfgang, *Die Anfänge der Philosophie bei den Griechen*, Suhrkamp Verlag, Frankfurt, 1995, S. 319
[3] Anm: Die umfassenden Bedeutungen und Schreibweisen von Nus befinden sich z.B. bei: Schadewaldt, a.a.O., S. 163f und S. 321

Die Technologie der „Virtuellen Realität" wird gemeinhin als eine Art traum- und phantasieproduzierende, um nicht zu sagen sciencefiction-produzierende Apparatur angesehen, die alle geheimen Wünsche des Menschen in Erfüllung gehen lassen kann.
Es ist jedoch das Maß der Notwendigkeit, mit und an dem sich Realität entwickelt und letztendlich verwirklicht.
Das Entwerfen von Sein(smöglichkeiten), dessen Vollzug zumeist im Verborgenen geschieht, bedarf einer inneren Wesens-Not, deren Ursächlichkeit oder auch Gesetzlichkeit in der Art einer *causa cognoscendi*, einer *causa sui*, einer der vier aristotelischen Ursachen (causa efficiens, causa finalis, causa formalis, causa materialis), oder wie auch immer man jenes Ursache-Wirkungs-Schema bezeichnen mag, zu finden sein kann, das ich ganz allgemein formuliert unter dem Begriff des *Kausalitätsgedankens* zusammenfassen möchte, ohne ihn an dieser Stelle jetzt näher zu bestimmen, ihn jedoch bewusst mit einer physikalisch-naturwissenschaftlichen Konnotation versehen möchte, da es sich hier um eine zu behandelnde Thematik aus dem Bereich der Technologie der „Virtuellen Realität" dreht.
Im Kontext der Technologie der „Virtuellen Realität" gilt daher genauer zu untersuchen, inwiefern die Virtualität eine Möglichkeit der Seinsverwirklichung am Leitfaden der Notwendigkeit, beziehungsweise der Kausalität ist, oder ob sie dem Bereich der Scheinwirklichkeit angehört.
Durch die Miteinbeziehung und der Beachtung der Notwendigkeit, beziehungsweise des Kausalitätsgedankens wandelt sich die Aporie zu einer Agonie des Realen. Jean Baudrillard geht in seinem als Simulakra bezeichneten Begriff so weit, dass er darunter das allmähliche „Verschwinden" der Realität versteht, da er eine „Wucherung" der Zeichenprozesse zu sehen meint, in der Bedeutung und Bezug zusammenfallen, die Zeichen selbstreferentiell sind. Realität und Fiktion sind ununterscheidbar geworden.
Im Kontext der Technologie der „Virtuellen Realität" über eine „fluktuierende Ontologie", zu sprechen, die ein modern klingendes Adjektiv mit Anklängen an die naturwissenschaftlichen Begriffe „Wahrscheinlichkeit" und „Fluktuationen" mit sich führt, ist im wesentlichen eine „ontologia negativa", die sich darauf beschränkt zu sagen, was Realität nicht ist, ohne jeglichen positiven Vorschlag abzugeben, was Sein oder Realität ist. Sie verfällt somit auf einen aktuellen Ausweg, die Frage nach Sein und Nichtsein, beziehungs-

weise nach dem Schein, als ein dem Problem inhärierten Spannungszustand hinzunehmen, der ausgehalten werden muss, und dessen wechselnden Drücken und Fluktuationen der Mensch ausgesetzt ist. Dies erscheint mir als zu unscharf, wahrscheinlich im Hinblick auf unseren heutigen Wissensstand sogar verfrüht, da meines Erachtens in Übereinstimmung mit Vilém Flusser, sich die Kategorie Wirklichkeit nicht rein ontologisch bewerten lässt, da Wirklichkeit eine bestimmte Art und Weise unseres Wissens und unserer Wahrnehmungsausbildung auszeichnet, und nicht eine einzige ontologische Realität beschreibt.

Die Erkenntnis von Realität richtet sich auf ein Ansichseiendes, das um erkannt zu werden zuallererst in unser Bewusstsein treten muss. Ausgehend vom menschlichen Erkenntnis- und Wahrnehmungsapparat, also dem homo sapiens, vom dem im eigentliche Sinne „schmeckenden Menschen", der Empfindungen für das für ihn Wesentliche besitzt, und Realität als das be-greifen muss, wogegen er stößt und seine Grenz-Erfahrungen macht, die er dann zu erweitern und zu erkennen sucht, soll das *window plus*, die „Virtuelle Realität", untersucht werden, in dem sich entweder ein realer Mensch in einer virtuellen Realität oder ein virtueller Mensch in einer virtuellen Realität aufhalten kann, wobei sich später noch aufklären wird, inwiefern diese Möglichkeiten überhaupt existieren.

Der Realitätsbegriff wird gleichermaßen von den beiden Gedanken der Möglichkeit und der Notwendigkeit determiniert. Derart sollte man ihn ebenfalls auf den von den Computerwissenschaften kreierten Begriff der „Virtuellen Realität" anzuwenden suchen. Die Kategorie der Realität ist nicht rein vom Theoretisch-ontologischen her zu erfassen, sondern von der Körperlichkeit des Menschen, d.h. seines Wahrnehmungs- und Kognitionsvermögen mitsamt der damit verbundenen Interpretativität seines Identitäts- und (Selbst-)Bewusstseins.

Aufgabenstellung

Es wurde absichtlich die Mehrdeutigkeit des Wortes *window* benützt, um seine computertechnische Formulierung anklingen zu lassen und integrieren zu können. Um das Fenster zur Technologie der „Virtuellen Realität" und ihrer philosophischen Implikationen öffnen zu können, muss man sich erst der Grundlagen, Voraussetzungen und spezifischen Begrifflichkeiten dieser interdisziplinären Thematik, die zwischen den Gebieten der Naturwissenschaft und der Geisteswissenschaft angesiedelt ist, sowie an der Schnittstelle zur Ästhetik (z.B. die notwendigen Computeranimationen oder Computerinstallationen), vergewissern, damit man sicher gehen kann, dass man „dieselbe Sprache spricht", beziehungsweise über die gleichen Inhalte diskutiert.

• Somit werden im ersten Teil zuerst die Rahmenbedingungen abgesteckt und das Phänomen der „Virtuellen Realität", im folgenden mit VR abgekürzt, erklärt. Um dies erschöpfend tun zu können, wird sowohl auf die technische Realisierungswirkung aus der Sicht des users (=PC-Benutzer/Anwender), als auch auf die historische Perspektive eingegangen.

Der historische Aufriss verfolgt nicht das Ziel detaillierter Rekonstruktionen der Entwicklung der VR-Technologie, von denen es schon einige Studien gibt, sondern sucht die Entwicklungsabsichten und -tendenzen, die generell seit der Industrialisierung verstärkt hinter fast jeder technischen Entwicklung zu finden sind aufzudecken. Gerade die Hintergründe, dieser das 21. Jahrhundert revolutionierenden Technologie, spielen eine zentrale Rolle bei der Auseinandersetzung mit dieser Thematik. Eine umfassende philosophische Bewertung und Extrapolation – und das sollte die Philosophie leisten können – ist ohne dieses Hintergrundswissen meines Erachtens nicht möglich.

• Danach wird näher auf die Virtuelle Realität eingegangen werden. Die umgangsprachlich synonyme Verwendung der Termini „Virtuelle Realität" und „Cyberspace", wird von mir zugunsten des Cyberspace favorisiert – aus Gründen, die ich im vorigen Kapitel darlegt haben werde. Als noch gewichtigeren Grund ist zu nennen, dass es im Folgenden nicht primär und direkt um ontologische Fragestellungen gehen wird. Aus der ontologischen Sichtweise des VR-windows, wie aus den einleitenden Bemerkungen hervorging, wird lediglich die konkrete Verortung, der „Ortes an sich" im übertragenden Sinne verstanden und übernommen werden, um den „Raum" des Cyberspaces zu untersuchen. Der Cyberspace ist der vom Menschen, beziehungsweise vom user vorgefundene „natürliche" Raum, in dem er sich befindet, handelt und denkt. Der Cyberspace ist jetzt das Medium, oder ausdrucksstärker formuliert der Cyberspace ist die Welt, in der der Mensch *ist*. Es ist eine Welt, die ihre eigenen Raum- und Zeitkoordinaten besitzt.

So liegt es logischerweise auf der Hand, diese fundamentalen Eckpunkte und Phänomene der menschlichen Existenz, die sein Menschsein, sein „In-der-Welt-sein" und sein Weltbild in der sogenannten realen Welt mitprägen und konstituieren, auf den Cyberspace so zu übertragen, dass man vergleichende, ergänzende oder neue Schlüsse ziehen kann.

Der Untersuchung und Entwicklung einer Raum- und Zeittheorie und, ganz wichtig, der Kausalität ist dieser ganze Komplex gewidmet.

Dabei werden auch Forschungsergebnisse aus anderen Disziplinen, nicht nur Theorien aus der Philosophie und Physik mitberücksichtigt und einfließen, wie zum Beispiel aus der Psychologie, den Kognitions- und Neurowissenschaften, der Informatik (insbesondere der Visualistik), der Kybernetik, den Cultural Studies und den verschiedenen Bildgestaltungstheorien aus der Kunst.

Dieser phänomenologische und interdisziplinäre Ansatz wird deswegen gewählt, weil meine eigene Voraussetzung es bedingt, da ich von dem ganzen Menschen, auch seiner Leiblichkeit, und damit von seinem Erfahrungs- und Wahrnehmungsbewusstsein, das sich in seinem empirischen Existenz- und Lebensraum entwickelt, ausgehe.

• Im abschließend Teil wird die Kausalitätstheorie sowie die Raum-Zeit-Theorie des Cyberspace, damit sie quasi nicht im „leeren Raum" schweben, auf eine konkrete, passende philosophische Position hin abgeglichen, falls es eine solch geben mag. Wie sich zeigen wird, gibt es sie, und zwar ist sie in der Philosophie von Friedrich Nietzsche präsent..

Für sämtliche Überlegungen gilt: Da der Cyberspace von Grund auf ein zutiefst ästhetisches Phänomen ist, können sämtliche Untersuchungen mit dem Anspruch auf ausreichende Relevanz nur vor dem Hintergrund der Ästhetik ausgeführt werden.

I Teil: Einleitung

1) Technikphilosophisches

„Die Weisen der technologischen Welterschließung durch den Menschen sind von der abendländischen Philosophie meist nur recht beiläufig behandelt worden, so dass eine befriedigende ‚Theorie der Technik' – falls es sie denn geben kann – noch aussteht."[4]

Dass dieser Satz in unserer aktuellen Zeitrechnung, in unserer hochindustrialisierten Kultur, geschrieben und reflektiert wird, zeigt deutlich, dass diesbezüglich ein Defizit entstehen konnte, das nun zum Tragen kommt.

Der Begriff der Technik befindet sich in einem Zwischenbereich, der üblicherweise irgendwo zwischen der philosophischen Erkenntnis- und Naturphilosophie angesiedelt wird. Eine zusätzliche Schwierigkeit liegt in der unscharfen Unterscheidung und dem nicht konsequenten Durchdringen und -denken der Nuancen der Begrifflichkeiten ‚Technik' und ‚Technologie'.

Die seit der ersten Hälfte des 18. Jahrhunderts gebräuchliche Form des Begriffes ‚Technologie' wurde zuerst im Sinne einer Lehre von den Fachwörtern und der Systematik dieser Fachwörter verwendet. In dieser Bedeutung wurde es später durch den Begriff der ‚Terminologie' ersetzt.

In der zweiten Hälfte des 18. Jahrhunderts bezeichnete der Begriff ‚Technologie' die Wissenschaft und Lehre von den handwerklich-praktischen Fertigungstechniken. In dieser Zeitspanne nähert sich der Begriff ‚Technologie' dem der ‚Technik' erstmals an und entwickelt sich derart weiter, dass ihre Bedeutungsinhalte im heutigen Duden als überlappend und auch austauschbar angegeben werden.

Unter ‚Technik' versteht man im 18. Jahrhundert eine Anweisung zur Ausübung einer Kunst oder Wissenschaft. Der Akzent der ‚Technik' liegt bis Mitte des 19. Jahrhunderts auf der handwerklichen Expertise, danach überwiegend auf naturwissenschaftlichen Erkenntnissen. Da diese ihren eigenen Gesetzmäßigkeiten folgen, wird der künstlerische Spielraum der handwerklichen Fertigkeiten

---

[4] Erlach, Klaus, *Eine Kritik der poïetischen Vernunft. Anmerkungen zur Wissenschaftstheorie vom technischen Gestalten*. In: *Journal of General Philosophy of Science*, Vol. 32, No 1, Kluwer Verlag, 2001, S. 1

des Menschen erheblich eingeschränkt und es obliegen sowohl Logik als auch rationale, abstakte Theorie. Die Objektivierung der Technik durch die Naturgesetze verläuft parallel zu einer Objektivierung des Menschen.

Die Aufdeckung und Verifikation von Naturgesetzen ist voraussetzungsgemäß an Apparate und Maschinen gekoppelt, die die Vorgehensweise des Menschen bestimmen und an die Messgeräte fesseln. Während der antike ‚Techniker' eine als mythisch angeschaute Natur nachahmend entdecken wollte, und in erster Linie ein Erfinder war, ist der moderne ‚Techniker' ein Konstrukteur, der vorwiegend das von ihm schon vorgefundene Reservoir, beziehungsweise die von den Physikern bereitgestellten Gesetzlichkeiten, systematisch und systemisch in den Anwendungen anordnet.

So wie der antike Weisheitssuchende untrennbar und nicht anders denkbar, in einer Person die Philosophie und die Physik zusammen betrieb und vereinte[5], so wenig kannten die Griechen einen Technikbegriff in dem die Einheit von Mensch und Natur auseinanderfällt.

Dem gegenüber spaltet sich heutzutage sogar der Technikbegriff nochmals in sich selber auf, nämlich in den der ‚Technik' und den der ‚Technologie', und bildet jeweils getrennte Disziplinen.

Unter Technologie versteht man die Beschreibung und Erforschung der in der Technik angewandten Produktionsverfahren, also die Handhabung der Technik. Die Trennung der Technik von ihrer Handhabung ist vergleichbar einem Dimensionswechsel, wie zum Beispiel von einem Mikro- zu einem Makrokosmos. Die Technologie allgemein beschäftigt sich mit Systemen, für die eine gewisse Prozesshaftigkeit charakteristisch ist. Das für die Herstellung eines Produktes oder Gebrauchsgegenstandes erforderliche Know-How ist meistens eine fachübergreifende Verfahrensweise, in der mehrere Spezialverfahren zu einem einzigen, im allgemeinen Prozess genannt, zusammengefasst und generalisiert werden. Die Generalisierung kommt einem Konstruktionsvorgang gleich. Die gefundene Lösung ist nicht notwendig zugleich die „Eleganteste", wie die Physiker zu sagen pflegen, das heißt die Logischste, Einfachste und Kür-

---

[5] Anm.: Man denke zum Beispiel an Platon, der über dem Tor seiner Akademie sinngemäß die Inschrift ‚Kein der Geometrie Unkundiger, darf hier eintreten' angebrachte hatte.

zeste, sondern sie wird von betriebswirtschaftlichen und -rechtlichen Anforderungen diktiert.

Im Prinzip geht der Herstellungsprozess eines Produkts durch die Hände mehrerer ‚Handwerker' und ‚Techniker', die es bearbeiten, sowie es in der Antike auch schon der Fall war, man denke nur an den Schiffsbau oder die Architektur, nur mit dem Unterschied, dass der Genauigkeits- und Kontrollierbarkeitsindex der Verfahrensweise sich verschoben hat, und zwar so gravierend, dass er der Beobachtung entglitten ist. Er hat sich in Dimensionen verschoben – analog der Quantenphysik – die ein Element des Zufälligen, des Unüberschaubaren enthalten. Das Verfahren ist dem menschlichen Auge verstellt, er kann keinen Über-Blick mehr behalten. Die Technik, auf Logik basierend, hat sich scheinbar ihrer Grundvoraussetzung, der des Messens und Zählens, veräußert. Das moderne Maxi-Verfahren der Technik durchläuft einen der Natur scheinbar innewohnenden Wesenszug, den des Rückzugs. Im Moment des Erfassens, des Aufleuchtens des Seins, schwindet das Gefasste und fällt dem An-Schein anheim. Es ist als ob es einen Widerstreit der Gegensätze in dem Einen gäbe. Die Einheit der Gegensätze mit ihrem grenzgängigen Verhalten, wirkt auf einen außenstehenden Beobachter, wie eine Änderung des Maßstabes; seines Eigen-Maßes, mit dem er Maß an den Dingen nimmt. Die Verortung des Maßes ist doppelbödig, doppelt möglich, in dem Sein und/oder in dem Werden.

Das Entscheidende für unseren Zusammenhang, ist nicht eine detaillierte Untersuchung des ‚Wie' und ‚Warum' des stattfindenden Phänomens, sondern seine Auswirkung auf den Beobachter und Messenden. Für ihn scheint seine Wahrnehmung ins Schwanken zu kommen, sodass er zweifelt – an derselben und/oder an dem von ihm beobachteten Phänomen. Er verspürt eine Dualität, die als Antagonismus und Rivalität zwischen Mensch und Technologie aufbrechen kann, und ein Ausgeliefertsein an seine Beobachtungswerkzeuge, an die Apparaten und Maschinen, die er für seine Messungen und Wahrnehmung benötigt. Die verspürte Hilflosigkeit basiert auf der damit verbundenen Nicht-Handlungsfähigkeit, das (scheinbar) fluktuierende Beobachtungs- und Entscheidungsdaten, nur unlogische, nicht rationale Entscheidungsmöglichkeiten nach sich zu ziehen scheinen. Der Mensch fühlt sich entfremdet, von sich und der Technik-Natur. Bestimmte Dimensionalitäten von Problem- und Sachlagen bereiten dem Menschen nicht nur in Bezug auf sein Wahrneh-

mungs- und Bewusstseinsvermögen Schwierigkeiten, sondern auch dem homo faber selber, dem modernen Technologiebefassten, dem Konstrukteur an sich, der es sich selbst zur Aufgabe gesetzt hat, die Welt und das Dasein auf technologische Weise zu erschließen und hervorzubringen, was selbstverständlich die Erkenntnis und Antizipation von Entwürfen des möglichen Daseins mit einschließt.
Erst an diesem Entwicklungspunkt, an dem Technik zunehmend ein dem Menschen und Konstrukteur bedrohendes Eigenleben zu erlangen scheint, quasi als eine lebensfeindliche Macht gegenübersteht, setzt die eigentlich philosophische Auseinandersetzung mit der allgemeinen Thematik ‚Technik' ein, und damit selbstverständlich auch der Technikfolgen.
Das dem so ist, führt Georg Picht darauf zurück, dass „Aristoteles neben der Theorie und der Praxis, die dritte Grundform der Erkenntnis, die ποίησις nur sehr fragmentarisch ausgearbeitet hat. Das sei ein großes Verhängnis für die abendländische Geistesgeschichte gewesen und ein grundlegendes Defizit in der Philosophie habe sich entwickeln können."[6], zumal Aristoteles bekannterweise einer der wirkungsmächtigsten Philosophen weithin war. Er unterteilte die Disziplinen der Philosophie inhaltlich in drei verschiedene, nämlich in eine prima philosophia, später als Metaphysik bezeichnet, in eine Praktische und in eine Poietische.
Interessant und bemerkenswert ist, dass nicht nur die *Poietik*, die die Rhetorik, die Ästhetik sowie die Technik umfasst, sondern auch seine *prima philosophia* von einer Vernachlässigung betroffen ist. Bezeichnenderweise betrifft es die Psychologie, die für Aristoteles mit der Physik verknüpft ist, – und nicht losgelöst von ihr.
„Die richtige Art und Weise des poïetischen Schaffens wird von Aristoteles mit einer allgemeinen Forderung nach *Nachahmung* – μίμησις – der Natur vorgegeben. φύσις meint das, was sich von selbst zeigt und als solches wahr ist. Die Natur ist wahr, die Wahrheit ist mithin natürlich."[7]

---

[6] Vgl.: Picht, Georg, *Die Kunst des Denkens*. In: ders.: *Wahrheit. Vernunft. Verantwortung*, Klett, Stuttgart, 1969, S. 428
[7] Erlach, Klaus, *Eine Kritik der poïetischen Vernunft. Anmerkungen zur Wissenschaftstheorie vom technischen Gestalten*. In: *Journal of General Philosophy of Science*, Vol. 32, No 1, Kluwer Verlag, 2001, S. 4

Die Mimesis ist eine passiv-ungewollte oder aktiv-gewollte Nachahmung, d.h. eine Wiederholung von Fremdgegebenen, in diesem Falle der Natur, die als Vor-bild dient. Hierbei entstehen zwei prinzipielle Möglichkeiten der Bewertung, man kann den ethischen und/oder ästhetischen Vorrang entweder dem gewordenen Gegeben oder dem hergestellten Gemachten geben. Aristoteles lehrt, dass die Sphäre der Künst-lichkeit eine Mimesis der Natur ist, da sie Vorbildfunktion hat, und zusätzlich das Interesse des Menschen auf die Natur hin auszurichten vermag.

Dennoch lässt sich Nachahmung, als ein Prozess der Aneignung des zunächst Fremden, nicht einfach naiv verstehen als ein entweder identisches Duplikationsverfahren oder eine simple Spiegel- und Umkehrfunktion, sondern man muss sich der inhärenten Schwierigkeit oder sogar Unmöglichkeit bewusst sein, ein (ontologisch) Identisches reproduzieren und herstellen zu können. Diesem Sachverhalt war sich Aristoteles sehr wohl bewusst. Das poiëtische Schaffen, genauer gesagt das poiëtische Vermögen, ist eine poiëtische Vernunft, die sich einer gewissen Methode bedient, nämlich der τεχνη, der Technik also.

Mimesis durch Technik zielt deswegen nicht in erster Linie auf das fertige Produkt, sondern auf dessen *Darstellung*.

„Die Nachahmung bezieht sich also in ihrem originären Sinne auf das erzeugende Prinzip der natura naturans und nicht, [...], auf die Naturobjekte (natura naturata). Mit der aristotelischen Forderung zur Nachahmung der Natur ist, bezogen auf die τεχνη, nicht Imitation, sondern eine *poiëtische Darstellung der Wahrheit* gemeint. Eine technische Darstellung kann deshalb gelungen sein, weil sie in ihrer Verwirklichung einen Wahrheitsanspruch stellt und nicht beliebige, unpassende Machbarkeiten vorschlägt und verwirklicht. Die *technologische Konstruktion der Wirklichkeit* erhält ihren Wahrheitsbezug vermittelt über die poiëtisch-technische Darstellung. Auf diese Weise erfolgt im technischen Handeln eine nachahmende *Rekonstruktion der Wahrheit* – [...]. Die darstellende Wirklichkeit verweist auf die Wahrheit, nicht umgekehrt."[8]

---

[8] Erlach, Klaus, *Eine Kritik der poiëtischen Vernunft. Anmerkungen zur Wissenschaftstheorie vom technischen Gestalten*. In: *Journal of General Philosophy of Science*, Vol. 32, No 1, Kluwer Verlag, 2000, S. 5

Die Mimesis als Darstellung der Wahrheit von technischen Artefakten, beziehungsweise modern ausgedrückt von Produkten, ist eng mit dem Vernunftbegriff verbunden. Es ist ein Wirksamwerden der Vernunft, die in der Ausgestaltung der Produkte tätig wird, sodass die Fähigkeit des Technikers und Konstrukteurs zum Entwerfen und zur Umsetzung seiner Gedankenvorstellungen weniger in seiner technischen Ausbildung zu finden ist, als vielmehr in dem Gebrauch seiner poiëtischen Vernunft. Das eine kann ohne das andere nicht sein, das heißt fachmännischer Sachverstand und poiëtische Vernunft müssen Hand in Hand arbeiten. Das wird besonders deutlich, wenn man den Unterschied zu den reinen Naturwissenschaften, Physik und Mathematik, die Aristoteles denn auch getrennt von der Poietik in einer anderen Disziplin, der Metaphysik, zugehörig betrachtet. Die Konzentration und Ausrichtung des Ingenieurs auf die Form, auf die Gestalt ist wesentlich.

Die Physik und Mathematik, die ebenso wie die Ingenieurwissenschaften auf den Theorien der Messung und Geometrie basieren, stellen im allgemeinen keine Fragen nach der konkreten Form[9], insbesondere nicht nach der konkreten Körperlichkeit, also der Gestalt. Die Konkretisierung der Aus-formung und Aus-gestaltung der Materie und Substanz bleibt der alleinigen empirischen Aufgabe der Ingenieure überlassen. Das Verwobensein von allgemeiner Theorie und singulärer Praxis am Konkreten selbst, zeigt Aristoteles – am Beispiel der Rhetorik, bzw. der Theateraufführung, die gleichwohl der poiëtischen Vernunft folgen – in folgender Verhältnismäßigkeit auf:

„Das Unmögliche, das wahrscheinlich ist, verdient den Vorzug vor dem Möglichen, das unglaubwürdig ist."[10]

---

[9] Anm.: Der theoretische Physiker fragt sehr wohl nach der Form, zum Beispiel nach der geometrischen Anordnung der Atome in einem Festkörper, die etwas sehr konkret-materiell Vorgestelltes sind; und der Experimentalphysiker sucht nach der Möglichkeit der Herstellung (z.B. Kristalle, Supraleiter), und perfektioniert die Verfahrensweise – analog dem Ingenieur – mit dem Unterschied, dass er beim *Prototypen* stehen bleibt und sich mit ihm begnügt, während er die Gesetzlichkeiten von großtechnischen Anlagenbaus und ihrer Produktionsverfahren, ausgerichtet für massenweise Herstellungs- und Vervielfältigungstechniken, dem Ingenieur überlässt. Die Verdinglichung der Materie und der Stofflichkeit, von den Theorien der Physik herkommend, ist seine Aufgabe.

[10] Aristoteles, *Poetik*, übersetzt von Manfred Fuhrmann, Stuttgart, 1982, Poetik 24. 1460 a 25, 83f

Das ist eine bedeutende Aussage, aber auch eine interpretationsbedürftige. Er verweist implizit auf die Macht der Vorstellungskraft von Künstler und Rezipient. Die Suggestion erlangt unmittelbar einen Status der Evidenz, die durch ihre wirklichkeitsnahe Gestaltung, die die Grenze zwischen Wirklichkeit und Nachahmung derart überspringt oder verwischt, dass sie unsichtbar und unbewusst wird, ihre Rechtfertigung bezieht.

In Bezug auf die neue Technologie der „Virtuellen Realität, beziehungsweise den Cyberspace, wird dieser Satz des Aristoteles meines Erachtens wieder aktuell und überdenkenswert. Die Reaktion unserer rationalen und technokratischen Gesellschaft, die es beinahe schon als Fauxpas erachtet, wenn das allgemein als altmodisch und Fehl am Platze empfundene Wort ‚Metaphysik" gebraucht wird, ist äußerst ambivalent, wenn nicht sogar abwehrend, wenn es um die VR-Technologie geht – obwohl sie allerseits als eine umwälzende, revolutionäre Erfindung gehandelt wird – und verweist sie gerne in den Bereich der Science-Fiction. Doch diese Verdrängung verstellt den Blick vor dem heutigen Wissenstand, den technischen Möglichkeiten und dem Fortschritt, dem sich keiner entziehen kann, der in unserer globalisierten Gesellschaftsordnung lebt, die bis in ihre entferntesten sozialen und politischen Winkel von moderner Technik durchdrungen und bestimmt ist.

Der Cyberspace gehört mit Sicherheit zu dem für das Unmöglich gehaltene, das jedoch wahrscheinlich ist, und sogar noch über das Wahrscheinliche hinaus geht. Darauf wird an späterer Stelle näher eingegangen werden. „Die Relevanz technologischer Welterschließung für das menschliche Dasein ist nicht erst der Effekt moderner Technisierung, sondern bereits in der Antike von Aristoteles erkenntnislogisch festgestellt. Die Natur – φυσις – ist, so Hans Blumenberg, als „sich selbst tragende Substanz das Fundament aller Wahrheit" und somit das ontologisch Primäre. Trotzdem wird sie erkenntnismäßig nur über die τεχνη erfassbar, denn das von Natur aus Seiende kann als Werdendes nur mittelbar als etwas Verfertigtes verstanden werden."[11]

---

[11] Erlach, Klaus, a.a.O., S. 5 und Blumenberg, Hans, *Technik und Wahrheit*. In: *Actes Du Xième Congrès International de Philosophie*, Vol. 11, Amsterdam, 1953, S. 113-120

Das Wahrnehmungsvermögen des Menschen, der durch seine biologische art- und wesensspezifische Grundausstattung determiniert ist, erlaubt dem Menschen in bestimmten Grenzen unmittelbar und direkt Bewegungen und Veränderungen anhand seiner Sinnesorgane wahrzunehmen. Außerhalb des Grenzbereichs der Wahrnehmungsdisposition lässt sich das Werden lediglich mittelbar als eine bereits stattgefundene Veränderung erkennen, die ihrerseits – als Bedingung der Wahrnehmungsmöglichkeit überhaupt – wieder erstarrt und verfestigt ist. Die Verdinglichung im Wahrnehmungs- und Bewusstseinsprozess ist auf ein Ersetzen und Überspielen von Wahrnehmungslücken angewiesen, um den Eindruck einer kontinuierlichen Wahrnehmung zu garantieren, denn solcherart empfinden Menschen ihr Sein und ihre Umwelt, und nicht brüchig oder bruchstückhaft zusammengestückelt.[12] Dabei kommt ein für uns unbewusstes Vorstellungs- und Suggestionsvermögen zum Tragen, das sowohl auf der biologisch- physiologischen Ebene als ein automatischer Mechanismus abläuft, als auch auf der Erkenntnisebene, die uns die Lücken zwischen Sein und Werden ausfüllen lässt, zum Beispiel mit Erklärungsmodellen und Theorien verschiedenster Art, die ohne Kreativität und Phantasie als Partnerin des vernünftigen Denkens nicht möglich wären.

Als Überwindungsmittel, um die Lücken zu erkennen und zu schließen, allgemein um den Übergang zwischen Vorgestelltem und Gegebenen handhaben zu können, greift man auf Vergleichsmöglichkeiten und Maßstäbe zurück, die man zur Verständigung, und zur empirischen Überprüfung zum Zwecke der Verallgemeinerung benützen kann. Die Wahl der Maßstäbe kann abhängig von dem zu vermessenden Gebiet sehr unterschiedlich ausfallen. Hat man zum Beispiel die Intention das ‚Gebiet' der Metaphysik oder der Bewusstseins- und Geistesphilosophie zu vermessen und objektiv zu vergleichende Maßstäbe zu finden, tut man sich schwer, zumal wenn subjektive und ethische Überzeugungen und Glaubensmeinungen in die Maßstäbe mit hineingenommen werden. In den Naturwissenschaften liegt der

---

[12] Anm.: Zwei Beispiele seien angeführt: zum einen wird es dem menschlichen Auge unmöglich ab einer bestimmten Frequenz die Rotorblätter eines Hubschraubers zu verfolgen, zum anderen führt beim Fernsehschauen die falsche Frequenz der Bilderabfolge zu Schwierigkeiten in ihrer Wahrnehmungsverfolgung sowie bei ihrem inhaltlichem Verständnis, sodass der Betrachter diese mit seiner Imagination ausfüllt und komplettiert.

Fall einfacher, da von der Natur ausgegangen wird – und nicht direkt von sich, dem Menschen, selbst – in der die Grenzen des zu vermessenden Gebietes offenkundiger sind, da der Mensch seine eigenen Grenzen und Fähigkeiten an dieser Grenze leichter und schneller findet und anstößig wird. Durch seinen Anstoß an der wahrnehmbaren Begrenzung wird der Mensch wieder auf sich selbst zurückgestoßen, interessanterweise analog zu dem naturwissenschaftlichen Gesetz von actio und reactio, und verspürt den Drang und Anstoß zur Selbstreflexion sowie neuer Grenzziehungen und möglicher Gebietserweiterungen. Das übliche Messgerät der Naturwissenschaft, gegründet auf Geometrie und Algebra, geboren aus der direkten Wahrnehmung der Anschauung und des Zählens, ist die Mathematik.

„Der mathematische Entwurf ist, als axiomatischer, Grundriß und Vorausgriff in das Wesen der Dinge. Dieser Grundriß ist der Maßstab des Bereiches, der künftig ‚Natur' heißt, und der das Sein der Naturdinge festlegt."[13]

Diesem Entwurf liegt die Bedienungsanleitung bei, die die Natur Hand in Hand mit der Technik abliefert. Zum einen ist es das (ontologische) Wesen der (Natur-)Dinge und zum anderen ihre Offenbarung durch die technisch-mathematischen Gesetze, die die richtige ‚Bedienung' der Mathematik, des Messgerätes, garantieren. Das Allianzverhältnis von Natur und Technik gleicht einer Stand-by Funktion.

Nebenbei sollte man nicht ganz außer Acht lassen, dass alle Messgeräte einer systemischen Rückkopplungsbedingung unterworfen sind: das Messgerät selber wird an dem zu Vermessenden, also an dem Maßstab des vorgegebenen Vermessungsgebietes, gemessen und vermessen, daher auch legitimiert.

So folgt daraus für die Technik an sich: „[...], daß sie nichts anderes als Natur ist, dass sie lediglich naturgesetzlich Mögliches realisiert."[14]

Oder wie Wolfgang Schadewaldt so trefflich auf den Punkt gebracht, konzis formuliert:

---

[13] Seubold, Günther, *Heideggers Analyse der neuzeitlichen Technik*, Freiburg, 1986, S. 216

[14] Böhme, Gernot, *Natürlich Natur. Über Natur im Zeitalter ihrer technischen Reproduzierbarkeit*, Frankfurt a. M., 1992, S. 189

„Die Technik ist in ihrem Wesen nichts anderes als der bis in seine letzten Konsequenzen durchgeführte Logos, angewendet auf die Natur, [...]. Der Struktur nach aber ist sie eine der klarsten, entschiedensten Ausprägungen des Logos."[15]

Zum lógos, das heißt zum Zählen und Messen, gehört gleichermaßen das Sammeln, Zuordnen und Zusammenfassen des Gezählten. Die sinnvolle Zusammensetzung und Integration des Einzelnen zu einer Gruppierung entspricht dem Vorgang des Konzipierens und Entwerfens eines technikós, also der Gestaltung des von ihm produzierten Gegenstandes oder seiner Weise, wobei ein Musikstück genauso mit verstanden wird wie die Technik der Heerführung oder ein Gebrauchsgegenstand, z.b. der eines Zimmermanns, hängt doch der Begriff téchne mit dem Wortstamm tekton, ‚Zimmermann' direkt zusammen.[16]

Ein Wissen, das allgemein auf die Herstellung hin ausgerichtet ist, kommt ohne die aristotelische poietische Vernunft nicht aus. Dieses Begriffsverständnis behält sich die Option eines falsch verstandenen Vernunftbegriffs vor. Der technikós, allgemein der Konstrukteur, kann den falschen Weg einschlagen, nicht nur bezüglich eines falsch angewandten Fachwissens, sondern die in der poietschen Vernunft enthaltene ethische Komponente kann das Ziel und den Zweck der Herstellung verfehlen, wenn keine Rechenschaft über das vollständige Tun gegeben werden kann.

Der resultierende Spannungszustand, der durch einen Harmonieverlust zwischen Mensch und seinem Artefakt entsteht, schlägt sich dann in der Gesellschaft insgesamt nieder, da Technik und Kultur aufs engste miteinander verwoben sind. Die sozialen und gesellschaftspolitischen Auswirkungen dieser Entwicklung brechen ganz prägnant mit der Industrialisierung auf, und finden ihren theoretisch reflektierten Niederschlag im 19. Jahrhundert in den Schriften von Karl Marx und Friedrich Engels, die historisch bis heute grundlagenlegend sind, und nachfolgend im 20. Jahrhundert bei Theodor W. Adorno und Max Horkheimer. Dieses Gedankengut findet im 21. Jahrhundert Eingang in der heutigen, vor allem in den USA stark geförderten, universitären Disziplin *Cultural Studies*, die produkti-

---

[15] Schadewaldt, Wolfgang, *Die Anfänge der Philosophie bei den Griechen*, Suhrkamp Verlag, Frankfurt, 1995, S. 185
[16] Vgl. Schadewalt, Wolfgang, a.a.O., S. 171

onstheoretische Grenzen, Kapital- und Kulturkreisläufe sowie die Zusammenhänge von Macht- und Wissensformen untersucht. Integriert werden darin, um nur einige hier relevante Themenkomplexe zu nennen, zum Beispiel die Technologie, Cyberkulturen und Informationstechnologien, Feminismus, Systemanalyse, Körperdiskurse, Dialektik von (Selbst-)Bewusstsein und seinen Relationen allgemein, also auch die kulturellen und individuellen Identitätsentstehungs- und Wahrnehmungsvoraussetzungen.[17]

Die ursprüngliche, allgemeinste Funktion und Zielsetzung von Technik war aus der praktischen, lebensnahen Not entstanden, die natürlichen Lebensbedingungen und das Gegebene, Vorgefundene den menschlichen Bedürfnissen und Wünschen anzupassen. Diese Kennzeichnung hat sich bis heute gehalten und zieht sich wie ein Ariadnefaden durch das Lebensgeflecht aller lebender Geschöpfe und Organismen hindurch, und hat ihren Niederschlag in der darwinistischen Evolutionstheorie gefunden. Auch die moderne Medienkommunikation bis hin zum Personal Computer und seiner globalisierten Vernetzungsstruktur ist in diese Linie einzuordnen. Sie soll in erster Linie der Menschheit als solcher dienen.

Die hären Absichten und Begleiterscheinungen, wie die der Ausbildung von Kunst- und Handfertigkeiten, der Wissenserweiterung oder auch die Erhöhung und Veredelung des Menschen an sich, sind zugunsten von allgemein als negativ empfundenen Auswirkungen und Folgeerscheinungen in der Hintergrund getreten. Im Vordergrund stehen vielmehr die Gefährdung und Entfremdung der Persönlichkeit bedingt durch die „Technisierung der Natur, inkl. der Technisierung der ‚Menschennatur'."[18]

Die Abhängigkeit des Menschen von der Technik hat seine Wahrnehmung im Laufe der Geschichte ständig verändert und damit seinen Bewusstseinshorizont stetig erweitert und mitverschoben. Dabei

---

[17] Anm.: Eine gute Einführung in die Cultural Studies, ihrer Entstehungsgeschichte als auch ihrer unterschiedlichen theoretischen Ansätze bietet das Buch von: Bromley, Roger; Göttlich Udo; Winter Carsten (Hrsg.), *Cultural Studies. Grundlagentexte zur Einführung*, aus dem Engl. von Kreuzner Gabriele; Suppelt Bettina; Haupt Michael, zu Klampen Verlag, Lüneburg, 1999

[18] Vgl. Halfmann, Jost, *Technische Zivilisation. Zur Wiederaufnahme eines klassischen Topos*. In: ders. (Hrsg.), *Technische Zivilisation, Zur Aktualität der Technikreflexion in der gesellschaftlichen Selbstbeschreibung*, Leske und Budrich, Opladen, 1998, S. 11

war die gravierendste Schnittlinie dieser Entwicklung das veränderte Raum- und Zeiterlebnis des Menschen. Ein weiterer tief einschneidender Schnitt in unser Wahrnehmungs- und Selbstbewusstsein wird von der Technologie der Virtuellen Realität angesetzt werden.

„Die Technisierung der Wahrnehmung führt zu einer Verselbständigung der Wahrnehmungswelt. Ist Wahrnehmung prinzipiell medienvermittelt, d.h. wird *was* man wahrnimmt im Medium wahrgenommen, so wird es durch die Einrichtung technischer Medien möglich, daß Wahrnehmung sich quasi nur noch im fiktiven Raum abspielt."[19]

Die Vergegenständlichung des Menschen in und durch die Technik ist zutiefst und primär in den Sinnesorganen und der Körperempfindung angelegt. Sie erfassen, im ganz konkreten Sinne, mit ihren Händen, Augen usw. ihre Umgebung und messen ihr so einen Wert bei.

Die Aus-einander-setzung und Hinaus-Verlegung der einzelnen Sinnesempfindungen im Verhältnis zueinander und in bezug auf ihre Umgebung bildet die Raum- und Zeitwahrnehmung des Menschen aus. Sie beinhaltet eine auf den Menschen selbst zurück spiegelnde Struktur mit einem reflexivem Aspekt, der die Gewahrwerdung eines möglichen Gebrauchs von Handwerkszeugen und ein Empfinden für Technik allgemein im Bewusstsein des Menschen schärft, und zu einem inneren Verlangen nach theoretischer Erfassung und Abstraktion führt.

Die Medialität und Materialität ist dabei eine unverzichtbare Voraussetzung sowohl für die empirische Praxis als auch für sämtliche Verstandestätigkeiten.

Nebenbei gesagt, Medialität und Materialität sind, außer der Raum- und Zeitvorstellung, bei der Thematik des Cyberspace von wesentlicher Bedeutung, wie später noch gezeigt werden wird.

Ein anschauliches und ausgezeichnetes Beispiel für das eben Geschriebene, bietet uns der griechische Mythos in der Figur des Daida-

---

[19] Böhme, Gernot, *Technisierung der Wahrnehmung. Zur Technik- und Kulturgeschichte der Wahrnehmung.* In: Halfmann, Jost (Hrsg.), *Technische Zivilisation*, a.a.O., S. 46

los, dem lokalen Schutzpatron der attischen Handwerker und dem generellen Ahnherrn der Architekten.[20]

Daidalos, der Erfinder des Labyrinths, erfand zugleich mit dem Labyrinth den ersten *Algorithmus*, eine Funktion auf die heute die ganze Computer- und Informationswissenschaft aufbaut und gegründet ist, und deshalb lohnt es doppelt, sich kurz auf den Mythos des Daidalos einzulassen. Der Schlüssel zum Verständnis liegt in dem Produkt und der Produktgestaltung und dem Materialmix verborgen, die zusammen ein ästhetisches Produktdesign ergeben, das mit einer außergewöhnlichen technischen Raffinesse ausgestattet, dem Verwender ein multifunktionales Produkt offeriert. Gemeint ist selbstverständlich das Labyrinth, das als Produkt des Erfinders Daidalos gilt. Doch auf welche Weise wird es den oben genannten Anforderungen gerecht?

Der ursprüngliche Labyrinthbegriff[21] bezeichnet eigentlich eine Tanzschrittfolge einer Menschenkette, deren Bewegungsablauf aus der Vogelperspektive betrachtet, einer Labyrinthform nachgebildet ist, und die sich rhythmisch vor- und zurückbewegt, also spiralförmig-labyrinthisch ‚zusammenzieht' und sich dann in entgegengesetzter Richtung ‚auseinanderrollt'. Man folgt dann dem bekannten ‚Faden der Ariadne'. Der Eindruck der Verirrung und Verwirrung durch und entlang der Menschenkette ist so stark, dass sich der Eindruck einer festen Formgestalt und Materialität bis hin zu Ausbildung unseres heutigen Labyrinthverständnisses manifestiert hat. Die Vermischung von ‚Mensch' als Material und Medium zugleich, in und mit dem sich der Mensch entlang fortbewegen kann, beinhaltet ein zwiefaches Maß: einen inneren und einen äußeren Maßstab, nämlich das Eigenmaß der Schrittfolge und das umhüllende Maß der Schrittfolge in Form eines Außens, der Labyrinthform an sich. Ein und dieselbe vorgeschriebene Schrittfolge korrespondiert der Doppelbedeutung eines (verwirrenden) Labyrinthgangs und einem festen Labyrinthgebäude. Eine dritte Perspektive mit einer ihr eigen Maßstabsabmessung, die dennoch nicht unabhängig von den anderen beiden ist, da sie von dem Menschen selbst geschaffen wurde in der Zusammen-

---

[20] Anm.: Das Signum des Labyrinths gilt als Architekten-Signet für hervorragende bauliche Leistungen. Vgl. Kern, Hermann, *Labyrinthe*, Prestel, München, 1982, S. 271 ff

[21] Vgl. Kern, Hermann, *Labyrinthe*, a.a.O., insbesondere Kap. I und II

setzung und Konstruktion seiner eigenen Produkterfindung, ist die Zusammenschau aus der Vogelsperspektive auf die Architektur und ihren Grundriss, die eine Erweiterung des Wahrnehmungsbewusstseins herausfordert (und zum Bau von künstlichen, genauer gesagt, technisch konstruierten Vogelflügeln), da nur dieses den Weg aus dem Labyrinth weisen kann und damit die Handhabung des geschaffenen Produkts zum Zwecke der eigenen Dienlichkeit und Bedienung desselben am ehesten entgegenkommt, z.B. zum (sinnvollen) Erbauen und ‚Bewohnen' einer Kathedrale.

Die Erfindung des Produkts ‚Labyrinth' ist in höchstem Maße interaktiv, da man auf sein eigenes Tun immer eine Reaktion erhält, die von einem Medium und einer Materialität ausgeht, *nicht berechenbar* ist, und (scheinbar) fremdgesteuert von einem imaginären Gegenüber erfolgt, das sowohl ein Lebewesen als auch eine Sache sein kann – analog den modernen Computerinstallationen und -anwendungen der *Virtuellen Realität*.

Im Labyrinth verliert man sich nicht, sondern man findet sich; man begegnet keinem Minotauros, sondern man begegnet sich selbst. Und dennoch weist es ein Fremdes, ein Überschreitendes, Über-sich-Hinausgehendes auf, indem es sich gleichsam von einer dritten Perspektive, einer Fremden, einer Gegenüberstehenden aus betrachtet. Das Labyrinth wird als Technik gebraucht, bzw. als ein technisches Mittel mit der Funktion eines Werkzeugs zur Verlängerung und Erweiterung der eigenen körperlichen Grenzen eingesetzt.

Die ‚harmlos' einfache, vorgegeben Schrittfolge des Algorithmus beherbergt und eröffnet eine Perspektive für Multifunktionalität und Multidimensionalität, und er entwickelt eine labyrinthische Eigendynamik und Reichweite, die bis in transzendentale und anthropologische Dimensionen vorstößt.

Das Labyrinth des Daidalos ist, stellvertretend für technische Konstruktionen, immer zugleich auf Weltaneignung und -anschauung ausgerichtet, was auch in der Philosophie der Gegenwart deutlich von Martin Heidegger ausbuchstabiert wurde:

„[...] schon Heidegger kommen Zweifel, ob die reine Instrumentalität das eigentliche Wesen der Technik ist. [...]. Er sieht in der Technik einen Modus der Weltaneignung, der sich eben nicht auf eine subjektiv konstruierte Zweck-Mittel-Relation reduzieren lässt. Das Wesen der modernen Technik zeigt sich in dem, was er Ge-stell nennt."²²

Der Gebrauch von Technik ist elementar auf und für das Dasein ausgerichtet, ohne das Gerüst der Technik mit dem sich der Mensch ausrüstet, wäre der Mensch an sicht nicht existent. Das Wesen des Menschen gründet und waltet u.a. in der Technik. Die Technikbegegnung ist für den Menschen ein Zusammengehen mit derselben, zumal sie zudem noch kulturstiftende Auswirkungen hat. Man kann auch anders sagen, dass die Technik sich mit dem Menschen ausrüstet, um zu ihrer Erscheinung und ihrem ‚Sein' zu gelangen, das unausweichlich mit ihrem ‚natürlichen' Wesens-Zusammenhang, mit ihrem In-der-Natur-Eingebettet-Sein involviert ist. Das der Technikbegriff von dem des Naturbegriffs nicht wirklich zu trennen ist, ist evident.

Was Heidegger nachfolgend über den Begriff der ‚Natur' aussagt, trifft in erster Näherung auf das hier verwendete Begriffsverständnis von Technik zu:

„Das griechische Grundwort für das Sein lautet φύσις. Wir übersetzen es gewöhnlich mit ‚Natur' und denken überdies bei Natur an einen bestimmten Bezirk des Seienden, den die Naturwissenschaft erforscht; [...]. φύσις besagt: das Aufgehen – etwa das Aufgehen einer Rose, das Zum-Vorschein-Kommen, Sich-Zeigen, Erscheinen; erscheinen, so, wie wir sagen: ein Buch ist erschienen, es ist da. Φύσις als Name des Seyns besagt für die Griechen: im Sichzeigen dastehen. Das Seiende, d.h. das in sich selbst aufragend Dastehende, das Standbild der Griechen und ihre Tempel, bringen das Dasein dieses Volkes erst zum Sein, zum offenbaren und verbindlichen Da-

---

²² Zitiert nach: Bechmann, Gotthard, *Natur als Eigenwert der Gesellschaft*. In: Halfmann, Jost (Hrsg.), *Technische Zivilisation*, a.a.O., S. 78.
Anm.: Das Ge-stell bedeutet in der Heideggerschen Philosophie nichts Dingliches, sondern verweist auf eine spezifische Weise der Unverborgenheit: „Aber das Wort ‚Gestell' meint jetzt kein Gerät oder irgendeine Art von Apparaturen. [...]. All das gehört zwar als Bestandstück, als Bestand, als Besteller je auf seine Art in das Gestell, aber dieses ist niemals das Wesen der Technik im Sinne einer Gattung. [...]. Das Ge-stell ist eine geschickhafte Weise des Entbergens, [...]. Als das Wesende der Technik ist das Ge-stell das Währende."
Heidegger, Martin, *Die Frage nach der Technik*. In: ders., *Vorträge und Aufsätze*, Pfullingen, Günther Neske, 4. Aufl., 1978, S. 33 ff

stehen; sie sind weder Nachbild noch Ausdruck, sondern stiftende Setzung und Gesetz ihres Seins.
Φύσις – das Wesen des Seyns als das <u>sich zeigende Dastehen</u>. Überdies hat die jüngste sprachwissenschaftliche Forschung erwiesen, daß φύσις gleichen Stammes ist mit φάος, dem Licht, dem Aufleuchten. Weil das Sein seinem Wesen nach ist das aufleuchtende Dastehen, eben deshalb gehört zu ihm das Zurücktreten in die Verborgenheit.
Von da verstehen wir den Spruch des Heraklit: φύσις χρύπτεσθαι φιλεί (Heraklit, Fragment 123., a.a.O.), 'das Sein liebt sich zu verbergen'. Das will sagen: seine Offenbarkeit ist ihm jederzeit abgerungen und es selbst ist allemal erkämpft.
Was ein Seiendes ist, was in der Offenbarkeit seiner selbst steht, ist das Wahre. Und was heißt Wahrheit? Die Griechen sagen ἀ – λήθεια die Unverborgenheit; für den <u>Anfang</u> der griechischen Philosophie gehört die Wahrheit zum Wesen des Seyns. Wahrheit ist da nicht lediglich nur, wie später und heute noch, eine Eigenschaft der Aussage und des Satzes, den der Mensch <u>über</u> das Seiende aussagt und weitersagt, sondern das Grundgeschehnis des Seienden selbst, dieses dass es in die Öffentlichkeit tritt, oder wie zum Beispiel in der Kunst, durch deren Werk ins Offenbare gesetzt wird; denn Kunst ist das Ins-<u>Werk</u>-setzen der Wahrheit, der Offenbarkeit des Wesens der Dinge."[23]

Es ist von frappierender Übereinstimmung, dass Heidegger zur Unterstreichung seiner These das Beispiel von architektonischen Bauten anführt, und sich somit mit dem ebenfalls antiken griechischen Begriffsverständnis des ‚Labyrinths' trifft, das die offenkundige inhaltliche Nähe der Begrifflichkeiten ‚Natur' und ‚Technik' nochmals aufzuzeigen vermag.

Das Offenbarwerden der Seins-Struktur, beziehungsweise der Mehrschichtigkeit des Labyrinths ist ohne einen abgerungenen Kampf mit sich selbst und dem Gegebenen nicht möglich, um das Verborgene ins Licht setzen zu können. Die ästhetische Komponente, die auch eng verknüpft ist mit dem Labyrinth und einem allgemeinen Ins-Werk-Setzen, führt eine eindeutige Konnotation zur Technik mit sich, zu der des ‚Machens' und des ‚wirkenden Werkens'.

---

[23] Heidegger, Martin, *Europa und die deutsche Philosophie*, Vortrag im Kaiser-Wilhelm-Institut, Bibliotheca Hertziana Rom, 8. April 1936, S. 6-7

Bei der hier behandelten Thematik des Cyberspace soll es jedoch nicht um irgendeinen Wahrheitsbegriff gehen, der das Offenbarwerden begleitet, sondern um die einzigartige Verflechtung des Cyberspaces mit der Technik und der Ästhetik und dem noch näher zu bestimmenden Sachverhalt des (natür-lichen) Offenbarwerdens, seinem besonderen Verhältnis betrachtet im Kontext der Technologie der Virtuellen Realität. Bei dem Ineinanderspiel von ‚Natur', verstanden im Sinne Heideggers, der Kunst und der Logik, auf der insbesondere die Informatik, also auch der Cyberspace aufgebaut ist, ist es wichtig die Begrifflichkeiten und Ansatzpunkte genau zu unterscheiden. Gerade am Begriff der Logik tut sich ein Scheideweg auf. Dieser ist die Veranlassung dafür, zwischen einem voraristotelischem und einem aristotelischen Bergriffsverständnis von Logik zu unterscheiden. Die moderne Technikphilosophie setzt üblicherweise ihre Betrachtungen mit Aristoteles an. Die aristotelische Wende und Bedeutung wird von Heidegger, selbst ganz in der *vor*aristotelischen Tradition stehend, wie folgt erklärt:

„Aber der Anfang der griechischen Philosophie konnte nicht bewahrt werden. Das will sagen: das Wesen des Seyns und der Wahrheit erfuhr eine Umgestaltung, die zwar den Anfang voraussetzte, aber ihn nicht mehr bewältigte.
Wir sehen den Abfall vom Anfang bei Plato und Aristoteles, ein Abfall, der in seiner Ausgestaltung immer noch groß bleibt... [...]. Aussage heißt λόγος , und dieses ist das Grundwort des Aristoteles. [...]. (Das beständig Anwesende, aber jetzt vom λόγος her.) Das Aussagen, d.i. der Grundakt des Denkens, und damit das Denken als solches ist jetzt zum Gerichtshof über das Sein geworden. Die Lehre vom λόγος, die Logik, wird zum offenkundigen oder versteckten Grund der Metaphysik. [...], daß das Denken als der Gerichtshof für die Bestimmung des Seyns feststeht."[24]

Auf eine Feinheit soll, der Korrektheit halber, kurz hingewiesen werden: dass Aristoteles zwar als der Schöpfer der Logik bezeichnet wird, er sie selber jedoch mit dem Begriff ‚Analytik' bezeichnete; der Begriff ‚Logik' wurde erst von der Stoa aufgebracht.
Was das ‚Aussagen' der Logik bei der Thematik des Cyberspace aussagen kann, vor allem die Art und Weise des ‚Aussagens' selbst,

---

[24] Heidegger, Martin, *Europa und die deutsche Philosophie*, a.a.O., S. 8-10

wird im Folgenden näher zu untersuchen sein. Und es wird sich zeigen, dass unsere modernste technische Errungenschaft, die der VR-Technologie, auf die voraristotelische Denkweise rekurriert, und sich von daher leichter verstehen lässt. Die aristotelische Denke, die lange Zeit, seit Aristoteles nämlich, richtungsweisend und bestimmend war, kippt merkwürdigerweise an dieser technologischen Erfindung. Die ambivalenten logischen Relationen der VR-Technologie bereiten allgemein Schwierigkeiten, da sie sich im logischen Netz selbst verfangen. Die Auseinandersetzung mit der Zeit vor Aristoteles, und selbstverständlich mit ihm selbst, lässt die Übereinstimmungen, Modifikationen und Schwierigkeiten mit den philosophischen Anforderungen der VR-Technologie erkennen. Meines Erachtens sollte man sich, bevor man sich an neue Thematiken wagt, erst mit den (möglicherweise passenden) Wurzeln und den Anfängen befassen, und diese auf den neuen Kontext anwenden und integrieren zu suchen, da nur auf diesem Wege etwaig Neues sich offenbaren kann.

Der Offenbarungsakt an sich, das Sich-Zeigen und Sich-ins-Werk-setzen stellt sich in einem größeren Bezugsrahmen zur Schau und stiftet Sinnzusammenhänge, die einem nun unmittelbar und augenblicklich gewahr werden. Wie im Beispiel des Labyrinths hat das ‚Erkennen' einen über-steigenden Zustand, etwas Richtungsweisendes, etwas Transzendentes, ein Hin-auf-Etwas-Gerichtetes. Dies bedingt die Verborgenheit, aus der heraus erst etwas erscheinen kann, anschaulich am Labyrinthgedanken vergegenwärtigt, und gültig für *sämtliche* technische Konstruktionen.

Um etwas zu Konstruieren oder Ins-Werk-setzen zu können, bedarf es des Überblicks und der Kreativität. Das künstlerische Gestalten eines Produkts ist nicht nur eine anerlernte Fähigkeit, sondern die Kreativität spielt dabei eine entscheidende Rolle, die scheinbar aus dem Verborgenen, Dunklen, Unsystematischen urplötzlich auftaucht, erscheint und systematisiert, d.h. sinnstiftend zusammensetzt, allgemein formuliert, produzierend tätig wird. Es muss in der Technikgestaltung einen Moment, einen Anstoß zur produktiven Gestaltung des Gesehenen, des Vorgegebenen geben, um den Vorgang in Gang zu setzen.

Das die Technik sich mit dem Menschen ausrüstet, wie weiter oben schon gesagt, bedeutet aber auch, dass die Natur sich der Sinnesorgane und des Wahrnehmungsvermögens des Menschen bedient, vermöge derer sie sich in den verschiedenen menschlichen Erkenntnisstufen zu zeigen und auszudrücken vermag. Jedoch, um die dialektische Bewegung von Technik/Natur und Mensch in seiner Dynamik zu erhalten, einen dynamischen Prozess zu initiieren und zu gestalten, ist es notwendig, dass eine Asymmetrie, ein Fließgleichgewicht vorherrscht. Eine Begründung liegt in und mit dem Grund des Menschen vor.

So lokalisiert Aristoteles den Ursprung in der Natur des Menschenwesens selbst:

„Aristoteles konstatiert hier die Überschüssigkeit des Wahrnehmungs- bzw. Unterscheidungswissens und zieht daraus gleich einen anthropologischen Schluß: Abgesehen vom Nutzen werden die Sinneswahrnehmungen „um ihrer selbst willen geliebt". Das heißt: Die faktische Überschüssigkeit des Wahrnehmungswissens, der Umstand, dass der Mensch in Orientierungssituationen stets mehr ‚weiß' oder ‚erkennt', und zwar in Wahrnehmungs- und Unterscheidungsform weiß oder ‚erkennt', als er tatsächlich benötigt, führt Aristoteles zu einer Selbstzweckvermutung. Wissensbildungsprozesse, selbst solche ganz elementarer Art, haben ihre eigene, von konkreten Zwecken unabhängige Legitimation: sie machen die besondere Orientierungsform des Menschen, sein rationales Wesen aus. [...]. Das Unerklärliche, Unverständliche ist schon ein Element des Wahrnehmungswissens (angelegt in dessen Überschüßigkeit); es tritt auf allen Wissensstufen auf und führt nach Aristoteles über die Erfahrung der Ratlosigkeit und Unwissenheit zum Nachdenken und Wissen."[25]

Bei allen Technikbetrachtungen darf man nie das Wesen des Menschen vergessen, sich nie einseitig auf die Natur, respektive die Logik einlassen. Das Aufleuchten und bewusste Erkennen von Naturgesetzen und die Möglichkeit ihrer Handhabung ist an ein ‚Gesetz' gebunden. Ein Gesetz, das eher als eine anthropologische und psychologische „Natur"-Konstante fixiert zu sein scheint: dass Erkenntnis reifen muss, d.h. dass, was gedacht werden muss, muss gedacht werden. Man kann nicht dauerhaft zurück halten, was zum Ausdruck und zum Offenbar-werden drängt.

---

[25] Mittelstraß Jürgen, *Finden und Erfinden. Über wissenschaftliche und technische Grundlagen einer Leonardo-Welt*, In: Halfmann, Jost (Hrsg.), *Technische Zivilisation*, a.a.O., S. 18f.
Vgl. auch: Aristoteles, *Met.* A1. 980a 23. und *Met.* A2. 982b 17-21.

Dieses, leider noch nicht in empirisch oder theoretischen Zahlen erfasste Gesetz, ist mit Sicherheit an die Wahrnehmung des Menschen und die Entwicklung des Rätsel des Raumes, bzw. einer Raum-Zeit-Relation allgemein[26], gebunden. Dieses große Rätsel des Lebens, bzw. des Menschlich-Lebendigen hat nach jeder Änderung der Blickrichtung und des Erkenntnisstands historische Umwälzungen nach sich gezogen. Das Raum- und Zeitempfinden ist nicht alleine von naturwissenschaftlichen, insbesondere nicht von physikalischen Gesetzmäßigkeiten abhängig, sondern entsteht zum Teil auch in der biologischen Gestaltung unserer Sinnesorgane und deren Reizverarbeitungsmechanismen. Ein anderer nicht zu unterschätzender Anteil ist sicherlich in der spezifisch menschlichen Psychologie zu suchen.

Der schon von Aristoteles festgestellte Wahrnehmungsüberschuss und seine Verselbstständigung, wird in der neueren Zeit wieder sehr deutlich betont, und zwar von Friedrich Nietzsche:

„Das Vervollständigen (z.B. wenn wir die Bewegung eines Vogels als Bewegung zu sehen meinen) das sofortige A u s d i c h t e n geht schon in den Sinneswahrnehmungen los. Wir formuliren immer g a n z e Menschen aus dem, was wir von ihnen sehen und wissen. Wir ertragen die L e e r e nicht – dies ist die Unverschämtheit unserer Phantasie: [...]. Das s p i e l e n d e V e r a r b e i t e n d e s M a t e r i a l s ist unsere fortwährende Grund-Thätigkeit, Übung also der Phantasie. Man denke als Beweis, wie mächtig diese Thätigkeit ist, an das Spiel des Sehnervs bei geschlossenem Auge. Ebenso lesen wir, hören wir, ..."[27]

Die Bedeutung des Offenbarwerdens von Naturprozessen mit ihrer heutzutage deutlichen Akzentuierung auf den Wahrnehmungs- und Sinnesorganen, ist eng mit den Erkenntnissen der Neuro- und Kognitionswissenschaften verbunden und von ihnen beeinflusst, sodass diesem Aspekt eine verstärkte philosophische Beachtung zukommt, und damit auch Theorien des Lernens und der Begriff der *Kreativität* einen deutlichen Konjunkturaufschwung erleben.

---

[26] Anm.: Mit der Raum-Zeit-Relation ist nicht unbedingt die relativistische, physikalische Bedeutung gemeint, sondern nur eine allgemeinste Verknüpfung dieser beiden, für den Menschen rätselhaften Phänomene; zudem ist nicht endgültig geklärt, wie Zeit und Raum zusammen gehören.

[27] Friedrich Nietzsche, KGW V/1:760

Das Untersuchungsfeld ‚Technikphilosophie' hängt dezidiert mit einem „Wie" zusammen, der Frage nach der Funktionsweise der ‚Offenbarkeits-Werdung'. Das Geschaffene wird nicht einfach als Geschaffenes akzeptiert und hingenommen, sondern das messbare „Wie" rückt in den Mittelpunkt. Die Ver-messung der Kreativität wird angestrebt. Und als Endziel steht, wie bei allen technischen Verfahren, ihr Herstellungsverfahren und ihre Reproduzierbarkeit.
Mit großer Wahrscheinlichkeit wird eine zukünftige ‚Theorie der Technik' stärker von den Bedingungen der Produktentstehung sowie den Gestaltungsparametern abhängen, die den technischen Rahmen der Design-Form und ihre ästhetische Ausgestaltung mehrdeutig erweitern. Um Kreativität zu produzieren braucht man nicht nur funktionierendes Werkzeug, resp. Produkte, sondern in ihnen, – und das ist der unterschätzte Aspekt, – phantasiefördernde, versteckte Gestaltungs- und Gebrauchsmöglichkeiten.
Fehlt in den Bedingungen der Entstehung selbst die Kreativität, bzw. wird sie nicht mit hineingesteckt, wird man auch kaum in dem fertigen Produkt die Möglichkeit haben sie zu finden. Denn auch für die (verborgene) Eigenschaft Kreativität gilt, wo nichts ist, kann nichts erkannt und offenbart werden.

Die Wichtigkeit der Unterscheidung der Begriffsbedeutungen des „Trias von Erkennen, Entdecken und Erfinden" zeigt Jürgen Mittelstraß auf, indem er sie mit verschiedenen Epochen assoziiert: der Aristoteles-Welt, der Columbus-Welt und der heutigen, die er als Leonardo-Welt bezeichnet.[28] Für alle drei Weltbilder gilt mit zunehmender Gewichtung und Ausgestaltung:
„[...], daß wir in der Weise, wie wir uns, angefangen mit ganz einfachen Wahrnehmungsvorgängen bis hin zu wissenschaftlichen, d.h. theoretischen Wissensbildungsprozessen, in der Welt orientieren, von dieser Welt Besitz ergreifen. Hegel hat das einmal wie folgt ausgedrückt: Wie wir die Welt ansehen, so sieht sie uns an. Gemeint ist wiederum, daß unsere Wahrnehmung, unsere Erfahrungen, unser Können und unser Wissen die Welt strukturieren, daß das Erkennen

---

[28] Vgl. Mittelstraß Jürgen, *Finden und Erfinden. Über wissenschaftliche und technische Grundlagen einer Leonardo-Welt*, In: Halfmann, Jost (Hrsg.), *Technische Zivilisation*, a.a.O., S. 15-31

selbst kein einfacher Abbildungsvorgang, sondern ein kreativer Akt ist, [...]."[29]

Wenn es in der Seins-Struktur an sich so etwas wie Kreativität gibt, können wir sie nur entdecken, wenn wir unsere Welt mit den Augen der Kreativität betrachten, das heißt, wir uns auf ihr Wesen einstellen, indem wir ihren spezifischen Befragungsmodus ergründen. Denn in der Regel findet man auch bei allen anderen empirischen Wissenschaften nur das, wonach man sucht. Man braucht vorher eine ungefähre Vorstellung oder eine exakte Theorie von dem, was man zu finden hofft, ansonsten werden gemessene Effekte allzu leichtfertig als Messfehler abgetan.

Da die Kreativität nach unserem heutigen Wissensstand sehr viel mit Neuem, Unbekannten und Einen-Plötzlich-Überfallendem sowie mit Passivität zu tun hat, muss diesem Umstand sicherlich bei den Messungen Rechnung getragen werden. Die Wahrnehmungsausbildung in Betreff auf die Kreativität, verführt natürlich zu der Frage, ob die Wahrnehmung etwa die Nehmung des Wahren sein könnte.

Als Dreh- und Angelpunkt zur Beantwortung dieser Frage lässt sich Heideggers Ansatz der Übersetzung von alétheia (die Wahrheit) als ‚Unverborgenheit' heranziehen.[30] Die Kreativität ist im Moment des Erscheinens und wahrnehmbaren Wirksamwerdens nicht mehr unentzogen. Sie zeigt sich, sie wird offenbar.

Für alétheia gibt es immer wieder Stellen im griechischen, die nicht mit ‚Wahrheit', sondern mit ‚Wirklichkeit' in die deutsche Sprache übertragen werden müssen. Dabei versteht man die Wirklichkeit, nicht als eine Realität, bzw. ein Sein an sich, sondern ihren prozessualen Charakter, wie er in dem englischen Wort ‚actuality' oder dem lateinischen ‚actus' mitschwingt, verstanden als ein Wirkendes.

„Immer wieder diese Struktur, daß da ein Sein ist, das bei mir sein kann, und im Verborgenen erst das Sein ausmacht, in dem ich lebe. Daß da ein Verborgenes, Dunkles ist, das sich enthüllt, mir entgegen-

---

[29] Vgl. Mittelstraß Jürgen, *Finden und Erfinden. Über wissenschaftliche und technische Grundlagen einer Leonardo-Welt*, In: Halfmann, Jost (Hrsg.), *Technische Zivilisation*, a.a.O., S. 24f

[30] Anm.: Martin Heideggers philologische Herleitung und Interpretation der alétheia wird teilweise von den Philologen kritisch betrachtet. Ich selbst schließe mich den Bestimmungen und Auslegungen von Wolfgang Schadewaldt, und damit auch denen von Martin Heidegger an, da ich sie für wohl begründet, höchst differenziert und ausgefeilt halte, obwohl ich keine ausgebildete Philologin bin.

treten, offenbar werden kann und dann erst eigentlich wirklich ist. [...], sondern das Sein kann nur gedacht werden in Bezug auf den Menschen, auf den hin dieses Sein ist."[31]

Die Schwierigkeit bei der Erfassung der alétheia liegt für uns meistens in ihrer positiven Übersetzungsbedeutung mit dem Wort ‚Wahrheit', die die Griechen jedoch negativ mit der Vorsilbe ‚Un' als ‚Unentzogenheit' ausdrücken. Diese negative Struktur drückt allerhöchste Positivität und Hochachtung aus; das Fehlen von negativen Inhalten innerhalb des Begriffs, macht ihn nicht anders fassbar, als ihn in seiner Negation zu umschreiben.

Die Struktur der ‚Unentzogenheit' der alétheia hat nichts mit der Struktur des ‚Aussagen' des lógos[32] zu tun. Bei der alétheia „geht es nicht um die Wahrheit einer Aussage, sondern dieser Wahrheitsbegriff ist vom Seienden selbst hergenommen."[33] Mit Heidegger und Schadewaldt bedeutet das:

„[...], daß aletheia nichts zu tun hat mit irgendeiner Angleichung des Verstandes an die Sache, sondern eine bestimmte Weise ist, wie das Seiende selbst sich uns zeigt."[34]

Und ebenso Folgendes:

„Ich [Schadewaldt, Anm. v.V.] würde also sagen, daß in diesem Begriff der Aletheia ein menschliches Urerlebnis gefaßt ist, das man ebenso im sinnlichen Bereich antreffen kann wie auch im seelischen und geistigen. Es braucht durchaus nicht immer in höchsten Höhen vor sich zu gehen, ist aber außerordentlich bedeutungsvoll, fast etwas Erschütterndes liegt darin"[35]

Schadewaldt führt als Beispiel für das Spektrum an solchen Erlebnisempfindungen, etwa eine Gebirgswanderung an, bei der die Erleichterung bei einem plötzlichen Nebelaufriss als beglückend emp-

---

[31] Schadewaldt, Wolfgang, a.a.O., S. 200f
[32] Anm.: Der logos hat viel mit dem Wort ‚analog' zu tun, in ihn gehen Proportionen, Verhältnisse, Symmetrien und Strukturen ein. Logos ist eigentlich ein proportionales Gefüge, und als solches ist er geradezu der Grund des Seienden. Zu dem großen Bedeutungsumfang und der Vielschichtigkeit des Begriffs vergleiche z.B. Schadewaldt, W., *Die Anfänge der Philosophie bei den Griechen*, Suhrkamp Verlag, Frankfurt, 1995
[33] Schadewaldt, Wolfgang, a.a.O., S. 199
[34] Schadewaldt, Wolfgang, a.a.O., S. 195 (23.)
[35] Schadewaldt, Wolfgang, a.a.O., S. 199

funden wird, oder auch der Moment einer plötzlichen Entdeckung, den ein Forscher als etwas freudig Erschütterndes durchlebt.
Interessant an diesen Ausführungen ist wie nahe, beinahe zum Verwechseln ähnlich, sich die Begriffe alétheia und lógos sind. Dennoch ist dieser Unterschied von entschiedener Wichtigkeit – gerade im Hinblick auf die Technologie der Virtuellen Realität, wie später gezeigt werden wird.
Der ursprüngliche ‚Zimmermann' und der heutige Konstrukteur, also derjenige der ein auf ‚ein Herstellen gerichtetes Wissen' besitzt, verfügt, wenn er eine téchne hat, zugleich in letzter Konsequenz über ein Wissen bezüglich des lógos, angewandt auf die Natur. Damit ist aber nicht alles über die téchne ausgesagt, denn das alleine reicht nicht wirklich aus. Eine téchne zu haben bedeutet mehr:
„[...] hier sei verwiesen auf die Bestimmung, die Aristoteles gibt, Nikomachische Ethik 6, 1140a 10, wo er sagt, *techne* sei eine *héxis metà lógou alethoûs poietiké*. Hexis, *habitus*, ist [...], ein Wissen, das mit Können identisch ist, das ich ständig übe, so daß es zur Haltung wird, zu etwas unbedingt Gehabten, nicht bloß Gewußtem. Ein solches Wissen, das man hat und kann, ist also die *techne*, und zwar ein auf das Herstellen, ein wirkliches Tun, *poiein*, gerichtetes Wissen. Und das nun wieder verbunden mit *logos alethes*, der Rechenschaft, die man von etwas ablegt, und die eine ›wahre‹, d.h. die Sache wirklich treffende sein muß. Wenn also jemand ein vollkommen in Fleisch und Blut übergegangenes Wissen hat, das auf ein Herstellen gerichtet ist, und zwar so, daß er jederzeit Rechenschaft darüber geben kann, warum er etwas tut, dann hat er eine *techne*."[36]
Nur der, und nur derjenige, der eine passende Haltung, treffender ausgedrückt, eine Attitüde hat, hat eine téchne. Eine téchne haben oder nicht haben, heißt, diesbezüglich eine Attitüde haben oder nicht haben. Und, erst die Attitüde ist die Voraussetzung, und schafft den Nährboden für die Unterscheidung von lógos und alétheia, und für die Kreativitätsentfaltung.
Die Natur, die physis, als „dem Wesen des Sein als das sich zeigende Dastehende", wie sich Heidegger ausdrückt, kann man in ihrem solch sich präsentierenden Zustande zum Vorschein kommen sehen, wenn man fähig ist, die verschiedenartigen doxai voneinander zu unterscheiden. Die Wahrnehmung und Sinnesorgane, beziehungs-

---

[36] Schadewaldt, Wolfgang, a.a.O., S. 172

weise ein eventueller Wahrnehmungsüberschuss ist die Voraussetzung von Kreativitätsentfaltung, und dieser spiegelt sich in den doxai wider. Die Wahrnehmung kann auch Wahrnehmungs-Wissen sein, und muss nicht automatisch, wie üblicherweise in der Moderne des Abendlandes angenommen wird, etwas Subjektives und damit oft gleichgesetzt, etwas Falsches beinhalten.

Mit *dóxa* ist das gegeben, was die „Grundlage alles Wissens ist, nämlich der Eindruck, der >mein< Eindruck ist, aber doch auch der Eindruck von >etwas<. Wenn dieser Eindruck *alethés* ist, so bedeutet das, daß sich dabei wirklich die Sache von sich selber her zeigt, nicht subjektiv getrübt."[37]

Entspricht die Wahrnehmung unter den verschiedenen doxai einer *alethes* doxa, – nicht alle Eindrücke sind Scheineindrücke, beziehungsweise *pseudes*, schließlich ist da, wo es Schein gibt auch Sein, – so „kann es durchaus sein, daß der Eindruck, den man von etwas hat, nicht ein solcher ist, daß sich etwas dabei entzieht, sondern daß etwas sich als das zeigt, was es an sich ist, *óntōs on*. Wenn das der Fall ist, wenn ich einen wahren Eindruck habe, in dem sich mir die Sache von sich selbst her unverstellt zeigt, dann entsteht eine sehr hochgradige Weise des Wissens."[38]

Wenn sich dieses Wissen mit dem lógos verbindet, „jener [platonischen, Anm. v.V.] Rechenschaftsabgabe, dann ergibt sich daraus das höchste Wissen, die *episteme*."[39]

In den folgenden Untersuchungen bezüglich der VR-Technologie werden epistemologische Überlegungen eine Rolle spielen. Die vorstehenden Ausführungen sollten schon einmal aufzeigen, dass die häufig stattfindende Polarisierung der Meinungen über die VR-Technologie zwischen unsinniger Science-Fiction und verherrlichender Maschinen-Logik, unnötig und unzutreffend ist. Die Polarisierung zwischen Schein und Sein ist zu undifferenziert, da sie sich einzig auf die pseudes doxa beruft, und den Umfang des Begriffs ‚dóxa' spaltet und reduziert, analog wird häufig mit dem Begriff

---

[37] Schadewaldt, Wolfgang, a.a.O., S. 174 (20.)
[38] Schadewaldt, Wolfgang, a.a.O., S. 175
[39] Schadewaldt, Wolfgang, a.a.O., S. 174 (20.) und vgl. auch S. 188

‚lógos' verfahren, der lediglich mit dem „gesprochenen Wort"[40] und der mathematischen, oder in neuerer Zeit mit der sogenannten informations- und zeichentheoretischen Logik[41] gleichgesetzt wird.
Im Gegenzug ist, gerade im Umgang mit Technologie der Virtuellen Realität und ihrer theoretischen Durchdringung, eine erneute Erinnerung, Rehabilitierung und Profilierung der alétheia vonnöten. Die Schwerpunktsverlagerung der Wissenserlangung auf die alétheia und auf die Untersuchung der alethes doxa, sowie ihrer beider Integration in den allgemeinen möglichen Wissenserwerb durch den Cyberspace, ist meines Erachtens bei einer Technologie, die so stark – wie wohl kein anderes Technik-Geschaffenes jemals zuvor – an der Schnittstelle zwischen Technik und Ästhetik und Interaktivität operiert, von nicht zu unterschätzender Bedeutung.
Die Technologie der Virtuellen Realität ist in hohem Maße eine Technik, die ohne den ständigen (!) Bezug zum Menschen selbst, dem user (=Anwender), nicht auskommt, auf den hin diese konzipiert wurde, und ohne seinen aktiven und flexiblen Miteinbezug in ihrer Funktionalität stark eingeschränkt bleibt. So ist vom Menschen auszugehen und seiner Wahrnehmungs- und Bewusstseinsleistung, die im Umgang mit dieser Technik wechselnden Bedingungen und Anforderungen ausgesetzt ist.
Die Kreativität und Schaffenskraft des Menschen wird in diesem *bilddominierten* Medium vor besondere Herausforderungen gestellt, und sich in einem ästhetischen Umfeld, mehr denn in einem technischen, bewegen und bewähren müssen. Vor diesem speziellen Hintergrund der Technologie der Virtuellen Realität zu ergründen, was es konkret bedeutet eine téchne zu haben, wird unter anderen eine interessante Fragestellung sein, zumal es beim Cyberspace zu einer interessanten, ungewohnten Perspektive und Vermischung von lógos und alétheia kommt, sowie von Logik und Kreativität[42], die durch die cyberspaceiale Raum-Zeit Relation bedingt ist.

---

[40] Anm.: „Logos ist nicht notwendig gesprochenes Wort, wenn es auch dafür eintreten kann, sondern Sprache entsteht erst vom Logos her, [...]." Schadewaldt, Wolfgang, a.a. O., S. 183
[41] Anm.: Man beachte: die in Systeme *organisierten* Zeichen, die Codes, entsprechen dabei einer *geordneten Folge* von Ausführungsbefehlen zur Verarbeitung von Informationen, und stellen somit einen *Algorithmus* dar.
[42] Anm.: Der Begriff ‚Kreativität' ist vieldeutig und schwer zu definieren. Kreativität wird erfasst als ein Phänomen, in das u.a. Phantasie, Intuition, Originalität, Inspi-

ration, Innovation, Verspieltheit und wissenschaftlich-technisches Konstruktionsdenken eingehen. Das ersieht man aus dem ersten Gebrauch des Wortes für die englische Übersetzung von Platons ‚poietiké', das mit ‚creativity' wiedergegeben wird. Das Wort entspricht nicht genau dem Begriff in Platons ‚Sophistes', wo noch die Rede ist von ‚dynamis', von ‚machen', Hervorbringen, Erschaffen, daraus lassen sich Muster-haben, Vorbild-Nachahmen, Muster-Sein ableiten. Außerdem erweist sich kreatives Verhalten meist als ‚ziellos', aber nicht als ‚zielblind', weil es gerade spontane, richtungsgebende Komponenten im Schöpferischen sind, die das Wesen der Kreativität ausmachen. (Vgl. auch: Schischkoff, Georgi (Hrsg.), *Philosophisches Wörterbuch*, 21. Aufl., Kröner, Stuttgart, 1982)

Nach Diog. Laërt. III, 84 taucht der Begriff zuerst bei Plato auf, der unter der poietischen Wissenschaft beispielsweise die Architektur anführt. Die gleiche Einteilung der Wissenschaft nimmt Aristoteles (Met. VI 1, 1025b 25.) vor.

Bei Heidegger ist die poiesis in der gleichen Dimension wie das Gestell verwurzelt: in der Grunddimension der Unverborgenheit, der aletheia.

2) Historisches

Die im Folgenden präsentierten historischen Hintergründe zur Entstehungsgeschichte der VR-Technologie sind speziell auf den Fortgang des zu untersuchenden Themengebietes abgestimmt und entsprechend selektiert worden, da es bereits einiges an allgemeinem Material auf dem Markt gibt, und somit an anderer Stelle nachzulesen ist.

Eingegangen wird hier auf einen weniger oft beleuchteten Aspekt der Historie allgemein, insbesondere im Hinblick auf die VR-Technologie, nämlich dem des historischen Vorgriffs und Vorentwurfs, der sehr wohl möglich ist, in dem Sinne und Grund, dass er auf den Visionen und dem Entwicklungsbedarf der Industrie fußt, und damit ein nicht zu unterschätzendes Realisierungspotential in sich birgt, wie so viele Erfindungen, wie zum Beispiel die in der Raum- und Luftfahrentwicklung, bereits in der geschichtlichen Rückbetrachtung bestätigt haben.

Technische Ausführungen werden weitestgehend beiseite gelassen, da die rasant fortschreitende Technikentwicklung, gerade auf dem speziellen Gebiet der Neuen Technologien und der Festkörperphysik, bei Erscheinen dieser Zeilen wahrscheinlich schon wieder veraltet wären und damit uninteressant. Jedoch, diese Tatsache darf nicht dazu verführen, die Charakteristika der Neuen Technologie – denn ganz umsonst wird sie nicht so bezeichnet – vorschnell außer acht zu lassen. Zumindest auf die Charakteristik ihrer Anwendung in der On(-)line-world selbst, sollte man sich einlassen und sie zu benutzen lernen, oder noch besser sich in sie ‚einfühlen'.

Optimal wäre es, man könnte in einem VR-Laboratorium ausgestattet mit dem nötigen technischen Rüstzeug (z.B. einem datasuit) diese Simulations-Charakteristik ‚am eigenen Leib spüren' – wobei das wortwörtlich gemeint ist.

Da sich diese sinnlichen, averbalen Erfahrungswerte im cyberspaceialen Medium nur schwer in Worten mitteilen lassen, ähnlich der Erfahrung der Schwerelosigkeit beim Tauchen, die auf einer Gratwanderung des Vorstellungsvermögens balanciert, und meistens eher der Meinung und Gewöhnung an die Ausdrucksweise anheim fällt als der vernunftvoll sich anstrengenden Phantasie, wird die Vermittlung und Förderung des Vorstellungsvermögens bezüglich der möglichen Erfahrungswerte und Bewusstseinszustände im Cyberspace einen breiteren Raum einnehmen, indem sie beschreibend, anschaulich an Beispielen aufgezeigt werden.

Sich das Ganze in concreto vorstellen zu können, ist insofern wichtig, da ich meine Gedankenkette eng um diese Erfahrungswerte herum entwickeln werde, sozusagen direkt in medias res springe, direkt in die ‚Welt' des Cyberspace, und nicht von außen als Beobachter Schlüsse ziehen möchte. Nicht die Systemhaftigkeit, verstanden im technisch-kybernetischen Sinne, nicht die Künstliche Intelligenz und Robotik oder sonstige Maschinenqualitäten von Selbstorganisations- und Rückkopplungsprozessen werden den Mittelpunkt der Betrachtungen bilden, sondern der Mensch, sein ‚In-die-Cyberspace-Welt-Geworfensein', sein Eingebundensein in die Technologie, das die Art und Weise seiner Wahrnehmung, seines Ichverständnisses und seines Bewusstseins und seiner Handlungsorientierung beeinflußt und verändert. Deshalb ist medias res und gleichzeitiger Ansatzpunkt der Betrachtungen das *Raum- und Zeiterleben* im Cyberspace – und dieses ist wiederum untrennbar mit dem Menschsein, meinem Ausgangs- und Endpunkt verknüpft. Der Mensch ist quasi das Seil an dem die Betrachtungen sich entlanghangeln werden.

Das Dreigestirn

Die heute im Westen, bzw. im Abendland allgemein bekannte Ausdrucksweise *Virtuelle Realität* oder auch *VR-Technologie* für diese bereitgestellte Neue Technologie verdankt ihre Namensgebung und Akzeptanz Jaron Lanier[43], dem großartigen technischen Pionier und zugleich medienrelevanten Gedankenverfechter dieser technologischen Entwicklungsrichtung.[44] Demgegenüber gestellt, wird sie in Asien von den Japanern als *Intime Realität* bezeichnet.
Andere Bezeichnungen, wie zum Beispiel die von dem Pionier Myron Krueger, einem psychologisch orientierten Forscher, als *Künstliche Realität* vorgeschlagene, oder auch Ausdrücke wie *Synthetische Welten*, *Imaginäre* Welten, *Cyberrealität*, sowie die aus einer anderen Denkrichtung kommenden Bezeichnungen wie *microworld* oder *toysworld*[45] verschwanden relativ schnell von der Bildfläche, was

---

[43] Anm.: In der Zeitschrift *Whole Earth Review* wurde 1988, das erstemal ein Interview über die ‚Virtuelle Realität' veröffentlicht, das allerdings schon ein paar Jahre früher mit Jaron Lanier aufgezeichnet wurde, und danach in der ganzen Welt in viele Sprachen übersetzt wurde. Jaron Lanier war zur Zeit dieser bahnbrechenden Leistung noch ein Twen. Nachlesen kann man das (englische) Originalinterview im Internet unter: http://people.advanced.org/~jaron/vrint.html

[44] Anm.: Jaron Lanier (*1960) hatte zuvor als Spieleprogrammierer („Moondust", regarded as the first art video game, 1983) der Firma Atari, gearbeitet, bevor er als Initiator, auch aller bis dato erbrachten, jedoch unbeachteten Entwicklungsleistungen (z.B. die von Ivan Sutherland, Myron Krueger oder Ted Nelson), für die öffentliche und vor allem wissenschaftliche Beachtung wirkte, und sie damit aus ihrer langen Latenzphase herausholen konnte. „Die moderne VR-Technologie wurde geboren, als die NASA/Ames in der Person von Scott Fisher Laniers Firma VLP beauftragte, für ihr VR-System einen Datenhandschuh (dataglove) zu entwickeln. Es war ein gutes Geschäft für beide Seiten. Für einen relativ geringen Betrag erschloß er der NASA die Möglichkeiten, ihr eigenes VR-System und Weltraumroboter zu entwickeln, während er der VLP die Chance gab, ernst genommen zu werden. Unter technologischem Aspekt war es ein kluger Schachzug, bei dem Faseroptik und elektromagnetische Sensoren miteinander verbunden waren. Doch im Hinblick auf das Medieninteresse war es ein Quantensprung – [...]."
Vgl. Sherman, Barrie; Judkins, Phil, *Virtual Reality, Cyberspace – Computer kreieren synthetische Welten*, Droemersche Verlagsanstalt Th. Knaur, München 1995, S. 31. Englischer Originaltitel: *Glimpses of Heaven, Visions of Hell,* Hodder & Stoughton, London, 1992

[45] Anm.: Zu dieser Begriffsentstehung seien zwei Beispiel angeführt: 1.) Jonathan Waldern hatte bis 1988 den ersten Prototypen von Computerspielen für Spielhallen entwickelt, der 1991 in Wembley in London als erstes kommerzielles VR-Sytem für Spielhallen der Öffentlichkeit vorgestellt wurde. Das erste VR-Spiel der Welt, das

seinen Grund mit Sicherheit in der am zutreffendsten Bezeichnung von Lanier hat.

Im allgemeinen wird die Meinung vertreten, dass „trotz oder gerade wegen der Tatsache, daß VR auf Anhieb nicht so leicht zu verstehen ist, die Bezeichnung ‚Virtuelle Realität' perfekt passt."[46] Dennoch gibt es keinen eigenständigen Technikzweig, der den Namen ‚Virtuelle Realität'trägt, da sie ein Konglomerat und Resultat aus verschiedenen technischen Richtungen und Wissenschaften ist.

Interessant ist in diesem Zusammenhang der Vergleich mit den ursprünglichen Bezeichnungen für *die* Technikentdeckung, auf der die ‚Virtuelle Realität' zu einen Großteil basiert, und heute allgemein als *Computer* bekannt ist: der Pate der modernen Computerarchitektur John von Neumann wollte dieses Gerät *Allzweckmaschine* nennen und der Computerpionier Alan Turing hat von einer *Universalmaschine* gesprochen.[47]

Die bemerkenswerte Gemeinsamkeit und Verbindung über alle aufgeführten Begriffs- und Zeit- und Ortsdifferenzen hinweg, ist, dass die Namengebungen auf eine erstaunliche technische Leistung hinweisen wollen, und zwar auf eine derartige, die in eine solche Dimension vorstößt, dass sie nicht anders faßbar ist, als mit verweisenden, übergreifenden Begrifflichkeiten, wie z.B. universal, Allzweck, Welt oder (Intime) Realität. Solche großgefaßten Begrifflichkeiten existieren sonst in den Naturwissenschaften nur in der Physik, z.B. die ‚Vereinheitlichungstheorie', und sind in der Fachsprache der Technik eigentlich nicht zu finden, und unterstreichen damit nochmals deutlich die Bedeutung dieser Technologie.

Die Redewendung ‚nomen est omen' scheint in besonderem Maße für die historische Entwicklung der VR-Technologie zutreffend, und zeigt wie wichtig, beziehungsweise wie irreführend bedeutungsun-

---

interaktiv und mit Helm ausgestattet war, war *Dactyl Nightmare*, bei dem sich zwei Spieler gegenseitig, ganz nach militärischer Spielart, beschießen. 2.) Die Firma Mattel hatte die Lizenz für den data glove für die Version eines Nintendo controllers von Laniers Firma VLP erhalten.

[46] Vgl. Sherman, Barrie; Judkins, Phil, *Virtual Reality, Cyberspace – Computer kreieren synthetische Welten,* a.a.O., S. 33

[47] Vgl. Sherman, Barrie; Judkins, Phil, *Virtual Reality, Cyberspace – Computer kreieren synthetische Welten,* a.a.O., S. 26, und s. auch: Turing, Alan M., *Computing Machinery and Intelligence,* In: *Mind, A Quarterly Review of Psychology and Philosophy,* Vol. 59, No. 236, (Oct. 1950), S. 441

scharfe oder unkorrekte (Fach-)Ausdrücke sein können, und Assoziationen und Visionen (unbemerkt) leiten, ja sogar bestimmend für ganze Entwicklungsrichtungen innerhalb der Forschung werden können.[48] Ted Nelson, „einer der wirklich originellen Denker im Computerwesen" hat sich mit diesem Zusammenhang befaßt und ist überzeugt, „[...], daß man bei einer Annahme des Vorschlags von Neumann die Computer in einem anderen Licht gesehen und möglicherweise von vornherein eine andere Richtung in der Entwicklung eingeschlagen hätte. So hätte eine ihrer ursprünglichen Anwendungen durchaus darin bestehen können, «animated displays» (bewegte Darstellungen) hervorzubringen, doch die Buchhalter und Statistiker waren schneller mit ihren rein rechnerischen Anwendungen. Die Möglichkeit, durch Computer grafische Schaubilder zu erzeugen, wurde bis Mitte der 80er Jahre nicht weiter verfolgt. [...]. Nach viel versprechenden Anfängen wurde sie [die VR-Technologie, Anm. v.V.] vom Establishment verstoßen, das ihre Brüder KI (Künstliche Intelligenz) und PC (Personal Computer) vorzog. Sie wurde schließlich von Militärspezialisten aufgespürt und für deren Zwecke eingesetzt. Mit Hilfe der NASA gelangte die VR nach Nordkalifornien und wurde hier zu einem zweiten Leben erweckt. VR ist fast ausschließlich eine US-amerikanische Entwicklung."[49]

Unberücksichtigt lässt Ted Nelson dabei, dass die rein rechnerischen Anwendungen hauptsächlich in den geophysikalischen Meßstationen ausgeführt und weiterentwickelt wurden, da die Geophysiker als eine der ersten den Computer zur Datengenerierung von unzähligen Meßdaten einsetzten. Die Forcierung des Gebrauchs von Computern in diesem Bereich hat nicht nur mit der Prospektion von Erdöl zu tun, und ist auch nicht zufällig finanziell stark gefördert worden; im Gegenteil, da die Geophysiker mit der besseren Datenauswertung per Computer in der Lage waren Erdbeben von unterirdisch gezündeten Atombombenversuchen zu unterscheiden. Somit war nicht nur die

---

[48] Anm.: Eine andere historisch relevante, der breiten Öffentlichkeit bewußte Begriffsverwirrung, ist die (immer noch teilweise anhaltende) Diskussion um den physikalischen Welle-Teilchen Dualismus, der auf der anschaulichen Vorstellungsebene zu Komplikationen führen kann, andererseits zieht z.B. der Begriff der „Welle" die Assoziation zur sogenannten ‚Feldtheorie' nach sich; eine der wichtigen Theorie innerhalb der Physik.
[49] Sherman, Barrie; Judkins, Phil, *Virtual Reality, Cyberspace – Computer kreieren synthetische Welten*, a.a.O., S. 26

VR-Technologie ein Kind der militärischen (US-) Strategen, sondern in Deutschland zur Zeit des Kalten Krieges ebenso die Computerwissenschaft, die dadurch an Wichtigkeit im Vergleich zur VR-Technologie gewann; desgleichen war die HTML-Sprache des Internets anfangs für die *Kryptographie* vorgesehen gewesen, und nicht für den öffentlichen Gebrauch, wie sie in der heutigen Form praktiziert wird und sich mit ihrer inhärenten Eigendynamik fortentwickelt hat. Dennoch entzieht sich dieses ‚Kind' der Neuen Technologie erfolgreich der philosophischen Diskussionsplattform, da der PC und seine Verknüpfung im weltweiten Inter- und Intranet mit seiner geschaffenen Geheimsprache, eben per se geheim bleiben muss, während das zweite ‚Kind' dieser Technologie, die *Künstliche Intelligenz* (KI) deutlich sichtbar in den Maschinen, bzw. den Robotern wird, und damit nicht geheim, sondern verborgen, nur noch geistig durch die Öffentlichkeit geborgen werden musste. Analoges geschieht gerade mit dem dritten ‚Kind' dieser Neuen Technologie, nämlich der *VR-Technologie*.

Die frühe industrielle und militärische Nutzbarkeit und ihre Verwendungsmöglichkeiten zum einen, für die schnelle Maschinengenerierung von Daten und ihrer Kommunikation durch den PC, und zum anderen durch die ‚Künstliche Intelligenz', bzw. der Robotik, deren Einsatz in der Luft- und Raumfahrttechnik, gerade auch in Zeiten des Kalten Kriegs, und in der Industrie von immensen Nutzen ist, haben parallel die geistig-reflektorische und philosophische Diskussion angeregt. Die dritte Technologie, die aus dieser Entwicklungslinie abstammt und geboren wurde, die VR-Technologie, wurde aufgrund ihrer im Vergleich zu den anderen beiden verspätet einsetzenden Realisierung und Förderung, auch dementsprechend verspätet in den Geisteswissenschaften aufgegriffen und reflektiert. Vielfach wird sie sogar verworfen, da man sie mit der KI vermengt und keine philosophischen eigenständigen Unterschiede sehen möchte, und dass, obwohl die VR-Technologie auf gänzlich anderen Prinzipien und Zielsetzungen beruht. Die gemeinsame Basis der Informatikwissenschaft bildet nur den gemeinsamen Ausgangspunkt, der sich schnell in verschiedene Wege aufspaltet; ähnlich wie die Physik, die als gemeinsame Basiswissenschaft, sich in die unterschiedlichsten Zweige aufspaltet, mitsamt den dazugehörenden unterschiedlichsten Auswirkungen und disziplinären Diskussionen.

Wofür die VR-Technologie einsteht, ihre Zielsetzungen und Verwendungsmöglichkeiten, sowie ihre spezifische Charakteristik werden im folgenden noch aufgezeigt werden.

Die Namensgebung

Unabhängig von allem politischem und gesellschaftlichem Kalkül, setzt zuerst das technisch Machbare konkrete Realisierungswünsche sowie Macht- und Phantasiegelüste frei, so daß die Namensgebung bei der ‚Geburt' eines neuen technisch Machbaren, des ‚unbeschriebenen' Objekts entscheidenden Einfluss ausüben kann.

In diese Kategorie gehört der zur VR-Technologie untrennbar gehörende, zum Klassiker gewordene Roman *Neuromancer* von William Gibson, der erstmals im Jahre 1984 erschien.[50] Gibsons Idee der Begriffsschöpfung *Cyberspace* wurde und wird gleichwohl von den *Internet-lern* als auch von der damals gerade neu entstehenden Wissenschaftsdisziplin *Virtuelle Realität* aufgegriffen und für sich als adäquate Bezeichnung in Anspruch genommen.

Die doppelte Adaption der Namensgebung durch zwei eigentlich unterschiedliche Technologien ist erklärbar durch deren unterschiedliche, spezifische Erfassungsweise des Romans, zum einen ist sie lediglich durch einen spezifischen Leserkreis gekennzeichnet, und zum anderen durch die inhaltliche Rezeption des Romans selbst. Case, der Held von Neuromancer, ist ein Computerhacker, korrekter gesagt, ein Antiheld, der am Rande der Gesellschaft steht und eine Punk-Einstellung hat. Damit hatte Gibson eine neue literarische Bewegung innerhalb der Science-Fiction-Literatur initiiert, da die ‚Punks' oder ‚New Wave'-Bewegung mit in die Science-Fiction integriert wurden, und zwar mit ihrer veränderten Weltanschauung der achtziger Jahre, die sich von ihren vorherigen Entwicklungsstufen dadurch abhob, dass sie intellektueller und inhaltlich konzentrierter war. Case ist ein „intellektueller Punk, kein simpler Greaser. Die »Cyber«-Hälfte der Gleichung bestimmt seine Intellektualität. [...]. Eine neue »high-tech«-Romantik."[51] Dieser Aspekt von Neuromancer ist es, der die Internet-Freaks anspricht, und sie zur Annexion des Begriffs ‚Cyberspace' verführte. Man beachte dabei, dass die wirkli-

---

[50] Anm.: Der Ausdruck ‚Cyberspace' wird von William Gibson (*1948) in seiner im Jahre 1982 veröffentlichten Kurzgeschichte *Burning Chrome* zum ersten Mal verwendet.
[51] Norman Spinrad, Nachwort in: William Gibson, *Neuromancer*, aus dem amerikanischen übersetzt von Reinhard Heinz, Heyne Verlag, München, 1987; Originaltitel: *Neuromancer*, Ace Books, New York, 1984, S. 353 und S. 357

chen ‚New Waver' in der Regel nicht viel lesen, und der high-tech Science-Fiction Roman ‚Neuromancer' vorwiegend in den jungen, intellektuellen Kreisen der Universitäten aufgenommen wurde, sowie von der Hacker-Szene, die erwiesenermaßen auch keine ‚dummen Köpfe' sind. In dieser Subkultur wird der zugrunde liegende griechische Ausdruck ‚Cybernetics' weniger als ‚Steuermann' begriffen, sondern als ‚Pilot', der das eigenständige Handeln des Cyberpunk betonen soll, weil der Pilot seinen Weg eigenverantwortlich findet, während der Steuermann oft Befehlen unterworfen ist. Daher erklärt sich also der geläufige Begriff ‚Cyberpunk' im Internetjargon.

Die Idee mit Hilfe eines Computers oder innerhalb eines Internet-Netzwerks mit verschiedenartigen virtuellen Realitäten experimentieren zu können, ist ein relativ altes Thema innerhalb der Science-Fiction (seit dem Film ‚Tron', 1982), und doch ist sie es, die die Wissenschaftler der ‚Virtuellen Realität' ansprach, zumal sich in dem Roman der *Neuromancer* als eine AI, eine ‚Künstliche Intelligenz', also eine besondere Turing-Maschine, entpuppt. Relevant hierbei ist, dass historisch gesehen, sowohl die Technologie der ‚Künstlichen Intelligenz' als auch die ‚Virtuelle Realität' einen gemeinsamen Ursprung besitzen, den man in Turing's Gedankenexperiment verankern kann. Dieser Aspekt führte die VR-Wissenschaftler zu der Übernahme des Begriffs ‚Cyberspace' um ihre jungen Entwicklungen benennen und von der KI absetzen zu können.

Doch wer oder was ist Neuromancer? Man kann durchaus behaupten, dass Gibson mit seinem Neuromancer die pauschalierte Unterscheidung zwischen der KI und der VR vorwegnimmt:

„Wintermute [eine andere KI, Anm. v.V.] war Kollektivhirn, Entscheidungsfäller, der verändernd auf die Außenwelt einwirkt. Neuromancer war Persönlichkeit. Neuromancer war Unsterblichkeit."[52]

Diese generelle Unterscheidung nach Exoterik und Esoterik ist meines Erachtens paradigmatisch.

Mit seinem Titelträger „Neuromancer" vermischt Gibson absichtlich mehrere Bedeutungsebenen und jongliert mit der Metaphorik, die sich aus dem Wortspiel von Neuromancer herauskristallisieren lässt.

---

[52] William Gibson, *Neuromancer*, aus dem amerikanischen übersetzt von Reinhard Heinz, Heyne Verlag, München, 1987; Originaltitel: *Neuromancer*, Ace Books, New York, 1984, S. 344

Neuromancer ist zudem nicht nur eine KI, sondern ein *Kind*. An der für die Namensgebung für die VR-Technologie entscheidenden, sowie philosophisch-interpretatorischen Passage entspinnt sich folgender Dialog zwischen dem Romanhelden Case und Neuromancer:

„»Wie ist dein Name? Dein Turing-Code? Nun?«
Der Junge machte einen Handstand in den Wellen und lachte. Er ging auf den Händen und schnellte sich dann aus dem Wasser. [...].
»Um einen Dämon zu rufen, muß man seinen Namen wissen. Einst haben die Menschen davon geträumt, und jetzt ist es auf andere Weise Wirklichkeit geworden. Das weißt du, Case.
Es ist deine Aufgabe, die Namen von Programmen zu erfahren, die langen, formellen Namen, Namen, die die Besitzer zu verbergen suchen. Wahre Namen ...«
»Ein Turing-Code ist kein Name.«
»Neuormancer« sagte der Junge, der mit verkniffenen, grauen Augen zur aufgehenden Sonne spähte. »Der Pfad ins Reich der Toten. Wo du bist, mein Freund. [...]. Neuro von Nerven, den Silberpfaden. Romancer. Romantiker. Nekromant. Ich rufe die Toten. Aber nein, mein Freund«, und der Junge vollführte einen kleinen Tanz, stampfte mit braunen Füßen den Sand, »ich *bin* die Toten und ihr Reich.« Er lachte. Eine Möwe kreischte."[53]

Bemerkenswert und wenig beachtet ist, in dieser Szenerie, dass ein lachendes und tanzendes Kind, gar als ein Unsterbliches und Eigenwilliges dazu, die Aufklärung bringt und philosophische Weisheiten verkündet. So etwas ist nicht neu, und steht in der Tradition von Heraklits ‚göttlichem Kinderspiel' und nachfolgend bei Friedrich Nietzsches ‚lachenden und tanzenden Göttern' und seiner Kind-Metaphorik.
Ohne näher auf die Interpretation dieser Schlüsselszene eingehen zu wollen, da sie zu weit vom Thema wegführen würde, sei jedoch der Grund aufgeführt, warum sie in voller Länge zitiert wurde. Sie ist der Ursprung und Schlüssel zum vollständigen Verständnis des Begriffs ‚Cyberspace'. Erwartungsgemäß findet man in der Sekundärliteratur

---

[53] Ebd., S. 317f
Anm.: Mit dem Ausdruck ‚Silberpfaden' in obiger Schlüsselszene sind *künstliche* Nervenbahnleitungen gemeint, wie die *metallisch* leuchtenden *high-tech* Materialen der Elektroden, Glasfasernetze, oder allgemein der Implantate.

zu der Gibson'schen Wortschöpfung ‚neuromancer' interpretatorische Verknüpfung mit den Begriffen *neuro* (= nerves), *mancer* (= magician), *romancer* und *necromancer*. Zusätzlich taucht in diesem Quartett des öfteren der Begriff *new*romancer auf.
Und diese Begriffsableitung ist wert, näher kommentiert zu werden. Üblicherweise findet sie sich in der deutschsprachigen Literatur wieder. Dort wurde fälschlicherweise aus dem amerikanischen Original Neuro/mancer kurzerhand Neu/romancer gemacht, und damit war eine mögliche Rückübersetzung in New/romancer vorgezeichnet, – und eine mögliche Fehlinterpretation von William Gibsons Werk ‚Neuromancer' und des Cyberspace vorprogrammiert.
Jedoch, die Verwendung der Begriffsbedeutung von *Newromancer/ Neue Romantik* existiert und macht vor allem Sinn bei der Namensgebung und Kennzeichnung einer Bewegung, in der sich das Gedankengut von *New Wave* und *Hard Science Fiction* vereinigt, in Absetzung zu früheren Punk-Bewegungen, so daß die Verwendung des Begriffs Newromancer meistens eher einem Bekenntnis und einer Sympathiebekundung zur Punkbewegung gleichkommt, als einer wertneutralen, objektiven Verwendung im wissenschaftlichen Kontext. Die *Neue Romantik* besteht hauptsächlich in einer Akzeptanz von High-Tech und von technologischen Instrumentarien zur Verstärkung der Bewusstseinseindrücke und Empfindungen bis hin zur ‚telepathy made technological'[54] in Ablösung des früheren Drogenkonsums.[55]
Generell kann man festhalten, dass davon auszugehen ist, dass keine bewusste, beabsichtigte Einsetzung des Begriffs Neu-Romantik vorliegt, wenn als Quelle ein Buch von William Gibson angeführt wird, das den Titel ‚Newromancer' trägt, da er ein solches nicht geschrieben hat.[56]

---

[54] Quelle: http//www.wsu.edu:8080/~brians/science_fiction/neuromancer.html
[55] Vgl. dazu auch: Norman Spinrad, Nachwort in: William Gibson, *Neuromancer*, a.a.O.
[56] Anm.: Dieser missverständliche Fall zeigt auf, wie wichtig es sein kann, sich mit richtungsweisenden Originaltexten auseinander zu setzen, auch wenn sie unbequem sind, und nicht leicht verständlich, wie eben dieser ‚Cyberpunk'-Roman von Gibson, um die Gefahr von Fußangeln innerhalb einer ‚Fußnotenwissenschaft' zu umgehen. Leider hat sich sogar in einem, ansonsten sehr guten und wichtigen, frühen Hauptwerk zur Cyberspace-Philosophie, dieser Fehler eingeschlichen, der dann immer wieder und wieder, mit Rückgriff auf dieses Werk wiederholt und zitiert wurde.

Die deutschen Überstetzungen des von Gibson ebenfalls neu geschaffenen Wortes ‚Cyberspace' stellen mit ‚*Kyberspace*' den richtigen Bezug zur Kybernetik her, bevor es sich im deutschen Sprachgebrauch einbürgerte, den Anglizismus ‚Cyberspace' zu verwenden.[57]

Mit der Metapher des necromancer wird u.a. auf den wichtigen Aspekt der VR-Technologie angespielt, der sich auf die Visualistik stützt, was gleichbedeutend mit einem massiven Zurückdrängen der Dominanz der Sprache und der Logik ist – doch dazu später mehr.[58]

Mit Gibson wurde die Namensgebung ‚Cyberspace' für die VR-Technologie populär, und sie wird bis heute oft synonym und abkürzend, anstatt des ganzen Ausdrucks ‚VR-Technologie' verwendet.

Auch ich werde den Begriff ‚Cyberspace' für die weiter Verwendung innerhalb dieser Erörterungen wählen, und mich damit eben diesem gebräuchlichen Ausdruck anschließen; entgegen der heutzutage verlaufenden Tendenz den Begriff ‚Cyberspace' hauptsächlich als Inbegriff für das Internet zu verwenden.

Für den Begriff ‚Cyberspace' habe ich mich hier bewusst entschieden, und damit auch gegen den mehr computertechnisch verwendeten Begriff ‚Virtuelle Welt', aus mehreren Gründen:

• Weil es sich um ein philosophisches Thema handelt.

(Auf ein ähnliches, nämlich ein vergessenes, Verhältnis werden wir später beim Turing-Gedankenexperiment stoßen.) Gemeint ist das Werk von: Waffender, Manfred und Moos Ludwig (Hg.), *Cyberspace, Ausflüge in virtuelle Wirklichkeiten*, rowohlt, 1991. Auch hier ist der Originaltitel von Gibson als ‚Newromancer' angegeben.

Dass ich mit meiner Ansicht nicht allein stehe, davon zeugen auch andere aufmerksame Autoren, die diesen Lapsus bemerkten, wie z.B.: Hitzing, Lars, *Escape – Identität im Cyberspace. Eine medienpädagogische Betrachtung über den Einfluss von Multi User Dungeons auf die Persönlichkeitsentwicklung*, Dipl.arbeit, TU Dresden, 2002, S. 5

[57] Anm.: Der Vollständigkeit wegen, und nicht um die Sachlage zusätzlich zu verkomplizieren, möchte ich darauf hinweisen, wie Gibson selbst den Cyberspace definierte: „Kyberspace. Unwillkürliche Halluzination, tagtäglich erlebt von Milliarden Berechtigten in allen Ländern, [...]." (in: *Neuromancer*, S. 76). Hier und vor allem später, in den mit ihm geführten Interviews wird deutlich, dass Gibson selbst den Begriff ‚Cyberspace' mit dem *Internet* verknüpft. Siehe z.B. in dem Interview von Dan Josefsson: *I don't even have a modem*, nachzulesen unter:
http://www.josefsson.net/gibson

[58] Anm.: So z.B. richtigerweise erkannt und behandelt bei Waffender, Manfred und Moos Ludwig (Hg.), *Cyberspace, Ausflüge in virtuelle Wirklichkeiten*, a.a.O.

- Weil Begriffe, wie ‚Synthetische' oder auch ‚Virtuelle' Welt in der Namensgebung schon ein Vorurteil implizieren und mitsichführen können, das in der Nähe der Doxa verstanden als Scheinwelt mit negativer Konnotation, angesiedelt wird. Um abwertende Vorentscheidungen in einer ernsthaft geführten Diskussion zu vermeiden, wird auf diese Begriffe verzichtet, bis geklärt ist, was sich inhaltlich hinter ihnen verbirgt.
- Weil die beiden Begriffe Cyberspace und VR in den 80 iger Jahren entstanden und, meinem Erachten nach, aus der heutigen Sicht der Entwicklung der Begriff Cyberspace das Phänomen dieser Technologie besser zu treffen scheint. Dieses Argument mache ich mit dem Umstand ihrer immer enger werdenden Verknüpfungen mit den Neuro- und Kognitionswissenschaften geltend, wie später noch näher ausgeführt werden wird.

Zumal, automatisch die miteinfließende Mehrdeutigkeit von ‚neuromancer' in die Begrifflichkeit ‚Cyberspace' mehrere aktuelle Denkansätze miteinschließt.
- Weil in dem Begriff ‚Cyberspace' das englische Wort ‚cybernetics', das von dem amerikanischen Mathematiker Norbert Wiener geprägt wurde, anklingt. Im Deutschen ist damit die Kybernetik gemeint, die nach dem griechisch ‚kybernetike', der Steuermanns-kunst gebildet wurde, wo zugleich die téchne, die selbst einen wichtiger Begriff in meinem Kontext darstellt, eingeht.

Die Kybernetik selbst hat sich in mehrere Zweige[59] aufgespaltet: die Steuer- und Regelungstechnik, die Nachrichtentechnik und die Technik der datenverarbeitenden Maschinen, die heutige Informatik, die in den vierziger Jahren mit Karl Zuse in Deutschland und mit Howard Aiken in den USA ihre eigenständige, rasante Entwicklung nahm. Und sich dieser Basis der VR-Technologie immer mal wieder zu erinnern, ist mein Ansinnen für den bevorzugten Gebrauch der Vorsilbe ‚Cyber' in Cyberspace.

Heutzutage dreht es sich nicht mehr alleine um die Erkenntnis an sich, sondern zunehmend um Macht, – und Macht bedeutet zugleich Information, genauer gesagt: die *Steuerung von Informationen*, wie

---

[59] Anm: Die Aufspaltung in die weiteren, oben nicht aufgeführten Zweige, wie die biologische Kybernetik, die Soziokybernetik und in die formal-operationalen Wissenschaften, wie die Informationstheorie, Spieltheorie, Schaltalgebra, Theorie der Entscheidung, u.a. interessieren in den zu verfolgenden Überlegungen nicht weiter und werden deswegen nicht mitberücksichtigt.

man es auch schon von der Artificial Intelligence (AI), bzw. der Künstlichen Intelligenz (KI) her kennt. Und die Kybernetik ist die Wissenschaft von den *Wirkgefügen* allgemein, wobei „nicht die Qualität der Wirkung, sondern die *Form* der Verknüpfung das entscheidende Merkmal der kybernetischen Begriffsbildung ist."[60] Da datenverarbeitende Maschinen auf einem binären Code aufgebaut sind, aber auf eine gewisse Art und Weise mit irgendwelchen Wirkungsträger verbunden sind, durch die sie Informationsgehalte zur Konkretisierung bringen, wird dem Begriff der Information, zumindest hintergründig, ebenfalls bei der VR-Technologie eine Bedeutung zukommen. Der Begriff ‚Information' geht unausweichlich in den Cyber-space mit ein.

• Weil, wenn von (einer anderen) ‚Welt' und ‚Realität' die Rede ist, deren ureigensten markantesten Eckpunkte meines Erachtens die primären anthropologischen Begriffe ‚Raum' und ‚Zeit' als Ausgangspunkt der Betrachtungen dienen sollten, und erst darauf aufbauend Folgerungen bezüglich irgendwelcher System- und Randbedingungen oder Wahrnehmungs- und Bewusstseinsgegebenheiten gezogen werden sollten. Ebenso ist der primäre Begriff der Information und seine Verbindung zwischen Raum und Zeit, wenn es sie gibt, vorher abzuklären. Damit also nicht der zweite Schritt vor dem ersten Schritt gemacht wird, ziehe ich zu dessen Unterstreichung den Begriff ‚Cyber-Space' vor.[61]

---

[60] Vgl. dazu: Sachsse, Hans, *Einführung in die Kybernetik*, Vieweg, Braunschweig, 1971, S. 2-5

[61] Anm.: Die Wichtigkeit des Miteinbezugs in die KI und VR von ‚*Raum*' und ‚*Zeit*' und nicht nur einzig von ‚*Information*', findet bereits ihre indirekte, aber deutliche Spurenlegung in Gibsons Science-Fiction Roman *Neuromancer*: die Überwindung des Raum-Körpers, instantane technologische Gedanken- und Körperbeeinflussung, sowie der gerne unterschätzte Zeitbegriff, der in ‚*Neuromancer*' z.B. durch die Symbolik der ‚*weichen Uhren*' von Salvador Dalí thematisiert wird, wobei sie eine technisch und philosophisch interessante Abänderung erfahren, da „die Zeiger aus *Hologrammen* bestanden" und diese sich zudem „im Einklang mit dem verzerrten Ziffernblatt beim Drehen *veränderten*, aber nie die korrekte Zeit angaben." (Hervorhebung v.V.; vgl. *Neuromancer*, a.a.O., S. 25). Dalí war meines Wissens nach einer der ersten Künstler-Philosophen, der die Holographie und Stereoskopie einsetzte (Ausstellung in New York, 1972) und regelrecht vergötterte, die erst heutzutage durch die VR-Technologie zur vollen technischen und philosophischen Blüte gelangen sollten, da sie den wesentlichen Kern der VR-Technologie ausmachen. Dalí schrieb schon damals: „Die kommende Realität ist genau folgende: [...]. Und ich

Der Computerwissenschaftler Jaron Lanier führte den Begriff ‚Virtuelle Realität' deswegen ein, und lehnt damit den Begriff ‚Cyberspace' ab, weil seiner Meinung nach: „In these novels like, True Name and Neuromancer and so forth, people don't do anything interesting with the artificial reality."[62]

Mit dieser Ansicht hat Lanier zweifelsohne recht. Der entscheidende Punkt dieser neuen Computertechnologie liegt auf dem aktiven Machen, dem Handeln; und nicht auf einer Passivität, wie sie selbst in kybernetischen Selbstregulierungsmechanismen oder Apparaturen der Künstlichen Intelligenz und der Robotik versteckt inhäriert, zum Ausdruck kommt und in ihr verhaftet bleibt. Die Aktivität verweist primär auf den Menschen selbst, sie geht von ihm aus und stellt den Menschen in das Zentrum dieser Technologie. Die VR-Technologie zeichnet den Menschen aus, und das meine ich, wenn ich davon spreche, dass man nicht den zweiten vor dem ersten Schritt machen solle, wenn man über die VR-Technologie nachdenkt. Dann, und nur dann treffen sich die Bedeutungen der Begriffe ‚Cyberspace' – wie ich ihn verstanden wissen möchte – und ‚Virtuelle Realität' und verschmelzen zu einer Identität.

Man könnte an dieser Stelle einwenden, dass der computertechnische Begriff ‚Virtuelle Realität' und der von mir im philosophischen Kontext benützte Begriff ‚Cyberspace' ein und dasselbe meinen, was auch durchaus richtig ist, betreffen sie doch das gleiche ‚Objekt', jedoch bedurfte es dieser Klärung, da die VR-Technologie so komplex ist, dass sie meist entweder als *Kontext* oder als *Thema* verwen-

---

kann Heureka sagen! Denn ich bin der einzige, der ihn gefunden hat, ich habe ihn soeben gefunden, den hyperästhetischen Namen, der unabwendbaren, drohenden Malerei. Dieser Name ist: *Metaphysischer Hyperrealismus.*"
(Vgl. *Salvador Dali: Retrospektive 1920-1980*, Prestel-Verlag, München, 1980, S. 391-402. Siehe ebenfalls: Ommeln, Miriam, *Die Verkörperung von Friedrich Nietzsches Ästhetik ist der Surrealismus*, Peter Lang Verlag, Frankfurt, 1999, S. 247).
Also, statt einer möglichen Namensgebung wie *Virtuelle Realität* wäre der seiner Zeit weit vorauseilende, denkwürdige Vorschlag *Metaphysischer Hyperrealismus* genauso denkbar gewesen.
Der im ‚*Neuromancer*' ebenfalls wichtige Begriff der *Matrix*, ist beinahe selbstredend: er ist der, auf und in sich selbst vereinende, Inbegriff der Raum-Zeit, zugleich, mit metaphysischen, göttlichen Attributen versehen, das Gefüge und Gestell der Welt.
[62] Lanier, Jaron, *A Vintage Virtual Reality Interview*, in der Zeitschrift *Whole Earth Review*, 1988, oder nachzulesen unter: http://people.advanced.org/~jaron/vrint.html

det wird, was zwei unterschiedliche Betrachtungsweisen nach sich zieht, und zu allerlei Vermischungen und Missverständnissen im aktuellen Diskurs führt.[63]

Betrachtungen über die VR-Technologie anzustellen, bedeutet strenggenommen sich auf den Bereich des Menschen zu konzentrieren, und zwar in doppelter Hinsicht: sowohl von der philosophischen als auch von der technischen Seite her, deren Bedeutung später näher beleuchtet wird.

---

[63] Anm.: z.B. die Auseinandersetzungen zwischen Jaron Lanier und Daniel Dennett, oder mit David Chalmers, Hans Moravec, Roger Penrose, Richard Dawkins, u.v.m.

Turing Test einmal anders – die Technologie der Künstlichen Intelligenz – Hinter- und Vordergründe

Themengebiete der Artificial Intelligence (Künstlichen Intelligenz), die zum Beispiel mit den folgenden Schlagworten verbunden sind, wie mit machine-intelligence, free-will, mind, consciousness, cognitive neuroscience etc., um nur einige wenige zu nennen, verfehlen die VR-Technologie von ihrem Wesen und ihrem Konzeptionsgedanken her, und das von Grund auf und von ihrem ureigensten Anfang ausgehend, nämlich der technischen Implementierung und Realisierung. Falls es in ferner Zukunft mit dem Forschungszweig der Künstlichen Intelligenz Berührungspunkte oder Übergänge geben könnte, falls diese Möglichkeit in der Realisierung überhaupt Bestand haben sollte, dann prognostiziert und extrapoliert man diese an der Schnittstelle der Neuro-Chips-Transplantationen, mit denen man Mensch und Computer verbinden will. Die dominierende Hypothese und Voraussetzung dabei ist die Hoffnung, das ein Silizium-Chip, bzw. die Software ein legitimes Medium für das (Selbst-) Bewusstsein und den Verstand sei. Die dreifache Kompatibilität von physikalisch-neuronalen Leitungen, mit der Qualia der Intelligenz und des Bewusstseins, sowie mit chemisch-siliziumhaltigen Netzen und Schaltungen, die allesamt innerhalb eines riesigen auf der Logik basierenden Regelkreises agieren, und im Extremfall gegeneinander austauschbar, ersetzbar und variierbar sein sollen, plausibel zu machen, scheint mir kein leichtes, wenn nicht sogar unmögliches Unterfangen zu sein; zumal, wenn einige Erklärungsansätze über die (darwinistische) Evolutionstheorie führen. Da der Computer aus Materie besteht, ist zu untersuchen, wie Materie beschaffen sein müsste, um Bewusstsein signalisieren zu können; und wie sich Bewusstsein in einer Reihe von Zahlen, bzw. in einem Algorithmus ausdrücken lässt. Das dabei entstehende Meßproblem, gefordert aus Gründen der Objektivierung und wissenschaftlichen Nachweisbarkeit, birgt methodische Schwierigkeiten in sich, die an die Problematik und Unschärferelation in der Quantenmechanik erinnern. Nach einem durchgespielten Gedankenexperiment kommt, um ein Beispiel zu nennen, Jaron Lanier zu folgender, meiner Meinung nach, richtigen Folgerung:
„Enough! [...]. I hope the reader can see that my game can be played ad infinitum. I can always make up a new kind of sensor from the

supply store that will give me data from some part of the physical universe that is related to itself in the same way that your neurons are related to each other by given AI proponent. AI proponents usually seize on some specific stage in my reductio ad absurdum to locate the point where I've gone too far. But the chosen stage varies widely from proponent to proponent. Some concoct finicky rules for what matter has to be to do conscious; be the minimum physical system isomorphic to a conscious algorithm; for instance. The problem with this rules is that they have to race ahead of my absurdifying thought experiment, so they become stringent to the point that they no longer allow the brain itself to be conscious. The brain is almost certainly not the minimum physical system isomorphic to its thought processes, for instance. [...]. If we are relying solely on the human perspective to validate machine consciousness, we're really only putting humanness on an even higher pedestal than it might have been at the start of our thought experiment. [...]. I don't claim to know where consciousness is or isn't, but I hope I've at least shown that there is a real problem."[64]

Eine andere ebenfalls dominante Hypothese der AI ist die Verquikkung der Begriffsverständnisse von ‚Intelligenz' und ‚Bewusstsein', in der Form, dass das Bewusstsein durch Emergenz mit der Intelligenz verbunden sei. Wobei diese Setzung zudem noch, nicht eindeutig definierte, geschweige denn meßbare Variablen, nämlich die des Bewusstseins und die der Intelligenz, impliziert.

Es ist interessant sich den Anfang der AI-Forschung (und somit der Philosophy of Mind and Consciousness, sowie der Kognitionswissenschaften) einmal bewusst vor Augen zu halten:

Er deutet sich 1931 mit dem österreich-ungarischen Mathematiker Kurt Gödel an, als er mit dem sogenannten ‚Gödelschen Unvollständigkeitstheorem'[65] die bis dahin von den Wissenschaftlern des ausgehenden 19. und beginnenden 20. Jahrhunderts gehegte Hoffnung zerschlug, dass alle präzise formulierten mathematischen Probleme sich mit Hilfe von mechanisch ausführbaren Verfahren, also mit Hilfe von Algorithmen, lösen lassen. Der Unvollständigkeitssatz von

---

[64] Lanier, Jaron, *Mindless Thought Experiments, A Critique of Machine Intelligence*, S. 2. Nachzulesen unter: http://people.advanced.org/~jaron/aichapter.html

[65] Gödel, Kurt, *Über formal unentscheidbare Sätze der Principia Mathematica und verwandter Systeme*, Monatshefte für Math. und Phys., 1931, S. 173-189

Gödel war für die weitere Forschung von entscheidender Bedeutung, da nun der Begriff des Algorithmus selbst zum Gegenstand mathematischer Untersuchungen wurde. 1936/37 schlugen A. Church, S.C. Kleene und A.M. Turing mathematische Präzisierungen hierfür vor, die sich als äquivalent herausstellten.[66]

Und er begann mit Alan M. Turing, einem englischen Mathematiker, der 1950 einen Versuch ausführte, der heute allgemein als ‚Turing Test' bekannt ist, bzw. der aufgrund der sogenannten ‚Turing-Maschine' in die Geschichte einging. Ohne näher auf das Experiment einzugehen, das ich als bekannt voraussetze[67], ist mir wichtig hervorzuheben, dass dieser Versuch ein Gedankenexperiment, ein „imitation game"[68] ist, also kein konkreter, sondern einzig ein mit Gedanken ausgeführter. Die Turingmaschine ist nichts anderes als ein *mathematisches Modell*, das dann in einem weiteren Schritt als Realisierungsgrundlage für reale automatisierte, digitale Rechengeräte, wie z.B. Computer angesehen werden kann.[69]

Gedankenexperimente haben in ganz besonderem Maße an sich, dass sie der Gefahr ausgesetzt sind, sich einseitig auf bestimmte Teilaspekte zu konzentrieren und das ‚Gesamt-Experiment' aus den Augen zu verlieren, da das konkret vorhandene Meßergebnis nicht gegeben ist, und somit kein vorgegebenes Ziel, das die momentan eingeschlagenen interpretierenden und erklärenden Denkrichtungen und -kreise korrigieren könnte.

Bei dem Versuch zu klären, „[...] whether there are imaginable computers which would do well."[70] und „[...] can in fact mimic the actions of a human computer closely."[71] (Anm. v.V.: Turing spricht durchgehend vom ‚Menschen' als ‚human computer'), sowie was die

---

[66] Vgl. *Teubner-Taschenbuch der Mathematik*, Teil II, (Hg.) G. Grosche, V. Ziegler, u.a., 7. Auflage, Stuttgart, 1995, S. 4 (Kap. 8.2.1)
[67] Turing, Alan M., *Computing Machinery and Intelligence*, In: *Mind, A Quarterly Review of Psychology and Philosophy*, Vol. 59, No. 236, (Oct. 1950), pp. 433-460. Nachzulesen auch unter: http://www.abelard.org/turpap.htm
[68] Ebd., S. 433
[69] Vgl. *Teubner-Taschenbuch*, a.a.O., S. 4 (Kap. 8.2.1) und *Ergänzende Kapitel* zu Bronstein, *Taschenbuch der Mathematik*, 6. Auflage, (Hg.) G. Grosche, V. Ziegler, u.a., Frankfurt, S. 190 (Kap. 10.3.3.)
[70] Turing, Alan M., *Computing Machinery and Intelligence*, a.a.O., S. 436
[71] Ebd. S. 438

leitende „[...] idea behind the digital computer [...]"⁷² ist, greift Alan Turing entsprechend oft Analogien und Vergleich auf, die, ohne auf sie konkret eingehen zu wollen, bekannterweise ihre eigene Argumentationsgefahr in sich selbst bergen. Desgleichen ist die Palette der von Turing von vornherein angenommenen Voraussetzungen, bzw. eher ausschließenden Voraussetzungen beachtlich, so daß das von ihm gewünschte Ergebnis fast notwendigerweise daraus hervor gehen muss. Dennoch, in betreff seiner anschließenden Verteidigung ‚Contrary Views on the Main Question' (§ 6) sieht Turing sich mit Schwierigkeiten konfrontiert, wie er selbst zugibt: „The reader will have anticipated that I have no very convincing arguments of a positive nature to support my views. If I had I should not have taken such pain to point out the fallacies in contrary views."⁷³

Dem wichtigen, ihm konträren „Argument from Consciousness" (§ 6 (4)), entledigt sich Turing zum Beispiel, mit *dem* „K.O.-Argument" überhaupt, dem Vorwurf des Solipsismus, dem deren Anhänger unterliegen sollen und ihnen damit die allgemeine Diskussionslegitimation entzogen und aberkannt wird: „In short then, I think that most of those who support the argument from consciousness could be persuaded to abandom it rather than be forced into the solipsist position. They will be then probably willing to accept our test."⁷⁴

Zwei weitere, von den insgesamt neun von Turing angeführten Gegenargumenten, möchte ich in diesem Zusammenhang kurz erwähnen. Es sind die von Turing als am gewichtigsten verstandenen; und sie sind zudem ineinandergreifend, und nicht voneinander zu trennen, obwohl dies aus verständlichen wissenschaftlichen (?) Gründen, – dieses Urteil wird dem Leser selbst überlassen – gerne ignoriert und abgetan werden. Beachtenswert ist auf alle Fälle die Tatsache, das Turing, der als Vater aller AI-Gedankenexperimente und als Initiator der AI-Forschung allgemein gilt, beide Phänomene zusammen sieht und behandelt.

Turing selbst schreibt: „[...]; that in fact one can get along very nicely if one forgets about it. This is rather cold comfort, [...]."⁷⁵ Gemeint ist das „Argument from Extra-Sensory Perception" und das

---

[72] Ebd. S. 436
[73] Ebd. S. 455, Anfangssatz von Kap. 7
[74] Ebd. S. 448
[75] Ebd. S. 453 f. Vergleiche bei Interesse auch das ganze Kapitel § 6 (9) und Kap. 7

der „Learning Machines". Der Versuchsaufbau und die -bedingungen des ‚imitation games' sind in beiden Situationen analog und unterscheiden sich nur durch geringe Modifikationen. Das ‚imitation game' entspricht sogar, salopp gesagt, einer typischen Versuchs- und Experimentieranordnung zur Erforschung parapsychologischer Phänomene. Turing meint dazu: „How we should like to discredit them! Unfortunately the statistical evidence, at least for telepathy, is overwhelming.[...]. This argument is to my mind quite a strong one."[76]

• Die für Turing typischen Elemente innerhalb der beiden Phänomene der Parapsychologie und der ‚lernenden Maschinen', also seinem Universalcomputer, sind zum Beispiel die (Zufalls-)Statistik und die mathematischen Zufallselemente, die in einer entsprechenden Software einprogrammiert, zu der Ausrüstung der ‚lernenden Maschine' gehören sollten. Der Zufall soll zum einen die mögliche, bzw. absichtliche Täuschung und Falschantwort des Antwortenden im Spiel imitieren, und zum anderen in einem algorithmischen Optimierungs- und Näherungsverfahren, das Lernverhalten imitieren können, das laut Turing analog des Evolutionsprozesses abläuft. Um nochmals den engen Bezug zu den parapsychologischen Phänomenen deutlich aufzuweisen, sei Turing an dieser Stelle wieder zitiert: „There is an interesting possibility which opens here. Suppose the digital computer contains a random number generator. Then it will natural to use this to decide what answer to give. But then the random number generator will subject to the psycho-kinetic powers of the interrogator."[77]

Der von der Comtess of Lovelace erhobene Einwand (§6 (6): Lady Lovelace'Objection)[78], der von Turing unter diesem Kapitel der ‚lernenden Maschinen' nochmals mit aufgegriffen und abgedeckt wird, wird unter demselben Argument dieser ‚lernenden Zufallstrategie' subsumiert. Dabei kommen wieder einige der vielen Analogien Turings ins Spiel, nämlich die Analogie von „mind" und „machine" zu

---

[76] Ebd. S. 453
[77] Ebd. S. 453
[78] Anm.: Der Einwand besagt: „The Analytical Engine has no pretensions to *originate* anything. It can do *whatever we know* how *to order it* to perform." Mit der Analytischen Maschine ist ein digitaler Universal-PC gemeint. Nachzulesen bei: Countesse of Lovelace, *Translator's notes to an article on Babbage's Analytical Engine*, In: *Scientific Memoir* (ed. by R. Taylor), Vol. 3 (1842), pp. 691-731

der ‚Kritischen Masse' einer Atombombe, oder zu der Verfassung der Vereinigten Staaten, die beide verdeutlichen sollen, dass es möglich ist, aus festen, scheinbar „invarianten" (Spiel-)Regeln ab einer ‚kritischen Masse' oder Größe sich zu verselbstständigen, und die Fähigkeit zu Lernen demonstrieren: „[...] that the rules get changed in the learning process [...]."[79] Bei den parapsychologischen Experimenten mit dem Zufallsgenerator gibt es gleichfalls kritische Parameter, die für das Gelingen des Vorhabens entscheidend sind.

• Der von Turing ins (Gedanken-)Spiel gebrachte Evolutionsprozess, wieder als Analogie und Behauptung angeführt, zeichnet sich durch sein Auf-Etwas-Ausgerichtet-Sein aus. Das Gerichtetsein bezieht sich in erster Linie auf kontrolliertes und beherrschbares Verhalten innerhalb eines scheinbar ‚chaotischen' Vorganges, eines „struggles"[80], und ist auf die Anpassung an die den Lernprozess kontrollierende Instanz bezogen. Die Eigenschaften des beschriebenen Ablaufcharakters sowie die, der *lenkenden* und messenden Instanz, finden sich gleichermaßen bei den parapsychologischen Versuchen als auch bei den ‚lernenden Maschinen' wieder. Wichtig ist nicht nur (passiv) messen zu wollen, sondern auch (aktiv) beeinflußen und lenken zu können. Turing gibt dies klar und deutlich am Ende seiner Betrachtungen zu verstehen:
„Now the learning process may be regarded as a search for a form of behaviour which will satisfy the teacher (or some other criterion). Since there is probably a very large number of satisfactory solutions the random method seems to be better than the systematic. It should be noticed that it is used in the analogous process of evolution. But there the systematic method is not possible."[81] Sehr eindringlich klingt es auch an anderer Stelle: „Natural selection = Judgment of the experimenter. One may hope, however, that this process will be more expeditious than evolution. The survival of the fittest is a slow method for measuring advantages. The experimenter, by the exercise of intelligence, should be able to speed it up."[82]

---

[79] Vgl. ebd. S. 458; und Kapitel 7
[80] Ebd. S. 459
[81] Ebd. S. 459
[82] Ebd. S. 456

• Ein anderer wichtiger Punkt ist die verlorene Körperlichkeit des Menschen. Sie wird einfach irgendwann aus dem ‚imitation game' ausgeschlossen, obwohl der Moment des Verlierens sich nicht eindeutig bestimmen lässt, da es zu simpel wäre, an irgendeiner Stelle den zweiten Menschen durch eine Maschine zu ersetzen. Heutzutage versteht man zwar meistens, wenn man über den Turing-Test redet, einen Interrogator, der sowohl mit einem Menschen als auch einer Maschine über ein Terminal verbunden ist, also sein Gegenüber nicht sehen kann, und nur durch Fragen herausfinden soll, wer Mensch und wer Maschine ist. Wenn die Maschine den Frager reinlegen und austricksen kann, ist wird sie als ‚intelligent' bezeichnet.

Jedoch, der ursprüngliche Test von dem Turing in seinem Artikel ausgeht, spricht von Menschen unterschiedlichen Geschlechts. Die Ersetzung durch die Maschine erfolgt, wie gesagt, nicht bestimmt, sondern eher diffus und unklar. Immer wieder, fast seinen ganzen Artikel hindurch, verfolgt Turing das Thema der Geschlechtlichkeit, kommt auf dieses zurück und erörtert es. Sogar der Gegensatz zwischen den Schwarzen und den Weißen, oder das Geschlechterverständnis in der Religion wird von ihm aufgegriffen. Biographen und Philosophen haben sich mit dieser Ungereimtheit auseinandergesetzt und sehr unterschiedliche Antworten gefunden, so unterschiedlich, dass bis heute höchst unklar ist, warum sich Turing so schwer tat, sich von dieser Thematik zu trennen, oder ob dieser geniale Forscher, der er ja unbestritten war, mehr in dem ‚imitation game' ausdrücken wollte[83] als er tat, denn schließlich hätte er auch ohne weiteres die Geschlechtlichkeit und Körperlichkeit des Menschen von vornherein ausschließen und weglassen können.

Die Klärung der Frage nach dem Zusammenhang von Körperlichkeit, Geschlecht, Maschinen und Intelligenz, ist in dem Kontext hier irrelevant, vielmehr soll die nachfolgende Ablehnung Turings von Körperlichkeit im Zusammenhang mit der künstlichen Intelligenz, den ‚lernenden Maschinen, wie Turing sie bezeichnet, und der damit von ihm zusammen betrachteten Parapsychologie aufgezeigt werden. In Anlehnung an die parapsychologischen Versuche, die Turing vor Augen hat, und die er als Vorbildfunktion benutzt, stellt er fest, dass

---

[83] Anm.: Auf diese Thematik wird zum Beispiel in dem folgenden Buch eingegangen: Hayles, Katherine, *How we became posthuman, Virtual Bodies in Cybernetics, Literature and Informatics*, Chicago Press, 1999

die Körperlichkeit keine wesentliche Rolle bei der Telepathie zu spielen scheint: „The idea that our bodies move simply according to the well known laws of physics, together with some others not yet discovered but somewhat similar, would be one of the first to go."[84]
Klar und deutlich ist für Turing, dass die Augen, bzw. die Visualistik ganz offensichtlich eine überflüssige, zumindest eine sehr hintenanstehende, sekundäre Rolle spielen, da seiner Argumentation nach, das ‚imitation game', ganz in analoger Ausgangssituation zur Telepathie, mit einem Blinden durchgeführt werden kann, also wie er es quasi per definitionem durch das „ideal arrangement is a to have a teleprinter communicating between the two rooms"[85] fordert. Mit Berufung auf die *Encyclopaedia Britannica, 11th edition*, ist Turing der Meinung, dass das Gehirn, einem Computerspeicher vergleichbar, den Grossteil seiner Speicherkapazität für visuelle Prozesse braucht, und damit in seiner Turing-Maschine in Entsprechung Speicherkapazität freigegeben werden kann, weil sie nicht gebraucht wird: „As I have explained, the problem is mainly one of programming. [...]. Estimates of the storage capacity of brain vary from 10^{10} to 10^{15} binary digits. I incline to the lower values and believe that only a very small fraction is used for higher types of thinking. Most of it is probably used for retention of visual impressions. [...]. Parts of modern machines which can be regarded as analogues of nerve cells [...]."[86]
Die Gleichstellung von Maschinen und Nervensystem, und in Folge davon speziell die Favoritisierung des Gehirns, als fast alleiniger Eigner des Nervensystems sowie seine Sonderrolle in bezug auf die Funktionsvorlage für seine Maschinenkonstruktion, ist wiederum eine der Bedingungen und Analogiebildungen Turings, ohne die sein ‚imitation game' nicht funktionieren würde. Der Lernprozess der ‚lernenden Maschine', der Turing-Maschine, bedarf folgerichtig und konsequenterweise für den Vorgang des Lernens keiner Sinnesorgane, keines Körpers, sondern eigentlich nur der adäquaten elektrischen Frequenz- und Amplitudenfolgen und Impulswandler.

"It will not be possible to apply exactly the same teaching process to the machine as to a normal child. It will not, for, instance, be pro-

---

[84] Turing, A., *Computing Machinery and Intelligence*, a.a.O., S. 453
[85] Ebd. S. 433
[86] Ebd. S. 455

vided with legs, so that it could not be ask to go out [...]. But however well these deficiencies might be overcome by clever engineering, [...]. We need not be too concerned about the legs, eyes, etc."[87]

Dies impliziert, wenn das wahr ist, zumindest in den parapsychologischen Versuchen, die ohne Augen und Beine und dergleichen funktionieren sollen, dass aus der neuronalen, vernetzten Gehirntätigkeit alleine, Intelligenz und vernünftige Entscheidungsprozesse folgen, wobei das Bewusstsein durch Emergenz hervorgebracht wird, da unbestreitbar die Versuchspersonen in den telepathischen Experimenten ein Bewusstsein haben, und das trotz, oder wegen der nahezu ‚körperlosen' Ausgangsbedingung, wie sie Turing sieht und setzt. Es spielt keine Rolle, ob die Annahme der Körperlosigkeit in den parapsychologischen Versuchen wirklich zutreffend ist oder nicht, entscheidend ist, das Turing sie so setzt und darauf aufbaut, bzw. sie als Richtlinie für seine ‚Künstliche-Intelligenz'-Maschine verwendet.

So ist es nicht weiter verwunderlich, wenn die Reichweite der von Turings ‚imitation game' aufgetanen Konsequenzen bis hin zu den in ethischen Kategorien geführten Debatten führt, ob man ‚equal rights', also Maschinen-Rechte, ähnlich den Menschenrechten oder Tierrechten, für Maschinen anerkennen müsse oder nicht, da sie doch Bewusstsein zu haben scheinen.[88]

Zum Schluss der vergleichenden parapsychologischen und ‚künstlichen Intelligenz' Betrachtungen, sei die von Turing selbst dargestellte konkrete Versuchssituation beschrieben:

„If telepathy is admitted it will be necessary to tighten our test up. The situation could be regarded as analogous to which would occur if the interrogator were talking to himself and one of the competitors

---

[87] Ebd. S. 456
[88] Anm.: Auch die philosophisch intendierten kybernetischen oder kognitionswissenschaftlichen Theorien, i.a. die Theorien von selbstorganisierenden (Rückkopplungs-)Systemen, die meinen durch emergente neuronale Konfigurationen und Netzwerke menschliche Eigenschaften hervorsagen oder produzieren zu können, sind meinem Erachten nach zutiefst in Turings ‚imitation game' verwurzelt, und dem uralten Menschheitsgedanken der Gedankenübertragung, also der Parapsychologie verbunden. Außerdem liegen sie damit ganz auf der Linie des damaligen militärisch geprägten Zeit- und Forschungsgeistes.

was listening with his ear on the wall. To put the competitors into a 'telepathy-proof-room' would satisfy all requirements."[89]

Ein ‚Ohr an der Wand' zu haben, bedeutet sehr schön bildlich und anschaulich gesprochen, seine vorher eigenen individuell isoliertbegrenzten Sinnes- und Wahrnehmungsorgane so zu erweitern, dass die Grenze des eigenen Bereichs verschoben wird, da ein scheinbar außerhalb des Individuums sinnliches, fremdes Element, nämlich das Wissen des Anderen, mit einbezogen werden kann, von dem der andere Mitspieler nichts ahnt oder weiß. Dieses für den Mitspieler ‚geheimnisvolle' Mehr an Wissen, dieser Wissensvorsprung, scheint die ‚normale' und natürliche menschliche körperlich-organische Ausstattung zu übersteigen, und ihn zu Leistungen einer Wahrnehmung außerhalb der erwarteten zu befähigen, also zu außersinnlichen Wahrnehmungsleistungen. Die Einverleibung des Wissensvorsprungs findet trotz alledem aufgrund der Ausnützung einer Technik statt, sei es der Wand als akustischem Leiter und Hörbarmachendem von optisch Verborgenem, oder sei es von Techniken der Bewusstseinserweiterung und der meditativen Kontemplation.

Ob die Techniken auf physikalisch-materiellen oder geistigimmateriellen Gegebenheiten basieren, spielt in diesem Falle keine Rolle, da nur wichtig ist, dass sie auf Gesetzlichkeiten und Muster, bzw. Mustererkennungen basieren, und diese sich ganz allgemein gesprochen als *Informationen* oder als konkrete Meßergebnisse mitteilen lassen. Gesetzmäßigkeit und Reproduzierbarkeit, selbst wenn sie aus der Wahrscheinlichkeitstheorie resultieren, sind die gemeinsamen Anforderungen an das ‚imitation game' und an telepathische Experimente.

Damit, mit der Annahme der Existenz einer irgendwie beschaffenen und funktionierenden Informations-Technik, ist die Grundlage und Voraussetzung geschaffen, den kleinen Schritt von einem ‚Ohr an der Wand' zu einem ‚Ohr *in* der Wand' technisch zu gehen:

Informationsübertragung, und damit oft unbedacht gleichgesetzt mit Gedankenübertragung, mit einer einhergehenden Sinnes- und Bewusstseinserweiterung über eine ‚Prothese', genannt Neuro-Chip-Implantat.

---

[89] Turing, Alan, *Computing Machinery and Intelligence*, a.a.O., S. 454

Vor- und Übergriffe auf zukünftige Visionen und Grenzbereiche

Das dieses Szenario aus keinem Science Fiction stammt, zeigen die Anstrengungen vieler Naturwissenschaftler, die sich ernsthaft bemühen einen *cyb*ernetic *org*anism, ein Mischwesen aus Technik und Mensch, kurz, einen Cyborg, herzustellen. Stellvertretend für diese Forschungsrichtung seien die Informatikspezialisten Hans Moravec und Marvin Minsky, ursprünglich ein Mathematiker, der sich mit Turing-Maschinen beschäftigte, sowie Kevin Warwick mit seinen Selbstversuchen erwähnt.

Marvin Minsky schreibt: „The most important thing about each person is the data, and the programs in the data that are in the brain. And some day you will be able to take all that data, and put it on a little disk, and store it for a thousand years, and then turn it on again and you will be alive in the fourth millennium or the fifth millennium."[90]

Er teilt mit den anderen beiden die Meinung, dass es möglich sei Unsterblichkeit zu erlangen, indem man das Bewusstsein auf eine Diskette ‚downloaden' und speichern kann.

Und Kevin Warwick spricht gar von der Vision und Schaffung eines Übermenschen, bzw. „superhumans", und von Gefühls- und Empfindungsübertragungen durch das die Nerven und das Siliziumchip verbindende Implantat sowie durch das Internet hindurch auf einen anderen Menschen: „[...] a whole new range of senses. [...] this exercise with emotional signals. [...]. How far could we go in transmitting feelings and desires? [...]. But language is merely a tool we use to translate our thoughts. In the future, we won't need to code our thoughts into language – we will uniformly send [...]. Thought-to-thought communication [...]."[91]

Warwick hat mit diesen Worten den Sprung von Turings reinem *Gedanken*-Experiment hin zur Integration einer Art von *emotionaler* Intelligenz in die ‚Technik an sich' hinein vollzogen.

---

[90] Minsky, Marvin, *Why Computer Science Is the Most Important Thing That Has Happened to the Humanities in 5,000 Years*, Public Lecture, Nara, Japan, May 15, 1996. Oder auch ähnlich in ders.: *Society of Mind*, Simon and Schuster, New York, 1985; oder in: Moravec, Hans, *Mind Children. The Future of Robot and Human Intelligence*, Cambridge, University Press, 1988, S. 109f

[91] Warwick, Kevin, *Cyborg. Kevin Warwick outlines his plan to become one with his computer*, Feb. 2000. Nachzulesen unter:
http://www.wired.com/wired/archive/8.02/warwick_pr.html

Die Industrie und deren Entwicklungsabteilungen und -strategen planen – wie ich aus persönlich geführten Gesprächen weiß – in einem weiteren (noch fernen) zweiten Schritt einen Computer aus Licht zu bauen, da die Lichtwellen nur allergeringster gegenseitiger störender Beeinflussung unterliegen. So wie man sich vor hundert Jahren nicht vorstellen konnte einzelne Atome ‚anzufassen', so besteht heute die Hoffnung und Vorstellung einen Gehirncomputer mit einer ‚neuronalen' Vernetzung mit Hilfe von Lichtstrahlen en miniature nachzubauen, was einer Größenordnung vergleichbar wäre, wie wenn man alle Sterne des Weltalls miteinander verbinden würde.

Stellvertretend für die ernsthaften Forschungen aus der biologischen Richtung her kommend, sei Warren S. McCulloch, ein Neurophysiologe, genannt, der auch zusammen mit Humberto R. Maturana in Proceedings von 1940-1959 veröffentlichte, und 1918 auf dem Hixon Symposium über ‚Cerebal Mechanism in Behavior' seinen Vortrag mit folgenden Worten begann:

„As the industrial revolution concludes in bigger and better bombs, an intellectual revolution opens with bigger and better robots. The former revolution replaced muscles by engines and was limited by the law of the conservation or energy, or of mass-energy. The new revolution threatens us, the thinkers, with technological unemployment, for it will replace brains with machines limited by the law that entropy never decreases. These machines, whose evolution competition will compel us to foster, raise the appropriate practical question: »Why is the mind in the head?«"[92]

Ja, warum eigentlich "is the mind in the head?". Der Verstand könnte doch genauso gut im Fuß stecken, wie – von philosophischen Seite her kommend – Friedrich Nietzsche einmal bemerkte (vgl. II 29 (52)).

Ist die Ortsfrage und Verankerung des Verstandes und Geistes gar ein zufälliger Streich der Evolution, oder eine absichtliche, sinnvolle, etwa teleologische Setzung?

Wenn man das Gehirn nur als eine kybernetische Schaltzentrale für den Verstand und seiner zugeordneten Qualitäten begreift, sowie als ein nahezu singuläres Durchgangsorgan für den Informationsfluss

---

[92] McCulloch, zitiert aus und nach: Edwards, Paul N., *The closed world: computers and politics of discourse in Cold War America*, Massachusetts Institute of Technology, USA 1996, S. 175

und seiner Code-Umwandlung, ist man geneigt die Beantwortung dieser Frage als von rein rhetorischer Art zu begreifen oder mit Nichtbeachtung abzutun. Wie auch immer, dieser Frage, bzw. Antwort wird hier nicht weiter nachgegangen, da sie in diesem Kontext nicht mehr in die Thematik der VR-Technologie hineinspielt. Erwähnt sie nur, dass der KI-Pionier Alan Turing in betreff des Bewusstseins zugesteht, dass:

„There is, for instance, something of a paradox connected with any attempt to localise it."[93]

Aber immerhin, jetzt wäre wenigstens das ‚Ohr *in* der Wand'; wenn der Ansatz stimmig ist, dass es gleichgültig ist, wo und wie Information, definiert als negative Entropie[94] reversibel ausgetauscht und übertragen werden kann. Der homo sapiens ist somit zu einem *homo siliciensis* mutiert, und sein Verstand lässt sich von einer digitalen Ontologie leiten, die man in die Formel ‚esse est informari' gießen könnte.[95] Stillschweigend und Hand in Hand mit der Schaffung eines „posthuman"[96] auf der Basisverschiebung einer Entmaterialisierung zugunsten einer abstrakten, ja fast eines platonisch anmutenden Ideals einer unkörperlichen und formlosen ‚Information an sich', geht die Vorstellung einer Evolutionsentwicklung, die höhergerichtet sein müsse, infolge eines pauschalierten, meist nicht sehr *detaillierten* Bestimmungsverhältnisses von Information, resp. Entropie zur Evo-

---

[93] Turing, Alan, *Computing Machinery and Intelligence*, a.a.O., S. 447
[94] Anm.: Nach dem Physiker Léon Brillouin kann man die statistische Deutung von Entropie so interpretieren das *Information* als *negative Entropie* gedeutet werden kann: Unter Information, gemessen in bit (binary digit), versteht man die *Anzahl der binären (entweder-oder) Entscheidungen*, die nötig ist, um sich Gewissheit über einen Zustand zu verschaffen. Es ist nicht üblich Entropie in bit zu messen, da die *thermodynamischen Einheiten der Entropie* sehr viel größer sind, für 1 bit erhält man: $k \cdot \ln 2 = 10^{-23}$ Ws/K. Entropie gibt die *Unordnung* an. Man mißt Unordnung durch die Zahl der Möglichkeiten, wie sie ‚innen' angeordnet werden können, so daß es von ‚außen' gleich aussieht. Der Logarithmus dieser Zahl der Möglichleiten ist die Entropie.
[95] Vgl. dazu zum Beispiel: Capurro, Rafael, *Beiträge zu einer digitalen Ontologie*, nachzulesen unter: http:// www.capurro.de/diont.htm
[96] Anm.: In Anlehnung an die Postmoderne, ein untersuchter und verwendeter Ausdruck von Hayles, Katherine N., *How we became posthuman, Virtuals Bodies in Cybernetics, ...*, a.a.O.

lution.[97] Dies findet seine deutliche Zuspitzung und Zusammenfassung in dem von Kevin Warwick verwendeten Begriff ‚Übermensch'.
Die Idee des Übermenschen ist alt, und nicht erst von Friedrich Nietzsche geschaffen worden.[98] Dennoch ist Nietzsches Idee (*1844 – †1900) wohl am geschichtsmächtigsten in unserem gegenwärtigen Bewusstsein wirksam, nicht zuletzt wegen der zeitlichen Nähe zu Charles Darwins Lebenszeit (*1809 – †1882) und seiner darwinistischen Evolutionslehre, die Nietzsche in seiner Philosophie des Bewusstseins mit einbezog und untersuchte.
Es fragt sich allerdings, ob die Anklänge zu Nietzsches Übermensch in den KI-Debatten den tatsächlichen Kern von Nietzsches Aussagen treffen, und ganz allgemein die Entwicklung von Kultur, die mit der Entwicklung vom Menschsein verbunden ist, darwinistischen, oft im Sinne einer Höherentwicklung interpretiert, Gesetzen folgt, oder inwieweit Gedanken der Umkehrentwicklung – so z.B. in der physikalisch-kosmischen Entwicklung angedacht – oder der ewigen Wiederkehr, wie z.B. bei Goethe und Nietzsche kulturphilosophisch oder

---

[97] Anm.: Ein fragwürdiges, wichtiges Beispiel für eine evolutionäre ‚Höherentwicklung' gibt es in der Kosmologie: es treten bis heute Schwierigkeiten auf, die Dynamik des Weltalls und seiner Zukunftsentwicklung aufgrund von Entropiegesetzen hervorzusagen, was die unterschiedlichen bestehenden Theorien belegen, sei es, daß das All sich weiter ausdehnt und dann wieder umkehrt und sich zusammenzieht; oder daß es sich gar nicht zusammenzieht. Ein weiteres Beispiel mit fragwürdigem Verständnis des Begriffes ‚Höherentwicklung' findet man in der Evolution selbst. Es gab Phasen in der Erdgeschichte, während derer z.B. Vögel oder Schweine die gefährlichsten Raubtiere waren – heute dagegen sind sie zahme Haustiere und Fleischlieferanten: es scheint also in der evolutionären Bestimmung eine nicht gerade vorteilhafte Entwicklung aus der (lokal-begrenzten) egoistischen Sicht der Betroffenen stattgefunden zu haben. Aus der globalen Perspektive betrachtet, bemerkt man immer wieder eine solche Bewegung, die einer Art (ethischen?) Umkehrfunktion zu folgen scheint, und außer des ‚Macht des Stärkeren'-Gesetzes eine Art Ausgleichs- und Versöhnungsfunktion zu implizieren scheint.
Meinem Erachten nach braucht die Verwendung des Gedankens und Begriffs ‚Höherentwicklung' einen definierten Bezugspunkt, sowie einen Gesamtzusammenhang und eine Werteskala, was mir in den aktuellen Diskussionen zu kurz zu kommen scheint, und der Begriff zu selbstverständlich und zu flächendeckend verwendet wird.
[98] Anm.: Die Idee des Übermenschen taucht zuerst bei Heinrich Müller als „Gottesmensch" auf (ca. 1665), und später wieder z.B. bei Herder, Jean Paul und vor allem bei Goethe, von dem Nietzsche inspiriert wurde; auch die Idee der ‚ewigen Wiederkehr' betreffend.

wie in fernöstlichen Religionen gesehen, in der Genealogie des einzelnen Individuums sowie der Menschheit an sich eine mitwirkende, entscheidende Rolle spielen könnten.
Auf dem Grenzgebiet zwischen Künstlicher Intelligenz und VR-Technologie, auf dem wir uns gerade bewegen, reicht diese Fragestellung in beide Gebiete hinein, und wird an späterer Stelle separat für die bewusstseins- und kulturphilosophischen Belange der VR-Technologie diskutiert werden.
Das diese Gedankengänge nicht verpönt sein sollten, zeigen die Anfechtungen der darwinistischen Priorität von *dem* Pionier der VR-Technologie, nämlich Jaron Lanier, der durch seine schöpferischen Technikerfahrungen zwangsläufig ein besonderes ‚feeling' für die VR-Technologie und ihre ‚Philosophie' entwickeln musste. In einer Auseinandersetzung mit Daniel C. Dennett (und Richard Darwkins) formuliert er seine Bedenken gegen die „meme theory" und die Reduzierbarkeit auf die darwinistische Theorie alleine, aus:

„[...], they (memes, Anm. v.V.) make no predictions and cannot be falsified. They are no more than a perspective. Ideas and other cultural elements are Lamarckian. That is one reason why people didn't understand Darwin at first. [...]. For instance, bad ideas typically don't really die, alas, while the dominant mechanism of evolutionary selection is pre-reproductive death."[99]

Der Darwinismus läuft streng genommen dem lehrenden „Erziehungs- und Züchtungsgedanken" zuwider, wie es Nietzsche nennen würde, bzw. er ist kontraproduktiv, wenn man von ‚*lernenden* Maschinen', wie in der KI-Technologie, ausgeht. Kognitivistische Selbstorganisationsprozesse innerhalb von Maschinen hängen per se nicht zwingend und logisch mit einem menschlichen Lernvorgang an sich zusammen. Diese mögliche Analogiebildung, eine von vielen anderen, vermenschlicht die Maschine.
Zieht man den Turing-Test, den Auslöser für die Anthropomorphisierungstendenzen in die Überlegungen mit ein und versucht die

---

[99] Vgl. Lanier, Jaron, *The Evolution of Culture*, 1999. Nachzulesen unter: http://www.edge.org/discourse/evolutionofculture.html.
Dazu auch ders.: *A friendly discussion with Richard Dawkins*. Nachzulesen unter: http://www.nyu.edu/ classes/neimark/evolution.html

Ursprünge zum besseren Verständnis zu analysieren, kann man mit Lanier, folgender Meinung sein:

„I have long proposed that Turing misinterpreted his thought experiment. If a person cannot tell which is machine and which is human, it does not necessarily mean that the computer has become more human-like. The other possibility is that the human has become more computer-like. This is not a hypothetical point of view, but a serious concern in software engineering."[100]

Mit dieser Sicht der Problematik hat Lanier einen sehr wichtigen Punkt angesprochen, den der angewandten Praxis. Jedem Softwareentwickler ist dieser Sachverhalt aus seiner alltäglichen Praxis bekannt, und seine Hauptaufgabe und -bewältigung besteht in der Konfrontation mit userfreundlichen Lösungserarbeitungen, die der praktischen Bedienung und spezifischen Anwendung angepasst sein müssen. Der Softwareentwickler steht eigentlich permanent unter dem Zeitdruck von Abgabeterminen, ob in der Industrie oder in der Forschung, so daß der Konkurrenzdruck mit seinem Zwang zu effizienten und raschen Leistungserfolgen den Softwareentwickler nach entsprechenden, zeitgerechten Lösungen suchen und fündig werden lässt. Diese findet er in den sogenannten *Expertensystemen*, oder wie man auch heute eher (psychologisch und marketingstrategisch günstiger) sagt, in den *intelligenten* oder *autonomen Agenten*.

An dieser Stelle taucht das Problem mit der Namensgebung, diesmal mit der attributiven Bezeichnung ‚intelligent' versehen, wieder auf, und lädt zum Hinterfragen ein, was ein Softwareentwickler darunter bei der Anwendungsentwicklung selbst versteht. Lanier führt diesen Sachverhalt weiter aus:

„There is no functional gain in making a program »intelligent«. Exactly the same capabilities as are found in an »intelligent« or »autonomous« program (such as the ability to recognize a face) could just as well be inclusively packaged within a »non-autonomous« user interface. The only real difference between the two approaches is that if users are told a computer is autonomous, then they are more likely to change themselves to adapt to the computer.

---

[100] Lanier, Jaron, *Mindless Thought Experiments. A Critique of Machine Intelligence*, nachzulesen unter: http://people.advanced.org/~jaron/aichapter.html

This means that software packaged as being »non-intelligent« is more likely to improve, because designers will receive better critical feedback from users. The idea of intelligent removes some of the »evolutionary pressure« from software, but subtly indicating to users it is they, rather than the software, that should be changing. [...]. We have simplified ourselves in order to be comprehensible to simplistic data-bases, making them look smart and authoritative. Our demonstrated willingness to accommodate machines in this way is ample reason to adopt a standing bias against the idea of artificial intelligence. [...].
The loss of responsibility can be seen most clearly in the military's continued fascination with artificial machines. [...]. The AI fantasy causes people to change more than computers; therefore it impedes the progress of computers. If there IS a potential for conscious computers, I wouldn't be surprised if the idea of AI is what turns out to prevent them from appearing."[101]

Die Faszination an der Technik und an Macht allgemein, beides scheinbar eine Konstante des menschlichen Wesens, fördert sichtlich die Mimikry des heutigen Menschen an die Maschine; während in früheren Zeiten die Mimesis der Natur durch und in der Technik und Kunst vollzogen wurde, findet jetzt die Umkehrung des künstlichen und technischen Nachahmungs- und Schöpfungsprozesses statt, indem die Mimesis des kreatürlich-natürlichen Menschen an die Technik verfolgt wird. Die höchste, vollkommene Idee ist dann die Technik, bzw. im Zeitalter der Informationstechnologie die ‚Information an sich'; jedoch, diese Idee der stofflosen, abstrakten Information ist korrekterweise nicht wirklich zu ihr kompatibel, weil die Technik nur mit und durch Materie funktionstüchtig ist. Wir werden die Materie nicht so einfach los.

Die Anpassung des Menschen an die Technik, ein evolutionärer Rückschritt? Wie auch immer die Antwort lauten möge, sicher ist, dass die Autoritätsgläubigkeit des Menschen an die Technik, bzw. an ihre ‚intelligenten', sich ‚selbstorganisierenden' und ‚lernfähigen' Maschinen, geschaffen und gefördert werden wird, so wie sie heutzutage z.B. schon zu oft unhinterfragt in den Lernprogrammen für Kinder und Schüler zum Ausdruck kommt. Eine merkwürdige Ei-

---

[101] Ebd.

genschaft des Menschen ist es, Sachverhalte die er nicht versteht oder die ihm zu komplex sind, mit um so leichterer und unbekümmerter Verhaltensart abzugeben und zu delegieren je unwissender er selbst über eine Sache ist, wobei sich eine ‚intelligente' Maschine dafür als die ideale Kandidatin anzubieten scheint. Eine bestehende Wissenslücke in der Forschung ist der noch ungenügend bekannt ablaufende (menschliche) Lernprozess des Lernenden, als auch des Lehrenden mitsamt seiner angewandten Methoden.

Der gehegte Wunsch nach der Auflösung der Materie und der Körperlichkeit in reine Information, im wörtlichen Wortsinne das Streben nach dem Licht(-PC), beraubt uns in letzter Konsequenz sämtlicher möglicher Dualitäten, oder sogar einer neuen, *gleichwertigen* Triade von Natur-Technik-Mensch. Der Zugewinn an Einseitigkeit verwehrt uns möglicherweise eine vernünftige Einsicht in die Naturwissenschaften und die Erforschung ihres eventuellen Naturzweiges ‚Künstlichen Intelligenz' – was wirklich schade wäre.

Dass die Symbiose von Mensch-Maschine eine evolutionäre oder eine synergetische und informationelle Höherentwicklung sein solle, ist eine bis jetzt durch nichts gestützte, unterstellte Annahme, deren Beweisbarkeit noch längstens aussteht.

Es sei nochmals mit Lanier umgedreht formuliert und verdeutlicht: „Wer versucht künstliche Intelligenz zu schaffen, landet nur bei natürlicher Dummheit!"

Im übrigen erinnert die Debatte in vielen Zügen an eine schon einmal ähnlich Dagewesene, und es wäre sicherlich interessant sich der damaligen Diskussionen nochmals intensiver anzunehmen, vor allem da sich schon viele Denker dazu ihre Gedanken machten und somit wertvoll Vorarbeiten für die jetzige moderne Diskussion leisteten, von denen man heute profitieren könnte. Und ein anderer wichtiger Punkt ist dabei, dass die meisten Denker Philosophen waren, und somit die heutige Diskussion um viele weitere Aspekte bereichern könnten. Gemeint ist – auch wieder ein Anfang – nämlich der, den René Descartes, der große Philosoph und Mathematiker, mit seiner Philosophie für unser Denken heute grundlegend schuf.

In diesem Kontext ist Descartes Überzeugung gemeint, dass Tiere in Wirklichkeit „natürliche Automaten" seien, ähnlich verhalte es sich mit manchem menschlichen Verhalten, das mechanischer Natur sei. Das Unvermögen einer universellen Anwendung von Intelligenz ist bei den Tieren eng mit dem Nichtgebrauch von Sprache verbunden.[102]

Der Sitz des Gehirn ist die Zirbeldrüse oder auch Conarion[103], eine Ansicht mit der Descartes verglichen mit dem Wissensstand der damaligen Zeit, eine gute und stichhaltige Wahl getroffen hatte. Dem Lokalisierungsgedanken, das Gehirn anschaulich und konkret auf ein bestimmtes organisches Gewebe zu konzentrieren, sind wir bis heute weitgehend treu geblieben.

---

[102] Siehe z.B.: Brief an Moore, 5. Feb. 1649 (V 276-7, K 243-5), oder Brief an Mersenne, 30. Juli 1640, (III 121, S. 191), oder 5. Teil der Schrift *Von der Methode* (VI 56-7, S. 46-7, HR1 117), oder Brief an den Marquis von Newcastle, 23. Nov. 1646 (IV 573-6, S. 365-8, K 206-8).
Descartes, René, Œuvres de DESCARTES, publ. par Charles Adam et Paul Tannery, [AT], in 11 Bd.e, Paris 1897-1909 ; nouv. présent., en co-édition avec le CNRS, Paris 1973-87 ; sowie: Descartes René, *Correspondance*, in AT I-V ; dt., Briefe 1629-1650, hrsg. und Anm. von Max Bense, übersetzt von F. Baumgart, Köln, Krefeld, 1949.
Siehe auch: gute Literatur hierfür: Schütt, Hans-Peter, Kemmerling, Andreas, (Hg.), *Descartes nachgedacht*, Klostermann Verlag, Frankfurt a.M., 1996; sowie: Schütt, Hans-Peter, *Von der Vernunft der Tiere*, Keip, Frankfurt, 1990
[103] Siehe z.B. ebd.: III 20, K 70

Rückgriff und Spaltung der Neuen Technologien sowie der Kommunikationsarchitektur

Nun möchte ich den Bogen und Ausblick von den Zukunftsvisionen, deren historische Anlagen bereits gelegt sind, und den extremen Übergängen und Berührungspunkten zwischen den beiden Technologie-‚Geschwistern' *Künstliche Intelligenz* und *Virtuelle Realität* wieder zurückführen zu Alan Turing und erhellen, wo der Kreuzweg und die Gabelung stattgefunden haben mag, wo es zu der ungleichen Trennung und zukunftsbestimmenden Prioritätenverteilung der ‚Geschwister' kam. Das ist insofern bedeutsam, um besser verstehen zu können, was die VR-Technologie ist und was sich hinter ihr verbirgt, bevor man sich dann endgültig in die philosophischen, virtuellen Untiefen stürzt.

Die Betrachtungen von Turings Gedankenexperiment, dem Turing-Test, wurde von mir dabei im Hinblick auf die (zeitlich) folgende und für die VR-Technologie bedeutsame Abgrenzung zur AI, selektiert, und zudem Gebrauch gemacht von der Heranziehung oftmals übergangener Interpretationsstellen, die jedoch sowohl von philosophischer als auch von naturwissenschaftlicher Bedeutung sind, was man heute, über fünfzig Jahre später, ohne weiteres behaupten und feststellen kann.

Weiterhin ist es wichtig und nützlich, die beiden Pioniere und Kontrahenten im Geiste Alan Turing und Jaron Lanier immer mal wieder gegenüber zu stellen, um ein Gespür für ihre Denkart zu gewinnen, da von ihnen unterschiedliche Forschungsrichtungen initiiert und geprägt wurden, von dem ersteren die AI-Technologie und von dem anderen die VR-Technologie.

Die weiter oben, in einem anderen, abstrakteren Zusammenhang schon einmal, erwähnte technische Implementierung und das Software-Engineering spielen bei der zukünftigen Forschungsentwicklung ganz *konkret* ein Schlüsselrolle. Sie legen wahrscheinlich unwiderruflich und unabänderlich fest, wie die Architektur der technischen Struktur zukünftig beschaffen sein wird, und zwar u.a. deshalb, weil sie auf einer worldwide vernetzten Technologie aufgebaut ist, und dadurch die Arbeit vieler Köpfe und Hände, durch die Globalisierungsaspekte und Monopolisierungstendenzen vereint, konzentriert, festgelegt und geeicht wird. Mitch Kapor bringt diesen

Sachverhalt auf die prägnante Formel: „Architecture is Politics."[104], und Jaron Lanier vergleicht die Wichtigkeit der Architekturfestlegung mit der Bedeutung von physikalischen Gesetzen oder einer genetischen Struktur oder der Sprache, die für die philosophische Betrachtung und Gesamtschau, in ihrem ganzen Spektrum, von folgenschwerer Bedeutung und Auswirkung für das Menschsein und die Menschheit selbst sein werden; und zwar in zunehmenden Maße mit dem Lauf der zukünftigen, historischen Zeit. Lanier führt aus:

„[...] and somehow a great many people who know better are pretending that it is just another grand venture like the interstates or the space program, when it is actually something of much greater consequence for two simple reasons: it will changes everything and it is irreversible. [...].
Architecture, alas, is so much more than politics, that is almost impossible to capture its importance. Architecture will be also be foundation for the language, society, and culture of the future. At first, the design of the network will seem less important than the content that is moved over it. This will be true only for the first generation or two of users. After that it will become apparent that the network' design is like genetic material out of which our culture unfolds, an intimate and pervasive presence, a thing, like the structure of our spoken language, whose influence is too great to be isolated or measured. [...].
There are principles that must be built into the network resources that are created in the next ten years that are not likely to change for generations, if ever. One reason for this is that it would be hard to us to agree on how to change a network, just as it is hard to agree on how to change a law. The main reason, however, is a technical problem:

---

[104] Anm.: Mitch Kapor ist der ehemalige Besitzer der Firma *Lotus*. Er und John Perry Barlow, der vergleichende Religionswissenschaften studierte sowie den Ausdruck ‚Cyberspace' von William Gibson als Bezeichnung für das Internet populär machte, gründeten 1990 die *Electronic Frontier Foundation* (EFF). Die Gründung war die Reaktion auf die Beschlagnahme von Computern durch den amerikanischen Geheimdienst NSA. Bekannt wurde die Organisation durch ihren Kampf gegen die Pläne der amerikanischen Regierung, alle Endgeräte mit einem Chip zu versehen, der die Verschlüsselung privater Botschaften ermöglicht, jedoch dem Geheimdienst gleichzeitig den Zugriff auf die verschlüsselten Daten erlaubt hätte. EFF setzt sich für den Erhalt der Bürgerrechte im Internet ein, was u.a. ebenso die absolute Meinungsfreiheit betrifft. (Vgl. hierzu: Neumann, Helmut, *Das Lexikon der Internetpioniere*, Imprint, Berlin, 2002)

Software and network architectures are built in a lockstep, puzzle-like way on foundation assumptions that are almost impossible to undo once a system has became large. [...].
Network architecture, on the other hand, is deposited like sediment. Ideas that were once provisional, such as the existence of separate files (instead of a big sea of information), are now so entrenched as to be physical laws. I shudder when I realize that in one thousand years, our descendants will still probably stuck with MS DOS and UNIX.
[...]. I usually wouldn't even think of the word »pray« in connection with information technology, but I am really at a loss for what to do when faced with a task of such importance, such wonderful potential, something so inevitable and yet something which cannot be undone for generations, if we don't get it right."[105]

Auf die sich daraus ergebenden speziellen, philosophischen Implikationen und Spezifika der VR-Technologie wird an entsprechender Stelle später eingegangen werden.
Das lange Zitat von Lanier soll die Wichtigkeit dieser technischen Gegebenheit unterstreichen, die meinem Erachten nach zu wenig in den Diskussionen Eingang findet.
Es demonstriert zugleich wie wichtig die Rückbesinnung auf den Turing-Test ist, und damit auf den vorgestellten Anfang von *Kommunikationsgestaltung* zwischen den Menschen. KI und VR schreiben beide dem Menschen ihre eigene Kommunikations-Architektur und Methodik vor und ein, bzw. direkt in den Leib.

Man sollte, wenn nötig und möglich, die Ansätze beider unterschiedlicher Pioniere gerade auch aus der unterschiedlichen Zeit- und Lebensperspektive, in der sie lebten, betrachten, um die Einbettung des historischen Forschungsumfeldes und seiner Zielsetzungen, nicht zuletzt auch um hermeneutischen Zwecken zu genügen, vergleichen und abgrenzen zu können, und um sich dann selber zu orientieren.

Betrachtet man vor diesem technischen und philosophischen Hintergrundwissen den Kontext, in den die Ermöglichung und Förderung

---

[105] Lanier, Jaron, *Karma Vertigo: Or Considering The Excessive Responsibilities Placed On Us By The Dawn Of The Information Infrastructure*, 1994. Nachzulesen unter: http://people.advanced.org/~jaron/essay.html

von Alan Turings Forschungsarbeiten eingebettet waren, so ist meines Erachtens unverzichtbar, aufgrund der Ausnahmesituation, den Lebensweg und die Lebenssituation eines Forschers allgemein, mit in eine faire Beurteilung gerade auch seiner wissenschaftlichen Schriften hinzuzuziehen – und diese besondere Situation war der 2. Weltkrieg, und die Tätigkeit Alan Turings, die ganz dem Dienst der Militärs verpflichtet war, so zum Beispiel seine Arbeiten auf dem Gebiet der Kryptologie, seine prominente Rolle bei der Entzifferung von ENIGMA, der berühmt-berüchtigten deutschen Verschlüsselungsmaschine[106], und unter anderem eben auch auf den Gebiet der ‚Künstlichen Intelligenz', denn zu allen Zeiten gehörte für die technische Militärführung in den Mittelpunkt ihres Interesses die Optimierung der Präzision und Zielgenauigkeit von Waffen, das heißt insbesondere seit der Industrialisierung, die Optimierung des Bedienungszusammenspiels von Mensch und (ferngesteuerter) Maschine, eben von ‚Künstlicher Intelligenz'-Technologie.

Wie zu allen Kriegszeiten dürfte es wohl insbesondere einem Physiker (Turing studierte neben Mathematik auch Quantenmechanik), einem Mathematiker oder einem Ingenieur schwerlich gelingen, sich den geforderten technischen Kriegsmaschinerie-Anforderungen zu entziehen. Ein anderes bekanntes Beispiel im 2. Weltkrieg war die von den Militärs forcierte Teilchen- und Kernphysikforschung, um sie zur Anwendungsreife bringen zu können, wie es in der erfolgten Atombombenzündung dann geschah.

Der militärische Druck unter dem diese Forscher allgemein stehen ist enorm hoch, und reicht nicht selten bis zur persönlichen Bedrohung ihres eigenen Lebens. Solchermaßen funktionalisiert, muss man die mögliche idealistische Ausrichtung in den naturwissenschaftlichen Veröffentlichungen mit einrechnen, und die Aussagen auf normale, sprich auf Friedenszeiten bezogen mindern und sich die Mühe machen, versuchen zu sehen, was der Forscher wirklich aussagen wollte, und was Ausdruck von politischem Druck und idealistischer Verbrämung sein könnte. Ein bekanntes, willkürlich herausgegriffenes, und ohne spezielle Präferenz meinerseits, historisches Beispiel sind

---

[106] Anm.: Der deutsche Ingenieur Artur Scherbius (1878–1929) nannte seine nach ihm benannte Scherbiussche Maschine (=Walzenmaschine) aus marketingstrategischen Gründen *Enigma*, in Anlehnung an das griechische Wort für *Rätsel*, der Verkaufserfolg blieb jedoch aus.

die im Sinne der kommunistischen Ideologie abgefassten zahlreichen naturwissenschaftlichen(!) Arbeiten; oder man denke nur an die von Fanatikern missbrauchten Theorien, die zum Terrorismus führen können. Was dürfen und können Wissenschaftler bei eingeschränkter Pressefreiheit oder unter ideologisch ausgerichteten Regime schreiben?

Diese methodische Herangehensweise scheint mir bei Alan Turing angemessen und gerechtfertigt zu sein.

Zumal Turing explizit in seinem Artikel *Computing Machinery and Intelligence* auf eine ausgewiesene Domäne der Militärs und der Kriegsführung rekurriert, nämlich die Parapsychologie. Die Parapsychologie firmiert unter so verschiedenen (harmlosen, bzw. wissenschaftlich erscheinenden) Bezeichnungen wie zum Beispiel: Mentalsuggestion, Bioelektronik, Gehirnkommunikation, ‚mental radio', Mantik (neben den Begriffen Prae- und Retrokognition), Psychical Research (dt.: Psychische Forschung), Kryptästhesie, Metapsychologie, oder extra-sensory-perception (ESW), so wie Alan Turing diesen Begriff übernimmt, auf deutsch: außersinnliche Wahrnehmung (ASW)[107].

Anhand der Veröffentlichung *Wnuschenije na rasstajanii (dt.: Psychische Fernwirkung)*[108] des russischen Forschers und Professors für Physiologie Leonid Wassiliew, und der von Hans-Volker Werthmann über die *Mentalexperimente in der Sowjetunion*, soll exemplarisch die Nähe von Militär und Forschung, insbesondere zur Parapsychologie nochmals in aller Eindringlichkeit vor Augen geführt werden:

„Als sowjetische Forscher in den 20 und 30er Jahren dieses Jahrhunderts mit Mentalsuggestionsexperimenten begannen, taten sie das nicht, um die Existenz der Telepathie zu beweisen, denn davon hatten sie sich schon vorher überzeugt. Ihre Absicht war vielmehr, die physikalischen und physiologischen Grundlagen der telepathischen

---

[107] Vgl. Bender, Hans, *Parapsychologie, Entwicklung, Ergebnisse, Probleme*, In: *Wege der Forschung*, Bd. IV, Wissenschaftliche Buchgesellschaft Darmstadt, 1976, Vorwort und S. 779. (Prof. Bender, Institut für Grenzgebiete der Psychologie und Psychohygiene, Freiburg i. Br.)
[108] Wassiliew Leonid L., *Wnuschenije na rasstajanii*, (dt.: Psychische Fernwirkung), Moskau 1962. In: *Neue Wissenschaft*, 11. Jg. 1962/63 H. 2, S. 57-68, übersetzt von Hans-Volker Werthmann. Oder auch ders., in Bender, Hans, *Theoretische Bedeutung und Anwendbarkeit der ‚psychischen Fernwirkung'*, a.a.O., S. 770-788

Phänomene zu untersuchen. Dazu brauchten sie eine Methode, welche die Phänomene in einer genügend zuversichtlichen Weise hervorbrachten. [...]. Große Hoffnungen setzten sie in die Verwendung von Methoden und Überlegungen der Informationstheorie und der Kybernetik auf die Problematik der Telepathie und damit der Mentalsuggestion."[109]

Der Zusammenhang von den sogenannten ‚selbstorganisierenden' und rückkoppelnden Maschinen mit dem menschlichen Geist wird schon damals direkt und unverblümt angesprochen. Bezeichnenderweise kann man solcherart die Anfänge der Erforschung von neuronalen Netzen und kognitiven Ansätzen direkt in die Institute für Gehirnforschung verlegen, so sei zum Beispiel die Gründung des ‚Instituts für Gehirnerforschung' durch den russischen Physiologen Wladimir Bechterew in Leningrad genannt, das bis heute seinen Namen trägt. Die Bechterew-Schule startete ihre telepathischen Experimente aufgrund der Annahme, dass elektromagnetische Strahlung ihre Ursache sein könnte, genährt wurde diese Annahme durch die damals aktuellen Versuche mit dressierten Tieren z.B. von Durow, dem Italiener Cazzamalli[110], oder etwas später durch den Nobelpreisträger Ivan P. Pawlow mit seiner bekannten Theorie der bedingten Reflexe.

Nicht nur die Kybernetiker, sondern auch die Verhaltens- und Gehirnforscher arbeiteten in interdisziplinären Gruppen an der Lösung dieser Aufgabe, nicht zu vergessen die daran beteiligten Physiker. Außer der elektromagnetischen Feld- und Fernwirkung spielten später auch physikalisch-chaotische und quantenphysikalische Annahmen eine Rolle, und das anscheinend bis heute, wenn man sich beispielsweise die Anklänge der Visionen des englischen Physikers und Nobelpreisträgers Roger Penrose betrachtet, der sich erhofft, dass das Leib-Seele-Problem durch Einbeziehung einer quantenphysikalischen Basis lösbar sein könnte, und zugleich propagiert, dass man versuchen solle einen Quantencomputer zu konstruieren. Allerdings

---

[109] Werthmann, Hans-Volker, *Mentalsuggestion in der Sowjetunion*. In: Bender, Hans, a.a.O., S. 241 und S. 249
[110] Anm.: Bechterew, Wladimir, *Versuche über die „unmittelbare Einwirkung" auf das Verhalten von Tieren*. In: *Zeitschrift für Psychotherapie*, Bd. 8, 1924. Oder auch in: Bender, Hans, a.a. O., S. 624-637

lehnt er die ‚Künstliche Intelligenz' aus platonischer Grundprägung ab.[111]

Die zudem wichtige militärische Begründung und Verhaftung dieses komplizierten Forschungskomplexes ersieht man aus den folgenden Zitatzeilen des amerikanischen Militärspezialisten Talbot[112]:

„Für die Streitkräfte der USA ist es zweifellos wichtig zu wissen, ob die Energie, die von einem menschlichen Gehirn erzeugt wird, ein anderes beeinflußen kann, das Tausende von Kilometern entfernt ist. [...]. Die Erforschung dieser Erscheinung kann uns neue Kommunikationsmittel zwischen Unterseebooten und Landbasen bringen und eines schönen Tages vielleicht sogar auch zwischen Expeditionen im interplanetaren Raum und der Erde." Und weiter im Artikel von Wassiliew: „[...] die nichtverbale Fernwirkung für friedliche Zwecke, [...] auch für Kriegszwecke zu benützen. [...] zum Zwecke der Kindererziehung zu verwenden. [...]. Aus den vorgetragenen Fakten kann der Schluß gezogen werden, daß der Erzieher auf seine Schüler nicht nur durch Worte und persönliches Beispiel einwirkt, sondern auch durch stummen telepathischen Einfluß, von dem er selbst nichts ahnt. Dieser unwillkürliche Einfluß kann auf den Schüler, ohne daß es dessen Widerstand oder Protest hervorruft, allmählich sogar dann einwirken, wenn der Lehrer abwesend ist. Man muß noch hinzufügen, daß die verbale Beeinflußung des Schülers während des Nachtschlafs schon lange von Eltern verschiedener Länder angewendet wird. Gleichzeitig mit diesen friedlichen Absichten reiften in der kapitalistischen Welt auch militärische Absichten. [...]. Die Gedankenübertragung – eine Kriegswaffe [...]."[113]

Die moderne Umschreibung in der Fortführung dieser Gedankengänge spiegelt sich heutzutage meistens in dem Wort ‚Kognition' wider, zum Beispiel in den modernen Theorien des Lernens, der kognitiven Psychologie, den Kognitionswissenschaften etc., und

---

[111] Siehe z.B.: Penrose, Roger, *The Emperor's New Mind. Concerning Computers, Minds, and The Laws of Physics*, Oxford Univ. Press, New York, 1989. Oder: Penrose, Roger, *Shadows of the Mind*, aus dem Englischen: *Schatten des Geistes. Wege zu einer neuen Physik des Bewusstseins*, Spektrum, Akad. Verl., Heidelberg, 1995
[112] Wassiliew Leonid L., *Wnuschenije na rasstajanii*, (dt.: Psychische Fernwirkung), Moskau 1962. In: *Neue Wissenschaft*, 11. Jg. 1962/63 H. 2, S. 57-68, übersetzt von Hans-Volker Werthmann, a.a.O., S. 778
[113] Ebd., S. 776-777

diese sind extrem zielgerichtet: auf Lernkontrolle, auf Bedienungsbefähigung und -kontrolle von komplexen Modellen und Computern, bzw. auf kontrollierte Integration des Menschen in den Technologiekomplex und seiner Beherrschung.[114] Forschungen von der gerade beschriebenen Art finden selbstverständlich nicht nur im Osten, bzw. in Russland statt, sondern ebenso im Westen, d.h. in den USA und in Deutschland; kurz gesprochen, sie werden selbstverständlich weltweit betrieben.

Mit den Worten von Hans Bender soll das allgemeine Aufgabengebiet abschließend nochmals dargelegt werden:

„Mit der Untersuchung (umstrittener) Erlebnis- und Verhaltensweisen befaßt, die das normale Erkenntnisvermögen und die normale Wirkungskraft der Psyche und des Leibes anscheinend übersteigen. [...]. Leistungen einer Wahrnehmung außerhalb der uns bekannten Sinnesorgane (=außersinnliche Wahrnehmung) und [...]."[115]

Neben der Idee und den Realisierungsversuchen der Gedankenübertragung per Neuro-Silizium-Chip durch Mensch und Maschine hindurch, oder wie der englische Kybernetikprofessor Kevin Warwick, der plant „to become one with his computer", also ein cyborg sein möchte, und dadurch „thought-to-thought communication" und „convey emotions to one another"[116] hervorbringen möchte, betrachtet, erscheint der Gedanke einer ‚Wahrnehmung außerhalb der uns bekannten Sinnesorgane', mit anderen Worten, der parapsychologische, bzw. telepathische Gedankenaustausch erstaunlich ‚alt' und gleichzeitig doch ‚jung' auszusehen.[117]

---

[114] Anm.: Solcherart, das heißt, bei dieser Vorbildung schon von Kindesbeinen an, lässt sich zum Beispiel die Ausbildungsdauer von Kampfpiloten in ihren hochkomplizierten technischen Flugzeugen wesentlich verkürzen.
[115] Vgl.: Bender, Hans, *Parapsychologie, Entwicklung, Ergebnisse, Probleme*, In: *Wege der Forschung*, Bd. IV, a.a.O., Vorwort
[116] Vgl. Warwick, Kevin, *Cyborg, Kevin Warwick outlines his plan to become one with his computer*, Feb. 2000. Nachzulesen unter: http://www.wired.com/wired/archive/8.02/warwick_pr.html
[117] Anm.: Schon von alters her, aus der Zeit der Antike sind parapsychologische Phänomene bekannt und überliefert, allerdings existierte kein eigenes Wort für Telepathie oder für außersinnliche Wahrnehmung, sondern sie ist in dem umfassenden Begriff Mantik („mantike"), sowie in dem der Devination miteingeschlossen. Da kein eigenes Wort dafür vorhanden war, findet man auch keine systematische

Man könnte versucht sein einzuwenden, dass Turing sein berühmtes philosophisches Paper über die Turing-Maschine erst 1950 veröffentlichte, und doch muss man bedenken, dass es ein Produkt seiner Vorarbeiten ist, sowie eine Widerspiegelung seiner Gedankenprägung. Zudem werden Wissensträger, wie es die Historie lehrt, auch nach Ende ihrer Arbeit, nicht leicht von ihren Auftraggebern in die bürgerliche Idylle und dem Vergessen freigegeben.[118]

Kehren wir nochmals zu Alan Turing, dem ‚Vater' des Gedankens von einem ‚idealen Computer' und der ‚Künstlichen Intelligenz' zurück, und schauen genauer, welchen Schlußsatz und Ratschlag er uns am Ende seiner Ausführungen mit auf den Weg gibt:

„We may hope that machines will eventually compete with men in purely intellectual fields. But which are the best ones to start with? Even this is a difficult decision. Many people think that is a very abstract activity, like the playing of chess would be best. It can also be maintained that it is best to provide the machine with the best sense organs that money can bay, and then teach it to understand to speak English. Again I do not know what the right answer is, but I think both approaches should be tried."[119]

Turing schlägt zwei Alternativen der Realisierung vor. In Anlehnung an das Strategie- und Brettspiel Schach, das auf reinem intellektuellem Können und strategisch-militärischem Einschätzen, Berechnen und Vorausdenken beruht, zieht Turing dieses Paradebeispiel für das Maßnehmen und Vergleichen von intellektuellem Können heran, und extrapoliert es in rein abstrakte Regionen. Was bestehen bleibt ist die Mathematik und die Informatik, mit deren Instrumenten der Logik

---

Beobachtung dieser Phänomene, sondern nur verstreute Einzelfälle. Die Griechen und Römer stuften sie nicht nach ihrem subjektiv erfahrenen Inhalt, sondern nach Kategorien der Erfahrung ein. Es handelt sich um Phänomene, wie z.B. Ahnungen, Visionen, Kraft der Imagination, Inspiration, Hellsehen, Orakel, „sympatheia" (des Alls, der Weltseele), etc., die ihre Aufmerksamkeit nicht nur von Geschichtsschreibern (z.B. Homer, Plutarch, Cicero), sondern ebenso von Philosophen, sowohl zustimmend als auch ablehnend, auf sich zogen. Zu nennen sei unter diesen, wieder nur beispielhaft, der Atomist Demokrit, der eine Fernwirkung auf naturwissenschaftlicher Basis für diese Phänomene entwarf, oder Aristoteles bis hin in die neuere Zeit zu Francis Bacon oder Arthur Schopenhauer und Henri Bergson.

[118] Anm.: Alan Turing lebte von 1912-1954. Er hatte also genaugenommen sogar mit den Ein- und Auswirkungen von zwei Weltkriegen umgehen müssen.

[119] Turing, Alan, *Computing Machinery and Intelligence*, a.a.O., S. 461

die Intelligenz und der Verstand vermessen und gestaltet werden sollen. Die beiden folgetechnischen Probleme, die Begrenzung des Menschen auf das Hoheitsgebiet der Logik allein, mitsamt der Problematik der Mitteilbarkeit und der wechselseitigen Kommunikation zwischen Mensch und Maschine bleiben vorerst ungelöst.

Turing betont nur den Wettstreit zwischen Mensch und Maschine im rein geistigen Bereich, er spricht nicht von einem Kompetenzvergleich im Bereich der Emotionen, – oder gar einer Nivellierung des Menschen innerhalb der Maschinentechnologie, einem Cyborg. Diese moderne Entwicklung scheint er meinem Erachten nach nicht angedacht zu haben oder sogar ablehnend gegenüber gestanden zu haben, wofür die in seinem Artikel verstreuten, scheinbar nicht rein passenden, gesellschafts-, rassen- und geschlechterkritisch Passagen einstehen und zu sprechen scheinen. Genau besehen, hat er ein kleines Hintertürchen aus der Vorrangstellung der militärischen, maschinen-technischen Herangehensweise offen gehalten, indem er von der anderen Seite des Menschenwesens kommend, die Informationsdaten aus den Sinnesorganen mit in die Kalkulation der Intelligenz einrechnet, und sie als Ausgangsbasis ansetzt. Auf diesem mehr empirischen Weg wird die Maschine dem Menschen angepasst, während der umgekehrte, theoretische Weg den Menschen der Maschine anpasst. Den Ausgangspunkt vom Menschen zu wählen und damit die Anpassung der Maschine an denselben, scheint zum mindesten das Kommunikationsproblem zu vereinfachen, da dieses Problem in den Ausgangsbedingungen stringenter impliziert und damit lösungsorientierter ist.

Bei Turing zeichnen sich die beiden Entwicklungszweige der AI und der VR schon deutlich ab, auch wenn heute die Idee der Emotionalität und der Sinnes- und Bewusstseinserweiterung allgemein einen größeren Phantasieanreiz auszuüben und darzustellen scheint, als die Vorstellung bloß zu „compete in purely intellectual fields".

Und nun schlagen wir den Bogen unserer Ausführungen wieder zurück, – zurück zur Technologie der Virtuellen Realität, dem Cyberspace, und betrachten als Anfangspunkt und Kontrapunkt zu Alan Turings Aussage, was Jaron Lanier schreibt:

„I don't view machines as becoming conscious myself. It is not that I'm opposed to the notion; it's simply the wrong question to ask. But

I think that there will be a new emergent social consciousness that can only exist through the medium of Virtual Reality. Virtual Reality is the first medium that's large enough not to limit human nature. It is broad enough to express us as natural beings. It's the first medium within which we can express our nature and whole of nature to each other."[120]

Solcherart die Thematik der AI nur kurz angerissen, möchte ich beiläufig meiner Überzeugung Ausdruck verleihen, dass dieses Forschungsprojekt sicherlich mit zu den großen und spannenden Herausforderungen der Menschheit gehören wird, und damit die Thematik der Künstlichen Intelligenz in diesem Zusammenhang verlassen, und mich nun ganz und gar auf den anderen, schon von Alan Turing angedeuteten Weg, begeben und mich der Technologie der Virtuellen Realität widmen.

Ein weiterer Satz am Ende und Rande: Auffallend ist in der ganzen Debatte um und über die Technologie der Künstliche Intelligenz die wenig vertretenen ‚wirklich' philosophischen Betrachtungen, damit meine ich solche Betrachtungen, die *rein, und dadurch kraftvoll*, aus dem *philosophischen*-geisteswissenschaftlichen Fundus schöpfen, urteilen und argumentieren, als auch prognostizieren, anstatt sich auf das Engste an die naturwissenschaftlichen Wege anzulehnen.
Es sei zur Unterstützung meiner Behauptung der Philosoph John R. Searle, – mit dem John Lanier ansatz- und teilweise in seinen Gedankengängen konform geht, wie er zum Beispiel in *You Can't Argue with a Zombie* explizit erläutert[121]–, zitiert, der in *The Rediscovery of The Mind* meist angriffslustig schreibt: „Wie kam es dazu, daß der »Materialismus« als einzige rationale Zugangsweise zur Philosophie des Geistes erscheint? [...] der Kognitionswissenschaft und gewisser Zweige der Psychologie [...]. Die derzeitig verbreiteten Ansichten werden nicht so sehr deshalb geglaubt, weil man aus unabhängigen Gründen von ihrer Wahrheit überzeugt wäre, sondern weil man davor zurückschreckt, was man für die einzige Alternative hält. Das heißt die Wahl, vor die wir stillschweigend gestellt, ist die zwischen einem »wissenschaftlichen« Zugang (wie er von irgendeiner

---

[120] Lanier, Jaron, *A Vintage Virtual Reality Interview*, a.a.O., S. 9
[121] Lanier, Jaron, *You Can't Argue with a Zombie*, nachzulesen unter: http://people.advanced.org/~jaron/zombie.html, insbesondere Fußnote Nr. 20

der im Umlauf befindlichen Varianten des »Materialismus« repräsentiert wird) und einem »antiwissenschaftlichen« Zugang (wie er vom Cartesianismus oder irgendeiner anderen traditionellen religiösen Konzeption des Geistes repräsentiert wird)."[122]

Und noch eine weiterer Satz in betreff auf die Neuen Technologien, bevor ich mich nur noch auf ihr Teilgebiet der VR-Technologie konzentrieren werde: aufbauend auf der *Kryptologie*, dem ‚dritten Kind' der Neuen Technologie wäre eine begleitende Philosophie, zum Beispiel einer Rätselphilosophie, der Verschlüsselung, der List und Täuschung, den Symbolen hinter den Symbolen, des nichtvisuellen Hintergrundes vor visuellem Vordergrund, o.ä. sicherlich auch ein interessantes und lohnenswertes Erforschungsgebiet, zumal es auf der Analytik und der Logik als auch der Anthropologie beruht; und zumindest ihre historischen Wurzeln bis in die Antike zurück bei Herodot dokumentiert sind und von nicht unerheblichen gesellschaftlichen Auswirkungen waren und sind; wenn sie nicht sogar mit dem Menschenwesen selbst untrennbar verbunden ist. Ich denke, man kann den Spruch Heraklits φύσις χρύπτεσδαι φιλεῖ (Fragment 123), in dem das Wort kryptein, das übrigens sowohl in unserem Wort Krypta als auch in Kryptologie enthalten ist, und der bedeutet, dass *‚Die Natur es liebt, sich zu verstecken'* – nicht zu *‚verbergen'* – auf die Kryptologie und auf die Natur des Menschen anwenden.

Das immer wiederkehrende Verstecken-Spielen und das Verständnis des Begriffs *Maske* à la Friedrich Nietzsche – beides zudem wichtige Elemente bei dem Geschwister *VR-Technologie,* jedoch keinesfalls bei der KI – sind wesensgleich in ihrer ständigen *Entzogenheit*, verstanden nach der griechischen Interpretation von Martin Heidegger.

Das Wesen der Kryptologie bleibt immer so entzogen, dass eine neue, verdeckende Schicht dazwischen tritt, so daß der Entschlüsselungs- und Erkenntnisprozess ein Unendlicher wird. Der Tod der Kryptologie wäre der Stillstand der dialektischen Denkbewegung von Aufdecken und Zudecken zwischen dem Erkennenden und dem Erkannten. Solange die menschliche und natür-liche Physis von der Voraussetzung eines solchen antiken Erkenntnisbegriffs her begriffen wird, muss sich der Gedanke der Quantenkryptologie, wie er

---

[122] Vgl. Searle, R. John, *Die Wiederentdeckung des Geistes*, aus dem Amerikanischen von Harvey P. Gavagai, (Originaltitel: *The Rediscovery of The Mind*), Suhrkamp Taschenbuch, Frankfurt, 1996, Kap. 1, S. 13-18.

teilweise von den Hardlinern aus der Denkrichtung der ‚strong Artificial Intelligence' vertreten wird, schwer tun, an dieser Grenzüberschreitung der ‚verschwisterten' Wissenschaften von der Kryptologie hin zur Künstlichen Intelligenz, glaubhaft zu machen, dass die Kunst der Verschlüsselung, bzw. Chiffrierung, sprich der Kryptographie alleine, ohne eine Gegenbewegung auskommen kann, da das Vermögen der Chiffrierung von Geist und Materie mit Hilfe von Quantenspins das Entschlüsselungskonzept *zeitgleich* mitbeinhaltet, und direkt ins ‚Nirwana' führt mangels übrig bleibendem Geheimnis.

Eine nicht uninteressante Tatsache bleibt noch zu erwähnen, dass *technisch* gesehen, die Quantenkryptologie viel bessere Aussichten auf Realisierung hat als die hypothetischen Quantencomputer.[123]

Die Aufspaltung der Informatik, bzw. der Computerwissenschaft in die drei Entwicklungszweige *Technologie der Künstlichen Intelligenz* und *Technologie der Virtuellen Realität* sowie *Internetkryptologie* lässt sich anhand des ‚imitation games' von Alan Turing, auch bekannt als Turing-Test verdeutlichen.

Alle drei Technologien sind unterschiedlich und verfolgen teils gegensätzliche Zwecke und Ziele aufgrund unterschiedlich zugrundeliegender ‚Philosophien'. Das *Software-Engineering* sowie die *Netzwerk-Architektur* bilden entscheidende, nicht zu unterschätzende Eckpfeiler des zukünftigen Weltbildes, da sie, logischerweise, zwar auf naturwissenschaftlichen Gesetzen gründen, jedoch in einer eigentümlichen, besonderen Art und Weise ein Projekt formen, das die Dimensionen und den Vergleich einer neuen Sprachentstehung aufweist, das ohne eine gewaltige Brise ‚Humanum' nicht durchführbar ist. Die *notwendige* Vermischung von natürlichen und menschlichen Merkmalen, gerade besonders an den Extrempunkten, wo sich die unterschiedlichen Technologien treffen, ist geradezu *das* Kennzeichen der Neuen Technologien.

---

[123] Siehe z.B. Zbinden, H.; Gisin, N.; Huttner, B.; Muller, A.; Tittel W.; *Practical Aspects of Quantum Cryptographic Key Distribution*, In: *Journal of Cryptology*, Springer, New York, Vol. 13, No. 2, 2000. Oder: Yam, Philip, In: *Spektrum der Wissenschaft*, von Scientific American, No. 11, 1997
Anm.: Die in der Kryptologie Verwendung findenden Zufallsgeneratoren werden auch bei Spielautomaten eingesetzt; und damit im weitesten Sinne der Popularität für (quantenmechanische) Wahrscheinlichkeitsgesetze Genüge getan.

II) Die Technologie der Virtuellen Realität

Das Massenphänomen – die vergessene Variable in der Rechnung?

Die Technologie der VR-Technologie ist eine fast ausschließlich US-amerikanische Entwicklung und im Verhältnis zur der vor allem europäischen Entwicklung der KI-Technologie eine junge Wissenschaft, da sie erst seit den 80 iger Jahren ernsthaft betrieben wird. In der Regel wird sie an dem Namen Jaron Lanier festgemacht, so, wie Alan Turing als Ahnvater der KI gilt.

Trotz ihrer aufgezeigten, gemeinsamen historischen und technischen Wurzeln, war die VR-Technologie zu einem Fehlstart und der Nichtbeachtung durch die Fachwelt verdammt, nicht zuletzt bedingt durch die mangelnde industriellen Fertigungsmöglichkeiten und ihrer kommerziellen Nutzung, sowie durch ihr (ungerechtfertigtes) Image, das durch die sogenannten ‚Hacker' verursacht wurde, die sich der VR-Technologie (allerdings nur sehr bedingt) annahmen, das nicht gerade für wissenschaftliche Seriosität einzustehen schien. Aus ihrem Aschenputteldasein wurde die VR-Technologie erlöst als Militärspezialisten ihre Wichtigkeit und Bedeutung erkannten und die Raumfahrtbehörde NASA/Ames die Firma von Jaron Lanier beauftragte einen data glove (=Datenhandschuh) für ihr eigenes VR-System und ihre Weltraumroboter zu entwickeln. Später folgten dann so wichtige Firmen wie der Kommunikationsriese Pacific Bell, der Computerhersteller Apple, die CAD-Firma Autodesk, und allen voran japanische High-Tech Konzerne wie Toshiba, Mitsubishi, Sharp, Nintendo oder Fuji-Xerox, um nur einige wenige zu nennen, die an einer rasanten Entwicklung der VR-Technologie mitwirkten und wirken. Und Sun Microsystems, einer der marktführenden Konzerne in der Computerbranche und Konkurrent zu Microsoft, sicherte sich manche Patentrechte an den Erfindungen von Jaron Lanier.

Als 31-jähriger gründete Jaron Lanier seine Firma VLP Research im Jahre 1983, die als erste einen kommerziellen data glove (1984), einen head mounted display (=Datenhelm, 1987), sowie ein networked virtual world system (1989) auf den Markt brachte.[124] Das mit

---

[124] Anm.: Der Firmenname von Jaron Lanier's (*3.5.1960) Firma *VLP* steht für die Abkürzungsbedeutung *Virtual Language Programming*. Anfang der 90 iger Jahre

Lanier geführte, berühmt-bekannt gewordene, in mehrere Sprachen übersetzte Interview *A Vintage Virtual Reality Interview*, das das Interesse und die Aufmerksamkeit der breiten Öffentlichkeit auf die VR-Technologie lenkte, wurde erstmals 1988 veröffentlicht.[125] Wir haben es also mit einer schon jetzt wichtigen Technologie zu tun, obwohl sie mit ihren etwa 20 Jahren äußerst jung für eine Technik ist, und einer, die noch viel technisches und philosophisches Entwicklungspotential in sich birgt.

Was war hinter den Kulissen und im Untergrund geschehen? Warum konnte die VR-Technologie trotz ihrer langen Verbannung und Ächtung sich so rapide und so machtvoll entfalten und durchsetzten? Normalerweise ist das Verhältnis von den Naturwissenschaften zur Öffentlichkeit distanziert und wird höchstens, im besten Falle, mit interessevollem Wohlgefallen registriert. Man kann die Situation der Neuen Technologien konkret wie folgt ausdrücken: „The public has often warmed to the surface of science and engineering, but never before to the depth. While there are tens of millions of people who love dinosaurs and black wholes, how many of them have gone on a dig or analyzed spectrum data? When it comes to computers, though, a mass culture of technical literacy is being born, especially among

---

wurde sie wegen finanzieller Schwierigkeiten von der französischen Firma *Thomson-CSF* mitsamt aller Patentrechte aufgekauft, mittlerweile von der Firma *Sun Microsystems Inc.* übernommen.
Lanier selbst arbeitet heute bei der Firma *Eyematic*, daneben ist er als wirtschaftspolitischer Berater gefragt, und als Chief Scientist tätig für die regierungsgeförderte *National Tele-Immersion Initiative* bei der *Advanced Network & Services* in Armonk/ New York, die an *Internet2®*, einem Konsortium von 200 Partnern, angeschlossen ist; und als Musiker, da die Musik seine große Leidenschaft ist.
[125] Anm.: Selbstverständlich gab es vor der *kommerziellen* Serienreife der VR-Produkte schon Pionier- und ‚Garagen'-Arbeiten. Ein Prototyp von einem headset, ein pair of eyeglasses, wurde interessanterweise 1965 von einem der Pioniere der KI, nämlich von Marvin Minsky, hergestellt. Lanier sagt über ihn: „[...] was extremely important to me, and I used to just hang out with him. He is rethinking the whole world from the bottom up all the time. That's an inspiring quality."
Lanier, Jaron, *A Vintage Reality Interview*, nachzulesen unter:
http://people.advanced.org/~jaron/vrint.html.
Und: ders., *Brief Biography of Jaron Lanier*, nachzulesen unter:
http://www.well.com/user/jaron/general.html.
Und: ders., *Interview with Jaron Lanier*, von Doug Stewart geführt. In: *OMNI*, Online-Magazine, Jan. 1991. Nachzulesen unter:
http://www.protovision.textfiles.com/computers/CYBERSPACE/lanier.txt

children. We always thought computers had to become popularized, and instead the public has decided to become surprisingly technical."[126]

Die beschriebene Oberflächlichkeit der technischen Interessiertheit wird, unabhängig und jenseits von jeglichen philosophischen und geisteswissenschaftlichen Diskursen, von der breiten Öffentlichkeit ebenso in bezug auf die Künstliche Intelligenz und die Robotik an den Tag gelegt. Dieser Zweig der Informatikwissenschaft findet unter den potentiellen usern relativ wenig Beachtung, ganz im Gegensatz zu der Entwicklung der Technologie des World Wide Web, und Hand in Hand damit, die *netbasierte* VR. Der Vergleich ist meines Erachtens selbstredend und überzeugend.

Unabhängig von ökonomischen Zwängen, ausgeübt durch geschickte und psychologische Verkaufsstrategien und starker Monopolisierungstendenzen gerade in dieser Branche, ist dies alleine noch keine ausreichend Erklärung für dieses wichtige, oft in seiner Bedeutung unterschätze Phänomen.

Die Geisteshaltung und Mentalität hinter den ‚Hackern' oder allgemeiner, weil es derer nicht so viele gibt, im Vergleich zu der Masse an verdeckt im Hintergrund wirkenden Informatikern und Menschen allgemein, die z.B. mit ihrer eigenen, erstellten (kostenlose) Freesoftware den Markt und das Netz unterlaufen, dergleichen mit ihren selbstorganisierten öffentlichen Chaträumen, hat wichtige menschliche, anthropologische, psychologische, ethische und vor allem auch kognitive Ursachen und Konsequenzen, die durchaus der philosophischen Betrachtung wert sind und, neben den heute gängigen, modernen kognitionswissenschaftlichen Untersuchungen, die hauptsächlich auf ‚harten', wohl gesicherten naturwissenschaftlichen Gesetzen und Methoden beruhen und aufbauen (wie z.B. der Neurobiologie, Kybernetik usw.), auch die Erkenntnis nach der daneben ‚altmodisch' erscheinenden Frage nach dem *Wesen* des Menschen im alt hergebrachten Sinne der philosophischen Tradition dringend mitberücksichtigen sollte. Das uns darbietende Faktum stellt folgende Situation dar, dem wir uns stellen sollten:

„Never before did we know that millions of people could cooperate almost instantaneously to build something (the web) merely because

---

[126] Lanier, Jaron, *The Frontier Between Us*, nachzulesen unter:
http://people.advanced.org/~jaron/cacam50.html

the wanted to, [...] without need, greed, fear, hierarchy, authority figures, ethnic identification, advertising, or any other form of manipulation. [...]. It turns out that in the right conditions, people are good enough for anarchy. [...]. Nothing like this happened before in history. We can blasé about it now, but it is what we will be remember for. We have been made aware of a new dimension of human potential."[127]

Oder an anderer Stelle, mit einer ebenso wichtigen Akzentverschiebung:

„It happened so fast that millions of people were using it before anyone could design an advertisement about it. The damned thing was so successful that it raced ahead of both pundits and capitalism."[128]

In Anbetracht dieser äußerst wichtigen Tatsache fragt sich, in wieweit zum Beispiel solche Gedanken wie der homo-mensura Satz des Protagoras, der besagt, dass der Mensch und zwar *jeder einzelne*, das Maß aller Dinge, der Seienden, dass sie sind oder nicht sind, und wie sie sind, ist; in die technologischen Diskurse Eingang gefunden haben.

Da gibt es zwar den Menschen verstanden als homo faber, aber zudem die beiden wesentlichen Aspekt, auf der einen Seite des unterschätzten Menschens und auf der anderen Seite des Massenmenschens, die beide ihrer eigenen Phänomenologie und Eigengesetzlichkeit folgen, und sich schlecht in ein Raster pressen lassen. Man kann genauso gut die begriffliche Wahl im Jargon des Neurokybernetikers Marvin Warwick übernehmen, der von einem Übermenschen träumt; und entsprechend zwischen einem, diesmal im philosophischen Sinne Friedrich Nietzsches verstandenen, Übermenschen und einem (vermeintlich) schwachen, décadenten Herdentier polarisieren. Der Wille des Menschen und sein ureigenster Wesenskern werden immer Mittel und Wege aus sämtlichen Schubläden und Containern finden, in die er durch Worte festlegt, in Theorien eingebunden oder in Handlungsmuster hinein gezwungen werden soll. Dies scheint ganz allgemein, der immer wiederkehrende, empirisch

---

[127] Vgl. Lanier, Jaron, ebd.; und: *Taking Stock*, nachzulesen unter: http://www.wired.com/wired/6.01/lanier.html, Kap.: *A good kind of anarchy*, ...
[128] Lanier, Jaron, *When Push Comes to Shove*, nachzulesen unter: http://people.advanced.org/~jaron/push.html

sich stets aufs neue bestätigende Kardinalfehler von allzu dominanten, allumfassenden, vereinnahmenden, vereinheitlichenden Tendenzen zu sein.
Ausufernde, einseitige Metaphernbildungen, hier im Kontext aus der Computersprache genommen, vergreifen sich allzu leicht in ihren Schätzungen, Normierungen und Bezugsgrößen; so bringt Lanier einen Fall an:

„In an algorithm, every detail makes sense. Tiny algorithms can spin out a huge amount of apparent complexity. Reality isn't necessary like this. Sometimes complexity isn't reducible. Sometimes a free market crashes, an anatomical trait makes no sense, and the better idea loses."[129]

In dem Moment, wo die Variable ‚Mensch an sich' auf der Rechnung steht, lassen sich Gleichungen und Berechnungen nur schwer aus-x-en, bzw. ausbuchstabieren.
Der Mensch bricht Grenzen, und Grenzen brechen an dem Mensch an sich. Dies geschieht nicht unbedingt durch und an den Starken, sondern an dem Widerstand, der vielleicht sogar gerade von den Schwachen ausgeübt wird, wie schon Niccolò Machiavelli in seinen Schriften skizzierte, oder um aktuell zu bleiben, Friedrich Nietzsche immer wieder ausführte.
Die menschliche Natur, wie auch Thomas Hobbes sie sieht, läuft auf ein *bellum omnium contra omnes* hinaus – das bedeutet jedoch keinen Ausschluß einer Kulturbildung.
Kulturelle Faktoren erscheinen und wirken, meinem Erachten nach, nicht darwinistisch, insbesondere nicht die Technikbildung, subsumiert unter dem Begriff der Kulturleistungen, noch weniger in digitalen Bahnen, sondern wahrscheinlich mit einer starken lamarck'schen Komponente, wie Lanier ebenfalls einwirft.[130]
Die Evolution und Genese von Ideen birgt ein statisches Moment in sich, das Grenzbildungen und Einschränkungen im Moment ihrer

---

[129] Lanier, Jaron, *Taking Stock*, nachzulesen unter:
http://www.wired.com/wired/6.01/lanier.html, Kap.: *Computation*
[130] Anm.: vgl. hierzu in Teil I dieser Arbeit: Fußnotennr. 99, oder direkt bei: Lanier, Jaron, *The Evolution of Culture*, 1999. Nachzulesen unter:
http://www.edge.org/discourse/evolutionofculture.html.
Dazu auch ders.: *A friendly discussion with Richard Dawkins*. Nachzulesen unter:
http://www.nyu.edu/classes/neimark/evolution.html

Vollendung ausbildet, so daß der Mensch und die Natur sich damit konfrontiert sieht, daß selbst ihre besten Interpretationen und Kreationen immer ein Stück hinter den (eigenen) Ideen hinterher hinken; man sich selber immer ein Stück voraus ist, und sich quasi nie selbst einzuholen vermag.

Der Zwang zum leib-haftigen und intelligenz-bewussten Mithalten-Müssen in einem im darwinistischen Sinne verstandenen Überlebenskampf, bis hin zur Anpassung an ‚intelligente' künstliche Maschinen und die Mutation in einen eventuell intelligenteren Cyborg, läuft auf eine starke Determination der Werte hinaus, die im wesentlich die Konsequenz mit sich bringt, gerade denselbigen beschworenen Willen (zum Überlebenskampf und zur Macht) des Menschen zu brechen, und seine Nivellierung zu fördern.

Die stattfindende Polarisierung zwischen der KI und der VR ist verkürzt gesagt an ihren Ansatzpunkten zu suchen: Die KI geht von der Maschine aus, und die VR vom Menschen.

Meiner Meinung nach, ist die Crux an den Ansatzpunkten, und damit an den sich beiden unterschiedlich entwickelten modernen Technologien der Künstlichen Intelligenz und der Virtuellen Realität das dahinterstehende Technikverständnis.

Sinn und Zweck der vorstehenden Ausführungen im Kapitel *Technikphilosophisches* sollen an dieser Stelle das schnellere und bessere Verständnis erleichtern.

Das Vergessene, bzw. in den Hintergrund geratene Wissen und Schätzen des anderen Aspekts der Technikbetrachtungen, gerade die *alétheia*, obwohl gerade diese Komponente in der kurzen Sequenz und im Prozess des Erfindens und der Schöpfung anerkannt wird, ist es, die eine Rolle spielt. An dieser Stelle möchte ich eine *statische* von einer *dynamischen* Technikbetrachtung unterschieden. Was wir heutzutage meistens im Blick haben ist, die statische Sichtweise, die den status quo, das Fertiggestellte, das Funktionieren und das Wirken der Maschinen und der Technologien konstatiert, und mit der wir uns zumeist begnügen. Auf der anderen Seite genießt paradoxerweise das Phänomen der Kreativität und des Schöpfungsprozesses – wobei zu beachten ist, dass gerade die Technik und ihre Fortschritte, trotz ihrer inhärenten Logik, sich nicht gesetzmäßig aus-x-en lässt, sondern, dass sie in der *Praxis* oft unter Geistesblitzen ‚neu erfunden' werden muss, und damit dem Kreativitätsprozess unterliegt, – höchste gesellschaftliche Anerkennung, die durch solchen Ausdrücken wie ‚genialer Erfinder' reflektiert wird. Der Ausdruck ‚genialer Erfinder' wird meistens auf die Techniker und Wissenschaftler bezogen und weniger in Bezug auf die Sparte der Künstler verwendet, trotz ihrer beider Umgang und Tätigkeit mit der Kreativität und Kreatürlichkeit.

Diese *dynamische* Betrachtung zielt auf den Kern der Technikanwendung und das Wesen des Menschen gleichermaßen stark ab, und damit auf das Streben nach Vervollkommnung, Perfektion und vor allem der Veränderung. Das ständig Gleiche ruft Langeweile im Menschen hervor, sowie den Drang und das Streben nach Abwechselung, nach dem ewigen heraklit'schen Spiel des Kindes mit den Weltenwürfeln, das zugleich auch Nietzsches Spiel ist.[131] Dieses unruhige Moment spielt selbst bei den logisch, gleichförmig-gesetzmäßig laufenden Maschinen, und dazu gehören auch die Computer und die Roboter, eine wichtige Rolle, da sie nicht losgelöst von der Anwendung und dem Wechselspiel mit dem Menschen begriffen werden können. Ein user, oder mehr noch, ein Techniker, bzw. ein tekton zu sein, bedeutet, wenn man die Technik beherrscht, zugleich sie zu verstehen. Konstruktion und Steuerung allgemein, die Kybernetik und selbstorganisierende Systeme miteingeschlossen, beruhen letztendlich und von Grunde auf, auf dynamischen Eigenschaften und Fähigkeiten, die ohne ein Verstehen und ein gewisses Kreativitätspotential nicht auskommen.

Das Verstehen setzt eine gewisse Haltung, ein Sich-in-die-Technik-hinein-versetzen voraus, das das Vermögen zur Weiterentwicklung der Technik impliziert, also die Kreativität miteinschließt. Sein Handwerkszeug zu beherrschen, bzw. über eine téchne zu verfügen, heißt eine entsprechende Haltung, eine Attitüde zu besitzen, und damit nicht nur erklären zu können, warum und was man tut, also Rechenschaft abzulegen, sondern auch die Eigenschaft vorauszuberechnen zu können, zumindest zu ahnen, da man als Fachmann ein Gefühl für seine ‚Materie' hat. Solchermaßen hat man Gewalt über sich selbst und zugleich über die Technik, man beherrscht die Technik und hat sie ganz anschaulich verstanden ‚im Griff'.

---

[131] Anm.: Gemeint ist das Fragment 52. Als ein sehr gutes Buch, auch und gerade was die Heraklit-Deutungen angeht, kann ich für Interessierte folgendes Buch empfehlen von: Wohlfart, Günter, *Also sprach Herakleitos, Heraklits Fragment B 52 und Nietzsches Heraklit-Rezeption*, Verlag Karl Alber, Freiburg, 1991

Indem man den schöpferischen Momenten und den Trieben der Entdeckung, Eroberung, Herausforderung seinen geistigen Tribut zollt, setzt man seinen Primat auf die dynamische Technikbetrachtung. Neu ist in unserem 21. Jahrhundert der Technikentwicklung das Zusammenprallen zweier unterschiedlicher Technologien, von denen die eine erstmals einen vermeintlichen ‚Rückschritt' fordert und mit aller Macht der konkreten, schon erfolgreich präsentierten Realisierung in Erinnerung bringt, dass es etwas gibt, das die vorherrschende moderne Technikmeinung unterläuft und untergräbt.

Die Schwerpunktsverlagerung und -setzung, *der* entscheidende Unterschied und Widerstreit innerhalb der Neuen Technologien, also zwischen der Technologie der *Künstlichen Intelligenz* und der Technologie der *Virtuellen Realität*, ist auf der einen Seite die dominante Festlegung auf den *lógos* und auf der anderen Seite steht die Betonung der Wichtigkeit der *alétheia* für den technisch-naturwissenschaftlichen Erkenntniserwerb *und* seiner praktischen Nutzung.

Das Weltbild für das der lógos heute einsteht, ist geprägt von der hauptsächlichen Bedeutung des von den antiken Römern benutzten Bedeutungslehnwortes *ratio* mit dem sie lógos übersetzten. Bei uns findet es seinen Eingang ebenso in die Ratio mit all ihren Schattierungen einer wissenschaftlichen Verhaltenart wie rational sein, berechenbar sein, meßbar sein, zählbar sein, gruppierbar sein, proportional sein, strukturierbar sein und aussagefähig sein usw., kurzum, eben logisch sein. Das gilt gleichermaßen für *Zahlen* als auch für *Worte*. Es ist heutzutage die Dominanz der Worte und Zahlen, die uns glauben macht, sie als Grundlage der Computerwissenschaften in Anschlag bringen zu können, um mit ihrer Hilfe und Grundlage in die Neurowissenschaften, bzw. in die Künstliche Intelligenz und später in die Cyborg-Liga vordringen zu können. In der Tat umfaßt der antike Bedeutungsumfang von lógos auch das strukturale Seinsgefüge des Weltganzen.

Faszinierenderweise übt die ontologische Dimensionalität des lógos, sein Verhaftet-sein in der Proportionalität, in den Symmetrie-, Analogie- und Relationalitätsbetrachtungen, in der Strukturalität bis heute eine Anziehungsweise aus, der sich kein Mensch und keine Kultur entziehen kann, und der das Abendland seine Blütezeit zu verdanken hat.

„Andere haben diese Struktur als die Zahl gefaßt, das Mathematische, und noch heute ist man auf verschiedenen Wegen immer wieder zu der Meinung gelangt, das letzte Seiende seien Symmetrien, Proportionen und Strukturen; sogar die Materie sei nichts anderes als eine Struktur von derartigen Grundbezügen, die in der Weise, wie sie sich verbinden, erst das ergeben, was wir Materie nennen. Der Logos ist der große Seinsaspekt, der diese Tatsache, daß das, was uns jederzeit begegnet, auch erscheinen kann als derartige Proportionalität, zum Ausdruck kommt. Man kann jedes Ding auflösen in eine Rechnung oder Formel, kann auf einem Blatt Papier jedes seiende Ding in einer solchen Rechnung ausdrücken. Insofern ist der Logos als Gefüge geradezu der Grund des Seienden. [...], und ist damit doch das >Wort<, und es ist durchaus sinnvoll, den Anfang des Johannesevangeliums so zu übersetzen. Nicht das gesprochene Wort, nicht der subjektiv gedachte Sinn, sondern das Wort im Sinne jener umfassenden, seinsbestimmenden, göttlichen Proportionalität, die das Sein trägt."[132]

Der Logosbegriff korrespondiert zu der Technologie der Künstlichen Intelligenz, da in ihr im wesentlichen die zwei Aspekte des Logos (*logizesthai*) vom Wort (*phoné*) und von der Relationalität Anwendung finden. Der Algorithmus, als Programmier*sprache* verstanden, baut auf Gesetzlichkeiten der Linguistik und der Syntaktik auf. Der binäre Code, symbolisiert durch die Zahlen 0 und 1, vereint auf faszinierende Art und Weise die Zahl mit dem Buchstaben, beziehungsweise mit dem Sprachcode der Programmierung. Unter Ausschaltung jeglicher Bildersprache, genauer, sie existiert auf der Programmierebene erst gar nicht, findet eine Zuspitzung und vielleicht sogar eine gewisse Vollendung in der Vereinigung von Wort und Zahl statt. Der lógos erstrahlt hell in diesen seinen zwei Aspekten und man erkennt schön seine Reichweite, wie uns die Computeranwendungen auf breitesten und verschiedensten Gebieten erkennen lassen. Auf der Ebene der Computer- bzw. der Maschinentechnik lässt sich die Logik gut durchexerzieren, auf der Anwenderebene führt dieselbige jedoch leicht zu einer Logizierung des users, wenn, wie in der Technologie der Künstlichen Intelligenz, in manchen ihrer Forschungsbereichen, die Logik überstrapaziert wird, bzw. einseitig

---

[132] Schadewaldt, Wolfgang, *Die Anfänge der Philosophie bei den Griechen*, a.a.O., S. 187f

gehandelt und behandelt wird. Deutlich wird meines Erachtens solch eine Überforderung und Einseitigkeit des Logos in Ansätzen beim Turing-Test oder ganz ersichtlich bei den Cyborg-Versuche im Kontext von allumfassenden Quantencomputeranwendungen.
Der Vergleich mit der Antike, die den Logosbegriff als erste erfaßte, in Worte kleidete und seinen Umfang auslotete, ist trotz aller heutigen technischen und naturwissenschaftlichen Weiterentwicklungen und Erkenntnisse, interessant:

„Die Technik ist in ihrem Wesen nichts anderes als der bis in seine letzten Konsequenzen durchgeführte Logos, angewendet auf die Beherrschung der Natur, wobei letztere zum bloßen Objekt degradiert wird, was bei den Griechen nie geschehen ist – der eigentliche Grund, warum sie eine Technik in diesem Sinne nicht gehabt haben."[133]

Trotzdem, oder gerade deswegen, waren die Griechen eine Hochkultur, die auf das Vortrefflichste mit der Mathematik und dem Logos umgehen konnte, so daß unwillkürlich die Frage aufgeworfen wird, welche geistige Zutat und Einstellung in ihrem Denken verankert war, die sie zu solchen Hochleistungen befähigte.

Schon Heraklit erkannte und formulierte in seiner Logoslehre, die dann in der Stoa weiterwirkte, daß „[...] dies sei sein Logos, den keiner zu fassen imstande ist, auch nicht die Leute, die mit ihm umgehen."[134]

Der persönlich erkannte lógos ist raumgreifend in den kosmischen lógos hinein, durch die Macht des Wort herausgetrennt und sichtbar gemacht, aber das Wort oder die Zahl hat seinen Ort, und damit einen bestimmten Umfang an Vernehmlichkeit und seine Begrenzung. Das Wort und sein Ort ist beim Menschen, und auch dort, wohin es zeigt, bei dem, was es bedeutet. Der lógos unterscheidet sich von der alétheia wie folgt:

„Das, was gerade geblieben ist, ist >unverdreht<, speziell der Logos. Wir sagen auch, daß man an etwas >dreht und deutelt<. Aber mit alledem hat *alétheia* nichts zu tun, sondern geht unzweifelhaft auf

---

[133] Schadewaldt, Wolfgang, *Die Anfänge der Philosophie bei den Griechen*, a.a.O., S. 185
[134] Anm.: Fragment 1, übersetzt nach Schadewaldt, Wolfgang, *Die Anfänge der Philosophie bei den Griechen* a.a.O., S. 187

die übergreifende funktionale Zuständlichkeit, innerhalb derer es dann auch >wahrhaftig< bezeichnen kann, aber nicht primär. Es geht nicht um die Wahrheit einer Aussage, sondern dieser Wahrheitsbegriff ist vom Seienden selbst genommen."[135]

Die diskreten Anteile des lógos in Form von Worten, Zahlenproportionen oder Strukturen werden durch die alétheia zu einem übergeordneten Ganzen zusammengefügt, und in einen Sinnzusammenhang gestellt. An dieser Stelle spielt die Subjektivität in den Erkenntnisprozess mit hinein. Moderner ausgedrückt ist es eigentlich die Forschermentalität.

Man muss, meinem Erachten nach, die Forschermentalität mit einrechnen, eine Variable, die nicht als eine Selbstverständlichkeit innerhalb von Technikbetrachtungen gehandelt werden kann, wie man es in universitären, selbst mit Forschung befassten Umgebungen aus selbstredend Gründen oft für selbstverständlich hält und als eine Gegebene voraussetzt. Vielmehr ist die Forschermentalität, eine die für die Wissenschafts- und Technikentwicklung unabdingbare ist; eine Mentalitätsausprägung neben vielen anderen, wie zum Beispiel die des Machtmenschen oder des Genußmenschen.

Die alétheia ist vor allem bei der Mentalität eines Suchenden, Neugierigen, Sensiblen und Forschenden zu finden:

„[...] gibt es auch im Akt des Erkennens, etwa der Situation des Forschers. Er hat Material gesammelt, die Dinge liegen vor ihm, aber sie sind gleichsam in Nebel gehüllt, er findet nicht den eigentlichen Zusammenhang. Da kann es passieren – meist in einem Augenblick – , daß sich zwar gar nichts ändert, das Material bleibt das gleiche, aber irgendwie ist es, als ob sich ein Nebel von ihm erhebt und der gesuchte Zusammenhang unvermittelt so hell und deutlich vor ihm steht wie bei jener Wanderung die Bergkuppe.

Diese Unentzogenheit der Dinge ist es, die man vernünftigerweise mit >Wahrheit< übersetzt. Sie sehen, auf die Übersetzung kommt es nicht an, sie ist reines Surrogat, weil unser >Wahrheit< nichts von dieser Seinsstruktur enthält. [...]. Es ist klar, daß dies Aufheben der Entzogenheit ontologisch, aber auch ontisch gefaßt werden kann. So gibt es immer wieder Stellen im Griechischen, wo wir die *aletheia*

---

[135] Schadewaldt, Wolfgang, *Die Anfänge der Philosophie bei den Griechen*, a.a.O., S. 199

nicht als ›Wahrheit‹ übersetzen können, sondern eher als das ›Wirkliche‹. Es ist klar, wenn etwas in diese Unentzogenheit tritt, daß es dann auch in sich selbst Wirklichkeitscharakter gewinnt."[136]

Die alétheia ist uns innerhalb unserer heutigen Technikphilosophie beinahe abhanden gekommen; vielleicht weil unser übersetzter Begriff als ›Wahrheit‹ leicht irreführend ist, da er recht wenig von der eben aufgezeigten Seinsstruktur enthält, und damit eher in anderen philosophischen Domänen beheimatet ist. „Nach der heute weit verbreiteten Meinung ist eine Aussage dann ›wahr‹, wenn sie einen Sachverhalt so aussagt, wie er sich wirklich verhält. *adaequatio intellectus ad rem* lautet der scholastische Wahrheitsbegriff, der von der Aussage ausgeht, während Heidegger die Wahrheit als eine Weise des Seins an sich selbst faßt.

„[...], daß *aletheia* nichts zu tun hat mit irgendeiner Angleichung des Verstandes an die Sache, sondern eine bestimmte Weise ist, wie das Seiende selbst uns sich zeigt. Ich glaube, man kann das griechische Denken nicht verstehen, wenn man diesen wichtigen Grundbegriff nicht erfaßt."[137]

Das antike Verständnis von alétheia, dem ich mich anschließe, zeigt deutlich, dass, wenn es etwas in den Moment der Unentzogenheit tritt, dass es dann auch in sich selbst Wirklichkeitscharakter gewinnt. Da der antike Grieche nur die übergreifende Einheit von Subjekt und Objekt kennt – das ganze griechische Denken ist überhaupt nur von daher zu verstehen – ist unmittelbar einleuchtend, dass jeglicher Erkenntnisprozess keine dualistische Aufspaltung von Subjekt und Objekt zu zulassen imstande ist, und der subjektive Charakter, der von unserer modernen Zeit heute im Menschen, an der Individualität festgemacht wird, einen gleichberechtigten und wichtigen Part im Erkenntnisprozess einnimmt. Da es sich nicht nur um die Angleichung des Verstandes an Aussagen, Relationen und Tatsachen geht, sondern zugleich, um ein Sein, das beim Menschen sein kann, und erst im Vorhandensein das Sein ausmacht, in dem der Mensch lebt und forscht. Deshalb nützt es gar nichts, wenn, in einer konkreten

---

[136] Schadewaldt, Wolfgang, *Die Anfänge der Philosophie bei den Griechen*, a.a.O., S. 200

[137] Schadewaldt, Wolfgang, *Die Anfänge der Philosophie bei den Griechen*, a.a.O., S. 194f

Situation veranschaulicht, der Forscher vor seinen Meßdaten sitzt und keinen Zusammenhang herstellen kann, denn das Eigentümliche der Erkenntnis ist, dass sich ab einem gewissen Zeitpunkt dieser Zusammenhang nicht mehr auf rein messende, oder Relationen und Bezüge herstellende Weise konstruieren lässt, sondern es ist nötig, dass in einem darauffolgenden Schritt die Intuition, die Kreativität, ein Geistesblitz, die alétheia, oder wie auch immer man dieses Geschehen bezeichnen möchte, eine übergreifende *funktionale* Zuständlichkeit und Zusammenschau bewirkt. Meistens ist es währenddessen so, dass man eine ‚krumme' Logik anwendet, die gewohnten Bahnen verlässt, und somit diese vorherige, ‚gerade' Logik in eine neue ‚Krumme' umwandelt, sie also neu *interpretiert* und in einen neuen, wieder ‚geraden' Zusammenhang eingeordnet hat. Während die Herstellung des einordnenden, gruppierenden, messenden, d.h. des logischen Parts der Erkenntnis ein aktiver Vorgang ist, ist die Herstellung des funktionalen, auf den Menschen verweisende, kreativ-offenbarende Part ein hauptsächlich passiver Vorgang. Eine weitere Eigentümlichkeit des Erkenntnisprozesses besteht in seinen umgekehrten Verhältnisbezügen: bezieht sich die Erkenntnis auf die Logik und ein Strukturgefüge *außerhalb* des Menschen bedarf sie der menschlichen *Aktivität*, bezieht sich Erkenntnis auf Kreativität und eine verborgende Struktur *innerhalb* des Menschen bedarf sie der menschlichen *Passivität*. Es ist in der Erkenntnis immer ein Zusammen- und Ineinandergreifen von Aktivität und Passivität, als auch von Objektivität und Subjektivität, denn es gilt ja ein Denken in nichtdualistischen Bahnen. Es reicht also nicht, wenn der Mensch, sich an seiner Umgebung ‚stößt' und sie erfährt, anders ausgedrückt, wenn er aktiv ist und Meßdaten sammelt, denn aus seiner bloßen reactio gewinnt er noch keine Erkenntnis, umgekehrt reicht es nicht, wenn der Mensch in Erwartung auf Inspiration, sowie auf actio und Erkenntnis harrend, verkennt, dass diese harte, empirische Arbeit voraussetzt. Das, was wir heute als den Bereich des Wirklichen definieren und umgrenzen, wird von den Griechen, als etwas begriffen, was sich aus dem Verborgenen heraus zeigt, sich enthüllt, einem entgegentritt und dann erst eigentlich wirklich ist. Es ist im Prinzip wie bei den kryptographischen Verfahren, wo man die versteckten Schichten entdecken muss, was meistens auch nicht stückweise verläuft, sondern man entdeckt das verborgene Prinzip im Ganzen und

schlagartig. Das Geschriebene *erscheint* wie die ganze Welt der Physis körperlich und greifbar.
Das Wirkliche ist scheinbar und entzogen. Das Sein kann nur in bezug auf den Menschen hin sein. Wirklichkeit verweist immer auf den Menschen selbst. Die Scheinhaftigkeit verwandelt sich in ein Wirklichkeitsein. Das Aufleuchten der alétheia, des Wirklichen, inmitten der doxai oder aus der Entzogenheit heraus, hat einen *bildlich-körperlichen* Aspekt, in dem ein *anschauliches* und *visuelles* Moment dominiert. In diesem Zusammenhang ist wichtig hervorzuheben, dass unsere moderne Naturwissenschaft und Mathematik auf der Anschauung basiert, und die Geometrie die Mutter der (algebraischen) Mathematik ist. Und ich meine behaupten zu können, dass jeder Wissenschaftler und Forscher, genauso gut auch jeder andere Menschencharakter, ohne eine visuelle Anschauung, und sei sie auch noch so vage, zu keinerlei Theoriebildung fähig ist. Jede Logik, sowie jede physikalische, biologische, chemische, soziologische etc. sogar jede mathematische Theorie kommt ohne die Anschauung nicht aus und wäre ohne sie noch nicht einmal denkbar. Jedes Individuum, dass in die Theorie eindringen und verstehen will, braucht einen visuellen ‚Geistesblitz', der die verborgenen Zusammenhang erleuchtet – egal wie abstrakt der Zusammenhang und die Theorie auch sein mag.[138]

Den Gedanken der alétheia als ein sehr wesentliches Moment, als eine conditio sine qua non, in den Erkenntnisprozess mit aller Gleichberechtigung zum Logos und der angemessenen Schwere des Gedankens und der Konsequenz mit einzubeziehen, sollte nicht vorschnell von der Hand gewiesen werden, vor allem nicht wegen der durch die Neuen Technologien vorangetriebene Globalisierung gegebene Möglichkeit zur Erforschung von anderen Kulturen, unter denen sich sehr wohl auch alte Hochkulturen befinden, die aufgrund ihrer fremden philosophischen Denkarten und Grundüberzeugungen

---

[138] Anm.: Im mathematischen Kontext lässt sich diese Behauptung z.B. untermauern durch den sich erfolgreich durchgesetzten populären Ausspruch „"... nach Adam Riese...", da Adam Ries (1492-1559), obwohl als Person selbst in Vergessenheit geraten, genau nach dem Grundsatz lehrte, den auch Johann Heinrich Pestalozzi 300 Jahre später ausgeben hat: „Anschauung ist das Fundament aller Erkenntnis!" Vgl. dazu: Roch Willy, *Adam Ries, ein Lebensbild*, Sachsenbuch Verlag, Leipzig, 1992, insbesondere S. 79

andersartig resultierende Handlungs- und Verhaltensweisen präsentieren, und das durchaus vor allem insbesondere im Hinblick auf die Konfrontation mit den Technologien der *Künstlichen Intelligenz* und der *Virtuellen Realität* bezogen.
Nehmen wir nur zum Beispiel den indischen Kulturkreis – wegen des gesellschaftspolitisch aktuellen, geflügelten IT-Branchen Wortes ‚Inder inside' statt ‚intel inside' – für die evident ist, dass etwas außerhalb der Logik von immenser Bedeutung ist:
„Reason is important, but intuition is more important. Shamkara's philosophy stands and falls by the acceptance or rejection of the criterion of reality that may be formulated as follows. What is real cannot be negated. What cannot be negated is consciousness because denial of consciousness presupposes the consciousness it denies. The absence of anything except consciousness is conceivable. [...]. Anything that is a fact of experience must somehow be real. [...]. The pure consciousness [...] is the underlying reality of the world, of actual as well as of possible worlds. It has nothing to do with the creation of world."[139]

Die asiatische Betonung der Herrschaft und Vorrangstellung der Intuition vor der Logik scheint den Indern in bezug auf die Computerwissenschaften nicht geschadet zu haben, tatsächlich gehören sie zu den Nationen, die auf dem Gebiet der Neuen Technologien führend sind. Zwar wurde die Technologie der Virtuellen Realität in den USA geboren, sie breitete sich jedoch rasant um den Erdball herum aus, und fand ein besonders positives Echo in Asien.
Den Weg des Logos hat das Abendland schon beschritten, stetig weiter perfektioniert und manch schöne Erfolge gefeiert, und man sollte ihn auch unbedingt weiterhin in dieser Intensität weiterverfolgen, wie ich an dieser Stelle ausdrücklich betonen möchte, aber auf mögliche Überstrapazierungen und Grenzüberschreitung achten, und versuchen die Integrationsleistung der Kreativität, des schöpferischen Aktes allgemein, mit einzubeziehen.

---

[139] Mall, Ram Adahr, *Intercultural Philosophy*, Rowman &Littlefield Publishers, USA, 2000, S. 70f und S. 79
Anm. v. Verfasserin: Innerhalb der Hauptreligion der Inder, dem Hinduismus, zählt Shamkara zu den striktesten Logikern (im klassischen Sinne) unter den Vedāntins; und er ist einer mit der größten Nähe zum abendländischen Gedankengut.

Es ist wichtig darauf hinzu weisen, dass ein notwendiges Zusammenspiel von lógos und alétheia existiert, aber eben, und das ist der entscheidende Punkt, dass es ein *gleichberechtigtes* Zusammenspiel geben *muss*, wenn man Technik wirklich begreifen und verstehen will. Denn genau darin besteht sogar auch in der alltäglichen Praxis der kleine, aber feine Unterschied zwischen einem guten und einem durchschnittlichen Ingenieur und technikós.

Die VR-Technologie ist im wesentlichen eine, die auf ‚Geistesblitzen' aufbaut, von ihnen angetrieben und in Betrieb gehalten wird. In Analogie zu der Unruhe innerhalb eines Uhrenwerks wären die ‚Geistesblitze' der Antrieb der VR-Technologie – neben ihrem Fundament der Hard- und Software, die selbstverständlich physikalischen und logischen Gesetzen folgen.

Sie lebt sehr stark und konkret aus dem antiken Bewusstseinsgedanken heraus, den Wolfgang Schadewaldt wie folgt charakterisiert:
„[...] die Gegenwart eine Grundkonstituante des Seins ist, weil der Mensch mit darin ist in einer ganz umfassenden Wirklichkeit. Es gibt nicht bloß ein An-sich-selbst-Sein des Seins (was vielleicht überhaupt nur gedacht ist), sondern das Sein kann nur gedacht werden in Bezug auf den Menschen, auf den hin dies Sein ist. So ist das Entzogensein der Grundcharakter der Wirklichkeit, was von großer Wichtigkeit ist gerade für den griechischen Wirklichkeitsbegriff, [...]"[140]

Es ist vor allem der *gegenwärtige* Moment, der in der VR-Technologie zählt, und zwar mit aller seiner Unmittelbarkeit, Augenblicklichkeit und Vergänglichkeit, sowie seiner Situationsbedingtheit. Dabei ist die VR-Technologie, bzw. der user hauptsächlich auf ein visuelles, taktiles und intuitives Können und Verständnis angewiesen, um die Gegenwart zu erhellen und die Entzogenheit des Wirklichen und der Zusammenhänge, auch über die Dauer des Moments hinaus, sichtbar und erkennbar zu machen. Der von der VR-Technologie erforderliche Sachverstand verlangt nicht nur die Fähigkeit mit dem lógos umgehen und ihn anwenden zu können, sondern sie setzt zudem auf Dynamik und allergrößte Flexibilität und Kreativität, gepaart mit Situations- und Sozialkompetenz, da nur so die Handlungsfähigkeit im Medium überhaupt gewährleistet wird.

---

[140] Vgl. Schadewaldt, Wolfgang, *Die Anfänge der Philosophie bei den Griechen*, a.a.O., S. 201 (24.)

Diese Anforderungen und Umstände verlaufen geradezu konträr bei der Technologie der Künstlichen Intelligenz, die einen andersartigen Sachverstand einfordert. Sie ist in ihrem ganzen Bedienungs- und Kommunikationsprozess, sowie Anwendungsbereich einzig und allein auf Logik ein- und ausgerichtet, und basiert auf strikter Berechenbarkeit und Voraussagbarkeit. Soziale Kompetenzen sind auf ein Mindestmaß reduziert, am besten sogar zu nivellieren oder ganz auszuschalten. Flexibilität ist nur erforderlich, insofern es sich nicht vermeiden lässt. Den kreativen Aktionen des Menschen, des users, wird logischerweise desgleichen ein Minimum an Platz eingeräumt.

Der Zwang und die Chance, die uns mit der *VR-Technologie* so unvermittelt und mit aller Macht entgegengebracht werden, liegt in der Ergreifung dieses uns (scheinbar) fremd vorkommenden Elements, das dennoch in unseren abendländischen Wurzeln angelegt ist, nämlich in der Denkfigur der *alétheia*. In ihrer *konkreten Ausformung, Aufarbeitung* und ihrer *Integration*, zur *Verstärkung* unserer eigenen Technik und unseres abendländischen Technik- und Naturverständnisses, das ja nicht ohne erhebliche Auswirkungen auf unsere Kultur und unser Menschbild ist, vermag sie uns solchermaßen neue Horizonte aufzuzeigen – sei es nun hin in die gesellschaftliche Ausrichtung von Cyborgs, dann jedoch diesmal aus voller Überzeugung *vieler* und einer *téchne*, die verbunden mit dem logos alethes, der Rechenschaft, ist, oder hin zu irgendeiner anderen neuen interessanten Entwicklungsrichtung, die einzig die Zukunft selbst aufzeigen kann.[141]

---

[141] Anm.: Nebenbei ist interessant, da die technische Realisierung von Cyborgs noch in weiter Ferne steht, die *Spekulationen* über Neuro-Chip-Transplantationen und ihre letztendliche Konsequenz, die Kreation von Cyborgs, zu komplettieren, indem man genauso spekulativ einen Blick in die Ferne wirft, und zwar auf *Prophezeiungen* jeglicher Art, wie sie zu allen Zeiten und allerorts von allen großen Religionen oder Sehern, Medien, etc. geweissagt wurden. Von allen uns annähernd bekannten Prophezeiungen, von denen nicht wenige auch heute noch im technisch-aufgeklärten Zeitalter (!) von den Regierungen oder dem Vatikan unter Verschluss gehalten werden und der Geheimhaltung unterliegen, gibt es zwar etliche, die sinngemäß von Bewusstseinserweiterungen und Energieflüssen sprechen, wie das bei der aktuellen Philosophie des Geistes und des Bewusstseins ebenfalls vorkommt, jedoch interessanterweise keine einzige, die von Mensch-Maschine-Wesen, bzw. Cyborgs spricht; und dass, obwohl man in den weltweiten Prophezeiungen durchaus manch ‚abenteuerliches' lesen kann.

Was jedoch möglich sein sollte, ist eine gewisse Zukunftseinschätzung bezüglich der Begrenzung der Territorien und der Anwendungsbeschränkung der KI und der VR. Meinem Erachten nach pendelt sich diese auf die beiden folgenden, wahrscheinlichen Pole ein: der KI als reinem technischen Hilfsmittel, quasi als Gebrauchsgegenstand gleich einem Toaster, Kühlschrank oder Herd, etc., und einem anderen Bedürfnis folgend, das weg von der reinen, passiven Konsumhaltung und weg von einem reinem Hilfsmittel und Gebrauchsgegenstand führt, und zwar hin zu einem möglichen Identifikations- oder Selbstverwirklichungsmittel via der VR.

Der Gradmesser der Attraktivität zwischen den beiden Technologien liegt in dem Verhältnis der möglichen *Interaktivität* zwischen Mensch und Gegenstand, das heißt, in der Relation von Aktivität zu Passivität, beziehungsweise, in dem relationalen Wechselspiel von Subjektivität zu Objektivität. Es sei nochmals ein Beispiel angeführt: gerade im Computerbereich sind es eher die PC-Spiele, die durch ihre *interaktive* Komponente *generationsübergreifend* viele in ihren Bann zu ziehen vermögen, während verglichen mit den traditionellen, passiven Medien, etwa dem Kino oder den Büchern, ein deutliches Gefälle an Attraktivität und Angenommen-werden, nicht zuletzt durch die deutlichen Sprache von Verkaufszahlen, ersichtlich wird.

Eine wichtige Rolle für die kulturelle Überlebenschance und Rangordnung, ganz generell sowohl auf die neuen und alten Medien sowie auf die Technologie der KI und die Technologie der VR bezogen, spielt die challenge, die *Herausforderung*, die sie an die menschlichen Fähigkeiten stellt. Das dem Menschen ureigenste Wesen, ein für uns selbst unhintergehbarer Grund, das über kurz oder lang den *Reiz des Neuen* benötigt, wird über die Rangordnung richten. Diese anthropologische Konstante, die die Zukunft ein Stück weit antizipierbar und objektivierbar macht, und die die Gegenwart als einen Prozess der allmählichen Verinnerlichung bis hin zur möglichen Vollendung der (antiken) Vergangenheit, zu interpretieren erlaubt, wie es zum Beispiel Friedrich Nietzsche tut, offenbart sich, indem sie in der Gegenwart als ein gewaltiges Massenphänomen erscheint, das zugleich als eine deutliche Einforderung der Denkfigur der alétheia in das heutige und zukünftige Technikverständnis begriffen werden kann.

Diese Gegenbewegung, ein Widerstand, der die ‚künstliche Computer-Rechnung' schon längst nicht mehr aufgehen lässt, votiert daher meines Erachtens deutlich für die VR-Technologie und gegen die KI-Technologie.

Nicht in der Gleichberechtigung des Menschen, und auch nicht im darwinistischen ‚struggle of life', obwohl dieses Argument gerne in die KI-Debatten mit einfließt, das jedoch lediglich aus der den Menschen zukünftigen und vereinnahmenden Gesamtperspektive eines künstlichen Cyborgwesens her bewertbar ist, sondern in dem Aspekt der *Nivellierung* ist die Nuance und Differenz zwischen der Technologie der Virtuellen Realität und der Technologie der Künstlichen Intelligenz gegeben: hic der Individualitätsgedanke, hoc der Nivellierungsgedanke.

Es ist wiederum eine antiker Weisheitsspruch von Heraklit (Fr. 53), der hier seine Beachtung finden soll: „Der Krieg ist der Vater aller Dinge, [...]." Die *unterschiedsetzende Kraft* des Gegensatzes ist es, wodurch der ‚Streit' zu einem bedeutenden Seinsprinzip wird. Verwirklicht wird dieses Prinzip im Spiegel des Lebens, wie es beispielsweise in und durch die interaktive Computer-Vernetzung, die eine der möglichen Komponenten der Grundausstattung der VR-Technologie darstellt, reflektiert wird:

„The Internet has created the most precise mirror of people as a whole that we've yet had. It is not a summary prepared by a social scientist or an élite think tank. It is not a hagiography of an era, condensed by a romantic idealist or a sneering cynic. It is the real us, available for direct inspection for the first time. Our collective window shades are now open. We see the mundanity, the avarice, the ugliness, the perversity, the loneliness, the love, the inspiration, the serendipity, and the tenderness that manifest in humanity. Seen in proportion, we can breath a sigh of relief. We are OK."[142]

Das Kalkül der menschlichen Triebe und Antriebe und der unterschiedlichen Charaktere mit eingerechnet, lässt sich dieser Sachverhalt einfach und prägnant, weil der Slogan unter den Computerfreaks bekannt ist, jetzt zusammenfassen:

---

[142] Lanier, Jaron, *Taking Stock*, nachzulesen unter:
http://www.wired.com/wired/6.01/lanier.html, Kap.: *Internet*

Frei nach dem bekannten Werbeslogan „Where do you want to go tomorrow?"[143] würde die Devise und Antwort der user der VR-Technologie daraufhin lauten müssen: „I go, where I want to go."

---

[143] Anm.: Werbeslogan ausgegeben von der Microsoft company.

2) Interfaces – In der Schnittstelle: Spiegelbild zwischen Logos und Anthropologie

Die Kombinationsarten der Baukastenelemente: eine philosophische Herausforderung

Zu beschreiben oder zu definieren, was VR-Technologie ist, bzw. was VR-Systeme kennzeichnet, ist keine so leichte Aufgabe, wie man auf den ersten Blick annehmen könnte. Nach außen hin wird das vor allem deutlich daran erkennbar, dass es keinen eigenständigen, institutionalisierten Technikzweig gibt, der den Namen ‚Virtuelle Realität' trägt, und so weit mir bekannt, existieren keine, oder allenfalls sehr wenige Institute mit diesem Namen[144], im Gegensatz zur KI, da die Technologie der VR ein Konglomerat und Resultat aus verschiedenen technischen Richtungen und Wissenschaften ist, – und, obwohl dies übrigens ebenso auf die Technologie der KI zutrifft.

Bei der vorhandenen ‚babylonischen' Begriffs- und Sprachvielfalt, ist es nicht verwunderlich, dass die Inhalte und (philosophischen) Meinungen über die VR weit auseinanderfächern und zu Verwirrungen führen können, wenn über VR diskutiert wird.

Im Gegensatz dazu lässt sich der im Status einer erlangten Eigenständigkeit befindliche Technikzweig ‚Künstliche Intelligenz' – der Terminus ‚Artificial Intelligence' (AI, dt.: KI) wurde 1956 von Mc-

---

[144] Anm.: Diese Feststellung wird von Barrie Sherman und Phil Judkins auf S. 27 in ihrem Buch unterstützt. So weit mir heute bekannt ist, taucht die Begriffsbedeutung von *VR-Technologie* lediglich in der sinngemäßen Verbindung mit *Laboratory* auf, z.B. als *Virtual Reality Lab*. Aber selbst dieser öfter gebräuchliche und akzeptierte Oberbegriff des *lab* spaltet sich innerhalb der vorhandenen forschenden Institutionen in unzählige Namensgebungen auf, so nennt das NASA Research Center/Ames seine VR-Abteilung: *Advanced Displays and Spatial Perception Group*, das MIT benennet dieselbige *Sensory Communication Group*, andere nennen es schlicht *Computer Science Department* und wieder andere *Human Machine Systems Development Section*, usw. (Vgl. dazu z.B.: www.vrs.org.uk/VR/labs.html). Doch die Zeit dieser speziellen technischen und politischen Entwicklungen und Entscheidungen ist schnelllebig, und es ist durchaus wahrscheinlich, dass sich diesbezüglich manches geändert haben mag, wenn diese Zeilen erscheinen.
Sherman, Barrie; Judkins, Phil, *Virtual Reality, Cyberspace – Computer kreieren synthetische Welten*, Droemersche Verlagsanstalt Th. Knaur, München, 1995. Englischer Originaltitel: *Glimpses of Heaven, Visions of Hell*, Hodder & Stoughton, London, 1992, S.27

Carthy eingeführt[145] – detailliert in seine Forschungsschwerpunkte und -gebiete unterteilen und auflisten in:

– *Spiele*, verstanden werden darunter jedoch i.Allgm. keine toys-games oder Simulationen, sondern Entscheidungsspiele wie Schach, Dame, o.ä.,
– *Maschinelles Beweisen*,
– *Verarbeitung natürlicher Sprache* (z.B. ELIZA, Weizenbaum),
– *Expertensysteme* (meist im kommerziellen Bereich angesiedelt),
– *Robotik*, als das wohl anspruchvollste Gebiet, und die neuere Richtung der KI,
– die *Neuronalen Netze*, auch als *subsymbolische KI* bezeichnet, da sie unterhalb der symbolischen Ebene arbeitet, sie beruht auf der Idee intelligentes Verhalten zu formalisieren, wie sie z.b. Marvin Minsky umzusetzen versucht. Die *klassische KI* wird aus dieser Sichtweise betrachtet auch *symbolische KI* genannt.[146]

---

[145] Hesse, Stefan, *Mars und die Roboter*, Brandenburgerisches Verlagshaus, Berlin, 1990, S. 192

[146] Anm.: Neuronale Netzwerke werden auch als künstliche neuronale Systeme, konnektionistische Systeme oder Neurocomputer adaptiert. Obgleich es verschiedene Arten neuronaler Netze gibt, lernen sie alle aufgrund von Beispielen und nicht nach Regeln oder mathematischen Formeln. „Alles was mit Mustern zu tun hat, ist ein Fall für den Einsatz neuronaler Netze. Ein Muster kann aus visuellen, numerischen oder symbolischen Daten bestehen. Neuronale Netze sind in der Lage, Muster zu erkennen, auch wenn sie geräuschvoll, zweideutig, verzerrt sind oder viele Variationen enthalten. Mit neuronalen Netzwerken können U-Boote durch Sonarsignale, Krebszellen durch Bildanalyse, Risse im Beton durch Schallwellen, Moskitos durch die Flügelschlagfrequenz sowie Hand- und Maschinengeschriebenes und vieles mehr erkannt werden. Um ein neuronales Netzwerk auf Mustererkennung zu trainieren, braucht man viele Eingabebeispiele, welche mit der richtigen Identifikation und Klassifikation jedes Eingabemusters gekoppelt sind. Mustererkennung ist wahrscheinlich das einfachste, was einem neuronalen Netzwerk antrainiert werden kann."
Wichtig ist mir hervorzuheben, dass neuronale Netzwerke, bzw. Neurocomputer nicht von alleine und selbstständig anfangen zu lernen, wenn man nur die richtigen Verknüpfungen zusammen- und herstellt, sondern, dass die Verbindungen *justiert* werden müssen durch die Software, mit anderen Worten, in Anlehnung an die Turing-Maschine bedarf es eines ‚Lehrers', bzw. einer Ausgabeinformationshilfe, um zu entscheiden und zu kontrollieren, welches die geforderte richtige Antwort ist. Die Antwort ist sozusagen vorgegeben, und in einem gewissen Rahmen auch vorhersagbar.
„Wenn ein Netzwerk brandneu ist und daher noch nichts gelernt hat, wird es sehr wahrscheinlich falsch raten. Sobald das Netzwerk mit ausgewählten Ein- und Ausgängen eingeübt ist, kann es mit neuer Eingangsinformation (*ohne* Hilfsausgänge)

Alle diese Bereiche basieren auf dem Turing-Test und seinen Implikationen. Interessant ist, nebenbei erwähnt, dass seit 1990 der Loebner-Preis ausgeschrieben wird, für das Programm, das den Turing-Test besteht, wobei bis heute noch keines den Test erfolgreich bestehen konnte.[147]

Trotz aller beschriebenen äußeren und inneren Umstände und möglichen Verwirrungen lässt sich die VR-Technologie ziemlich eindeutig einkreisen und mit breitem Konsens zusammenfassen und kennzeichnen, ja sogar definieren. Um die Definition verstehen zu können, werden wir den Umweg des Umkreisens einschlagen, aus dem Konglomerat herausfiltrieren, was zur VR-Technologie tatsächlich und pur gehört, ohne jegliche Vermischungen mit den beiden Geschwister-Technologien KI und Internet, und sodann aus den Ingredienzien die Mischung erneut herstellen und überprüfen. So wird es ohne lange Erklärungen möglich sein, manche in anderen Untersuchungen verwendete, jedoch 'unsaubere' Verwendungen des technischen und philosophischen Begriffes 'Cyberspace' zu identifizieren, da sie sich von selbst aus dem technischen Begriffsnetz ausgesiebt haben werden, und damit ihr ursprüngliches und eigentliches Bezugssystem verloren haben, und somit aus dem Wesenskern der eigentlichen VR-Thematik herausfallen. Ich möchte hinzufügen, obwohl das wahrscheinlich nicht nötig ist, da es eine Selbstverständlichkeit ist, jedoch es trotzdem der vollständigkeithalber tun, dass den genannten anderen Untersuchungen selbstverständlich ihre eige-

---

zum Laufen gebracht, und zur Wiedererkennung, Verallgemeinerung und Vorhersage von Antworten benützt werden. [...]. Ein trainiertes Netzwerk kann sowohl über Simulationssoftware als auch über ihr eigenes Programm in Betrieb genommen werden. Es kann auch auf einem neuronalen Netzwerk-Chips implementiert und in ihre eigene Hardware für extrem schnelle Verarbeitung eingebunden werden. Bei manchen Chips ist es möglich, das Training auf dem Chips selbst durchzuführen, aber ein Software-Programm wird trotz allem benötigt, um das Training zu leiten."
Es ist genau diese *technische* Vorbedingung und Notwendigkeit, die meines Erachtens gerne allzu leichtfertig in den geisteswissenschaftlichen Debatten um die KI übersprungen wird, um sich den interessanteren mind-body-Problemen und denen der Bewusstseinsphilosophie zuzuwenden, allerdings meist ohne technikphilosophische Aspekte miteinzubeziehen.
Die Zitate stammen aus der Informatikfachliteratur: Lawrence, Jeannette, *Neuronale Netze, Computersimulation biologischer Intelligenz*, Systema Verlag, München, 1992, S. 20, 23, 26
[147] Anm.: Für Interessierte: www.loebner.net/Prizef/loebner-prize.html

ne Berechtigung und Wichtigkeit zukommt, da der Begriff ‚Cyberspace' in ihren eigenen, jeweiligen Diskussionsumfeldern durchaus bewusste und legitime Modifikationen und Begriffsumdeutungen erfahren hat. Erwähnt seien zwei, durch ihre Unterschiedlichkeit interessante Beispiele, zum einen die technisch versierten Hackerkreise, und zum anderen die Soziologen und die Medientheoretiker, die den Begriff Cyberspace ‚weiter' oder auch akzentuierter fassen, was sich in so gebräuchlichen Ausdrücken, wie Cyberkultur, Cybersex, Cybernaut, Cyberpunk, CyberMusic, CyberFashion, CyberEssays, CyberRights, Cyber... etc. widerspiegelt, diese haben hauptsächlich den Aspekt des interaktiven Mediums ‚*Internet*' im Blick, das oftmals als Synonym für ‚Cyberspace' verwendet wird.

Reflexionen über den Cyberspace anzustellen erfordert in besonderem Maße, sich zuerst einmal darüber zu verständigen worüber man spricht, da der Diskussionsgegenstand sich anscheinend nicht von *vornherein* so klar umreißen und eingrenzen lässt, wie zum Beispiel bei der KI. Das mag seinen Grund wohl darin haben, dass bei der KI die Technik und Ausführungsart in die philosophischen Überlegungen zwangsläufig mit einfließen, wie vor allem die neuronalen Netzwerke, die auch als künstliche neuronale Systeme, konnektionistische Systeme oder Neurocomputer adaptiert werden, und für ‚neuronale' Analogiebildungen bei den philosophischen mind-body-Problemen herangezogen werden, so daß den allgemeinen naturwissenschaftlichen Voraussetzungen eine zentrale Diskussionsgrundlage und -voraussetzung innerhalb der philosophischen KI-Debatte zukommt, ohne deren Vorbedingung sie schlecht möglich wäre, – während, anders, bei der VR meistens sofort in medias res gesprungen wird, und die dazugehörende Funktionsweise der Technik nach Belieben außen vorgelassen wird, entsprechend der denkerischen Vorgehens- und Betrachtungsweise zu dem *Medium* Fernsehen, bei dem allerdings, ganz im Gegensatz zum Cyberspace, die technische Ausführungsart tatsächlich keine Rolle spielt.

Meines Erachtens ist es von *philosophischer* Bedeutung nicht anhand dieser Vorgehensweise vorzugehen, *sondern den gleichen Weg wie bei der philosophischen KI-Forschung einzuschlagen*, und die naturwissenschaftlichen Grundlagen unbedingt mitzuberücksichtigen, zumal nicht zuletzt, beide dem selben technischen Ursprung entstammen; und eine gemeinsame technische Wegstrecken zurückgelegt haben – und weiterhin werden. *VR und KI sind* nämlich wie *zwei Seiten ein und derselben Medaille.*

Beginnen wir also mit der Umkreisung und ziehen dabei den Kreis immer enger bis wir die punktgenaue Definition der VR-Technologie, bzw. des Cyberspace vor uns haben und verstehen. Ganz allgemein kann man unter der Technologie der Virtuelle Realität die Bemühungen bezeichnen die dem Computerbenutzer durch Ausschöpfung aller technischen Möglichkeiten der Ausgabe- und Eingabegeräte, visuelle, auditive und taktile Eindrücke so vermittelt, dass ein ganzheitlicher Eindruck einer künstlichen Welt entsteht, in der der Benutzer sich bewegen und mit Objekten interagieren kann. Dabei werden insbesondere stereoskopische und stereophone Ausgaben verwendet, die meist über einen *Datenhelm* (head-mounted display, HMD) vermittelt werden. Neben Kopfhörer und einem Mikrophon sind in diesem Helm zwei LCD-Bildschirme (=Farb-Flüssigkeits-Displays) unmittelbar vor den Augen des Trägers angebracht. Oft wird auch ein Meßgerät für die Kopfbewegungen integriert. Die *Interaktion* des Benutzers mit der künstlichen Welt erfolgt durch spezielle Eingabegeräte wie *Datenhandschuh* (data glove) und *Datenanzug* (data suit) zur Übertragung von Befehlen. Dazu werden Meßfühler so im Handschuh oder Anzug angebracht, dass die Dehnungen über den Körpergelenken gemessen werden, um daraus die absoluten *Koordinaten* der Körperteile zu berechnen.[148]

So weit, so gut. Das klingt recht einfach und von klar begrenzten Vorstellungen begleitet zu sein. Doch die Schwierigkeit mit der wir zu kämpfen haben liegt indes wo anders verborgen:

„Es gibt leider kein durchschnittliches oder typisches VR-System. Wir können von drei Grundvarianten des VR-Themas ausgehen: mit Datenhelm, mit Videokamera und Flachbildschirm. Innerhalb dieses Dreigestirns gibt es allerdings unterschiedliche Anwendungen, die unterschiedliche Gerätetypen erforderlich machen. Die für kommerzielle Computerspiele verwendeten Komponenten sind nicht dieselben wie bei VR-Geräten für die Ausbildung von Chirurgen. Und um die Sache noch komplizierter zu machen, gibt es Fälle, in denen zwei der drei Systeme miteinander kombiniert werden können, zum Bei-

---

[148] Vgl. dazu: Schneider, Hans-Jochen (Hg.), *Lexikon der Informatik und Datenverarbeitung, Version 4.0*, Oldenbourg Verlag, München, 1997

spiel in der Telerobotik, bei der die Helm- und die Videovariante kombiniert werden."[149]

Genau hierin liegt des ‚Pudels Kern': die *Zusammenstellung, bzw. die Kombinationsmöglichkeiten* der einzelnen *technisch fast gleichwertigen* Komponenten führt zu der *Trennlinie* zwischen KI und VR, oder aus einer anderen Sicht betrachtet, sie sind für die Begriffsverwirrungen verantwortlich. Selbst in einschlägigen Informatik-Lexika und namhaften Industrieforschungs-Veröffentlichungen differieren die Begrifflichkeiten, und die Trennlinie ist zerfasert.

Das mag vor dem Hintergrund passiert sein, das zum einen die Techniker sich nicht immer mit den begrifflich-philosophischen Auswirkungen und Namensnennungen befassen, zumal in gerade diesem Falle die Trennlinie zwischen KI- und VR-Technologie unerheblich zu sein scheint, da aus dem *fast gleichen technischen Baukastensatz* heraus geschöpft und konstruiert wird. Und zum anderen spielen die psychologisch geführten Marketingstrategien der Firmen keine unwichtige Rolle, die den eigentlich technisch unpassenden und philosophisch unscharfen, aber verheißungsvoll klingenden Namen 'Künstliche Intelligenz', ebenso wie die Namensgebung ‚Virtuelle Realität' je nach eigenem Gusto, Ziel- und Zweckgebunden verwenden. Die Verwechslung und Austauschbarkeit von z.B. der *Tele*robotik mit der VR steht somit auf der Tagesordnung. Es wirkt auf unser Empfinden unangenehmer, in Anbetracht der uns eigenen Hochschätzung unserer eigenen persönlichen Individualität und Menschwürde, sich von einem kleinen herumwandernden Roboter im Körper operieren zu lassen (= minimalinvasive Robotik) als von einem Arzt, der eine Technik verwendet, die sich VR nennt. Dieselbe Technik auf dem Mars zur Erkundung von Gesteinsproben eingesetzt, lässt sich ohne Probleme als *Tele*robotik deklarieren.

Trendslogans wie ‚Cyberspace löst Outspace ab' sind im technischen Begriffskontext nicht einwandfrei korrekt, da die Integrierung und Benutzung z.B. des Bausteins ‚Datenhandschuh' in die Robotik, die von den *Technikern* selbst von Anfang an ausgegebene *wesentliche* System-Kennzeichnung von VR-Technologie, verfehlt, nämlich die *Immersion*. Würde beispielsweise ein Arzt während einer Operation mit allen seinen Sinnesorganen von seiner Umgebung um ihn herum

---

[149] Sherman, Barrie; Judkins, Phil, *Virtual Reality, Cyberspace – Computer kreieren synthetische Welt*, a.a.O., S. 37

in dieser geforderten Totalität abgeschnitten werden, also über das Normalmaß seiner eigenen erbrachten und notwendigen Konzentrationsleistung hinaus, so daß er vergessen würde, wo er sich befindet, hätte das wahrscheinlich eher dramatische als erfreuliche Folgen für den Patienten.

Betrachten wir nochmals die drei Grundformen der VR-Technologie, um eine Anschauung von ihnen zu erhalten: „Die erste und bekannteste arbeitet mit kleinen Bildschirmen und Kopfhörern in einem Helm wie dem von Darth Vader (oder einem Bomberpiloten) und einem Handschuh (oder einem Joystick (=Steuerknüppel) oder einer sechsdimensionalen Maus).
Bei der zweiten Form versetzen Videokameras das Bild eines oder mehrerer Benutzer in eine virtuelle grafische Welt, in der diese mit virtuellen Gegenständen hantieren. Eine Variante besteht darin, das Videobild in eine grafische Darstellung umzusetzen und dieses grafische Bild des Benutzers in die virtuelle Welt einzuspielen.
Die dritte Form verwendet eine dreidimensionale Darstellung, wofür der Benutzer allerdings eine 3-D-Brille benötigt, oder man stellt die virtuelle Welt auf einem Flachbildschirm (wie einem CAD-Gerät) dar oder auf einem großen gekrümmten oder winkeligen Schirm, um die Inkludierungs- oder sogenannten Immersionseffekte zu erzielen."[150]

Da die VR-Technologie eine Computeranwendung ist, genauso wie das Anwendungsspektrum der KI-Technologie, ist es sinnvoll, sich hin und wieder bewusst vor Augen zu führen, dass Hard- und Software mit zu der Grundausstattung eines VR-Systems gehören. Dazu gehören die oben genannten Bauteile, die jedoch alle schon längstens bekannt, verwendet und erprobt sind. Was haben wir also vor uns? Erstaunlicherweise stellt man fest, dass die Technologie der Virtuellen Realität nichts wirkliches Neues darstellt! Das trifft somit in gleicher Weise auch auf die Technologie der Künstlichen Intelligenz zu! Die Hardware und die Softwaremodule beider Technologien, von VR und KI, sind beinahe dieselben, – bis auf die *Neuronalen Netze*,

---

[150] Vgl. Sherman, Barrie; Judkins, Phil, *Virtual Reality, Cyberspace – Computer kreieren synthetische Welt*, a.a.O., S. 12

die keine Verwendung in der immersiven VR-Technologie finden[151], – und sie können, und werden bei beiden eingesetzt und verwendet.

---

[151] Anm.: Welche philosophische Rolle können Neuronale Netze innerhalb der Technologie der Künstlichen Intelligenz einnehmen?
Neuronale Netze werden im Fachjargon nicht *programmiert*, sondern *trainiert*. Ihre damit zum Ausdruck gebrachte ‚Lernfähigkeit' fasziniert Naturwissenschaftler wie Geisteswissenschaftler gleichermaßen in den Debatten rund um die ‚*Künstliche Intelligenz*', wie zum Beispiel, um derer nur drei zu benennen, bei den Themenkreisen um den freien Willen, dem Supermenschen oder Cyborgs, oder bei der Möglichkeit das Bewusstsein und die Intelligenz downloaden, speichern und erhalten zu können, – jedoch auf unterschiedlichen Ebenen, da neben einer oft unklaren, weil äußerst schwierigen sozial- und geisteswissenschaftlichen Bestimmung des Begriffinhaltes ‚Lernen', meist die Grenze oder Nicht-Begrenzung von ‚Lernfähigkeit an sich' im Dunkeln bleibt. Und um diese *Grenzziehung* geht es beim *Eintrainieren* von Neuronalen Netzen. Weiterhin ist mit einer Lernbefähigung eine Zielhaftigkeit verbunden, auf die hin gelernt werden soll. An dieser Stelle kommt eine gewisse Determiniertheit des Endzustandes ins Spiel. Bezogen auf *Neuronale Netze* löst sich die Fragestellung wie folgt:
Neuronale Netze können reproduzieren, aber sie sind nicht determiniert. Warum? Es sind nichtlineare Systeme, d.h. zwischen den Neuronen herrschen die Gesetzlichkeiten einer *nichtlinearen Dynamik*. Was bedeutet das? „Dynamische Systeme zeichnen sich durch dauernde Veränderungen aus, ihre Zustände hängen von vielen Parametern ab und können durch Rückkopplung beschrieben werden. [...]. Will man Voraussagen für einen längeren Zeitraum erstellen, so füttert man den Computer mehrmals hintereinander mit den Ergebnissen seiner eigenen Berechnungen, bis man eine Prognose für die gewünschte Zeitspanne erhält. Diesen Vorgang bezeichnet man als Rückkopplung: der zukünftige Zustand eines Systems hängt immer von den vorhergehenden Zuständen ab; man gibt dem Rechner als Startwert immer das ein, was er selbst gerade vorher errechnet hat."
Die *Komplexität* des Systems verlangt die *unbedingte* Berücksichtigung von *Rand- und Anfangsbedingungen*.
Die allergeringste Änderungen (selbst wenn die Genauigkeit z.B. fünf Stellen hinter dem Komma betragen sollte), kann immense und *chaotische* Auswirkungen nach sich ziehen.
„Seit Henri Poincaré den ‚*Laplaceschen Dämon*', ein Wesen, das den Zustand des Universums zu jedem Zeitpunkt und in jedem Detail vorhersagen könne, mit der Feststellung widerlegt hat (1903), daß es prinzipiell nicht möglich sei, den Anfangszustand des Universums exakt zu bestimmen, womit es automatisch unmöglich wird, den Zustand des Alls zu einem späteren Zustand vorherzusagen, wissen wir, mit der zusätzlichen Bestätigung Poincaré's durch Werner Heisenberg und seiner aufgestellten *Unschärferelationen*, um die Grenzen der Berechenbarkeit von Vorgängen in der Natur und Technik."
Doch was hat das Universum mit Neuronalen Netzen zu tun? Abgesehen von der geschilderten internen Problemlage, sie deterministisch zum Laufen zu bringen, *laufen sie auf PC's*. Und ein PC ist ein technisches Instrument. Was bedeutet das? Alle technischen Gerätschaften existieren nicht isoliert in der Welt. Sie unterliegen

Somit sollte man meinen, erwarten zu können, dass die philosophische Diskussion um die VR und die KI eine beinahe identische ist. Die Unterscheidung, das dem nicht so ist, liegt lediglich in den Kombinationsarten und -möglichkeiten der einzelnen Bauteile begründet. Die Zusammenstellung der Komponenten birgt die Schwierigkeiten in sich, sowohl der technischen als auch der geisteswissenschaftlichen, und sie ist, die so voller, neuer Herausforderungen

---

ergo den unterschiedlichsten Wechselwirkungen. Nicht nur *kosmische* Magnetfelder, Eruptionen von elektrisch geladenen Teilchen im Weltall, Sonnenstürme, etc., sondern ebenso gut allerlei *irdische* wechselwirkende Einflüsse z.B. gravitationaler und elektromagnetischer Art sind geradezu prädestiniert mit Computern, jeder Software und jeder Hardware, also selbstverständlich auch mit Neuronalen Netzen wechselzuwirken, d.h. im besonderen sie *störend* zu beeinflussen. Das gilt um so mehr, je kleiner, nanomikroskopischer die Bauteile sind, oder gar für einen *Licht-PC*! Konkret lassen sich die Auswirkungen, von z.B. den oben erwähnten Sonnenstürmen, nachweisen: Elektrisch geladene Teilchen, die die Erde treffen, lassen elektronische Geräte verrückt spielen – auf Radarschirmen tauchen Phantombilder auf, Kreditkartenlesegeräte zeigen Fantasie-Summen an, der Computerhersteller IBM meldete sogar eine dreifach erhöhte Fehlerrate bei der Produktion von Computerchips, usw. Die alltäglich erfahrbaren physikalischen Wechselwirkungen in Form von z.B. Funkstörungen, verlorener Daten bei Computerabstürzen über die Gezeiten bis hin zu den direkten, gesundheitlichen Auswirkungen von Wettereinflüssen auf den menschlichen Organismus, sind uns allen bekannt.
Dies alles bedeutet u.a. insbesondere für das Downloaden und zu einem späteren Zeitpunkt wieder zu startenden *Zustand* des Bewusstseins, dass es selbst als Gedankenexperiment fehlerhaft und insgesamt fragwürdig erscheint, da die gedanklich-theoretischen und die mathematischen Bedingungen und Voraussetzungen hierbei zu sehr eingeschränkt wirken.
Anschaulich und zusammenfassend, würde ich als Physikerin die Sachlage der Neuronalen Netze so kommentieren: ich würde mich nicht in ein Flugzeug setzen, das mit Neuronalen Netzen ausgestattet ist.
Wie gesagt, *Neuronale Netze können reproduzieren, aber sie sind nicht determiniert.* Es ist ein heuristisches Problem. Und so scheint es mir noch viel weniger ratsam den *Jetzt-Zustand* eines geistigen und materiellen ‚Ich' aus einem *Zukunfts-Zustand* reaktivieren zu lassen, oder unmittelbar problemverwandt damit: an einen anderen Ort zu *beamen.*
Es gibt jedoch, jenseits all dieser Diskussionen, einen Ansatz- und Verbindungspunkt zwischen den Neuronalen Netzen der KI- und der VR-Technologie. Ganz allgemein formuliert sind es *dynamische Dateneingaben* und *Rückkopplungsprozesse*, die nur anders bezeichnet und wo anders ‚versteckt' agieren, nämlich in der allgemeinen Form von Tracking-Systemen, und damit als: Schnittstellen und Sensoren.
Zitate: vgl. Stahl, Martin, *Fraktale, Experimente mit mathematischer Grafik: Julia- und Mandelbrotmengen auf dem PC*, Vogel Verlag, Würzburg, 1991, S. 10-12

steckt, so daß sich ganze Institutionen und Forschungsanstalten weltweit mit ihr beschäftigen. Man könnte vielleicht meinen, das klinge paradox, man kann sich jedoch diesen Sachverhalt vielleicht anhand einer Analogie zu verdeutlichen versuchen und damit verständlicher machen. Wie in der Malerei ein Vexierbild je nach der gewählten Perspektive unterschiedliche Bildmotive für den Betrachter herausschält und dennoch dasselbe Bild mit den gleichen Bildkomponenten bleibt, so verhält es sich grob betrachtet mit den zwei Technologien. Eine physikalische Analogie wäre die bekannte Verallgemeinerung der Heisenberg'schen Unbestimmtheitsrelationen, bei der die „allgemeinere Aussage lautet, daß man zur Entscheidung, welche von zwei Alternativen gewählt wird, unmöglich eine Vorrichtung entwickeln kann, die nicht gleichzeitig das Interferenzbild zerstört."[152] Auf makroskopische Verhältnisse übertragen, und auf die beiden Technologien – das erscheint ungewohnt, dass man es auf eine *Methode*, bzw. auf eine *Technologie* anwendet – würde das bedeuten, dass das vorgegebene Meßziel und die durchzuführende beabsichtigte Meßwertbestimmung die Unschärfe mitbeinhaltet, da nur die eine oder andere Alternative ausreichend deutlich meß- und erkennbar ist, was bedeuten würde, ohne die andere Technologie während des Meßvorgangs zu zerstören, bzw. zu verdecken. Dennoch sind die beiden Technologien vorhanden, allerdings durch ihre jeweilige *ausgezeichnete* Meßkomponente bestimmt, und namentlich voneinander geschieden – analog der Begrifflichkeiten ‚Impuls' und ‚Ort' der quantenmechanischen Teilchen – in KI und VR.

Betrachten wir die vorgefundenen allgemeinen Komponenten jetzt nochmals unter diesem geschärften Blickwinkel und suchen abschließend die Besonderheiten der ‚zusammengewürfelten' Konstruktion der VR-Technologie.

Nötig für den Baukastensatz ist also: „ein Computer oder mehrere, Sensoren (oder Eingabegeräten), Displays oder Bildanzeigegeräte,

---

[152] Feynman, Richard; Leigthon, Robert B.; Sands Matthew, *Vorlesungen über Physik*, Bd. III, *Quantenmechanik*, Oldenbourg Verlag, München, 1988. Originaltitel: *The Feynman Lectures on Physics*, S. 31
Anm.: Es wurde absichtlich, was durchaus in der Physik üblich ist, in der Mehrzahl von ‚Relation' gesprochen, weil die Ableitung der bekannten Unschärferelation von Ort und Impuls ($\Delta p \cdot \Delta x \geq h$) nach der Relation von Energie und Zeit ($\Delta E \cdot \Delta t \geq h$) für die KI-Diskussionen in ihren radikalen Grenzgebieten interessanter sein könnte. (z.B. beim Download von Geist und Bewusstsein).

und ein oder mehrere Softwaremodule. Der Hauptcomputer kann entweder dreidimensionale Bilder erzeugen, oder er muß mit «Grafik-Boards» (oder «rendering engines») verbunden werden. Die Benutzer sehen künstlich erzeugte Bilder auf dem Display, bzw. auf dem Bildschirm."[153]

Im Datenhelm verwandeln sich beispielsweise 2-dimensionale Flächen in 3-dimensionale Räume.

Die *Räumlichkeit, d.h. der dreidimensionale Eindruck* ist ein wichtiges technisches Merkmal der VR-Technologie, das sie entscheidend von anderen traditionellen Medien abhebt. Es gibt Charakterisierungen, die auf genau diesen Punkt der VR beinahe definitorisch abzielen:

„[...] kann von zwei Ansätzen aus betrachtet werden: einerseits ist VR ein Werkzeug, mit dem räumliche Informationen effektiv manipuliert werden können, andererseits ein Medium, das die räumliche Wahrnehmung dreidimensionaler Informationen und Daten unterstützt."[154]

Die Vermittlung eines dreidimensionalen, räumlichen Eindrucks ist erklärtes, definitives *Ziel* der VR-Technologie, von dem aus der Begriff ‚Cyberspace' eine Selbstverständlichkeit erhält, die von entscheidender Wichtigkeit ist.

Auf einen verkürzten Nenner gebracht heißt das: Ohne *Räumlichkeit* kein *Immersionseffekt*. Und ohne *Raum-Zeit* ebenfalls kein Immersionseffekt. Genau genommen, ohne Beachtung aller vier Dimensionen, der drei Koordinatenachsen des Raumes sowie der Zeitachse, quasi einer Weltlinie, ist kein echter künstlicher *Ereignischarakter* produzierbar und nachempfindbar.[155]

---

[153] Vgl. Sherman, Barrie; Judkins, Phil, *Virtual Reality, Cyberspace – Computer kreieren synthetische Welt*, a.a.O., S. 37
Anm.: Es gibt Ein- und Ausgabegeräte. Die *Eingabe* der Daten bezieht sich auf die für den *PC* relevanten Informationen, nicht auf den Benutzer der Geräte.
[154] Rößler, Andreas; Lippmann, Roland, *Virtuelle Menschenmodelle in der Produktentwicklung*, nachzulesen unter: http://www.vr.iao.fhg.de/papers/anthropos.pdf
[155] Anm.: Der Begriff ‚Ereignis' wird in dieser Arbeit sowohl im phänomenologischen Sinne begriffen als auch im physikalischen Sinne, wo ein ‚Ereignis' ein besonderer Satz von Anfangs- und Endbedingungen ist. Während ein ideales Experiment etwas ist, in dem alle Anfangs- und Endbedingungen vollständig festgelegt

Um ein Ereignis in ein Gestell der Welt, in eine *Matrix* gießen und formen zu können, bedarf es für den Menschen der technischen Fähigkeit Handlungsweisen und -vorgänge in (menschlicher) *Echtzeit* ablaufen zu lassen, so daß der Wiedererkennungseffekt mit dem natürlichen Ereignischarakter kohärent wird. Des weiteren, und zwar *zeitgleich* bedarf es der technischen Fähigkeit einer perfekten Mimesis und Modellierung des Raumes mitsamt aller seiner auf den Menschen wirkenden *Eigenschaften*, als da primär wären die Optik und die Akustik. Die Nachahmung muss dabei optische und die akustische Gesetzlichkeiten der Physik und der Phänomenologie mitberücksichtigen, das bedeutet möglichen Verzerrungen und individuellen, subjektiven Aspekten mit Rechnung zu tragen. Der reine Raumaspekt der VR-Technologie, des Cyberspace, wird zum einen durch entsprechende Simulations-Softwaremodule, und zum anderen durch den technischen Versuch der Wahrnehmungsausschaltung der natürlichen Realität, bzw. der Lebensumwelt des Menschen nachgestellt. Raum und *Raumvorstellungen werden in der VR-Technologie mit der Wahrnehmung auf das engste verbunden.*
Auf diese doppelte Weise, der Verknüpfung von Zeit mit der computergenerierten sogenannten *Echtzeit*, und der Verknüpfung von Raum mit den Sinnesorganen, wird der Inkludierungseffekt, oder auch die Immersion erzielt. Das Eintauchen und Versinken in diese künstlich hergestellte Realität durch den totalen Verlust der Sinneswahrnehmungen mit der wirklichen Außenwelt, bezeichnet man als *Immersion*. Sie ist unter allen Merkmalen des Cyberspace das markanteste und vor allem *das* entscheidende Kennzeichen eines VR-Systems.

„Der hohe Grad der Eingebundenheit des Benutzers, also die Immersion, in ein Medium oder eine virtuelle Umgebung, ist eine der Besonderheiten von Virtual Reality. Immersion hängt unter anderem von der Präsentationstechnik eines Mediums ab. Je stärker die menschlichen Sinneskanäle mit künstlichen, computer-generierten Informationen gespeist werden, desto stärker ist die Immersion des Benutzers. Im Falle des Datenhelms ist die visuelle Immersion des Benutzers vollständig, da die Realität damit völlig ausgeblendet werden kann. [...]. Grundvoraussetzung für die immersive Wahrneh-

---

sind. Heideggerische Anklänge werden nicht mitverstanden, genauso wenig wie bei dem nachfolgenden Begriff ‚Gestell'.
Vgl. Feynman, Richard, *Vorlesungen über Physik*, Bd. III, a.a.O., S. 29

mung des eigenen Körpers in einer virtuellen Umbebung ist, daß die Simulation und Darstellung in Echtzeit durchgeführt werden kann. Echtzeit bedeutet, daß alle Berechnungen und der Aufbau der vom Benutzer wahrnehmbaren Informationen wie Bilder und Töne, mit einer nicht wahrnehmbaren Verzögerung vorgenommen werden muß. Für den wichtigsten Wahrnehmungskanal, das Sehen, werden die Daten als Bildsequenzen präsentiert, die mit einer Wiederholungsfrequenz von mehr als 12 Hertz dargeboten werden sollte. Daraus folgt, daß die Abstände zwischen zwei Bildern, also höchstens 83 Millisekunden für die gesamte Simulation verwendet werden können. Darin muß auch die notwendige Zeit für die Aufnahme, Aufbereitung und Übertragung der Meßdaten der Positionssensoren enthalten sein."[156]

---

[156] Rößler, Andreas; Lippmann, Roland, *Virtuelle Menschenmodelle in der Produktentwicklung*, nachzulesen unter: http://www.vr.iao.fhg.de/papers/anthropos.pdf

Im Inneren der Schnittstelle an sich – und die Suche nach dem Bezugspunkt der Simulation

Um Raum-Zeit-Ereignisse auf technische und naturwissenschaftliche Weise herstellen zu können, muss man nicht nur unzählige Rechenoperationen ausführen, was innerhalb des Computers geschieht, sondern auch für die Beschaffung von adäquaten Meß-, Beobachtungs- und Anfangsdaten, kurz für die *Berechnungsdaten* Sorge tragen. Denn, lapidar gesagt: man kann nur berechnen, was man gemessen hat. Berechnungen anzustellen, ohne auf jegliche Daten Bezug zu nehmen wäre unsinnig und unnötig: de nihilo nihil. Diese werden *von und über Sensoren* geliefert. Sie haben die Funktion einer *Schnittstelle,* die als *Interface* bezeichnet wird. Die Schnittstelle schneidet keine homogene Verbindungsleitung entzwei, sondern zeichnet die Stelle, den Schnitt, aus, wo eine Leitung verbunden und hergestellt werden soll. Dabei haben wir in der Regel einen Übergang zwischen zwei heterogenen Materialen, der passend gemacht werden muss. Es hängt von der technischen Möglichkeit ab, *ob* und *wie* die Schnittstelle zu gestalten ist. Der Übergang von einem Medium zu einem anderen, ist nicht unbedingt eine triviale Sache, und von den *physikalischen* Gesetzen und ihrer *technischen* Umsetzungsmöglichkeit abhängig. Die Sensorik und die Schnittstellentechnik ist im Grunde genommen eine uralte und schon lange existierende technische Entwicklungsrichtung, und eine derart wichtige und fundamentale, und im technischen Alltag übliche, dass sie als eine wichtige Basis derselben gar nicht wegzudenken ist.[157] Dieses Ge-

---

[157] Anm.: Eine Schnittstelle (=Interface) bezeichnet jede Art und Vorrichtung durch die Mensch und Maschine, oder Werkzeug in Austausch miteinander treten können. Als Schnittstellen fungieren somit alle technischen Hilfsmittel die einen Übergang ermöglichen, sei es z.B. die Konstruktion einer Türklinke, eines Zahnrads, einer Schraube oder bis hin zu der Computer-Tastatur, der Mouse, und den Sensoren etc. Den Begriff Sensorik kann man als einen modernen naturwissenschaftlichen Ausdruck für Schnittstellentechnik ansehen, wobei der Begriff Schnittstellentechnik eine neuere Wortschöpfung der IT-Technologien ist.
Vollständigkeitshalber möchte ich erwähnen, dass man wie Michael Heim den Begriff Schnittstelle weiter fassen kann, da er ihn mit dem griechischen Wort *prosopon* in Zusammenhang bringt. „The relationship then lives on as a third thing or state of being. [...]. The Father and Son subsist together as an interface or distinct spirit." Somit definiert Michael Heim Interface allgemein so: „An interface occurs where

wohnheitsverhalten verführt dazu die Schnittstelle als selbstverständlich zu setzen, zumal von ihr unzählige existieren.
Doch was geschieht in der Schnittstelle? Sie *transferiert* und *moduliert* Informationen und ermöglicht dadurch eine Verbindung.
Innerhalb der Schnittstelle werden die Meß- und Wahrnehmungsdaten generiert, *gestaltet* und *festgelegt* in ihrer *Seinsweise*, und auf ihrer Grundlage erst kann die Berechnung von computergenerierten Simulationsprogrammen durchgeführt werden. Die Schnittstelle ist in der Regel *konfiguriert* und *genormt*, damit werden weitere technische Verarbeitungsarten und -wege festgelegt, d.h. auch ihr *Geltungsbereich* sowie ihre Grenzen. Es werden *standardisierte Funktionen* ausgeführt.
Die Schnittstelle übt eine Art *Brückenfunktion* aus, über die die Meßdaten und Informationen gehen müssen, dabei ist es nicht mit überspringen getan, sondern sie müssen sie regelrecht passieren wie bei einer Grenz- oder Schlagbaumbrücke. Die Schnittstelle hat zudem eine Art *Prothesefunktion*, diesmal von einem Standpunkt außerhalb der Schnittstelle betrachtet, im Gegensatz zu der Brückenfunktion, deren Beobachterstandpunkt im Inneren der Schnittstelle zu lokalisieren ist, die den klassischen Werkzeugcharakter von Technikbeherrschung hervorhebt, und der Verstärkung und Kompensation von menschlichen Fähigkeiten dient.
Die kongruente Zusammenlegung von verschiedenen Koordinaten- und Bezugsystemen, in diesem Falle der nanomikroskopischen und der makroskopischen Dimensionsrelationen, bedeutet zugleich ganz allgemein gefasst, die Zusammenlegung des Beobachterbezugspunktes.
Entscheidend ist für die technische Realisierung der Aspekt der Brückenfunktion, d.h. dass das Bezugssystem und der Koordinatenursprung innerhalb der Schnittstelle lokalisiert wird.[158]

---

two or more information sources come face to face." (Heim, Michael, *The Metaphysics of Virtual Reality*, Oxford University Press, 1993, S. 77f)
Interessant zu wissen und zugleich denk- oder merkwürdig ist die Antwort auf folgende Fragestellung: „Wer weiß, was Sensoren sind? Die Antwort verblüfft: Keiner, denn bisher gibt es nur Arbeitsdefinitionen." (Hesse, Stefan, *Mars und die Roboter*, Brandenburgerisches Verlagshaus, Berlin, 1990, S. 129)
[158] Anm.: Verwendet wird ein eher phänomenologischer, pragmatischer Informationsbegriff, einer wie die *Physik* ihn definiert, und nicht etwa der nachrichtentechnische Informationsbegriff, wie er von Claude E. Shannon und Warren Weaver defi-

Die Schnittstelle konfrontiert den Menschen mit etwas, sie ist der Ort des *Widerstands*. Sie zwingt den Menschen ihr ins technische ‚Gesicht zu schauen'. „Let's face it", könnte man auffordernd in bezug auf den englischen Ausdruck Interface sagen. Die Schnittstelle in ihrer Brückenfunktion verweist auf etwas, sie weist auf etwas hinaus, das sie zugleich ist und dennoch nicht mehr ist. Sie ist ein *Übergang* und ein *Intervall*. Sie erbringt die Leistung, und leistet es sich zu verbinden, zurückzunehmen und zu widerstehen. Ihre ambivalente Funktionsweise von potentiellem Entzug und In-Erscheinung-treten-können, bedeutet das etwas von einem Anderen aus einem Gegebenen *herausmodelliert* wird. Der Übergang von einer technischen Komponente zu einer anderen technischen Komponente, oder von einer Welt in eine andere, so wie von der ‚realen' Welt in die technisch erschaffene ‚virtuelle' Realität, bedarf das Element des Anderen, in der Form und der Art und Weise, das eine Differenz vorhanden ist und aufbricht. Es findet kein Übergang und kein Datentransfer an der Schnittstelle statt, wenn nicht eben eine *Differenz zu dem Anderen* gegeben ist. Jede Bewegung über etwas hinweg und hindurch, bzw. jeder Fließzustand, der eine Übertragung von etwas bewirken soll, der auf das Hinausweisende zielt und es in Erscheinung

---

niert wurde, und auch nicht der kybernetische Informationsbegriff, wie er von Norbert Wiener eingeführt wurde: „Information is information not matter or energy." (Wiener, S. 132). Die Schwierigkeiten bei Shannon und Weaver liegen in einer sich widersprechenden Metaphorik und Definition bei der Lokalisierung des Beobachters, also des Bezugssystems, wodurch physikalische, semantische und pragmatische Ebenen des Informationsbegriffs vermischt werden. Mehr zu den verschiedenen Arten des Informationsbegriffs in unterschiedlichen Disziplinen und Denkweisen findet man sehr gut erklärt bei Capurro Rafael, *Einführung in den Informationsbegriff*, Kap. III, nachzulesen unter: http://www.capurro.de/infovorl-kap3.htm. Und siehe Zitat aus: Wiener Norbert, *Cybernetics or Control and Communication in the Animal and the Machine*, New York, 1961
Warum lege ich Wert auf einen praktischen, physikalischen Begriff? Weil mein Akzent der Betrachtungen auf der Technikphilosophie, bzw. auf dem *technischen Realisierungspotenzial* liegt, das nun mal per se in physikalisch-empirischen und nicht in rein abstrakten Grundlagen und Überlegungen verankert ist. Denn aus der Tatsache, dass jedes System, das Entropie enthält auch Information erhält, folgt nicht, dass man das System als *technischen Informationsspeicher* verwenden kann. Von einem Informationsspeicher erwartet man, dass er nicht selbst ins innere Gleichgewicht oder ins Gleichgewicht mit der Umgebung gerät. Kurz und bündig formuliert: ‚Man kann nichts umsonst bekommen, nicht einmal Information.' (Dennis Gabor, Physiknobelpreis 1971)

treten lassen soll, muss sich in genau einem solchen Zustand befinden, der ein *Spannungsgefälle*, ein *Potentialgefälle* aufweist. Jeder Zustand der Übertragung und der Vermittlung von etwas, ist zugleich im Zustand der Differenz, bzw. ist in einem *Ungleichgewichtszustand*.
Gleiches oder Ähnliches wirkt auf Gleiches oder Ähnliches, jedoch nur in Einheiten der Quantität gemessen, das heißt im Differenzzustand des Gleichen oder Ähnlichen.
Dieser Zustand ist es, den die Schnittstellen oder auch Sensoren aufnehmen und weitergeben. Datentransfer und Kommunikation geschieht über Differenzenvermittlung und -verarbeitung.
Nicht nur der Übergang von einer technischen Komponente zu einer anderen technischen Komponente, bedarf des Elements des Anderen und des Spannungsgefälles, sondern auch gerade der Übergang von einer Welt in eine andere, so wie von der realen Welt in die virtuelle Realität, benötigt das Element des Anderen. Die reale und die virtuelle Realität sind nur durch die Schnittstelle voneinander getrennt, anders ausgedrückt, die Schnittstelle entspricht dem Faden an dem sie miteinander verbunden und aufgekettet worden sind.
Die technischen Vorraussetzungen und Bedingungen für das Funktionieren der Schnittstellen und Sensoren bleiben im wesentlichen dieselben bei einem Übergang von der realen in die virtuelle Realität, da ihre Realisierung von technischen Bedingungen diktiert wird. *Jede* Art von Schnittstelle, auch die scheinbar einfachste und gewöhnlichste, erfordert allerdings unabdingbar, dass der Mensch, in seinem Menschsein und damit innerhalb seines gegeben Möglichkeitsbereiches, der Differenz der Schnittstelle, dem Anderen sich öffnet und anpasst, um sie überhaupt erkennen, begreifen und letztendlich technisch konstruieren zu können. Das trifft um so mehr zu, als die Schnittstelle sich zu einer sogenannten Mensch-Maschine-Schnittstelle wandelt, d.h. das der Mensch die Bedienung und Befehlsanweisungen von Werkzeugmaschinen, bzw. von Computern alleine über seine natürlichen Körperbewegungen und das menschliche Sensorium steuern möchte.
Der Mensch variiert seine mögliche Bandbreite an den ihm selbst eigenen zur Verfügung stehenden Schnittstellen, von anfangs nur den handwerkenden Händen bis hin zu einer *größeren Oberfläche und Vielfalt*, die sich allmählich über den ganzen *physikalischen* Körper

des Menschen ausdehnt. Von den verschiedenen gegebenen Materialen und Arten, die für die Konstruktion und den Bau einer Schnittstelle oder eines Sensors in Frage kommen, will sich der Mensch nun selbst in das Materialienreservoir mit einbringen. Die *Steigerung der Anzahl* der Schnittstellen im Vergleich zum traditionellen Handwerk und der Technikgestaltung führt zu einer gewissen Vereinnahmung des Menschen, genauer gesagt, seines Sinnes- und Wahrnehmungsvermögens, und die Befindlichkeit in diesem Zustand wird von dem Menschen als *immersiv* empfunden. Die Konzentration des Menschen auf seine eigene Schnittstellenfähigkeit erhöht die Aufmerksamkeitszuwendung des Menschen in die Geheimnisse der Schnittstellen einzutauchen, und stellt ihn insbesondere vor die neue Herausforderung, die Schnittstellenproblematik bewusster wahrnehmen zu müssen. Das bedeutet meines Erachtens auch nicht nur euphorisch vorauszusetzen, dass die Technik der Schnittstellen auf alle Fälle funktionieren müsse, sondern gleichermaßen, ob der Bedeutung der Schnittstellen für die VR als auch für die KI zu hinterfragen, ob die Schnittstellentechnik unbegrenzt einsetzbar ist und warum, und wo ihre technischen Grenzen liegen. Die durch den bewusstseinsfähigen Menschen mit ins Spiel gebrachte, und dadurch verkomplizierte Sachlage impliziert eine rein technische, eine technikphilosophische, als auch eine allgemein philosophische sich gegenseitige befruchtende Betrachtungsweise der Schnittstellenproblematik.
Der Informations- und Datentransfer über die Mensch-Maschine-Schnittstelle *hindurch* erzwingt die Begegnung des Menschen nicht nur mit seinem physikalischen Körper, der als Verbindungsmaterial und -sensorium miteingebaut ist, sondern zusätzlich mit seiner gesamten anthropologisch-phänomenologischen Wesens- und Denkart, also mit sich selbst und der Technik. Sie erzwingt die Auseinandersetzung des Menschen mit sich selbst, und vor allem mit seinem Eingebettetsein in die Seinswelt der Technik und des Logos. Er findet den Widerstand und die Differenz genauso in seinem Sosein wie in dem ihm widerstrebenden Anderssein. Es wird die Frage aufgeworfen, wo und inwieweit Verschiedenes noch Gleiches enthält, wo die Grenzziehung der Kompatibilität und des Spannungsgefälles zu ziehen ist. Auffällig ist zudem in allen Anwendungen mit Sensoren, dass zwar Gleiches auf Gleiches wirkt, jedoch meisten nicht durch ein Potentialgefälle alleine, sondern dass die Schnittstelle einen Mediumwechsel beinhaltet, ganz so wie man sich anschaulich einen

Schnitt normalerweise auch vorstellt; selbst ein Schnitt im gleichen Medium, bedeutet eine Unterbrechung, die, sonst wäre sie keine wirkliche Unterbrechung, einen Medium- und Materialwechsel darstellt, dies kann beispielsweise sein: die Luft (innerhalb einer Schnittwunde), eine Änderung in der Atomgitteranordnung, usw. Bei den eingesetzten Sensoren in der VR und KI, als da z.B. wären die Tastatur, die Mouse, der Handschuh oder der Datenhelm, verhält es sich meistens derart, dass eine mechanische Bewegung, die Fingerbewegungen, die Gestik, selbst die Meßung der Veränderung und Bewegung des Augenlids, der Pupille etc. von der *Mechanik an sich* bestimmt werden und ausgehen, und dann erst in elektrische, optische sowie andere Impulse übersetzt und übertragen werden.

Es könnte sein, dass die Außendarstellung des Menschen auf eine gewisse Art und Weise *primär von der Mechanik her* zu begreifen ist, während im umgekehrten Falle, die Innendarstellung des Organismus von elektromagnetischen Impulsen bestimmt zu sein scheint, und sekundär erst durch die Mechanik, die Akustik etc. dargestellt wird.

Geht man nun den angestrebten Versuchen in der KI nach, Neurochip-Implantate als Schnittstelle zu verwenden, bzw. sogar nur Licht-PC's zu bauen, die den Menschen mit seinen elektromagnetischen Nervenimpulsen verbinden und integrieren, bleibt zu klären, wie und vor allem, ob überhaupt der Übergang innerhalb der Schnittstelle konstruiert werden kann. Informationsvermittlung durch Lichtwellen kann durch Frequenz- und Amplitudenmodulationen bewerkstelligt werden, evtl. noch durch Änderung der Spinrotation, allerdings braucht der Empfänger, also die ‚andere Seite' innerhalb der Schnittstelle, die ebenso aus Licht oder elektromagnetischen Teilchen besteht, wie die radikalen Verfechter der Neurochip-Implantate oder des Bewusstseinsdownloads implizit propagieren, ein geeignetes Medium, ein ‚Lesegerät', und damit einen passenden Widerstand, ein Differenzmedium, in das die Unterschiedlichkeit eingeschrieben und ausbuchstabiert werden kann. Auf die zusätzlichen, möglichen wechselwirkenden, physikalischen Probleme möchte ich nicht weiter eingehen, lediglich durch ihre Erwähnung auf sie aufmerksam gemacht haben, als da wären, verrauschte Signale, Reibungswiderstände und -verluste, also auf Informationsstörungen aller Art, die sicherlich ein *technisches* Problem darstellen, und um Technik geht es, wenn es sich nicht nur um reine Gedankenspielereien handeln soll.

Die *Informationsstörungen* müssen in Einklang mit der eigentlichen, anfangs erwähnten Funktion von Schnittstellen gebracht werden, nämlich ihrer *Notwendigkeit zur Normierung und Standardisierung*, um sie erfolgreich, das heißt, zielgerichtet und vorhersagbar einsetzen zu können.

An dem Punkt der *Normierungsvorschrift* kommt der Mensch an sich wieder verstärkt in die gedankliche Verkettung der Schnittstellenthematik hinein.

Die Konfiguration des Menschen, eines Individuums, in Funktionseinheiten wirft den Problemkreis der *Einheiten* auf. Aus menschlicher Perspektive betrachtet verlaufen unsere eigenen, nach außen hin mechanisch wirkenden Bewegungsabläufe kontinuierlich, während aus der physikalischen Perspektive mit diskreten Elementen hantiert wird, und das um so mehr, als man in den atomaren und quantenmechanischen Bereich vorstößt, also den Bereich in dem die Schnittstelle im Extremfall eingesetzt werden soll. Doch selbst auf makroskopischer Ebene ist es schwierig, die menschlichen kontinuierlichen Bewegungen und Empfindungen auf der Automatenebene nachzuahmen, man kann sich dabei vor Augen führen, wie ruckartig sich die Roboter oder z.B. die automatischen Klavierspieler der Puppenbauer bewegen. Auf ähnliche Schwierigkeiten trifft man bei der VR bei der Benutzung von Datenhandschuhen und -helmen, die als Schnittstelle fungieren und die Verknüpfung von kontinuierlichen und diskreten Funktionseinheiten erbringen sollen. Noch krasser gestaltet sich die Problemlage, wenn man versucht das Bewusstsein und seinen Transfer in und durch die Schnittstelle zu ermöglichen. Die Bestimmung einer allgemeinen Einheit und Skalierung des Bewusstsein steht noch aus, und die Lösung des Problems der Normierung von *individuellem* Bewusstsein und Erfahrungshorizonten ist nicht absehbar.

Das anversierte Ziel der Immersion innerhalb des VR-Forschungsgebietes beschränkt sich gewollt und bewusst auf die Umsetzung des äußerlichen Menschen, und ist somit auf die Kreierung einer Schnittstelle aus, die in der Lage sein soll, die Körperbewegungen flüssig und kontinuierlich wiederzugeben, so daß sie in der weiteren Verarbeitung und Darstellung des durch die Schnittstelle Gegangenen, den Menschen zu täuschen imstande ist. Der Gebrauch des Wortes ‚Information' an dieser Stelle, ist mir zu leicht irreführend, und zu sehr mit einem binären Verständnis der Computersprache verbunden, als das ich es hier verwenden möchte. Die vordergründige Intention der

VR-Technologie zielt ja gerade auf eine Umdeutung und Umarbeitung von logischen, diskreten oder mathematischen Symbolen und Zeichen hin zu einem kontinuierlichen Erfassen von ‚Natürlichem', wie der Gestik, Mimik oder allgemeinen menschlichen Bewegungen, selbst der von Tanzfiguren oder dem Fingerspiel beim Spielen von Musikinstrumenten, und zwar vor dem Hintergrund des natürlichen Eingebettetseins in ihre Umgebung. Es ist wichtig für die immersive Darstellung, die Simulation mit der Umgebung zu verknüpfen, da ein isoliertes, losgelöstes, diskretes Element nicht zur Täuschung ausreicht.

Ein VR-System setzt sich *inmitten* die menschliche Perspektive hinein, es soll lediglich der Eindruck entstehen ‚als ob', eben eine gute Simulation entstehen.

Die Simulation setzt den Mensch selbst *als Bezugs- und Koordinatensystem* fest; das ist Voraussetzung. Nicht Mimesis der Naturerscheinungen, sondern Mimesis der menschlichen Erscheinungswelt. Die Verknüpfungen innerhalb der Schnittstelle bleiben systemkohärent, und wechseln ihre Bezugsysteme nicht in einschneidender, brückenbrechender Manier. Sie bleiben, so könnte man in gewisser Weise sagen, systeminvariant. Falls es prinzipielle Grenzen der technischen Realisierungsmöglichkeiten durch Naturkonstanten, Parametrisierungsschwierigkeiten, o.ä. geben sollte, wie sie uns von dem Wert der Lichtgeschwindigkeit vorgeschrieben ist, oder wie von der ‚beliebten' Heisenbergschen Unschärferelation, dann wird die VR-Technologie wohl nicht damit konfrontiert werden, da sie sich auf die vordergründigen ‚Erscheinungen' konzentriert.

Eine gute Simulation bedingt allerdings ein gewisses, vertieftes Verständnis über den Menschen selbst. Dabei merkt man, dass selbst das angeblich Selbstverständlichste und Vertrauteste des Menschen, nämlich seine Oberflächlichkeit, seine Äußerlichkeit, seine Körperfunktionen, die er glaubte im Griff zu haben, in dem Sinne, dass sie nichts Besonderes sind, weil sie so gut und einfach, beinahe automatisch funktionieren, kurz sein Körper an sich, den Menschen vor erhebliche Probleme sowohl technischer als auch erkenntnistheoretischer Art stellt. Bei dem Versuch Intelligenz- und Verstandeseigenschaften, oder sogar nachfolgend, vielleicht durch Emergenz hervorgebracht, Bewusstsein mit in die Schnittstellen hineinzunehmen, kann man durchaus auf den Weg des schweizerischen KI-Forschers Rolf Pfeifer gelangen, der in seinen jungen Jahren ein entschiedener

Verfechter der KI war, und in seinen jetzigen, späten Jahren zu der Erkenntnis gelangt ist, dass sich Intelligenz schon im Aufbau des Körpers manifestiert, sie ist verteilt im ganzen Körper und in jedem Körperteil, so daß sich Körperlichkeit in Termen von Intelligenz ausdrücken lässt, und auf diese direkt einwirkt.[159]
Vielleicht ist innerhalb der Schnittstelle, für ‚Maß-Einheiten' der Intelligenz oder des Bewusstseins der Schwellenwert einfach zu hoch, in Analogie gesehen zu den Nervenaktionspotentialen, oder das Potentialgefälle zu niedrig, oder die Gleichartigkeit der ‚Einheiten' zu sehr gegeben, als daß ein Datentransfer stattfinden könnte, oder schlicht das System inkohärent, wie auch immer es sich verhalten mag, die Schnittstellenthematik zeigt uns mit aller Deutlichkeit, dass die Rolle des *ganzen* Menschen innerhalb der Technikphilosophie, und der Philosophie des Geistes, lange Zeit unterschätzt wurde. Er ist das Fenster, unser *window* zur Welt und der Wirklichkeit. Der Schlüssel liegt in uns Menschen selbst, wobei das nicht so abgenutzt und leichtfertig dahingesagt ist, wie das oft aus dem Munde der Binsenwahrheit vermeintlich zu ertönen scheint, sondern es ist tiefgründiger gemeint, da uns heutzutage, mehr denn je, die Technik, und mit ihr im Bunde der Logos, paradoxerweise dazu treiben, das ihr ‚Gegensätzliche', das ‚Unlogische', kurz und allgemein auf einen Nen-

---

[159] Anm.: Interessant ist, dass Rolf Pfeifer, immer noch ein Forscher der KI in Zürich, aus seinen Robotern Softwareprogramme, neuronale Netzen u.ä. entfernt hat, und seine Roboter nur auf Grundlage von Transistoren und ähnlichem erfolgreich versucht zum Laufen und Agieren zu bringen. Weiter sei kontextbezogen noch erwähnt, das er davon ausgeht, dass Bewusstsein keine Intelligenz voraussetzt. Vgl.: TV-Sendung, 15.7.2002, 3SAT „Visionäre".
Das entspricht der Trendwende (seit Mitte der 80-iger Jahre) von der klassischen, wissensbasierten hin zu einer verhaltensbasierten Robotikforschung. Sie rekurriert auf die im ‚imitation game' (1950) von Alan Turing vorgeschlagenen Alternative intelligentes Verhalten zu erzeugen: durch eine „[...] machine with the best sense organs that money can buy, and then teach it to learn to understand English. The process [...]. Things would be pointed out and named, etc." (Vgl. Turing, Alan, *Computing Machinery and Intelligence*, a.a.O., S. 460)
Der dominierende Aspekt bei dieser Alternative ist und bleibt jedoch die Lern- und Zielbezogenheit, die Turing immer wieder wiederholt und mit dem Lernprozess eines Kindes vergleicht; eine assoziative, willkürliche, kreative, unkoordinierte, etc. Lernmöglichkeit wird nicht angedacht und in Erwägung gezogen. Die Konkurrenzsituation zwischen wissensbasierter und verhaltensbasierter Robotik befindet sich heutzutage im Patt.

ner gebracht, das ‚Unberechenbare' oder das ‚Menschliche' mit in *ihr* und *unser* Kalkül zu ziehen.

Die Schnittstelle selbst wird gerne anthropomorphisiert, meistens jedoch nicht als etwas von dem Menschen Getrenntes und Grenzüberschreitendes wahrgenommen, es sei denn es handelt sich um den Fall eines chirurgischen Eingriffs mit einem Implantat. Auf alle Fälle vereinigt die Schnittstelle ausgeprägte anthropologische Anteile in sich und stellt ein wichtiges, vielleicht sogar *das* Bindeglied zwischen *Logos und Anthropologie* dar und her.

Ohne die Schnittstellentechnik wäre keine Technik an sich möglich. Ist sie deswegen nichtssagend und trivial? Nein, da sie wie gesagt ein Fundament der Technik darstellt. Sie ist das Räderwerk, das Technik an sich am Laufen hält, bedingt und ermöglicht. Im übertragenden Sinne ermöglicht sie ‚Kommunikation an sich'. Man kann sich durchaus ohne weiteres ihre Bedeutung vergegenwärtigen und einen Vergleich heranziehen, indem man sich die vielfältig existierenden Theoriebildungen und Diskussionen um ‚Kommunikation' im geisteswissenschaftlichen Kontext bewusst macht.

Der ‚Dialog' zwischen Mensch und Maschine bedient sich der ‚Sprache' und des Verständigungsmittels ‚Schnittstelle', von der nicht nur eine einzige oder genormte existiert, sondern es ist eine Vielzahl von Gestaltungs-, Darstellungsformen und Stilen möglich, – vergleichbar der menschlichen Sprachenvielfalt und deren Spektren an Variationsmöglichkeiten, mitsamt ihren Grenzen der sprachlichen Verständigungs- und Verständnismöglichkeiten.

Der Dialog zwischen Mensch und Maschine findet über die sogenannte *Benutzerschnittstelle*[160] statt, die Eingaben des Benutzers ermöglicht und dessen Darstellung festlegt.

Es ist zu beachten, dass die „[...] Schnittstellentechnik an die sensorischen Fähigkeiten des Menschen angepasst wird."[161] Wenn es sich zum Beispiel um Sensoren handelt, verfolgen diese die Bewegung

---

[160] Anm.: Es gibt im Computerbereich noch andere Schnittstellen, wie die *Hardwareschnittstelle*, ein Verbindungsglied zwischen zwei verschiedenartigen Hardwarekomponenten, die *Softwareschnittstelle*, oder die *Programmierschnittstelle*, die dem Programmierer ermöglicht standardisierte Funktionen des Betriebssystems/ der Hardware auszuführen. Diese sind aber nicht direkt beim Mensch-Maschine Dialog beteiligt, und deswegen in diesem Kontext nicht weiter von Interesse.

[161] Vgl. Wolfgang Scheunemann, *Virtual Reality bei Daimler Benz*, nachzulesen unter: http://www.idw-online.de/public/pmid-1254/anzeige_pm.html

des Menschen. Allgemein formuliert ist die Schnittstellentechnik bei der VR-Technologie gezielt auf den Menschen ausgerichtet, und sie orientiert sich an den menschlichen Sinnes- und Wahrnehmungsmöglichkeiten, die es auszuloten gilt. Die Auslotung erfolgt quasi von zwei Seiten aus, zum einen wird aus der Richtung des menschlichen Sensoriums kommend, und zum anderen wird von der Seite der technischen Sensoren aus gemessen, wobei der gemeinsame Brennpunkt der Mensch ist, bzw. sein Körper, nicht die starre Hülle, sondern sein äußerer Körper mitsamt seinem agierenden Sinnes- und Wahrnehmungsapparat, einschließlich all seiner möglichen passiven und aktiven Reaktionsweisen.

Die Ko-Evolution von Mensch und Maschine aus Sicht der VR-Technologie: die Revolution von Douglas Engelbart

Kehren wir von hier aus nochmals kurz zu dem Begriff des Cyberspace zurück, gemeint ist die Technologie der Virtuellen Realität. Sie wird, wie schon erwähnt, von manchen Gruppierungen, wie der VR-Subkultur erheblich weiter gefasst, ebenfalls innerhalb der bekannten Gruppierungen *Electronic Frontier Foundation* oder *Whole Earth Review*, als in den meisten Publikationen, da sie *Datenbanken* und *Mailboxen* miteinbeziehen.[162]

Diese werden von mir, gleichwohl wie etwaige Medientheoretiker aus den weiteren Betrachtungen ausgeschlossen, weil sie meistens die Hauptmerkmale der VR-Technologie, die Immersion und die Konzentration auf die Schnittstellentechniken hinten anstellen, und ihr primäres Anliegen auf ein anderes, ein sekundäres Merkmal richten, nämlich auf den Aspekt der Interaktivität, und damit zum *Internet* gelangen.

Interessant ist allerdings im Zusammenhang mit den Schnittstellen, dass der Erfinder der Schnittstelle *mouse* („Maus') in Benutzung mit der Fenstertechnik, bzw. der graphischen Benutzeroberfläche, die heute wie selbstverständlich in aller Hände Gebrauch ist, ebenfalls Pionierarbeiten u.a. auf den Gebieten *electronic mail system* und *hypertext* leistete[163], und somit der Geisteshaltung der Cyberspace-Subkultur nahe steht.

Es lohnt sich, die Entwicklung der *mouse* näher zu betrachten, um ein Gespür für die Schnittstellen allgemein zu erhalten, und insbesondere dadurch die Unterscheidungsmerkmale der VR zur KI, so-

---

[162] Anm. 1: Dies geschieht aus dem Gedanken und der Tat heraus, aktiv für *Demokratisierung* und *Freiheit* im globalen Informationsnetz, in der Cyberkultur, einzustehen. Das hat genaugenommen mit den Merkmalen und Kennzeichen der VR-Technologie im eigentlichen Sinne nicht mehr viel zu tun, da die *Regel der fünf i's* verletzt ist. (Vgl. dazu das gleichnamige Kapitel in diesem Buch).
Anm. 2: *Whole Earth Review* war eine der Kernpublikationen des österreichischen Physikers Fritjof Capra. Siehe dazu: Laurin, Stefan; *Virtuelle Realitäten – Über die Zukunft unserer Phantasie*, nachzulesen unter: www.intro-online.de/z5.html
[163] Anm.: Des weiteren wird Douglas Carl Engelbart (*1925) mit der wichtigen Erfindung des *window interfaces* und dem *outline processor* in Verbindung gebracht. Vgl.: Bardini, Thierry, *The Augmentation of Human Intellect as an Alternative Research Program to Artificial Intelligence: Implications for the Definition of the Human-Machine-Boundary*, Universität Montreal, 2000, S. 3

wie zur Technologie des Internets besser begreifen zu könne. Auf diesem Wege wird sich dann weiterhin, beinahe automatisch das Wesen der VR herauskristallisieren, die nachfolgend und vollkommen in der Tradition der graphischen Benutzeroberfläche und der mouse steht.

Die *mouse* ist eine großartige Schnittstelle, die einen Meilenstein in der Mensch-Computer Interaktion darstellt. Diese meist nicht beachtete, eher für eine Selbstverständlichkeit oder Trivialität gehaltene technische Erfindung, setzte sich gleich der VR-Technologie massiv und dominant durch und, – sie wäre ohne eine philosophische Grundeinstellung passend zur VR-Technologie nicht entwickelbar gewesen, da sie der Technologie der ‚Künstlichen Intelligenz' widerspricht.[164]

Durch Douglas Engelbart, einem Elektroingenieur, der für die Ames Navy Research Laboratories arbeitete, war es 1964 möglich geworden, die *sprachliche Kommandosprache*, die über die *Tastatur* eingegeben wurde, durch *graphische und visuelle* Hinweise per Mouseklick auf einer *grafischen Benutzungsoberfläche* (GUI: Graphical User Interface) zu ersetzen.[165]

---

[164] Anm.: „But Douglas Engelbart never really gets credit for what he usually claims […]." Die (fast vergessene) Historie der wichtigen Erfindungen von Douglas Engelbart werden dargestellt von: Bardini, Thierry; *Bootstrapping: Douglas Engelbart, Coevolution, and the Origins of Personal Computing*, Stanford University Press, 2000. Oder ders.; *The Augmentation of Human Intellect as an Alternative Research Program to Artificial Intelligence: Implications for the Definition of the Human-Machine-Boundary*, Universität Montreal, 2000

[165] Anm.: Computerintern läuft indes alles sprachlich ab, insbesondere bei den Datenbanken haben sich bis jetzt keine graphischen Sprachen durchsetzten können, so daß wohl auch in Zukunft weiter mit Kommandosprachen gearbeitet werden wird. Vor- und Nachteile von Kommandosprachen und kryptischer Syntax sind:
„Kommandosprachen bieten Benutzern einen eindeutigen, nachvollziehbaren Zugang zu den Dienstleistungen des Rechners. Jede Eingabe erzeugt eine (in der Regel textuelle) Ausgabe, so daß sowohl mögliches Fehlverhalten von seiten des Rechners als auch fehlerhafte Eingaben des Benutzers leicht protokolliert, überprüft und nachvollzogen werden können. Die Schwierigkeiten mit Kommandosprachen sind vielfältig. Benutzer müssen das Vokabular der Sprache erlernt haben, und auch nur kleine Fehler bei der Eingabe werden durch fehlerhafte Ausgabe bestraft. Oft gibt es keine guten sprachlichen Bezeichnungen für recheninterne Vorgänge, so daß in der Praxis unterschiedliche Vorgänge durch sich sprachlich kaum unterscheidende Wörter (Synonyme) belegt werden können (z.B. »end« und »quit«). Oft gibt es so viele Argumente zu Kommandos, daß Benutzer in der Praxis nur einen Bruchteil der

„[...] the mouse also translates motion (the arm of the holder) into graphical mathematics. It therefore not only allows the user to point at any object on the screen, but also introduces a direct connection between the topographical space of the interface and the human gesture of the user. By extension, the invention of the mouse opens space for any translation of human motion into the electronic space of the computer interface."[166]

Als mögliche Schnittstelle (interface) ist von da ab der Körper des Menschen als Ganzes denkbar, möglich und einsetzbar geworden, genauso gut lassen sich seitdem einzelne Körperteile als Schnittstelle nutzen, wie z.B. das Knie, die Hände, der Kopf oder die Augen, die auf sensorimotorische Weise einen *cursor* oder einen Zeigestab auf einem Bildschirm dirigieren können.

Die Grundhaltung hinter dieser Erfindung von Engelbart, war der Wunsch den Menschen aktiv in die Mensch-Computer Interaktion mit einzubeziehen, damit eine echte, dem Wortsinne entsprechende *Interaktion* stattfinden könne, anstatt der reduzierten, reaktiven Handlungsweise, die die Bedienung der ‚Künstlichen Intelligenz' erfordert. Er erkannte die Notwendigkeit, dass es auch und gerade für die ‚Künstliche Intelligenz' wichtig ist, eine „co-evolution of the computer and the human being"[167] notwendigerweise zu berücksichtigen.

Desgleichen basieren alle anderen Erfindungen von Douglas Engelbart[168], wie der konzeptionelle Ursprung des *hypertextes* auf der Zugrundelegung eines nicht-linearen und nicht-analogen Menschbildes, dass essentiell in seine Erklärung von allgemeinen Kognitions- und Erkenntnisprozessen mit einfließt, und das besagt:

---

zur Verfügung stehenden Funktionen auch tatsächlich verwenden können." Strothotte, Thomas, *Informationsfluß durch Bilder in der Mensch-Computer-Interaktion*, In: Weidenmann, Bernd (Hg.), *Wissenserwerb mit Bildern*, Verlag Hans Huber, Bern, 1994, S. 199
[166] Bardini, Thierry, *The Augmentation of Human Intellect as an Alternative Research Program to Artificial Intelligence: Implications for the Definition of the Human-Machine-Boundary*, Universität Montreal, 2000, S. 12f
[167] Ebd., S. 5
[168] Anm.: Zu seinen Pionierarbeiten werden, wie schon erwähnt, auch das *window interface* und der *outline processsor* gezählt., Ebd. S. 3

„The human mind ... operates by association. Selection by association, rather than by indexing, [...]."[169]

Mit einer, vom mir absichtlich zur Kontrastierung angeführten, negativen Intendierung, rund 40 Entwicklungsjahre später, kann man das Wesen dieser philosophischen Denkart solcherart zusammenfassen: „VR-Systeme sind also äußerst spracharm. Dies ist gefährlich, da weder der Computer noch der Benutzer von Schlussfolgerungsprozessen Gebrauch machen können. Somit geht eine fundamentale Technik der Wissensverarbeitung [...] verloren. [...]. Somit ist der Bezug zur recheninternen Wissensverarbeitung, wie sie heute bekannt ist, schwer herzustellen. [...]. Wegen der mangelnden Sprachbezogenheit der Computerausgaben ist es ebenfalls kaum mehr möglich, daß der Computer dem Benutzer Informationen mitliefert."[170]

Es scheint fast unnötig, zu sagen, dass dies eine typische Denkweise aus der Perspektive der Technologie der Künstlichen Intelligenz ist. Die Zielsetzung besteht ja darin, dass der Computer (nicht umgekehrt) dem Menschen Informationen liefern soll, das heißt jedoch in diesem Falle, eine nach bestimmten Kriterien vorsortierte und herausgefilterte, sowie eindeutige Auswahl an Entscheidungs- und Handlungsmöglichkeiten. Der Informationsbegriff der Technologie der Künstlichen Intelligenz beruht auf der *Reduzierung* der gegebenen Möglichkeiten und *Wahrscheinlichkeiten*, entsprechend den Definitionen aus den Informationstheorien von Shannon, Weaver und Wiener, wobei andere mögliche Inhalte und Definitionen von ‚Information' beiseite gelassen werden.

Der Begriff der ‚Information an sich' bereitet heute noch einiges an Kopfzerbrechen, und ist keineswegs eindeutig und einstimmig, was sich in den bestehenden diversen, vielfältigen Theorien widerspiegelt. Die Perspektive und die Einstellung der jeweiligen Forschergemeinschaften zum Informationsbegriff und seiner Verwendung bestimmen die Forschungsinstitute. Den Informationsbegriff in eine einheitliche und umfassende Theorie zu gießen, und damit neue Forschungsperspektiven zu erkunden, steht noch aus.[171]

---

[169] Ebd. S. 11
[170] Strothotte, Thomas, *Informationsfluß durch Bilder in der Mensch-Computer-Interaktion*, a.a.O., S. 211f
[171] Anm.: Das Information nicht einfach Information ist, zeigen zudem die allein auf dem Gebiet der Physik, – wobei noch keine sozial- und kulturwissenschaftlichen

Die Eindeutigkeitsforderung ist mit der Eindeutigkeit von Sprachlogik eng verknüpft, – mal abgesehen von möglichen Ambivalenzen, die hier im Kontext nicht weiter interessieren, – und diese wiederum steht in engster Verbindung mit Wissenserwerb und -verarbeitung.
Die Intention der VR-Technologie und der KI-Technologie weist an diesem Punkt diametral in die entgegengesetzte Richtung: der Spielraum der Interpretationsmöglichkeiten soll nicht eingeengt, sondern erweitern werden. Sie sollen in dem Sinne erweitert werden, dass der ganze Mensch in die VR-Technologie integriert wird, das heißt, mit all seinen Fähigkeiten, die auch die Möglichkeit der Assoziation, Kreativität und Intuition einschließen, und die wohl ältesten und wichtigsten menschlichen Handlungsorientierungspunkte, die der Gestik und Mimik, die in der Visualistik und dem Bildgebrauch und -wahrnehmung und ihrer Interpretation wurzeln, als ein wichtiges menschliches Faktum mit berücksichtigen.
Die Bedeutung der Visualistik in der Kognitionswissenschaft und beim Wissenserwerb wird heutzutage von den Wissenschaftlern bemerkt und bestätigt:

„Allerdings bieten GUI's [graphische Benutzungsoberflächen, v.V.] besser die Möglichkeit, Zusammenhänge zwischen Daten zu erkennen. Somit sind GUI's besser geeignet, Informationen vom Computer dem Benutzer mitzuliefern."[172]

Mit der bildlichen Darstellung wird die Anschauung derart geschult, dass selbst komplizierte Wirtschafts- und Konjunkturdaten oder wissenschaftliche Diagramme aller Art spielend leicht von jedermann verstanden werden können.

---

oder psychologischen Aspekte berücksichtigt sind, – eng verwandten hochkomplizierten Themenkomplexe, die ohne weiteres ins Philosophische hineinreichen, wie der Kausalität, Irreversibilität, Reversibilität, Entropie, Erhaltungssätze oder Kosmologie. Zusätzlich verkompliziert sich die Problemlage bei den konkreten Umsetzungs- und Realisierungsversuchen, weil die Technik ein ‚Eigenleben' zu entwickeln scheint, in Form von Reibungsverlusten, Wechselwirkungen, etc., die wichtige Informationen übertragen und liefern, und in eine einheitliche Informationstheorie integriert werden müssten. Vgl. dazu z.B. Feynman, Richard, *Vorlesungen über Physik*, Bd. 1, a.a.O., S. 653-9. Und z.B. Capurro, Rafael, *Einführung in der Informationsbegriff*, a.a.O., insbesondere Kap. II, S. 9
[172] Strothotte, Thomas, *Informationsfluß durch Bilder in der Mensch-Computer-Interaktion*, a.a.O., S. 212

Der Weg des Wissenserwerbs über Bilder ist allerdings bisher ein recht unerforschter, man weiß so gut wie nichts über die Vorgänge, Abläufe und Prozesse beim Betrachten von Bildern, und noch weniger lässt sich die Bildbetrachtung, bzw. der vom Rezipienten geleistete Lernerfolg und Wissenserwerb kontrollieren und steuern.[173]
Aus Unkenntnis über diesen visuellen Weg des Wissenserwerbs, und weil der Steuerung und Einflußnahme auf den Lernenden oberste Priorität zukommt, wird dieser Weg wohl von der KI nicht begangen. Wenn Bildern und der Anschauung nachgegangen wird, sind es in erster Linie strategische, eindeutige Lernprojekte, wie z.B. das Schachspiel am Computer, das dem Ziel gesetzesmäßiger und zuverlässiger Vorhersagbarkeit und Erlernbarkeit der Züge, bzw. der Handlungsweise des Menschen, und damit seiner direkten Wissenskontrolle entgegenkommt.
Die VR-Technologie arbeitet nicht nur mit visuellen und graphischen Schnittstellen, sondern wie Douglas Engelbart's Erfindungen ermöglichten, des gleichen mit dem ganzen Körper als Schnittstelle, also der kompletten Ausnutzung und Verwertung der vor allem wichtigen taktilen und akustischen Fähigkeiten des Menschen und seiner Wahrnehmungs- und Sinnesorgane.
Trotz aller Betonung der Wichtigkeit der Sinnesorgane des Menschen und seiner unbewussten Verstandesfähigkeiten, wie der Assoziation oder der Kreativität in der VR-Technologie, darf man nicht dem Fehler verfallen, und sie ganz von den sprachlichen, logischen und linearen Schnittstellen, und damit von diesen sehr wichtigen menschlichen Kompetenzen trennen, vielmehr besteht bei der VR-Technologie lediglich eine Dominanz der Bildhaftigkeit und Mehrdeutigkeit, *jedoch will und kann sie nicht ohne Sprache arbeiten.* Das

---

[173] Anm.: Die kulturelle Unterschätzung des Mediums ‚Bild' als Quelle von Information und Wissensvermittlung wird von Bernd Weidenmann untersucht und gut beschrieben: „Unsere Gesellschaft vermittelt mit großem Aufwand Kulturtechniken im Umgang mit dem sprachlichen Symbolsystem – Lesen wie Schreiben – und vernachlässigt dagegen den Aufbau piktoraler Kompetenz." Oder: „Dies wird durch die weitverbreitete Meinung, daß man Bilder ‚gedankenlos' verarbeiten kann gestützt, ganz im Gegensatz zum Textlesen, in das man eine Menge mentaler Anstrengungen investieren muß." (vgl. S. 15)
Bei eventuellem Interesse zur Vertiefung dieser Thematik und allgemein, sei empfohlen z.B.: Weidenmann, Bernd, *Psychische Prozesse beim Verstehen von Bildern*, Verlag Hans Huber, Bern, 1988

würde ja ebenfalls, wie in der KI bedeuten, den Menschen zu reduzieren, und zwar drastisch.

Außerdem gibt es handfeste technische Gründe, die nicht ignoriert werden können, und im Computerwesen selbst verankert sind. Aufgrund der vorhandenen Kulturdominanz von ‚Textlese'-Fähigkeiten, sind nicht nur rechnerinterne Abläufe und Programmier*sprachen* in Anlehnung an natürliche Sprache und ihre Syntax entwickelt worden, um informationstheoretische und -praktische Kommunikation, Eindeutigkeit und Gesetzmäßigkeiten realisieren zu können. Vielmehr ist dadurch momentan fast ausschließlich durch Sprache die Dialogfähigkeit und Interaktion zwischen Mensch und Maschine garantiert. Es bleibt jedoch das Desiderat der VR-Philosophie bestehen, die Sprache so gut wie überflüssig zu machen, um Kommunikation zu vereinfachen, und eine gemeinsame Sprache, eine ‚common language' zu finden. Dass dieses Desiderat seiner theoretischen und praktischen Grundlage entbehren könnte, widerlegen die inzwischen mit breitem Konsens vorangetriebenen Forschungen und existierenden Anwendungen der Industrie.

„Im allgemeinen muß aber festgestellt werden, daß bildhafte Präsentationen des Rechners zur Informationsvermittlung bei Mensch-Computer-Dialogen nur dann handhabbar gemacht werden können, wenn sie sowohl auf Rechnerseite als auch auf Benutzerseite mit Sprache eng verbunden werden können. Der Grund dafür liegt darin, daß es nach wie vor ein gemeinsames Vokabular geben muß, in dem sich Computer und Benutzer unterhalten können, sonst kann per Definition keine Information geliefert werden, denn diese beruht auf der Einigung über Definitionen von Begriffen. […]. Es wäre eine Herausforderung, anstelle von grammatikalischen Verknüpfungen mit Hilfe geometrischer Verknüpfungen sprachlicher Symbole Benutzereingaben den Schlussfolgerungsmöglichkeiten des Rechners besser zugänglich zu machen."[174]

Die Unverzichtbarkeit der Sprachverbundenheit wird schon von Douglas Engelbart klar erkannt und eingefordert; das macht deutlich, dass selbst die Anfänge der Entwicklung der VR-Technologie nie eine Diskreditierung von Sprache und ihrer Bedeutung für den Men-

---

[174] Strothotte, Thomas, *Informationsfluß durch Bilder in der Mensch-Computer-Interaktion*, a.a.O., S. 207, 212

schen im Sinne hatten. Auch der spätere und eigentliche Pionier der VR-Technologie Jaron Lanier erkennt die Sprachbedeutung an.[175] Wie gesagt, handelt es sich um eine Akzentverschiebung, allerdings um eine sehr wichtige, innerhalb des allgemeinen Forschungsprogramms der Mensch-Computer-Interaktion.

„These two trends in the history of computing have been unequally covered in previous historiography. The AI project has been and still is relatively overemphasized, when the AHI project [the *A*ugmentation of *H*uman *I*ntellect, v.V.] has never been formerly acknowledged as an alternative to AI."[176]

Das passierte, obwohl beide Projekte, das der KI und das der AHI, zur selben Zeit (in den 60-igern) im U.S. Department of Defense Advanced Research Projects Agency (ARPA) angesiedelt waren, jedoch konnte sich der junge Douglas Engelbart mit seiner Forschungsgruppe neben Berühmtheiten wie Alan Turing, der auch im ARPA tätig war, nicht behaupten, zumal er noch zusätzlich von seinen Kollegen „as a ‚loner' doing ‚weird staff' [...]" betrachtet wurde.[177]

Engelbart kommt der Verdienst zu, unbeirrt folgenden wichtigen Aufgaben nachgegangen zu sein:

„Douglas Engelbart participated in setting the agenda [...] at two different levels: (1) the integration of natural language in human-computer interaction, and (2) the introduction of the body of the user in the human-computer interaction process."[178]

Das Anliegen Engelbarts war die Co-Evolution von Computer und Mensch. Der Computer sollte es vermögen, sich auf den Menschen einzustellen, und natürliche, bzw. menschliche Sprache zu verarbei-

---

[175] Anm.: Entgegen der oftmals ‚verkürzten' Version und Wiedergabe von Laniers Meinung über das von ihm eingeführte cyberspaceiale Konzept einer ‚post-symbolic communication', ist er überhaupt nicht kategorisch gegen die heute, gängige symbolische Kommunikationsform eingestellt: „[...] and I'm not anti-symbolic communication at all. I mean, I love all those things." (ders., *A Vintage Reality Interview*, nachzulesen unter: http://people.advanced.org/~jaron/vrint.html)

[176] Bardini, Thierry, *The Augmentation of Human Intellect as an Alternative Research Program to Artificial Intelligence: Implications for the Definition of the Human-Machine-Boundary*, a.a.O., S. 3

[177] Ebd., S. 7

[178] Ebd., S. 3

ten, während der Mensch fähig sein sollte, auf natürliche, bzw. einfache und verständliche Weise mit dem Computer umgehen zu können. Bei dieser, für die VR-Technologie typischen Herangehens- und Betrachtungsweise, rückt die Schnittstelle zwischen Mensch und Maschine unweigerlich in den Mittelpunkt der philosophischen und technischen Forschung. Die Frage nach den internen Eigenschaften der Maschine selbst, derart, ob sie eine mögliche künstliche Intelligenz besitzen könnte, ob sie autonom sei, und dergleichen mehr, wird sekundär und rückt in den Hintergrund.

Ähnlich wie in der Robotik, wo sich oft die ausgereiftesten und staunenswertesten Modelle, bei den sogenannten Puppenbauern finden lassen, die menschliche Nachbildungen und Fantasiemodelle für Film und Theater herstellen, und eigentlich eine der längsten Traditionen innerhalb der modernen Robotik aufzuweisen haben, ergeht es der Technologie der Virtuellen Realität.[179] Bevor die industrielle Forschung sich ihrer annahm, waren die Künstler schon vielfach im Gange und experimentierten mit den einzelnen Technikbausteinen, um sie zu einem ästhetischen Kunstwerk zu vereinen. Die enge, vielleicht notwendige, gewendete Verknüpfung von Kunst und Technik ist meistens eine allgemein Gegebene und Beobachtbare. Aus dieser Reihe der künstlerischen Entwicklungen sei nun ein anschauliches

---

[179] Anm.: Vor allem im Schaustellergewerbe des 19. Jahrhunderts waren mechanischen Puppen eine große Attraktion auf dem Schaubudenplatz. Die ‚künstlichen Menschen' wurden z.B. als Drehorgelspieler oder Klavierspieler vorgeführt. Eine konkurrierende Erfindung dazu, war die erste „Sprechmaschine" (1877) von Thomas Alva Edison, so wurde damals der Phonograph bezeichnet, der den Publikumsbedarf nach konservierter Musik abdecken sollte. Verblüffend daran ist die marktgerecht, verkaufsfördernde Ähnlichkeit, und beinahe gleichbleibende, ‚Sensationsbezeichnung' zu den heutigen ‚Sprachcomputern'.
Bereits 1738 konnte man einen mechanischen Flötenspieler bewundern, der von Jacques de Vaucanson hergestellt worden war. Es gibt in der Geschichte der künstlichen Wesen noch eine andere Art von „Schaustellungsrobotern". Sie traten in einem Theater besonderer Art auf, im ‚Theatrum mundi'. Das ist ein Maschinentheater mit Kulisse, Hintergrund und vielen sich selbst bewegenden Figuren. Man kann die künstlerischen Verwendungszwecke von Automaten, bzw. von ‚künstlichen Menschen' im Prinzip noch weiter zurück datieren, bis in die antike Zeit der Griechen und Römern, wo ‚ferngesteuerte', selbstbewegliche Puppen bei religiös-mystischen Feiern und Zeremonien den Eindruck von Zauberei und Metaphysischem nähren sollten. Auch in der religiösen Tradition Europas wurden die selbstbeweglichen Figuren, die als Simulacra bezeichnet werden, häufig in die sakralen Rituale miteinbezogen. Vgl. Hesse, Stefan, *Mars und die Roboter*, a.a.O., S. 7-31

Beispiel für ein Schnittstellen-Ensemble angeführt, um aus einer nüchternen, technischen Schnittstellenumgebung wie z.b. von Kabel und Stecker zu phantasieanregenderen Möglichkeiten hinzuführen:

Als ein mögliches interaktives Beispiel der Gestaltung einer Schnittstelle zwischen einem Lebewesen und einer Maschine, bzw. zwischen einem vegetativen und einem apparativen System, sowie Mensch und Maschine, sei das interaktive Kunstwerk *The Interactive Plant Growing* (1992) von Laurent Mignonneau und Christa Sommerer angeführt, das im ZKM ausgestellt ist: die Aktivierung, bzw. Berührung der Pflanze löst einen bildgenerierenden Impuls aus, der eine beeindruckende interaktive Bildschirmgestaltung präsentiert.[180] Diese wirklich sehenswerte, beeindruckende Demonstration lässt sich indes leicht entmystifizieren, nirgendwo ist ein Homunculus oder eine ‚intelligente' künstliche Apparatur versteckt, da es sich lediglich um eine technische Konstruktion mit Raffinesse handelt, die auf so altbekannten, teils trivialen Techniken basiert, wie z.b. auf Niederspannungssensoren, Sensorfilter, Grafik-Projektor, oder Echtzeitgrafik-Software.

Das Kunstwerk demonstriert, wie die Künstler betonen, in Übereinstimmung zum allgemeinen industriellen Kontext, die maßgebliche Tendenz zur *intuitiven* Steuerung.

Diese Aussage wird unabhängig davon bestätigt z.B. durch den IBM-Technologen und Buchautor Gunter Dueck, der erkennt, dass man für die Neuen Technologien einen besonderen Typus Mensch, den ‚Intuitiven' benötige, dem gegenüber stehe jedoch die Bevölkerungsmehrheit der ‚Praktischen', weswegen er eine gesellschaftliche Umstellung fordere, die in den Personalabteilungen und Schulen künftig mehr die Intuitiven fördern und sich auf sie einstellen solle.[181]

Das Kunstwerk *The Interactive Plant Growing* ist kein echtes VR-System, sondern lediglich eine *interaktive Installation*.

Was also ist dann ein VR-System, wenn die Konzentration auf die Schnittstellen alleine, bzw. das Zusammenwürfeln der einzelnen

---

[180] Anm.: ZKM= *Zentrum für Kunst und Medientechnologie* in Karlsruhe, oder siehe http://www.zkm.de
[181] Vgl. Dueck, Gunter, *Wild Duck. Empirische Philosophie Mensch – Computer – Vernetzung*, Springer, Heidelberg, 2002

Bauteile unseres Baukasten, wie oben in dem Kunstwerk geschehen, noch kein echtes VR-System ergeben? Folgen wir weiter der gewählten Strategie, die Fragestellung punktgenauer und präziser zu stellen, um die Technologie der Virtuellen Realität, die für vieles ihren Namen hergeben muss, einkreisen und festlegen zu können.
Was die interaktiven Installationen allgemein betrifft, lässt sich festhalten:
„Ein VR-System ist nicht einfach die Kombination von Computertechnik, Video, Tonband und Text, was man in der Branche als Medienverbund bezeichnet. [...]. Es hat auch nicht viel mit dem Duft- oder Fühlkino zu tun. In keinem dieser Beispiele hat der Benutzer wirklich die Möglichkeit, sich in andere Realitäten hineinzubegeben und mit seinen Entscheidungen und Handlungen diese Realität selbst zu verändern."[182]
Nun könnte man auf die Idee kommen und vorschlagen, dass das Eingreifen in die Handlungsabläufe im Grunde genommen ein alt bekanntes Szenario ist, und ein VR-System als eine moderne Version des Theaters zu begreifen möglich sei.
Die beiden eben zitierten Autoren gehen diesbezüglich sogar so weit, diese Auffassung wie folgt zu kennzeichnen: „Manche VR-Fanatiker haben behauptet, auch Filme und Fernsehprogramme, Gemälde und Theater seien virtuelle Realitäten."[183]
Diese wohlwollenden, jedoch allzu euphorischen Meinungen gegenüber der VR-Technologie sind damit insofern etwas über das Ziel hinausgeschossen, da die Handlungsabläufe, dem Theaterbesucher oder Schauspieler vorher durch eine Textvorlage oder einem Regiebuch bekannt und vorgeschrieben, nicht durchbrochen werden. Dabei bleibt jegliches noch so sehr Involviertsein und Sich-mit-der-Rolle-identifizieren des Agierenden hinter der gegebenen Immersion eines VR-Systems zurück.
„Am nächsten kommt ein VR-System einem Flugsimulator für Piloten oder seinem Vorgänger, dem »Link-Trainer«, die beide so intensive und unmittelbare Sinneseindrücke vermitteln, daß die Benutzer

---

[182] Sherman, Barrie; Judkins, Phil, *Virtual Reality, Cyberspace – Computer kreieren synthetische Welten*, a.a.O., S. 21f
[183] Ebd., S. 17

glauben könnten, sich tatsächlich in einer realen Welt zu befinden."[184]

Dieses schon fast abgenützte Beispiel als ein Vorläufer für VR-Systeme erfüllt dennoch den Zweck demonstrieren zu können, wie gut die Unmittelbarkeit und nicht Vorhersehbarkeit von Handlungen ist, zu denen der Pilot gezwungen wird, wenn er auf Turbulenzen oder entgegenkommende Objekte trifft, und vor lauter Angst ins Schwitzen gerät.

Das führt uns zurück zu der Einverarbeitung von Schnittstellen in ein VR-System.

Zwar ist die Intuitivität, wie von den unterschiedlichsten Seiten betont wird, eine wichtige Eigenschaft und ein Schlagwort, aber wieso sie es ist, wird nicht ganz deutlich: bewältigt der Mensch denn nicht unentwegt sein Alltagsleben ein stückweit intuitiv; oder wird darunter die Handhabung der Technologie verstanden, aber dann fragt sich natürlich sofort, wie man mit einer hauptsächlich intuitiven Methode logisch-wissenschaftlich, oder gar militärisch-exakt, arbeiten können soll; oder ist unter Intuitivität gar etwas anderes gemeint? Dieser Frage wird an späterer Stelle vollständig nachgegangen werden; als Problemstellung bei der Einverarbeitung und Gestaltung von Schnittstellen erlangt sie allerdings an dieser Stelle schon einmal ihre erste Aufmerksamkeit.

Wenn man sich nicht über die Funktionsweise und der Begriffsbedeutung von Intuitivität im speziellen Kontext von VR, sogar selbst von KI, im klaren ist, wie etwa ob ein Naturwissenschaftler ‚intuitiv' in Relation zur Programmierarbeit versteht, oder als Spontaneität von evolutionären, zufälligen Genveränderungen, oder ob ein Geisteswissenschaftler Intuitivität in der Nähe von Kreativität ansiedelt, kann die Schnittstelle nicht einheitlich durchdacht und nicht eindeutig kreiert werden.

Damit schließen intuitive Herangehensweisen an Medientechnologien folglich nicht automatisch die Immersivität mit ein.

Die weiter oben aufgeworfene Frage „wer weiß, was Sensoren sind? mit der verblüffenden Antwort: keiner, denn bisher gibt es nur Arbeitsdefinitionen."[185], lässt sich ohne weiteres auf die Schnittstellen übertragen, – keiner weiß es, und die Antwort lässt sich weiter ins

---

[184] Ebd., S. 22
[185] Vgl. Fußnotennummer: 157

Unbekannte hinein steigern, wenn man bedenkt, dass die Sensoren nur ein Teil, ein spezifisches Gerät zur Umsetzung einer Schnittstelle sind. Sie reichen, wie weiter oben ausgeführt, tief in philosophische und unerforschte Dimensionen hinein.

Das informationstheoretische Problem der Automatisierbarkeit von Ästhetik und Design

Bei aller naturwissenschaftlicher Unverbindlichkeit der Aussagen über das Wesen von Maschine-Maschine-Schnittstellen, die man grob mit den *anschaulicheren* Begriffen wie Sensoren, Messfühler, Adapter, Wandler mischen kann oder gar synonym[186] verwendet, ist allen Schnittstellen gemeinsam ihre *Aufgabenorientiertheit*, die eindeutig durch ihre spezifische *Standardisierung, Normierung* und *Parametrisierung* charakterisiert wird. Gerätespezifische Kenngrößen festzulegen gehört in den Bereich der Ingenieurwissenschaften, während die Physik, zumal die Theoretische Physik, die ja in besonderer Weise in philosophische Gebiete vorzudringen vermag, sich damit überhaupt nicht beschäftigt. Dadurch klafft eine *Frage- und Wissenslücke* auf, die sich jetzt schon, ganz am Anfang der Entwicklung stehend, als äußerst umfangreich und schwierig herauskristallisiert, obwohl sich ihre enorme Bedeutung und Wichtigkeit schon *erahnen* lässt; und sie gerade bei der VR-Technologie sowie bei der KI von philosophischer Relevanz sein wird.

Schnittstellen sind immer untrennbar, quasi per definitionem, mit wechselwirkenden Kräften, oder anders ausgedrückt, mit einem Datenaustausch oder Informationsfluß verbunden, selbst wenn es sich um einen Simplex-Betrieb[187] handelt. Es lässt sich leicht feststellen, dass die Schnittstelle zwischen Mensch und Maschine, zwischen Organischem und Unorganischem von anderer Art sein muss, als die zwischen Maschine und Maschine, oder als die Interaktion zwischen Mensch und Mensch, oder Mensch und Tier.

Als Nebenbemerkung sei eingefügt, dass das im Prinzip eine sehr verallgemeinerte, ausgedehnte, alt bekannte philosophische Fragestellung nach dem Geist-Körper-Problem und seiner Implikationen ist, die von einer anderen Seite her angegangen wird, sozusagen über

---

[186] Anm.: Auf eine synonyme Verwendung von Schnittstelle und Adapter wird z.B. *explizit* hingewiesen bei: Engelmann, Lutz (Hg.), *Kleiner Leitfaden Informatik und ihre Anwendungen*, Berlin, 2000, S. 356

[187] Anm.: Simplex-Betrieb bedeutet, dass der Datenfluß z.B. auf die Richtung vom Sender zum Empfänger beschränkt ist. Ein Informationskanal ist nur in *eine* Richtung hin geöffnet. Vgl. z.B.: Engelmann, Lutz (Hg.), *Kleiner Leitfaden Informatik und ihre Anwendungen*, a.a.O., S. 356

eine allgemeine, vereinheitlichende Theorie der Schnittstellen, – mit verstärkter Hilfe seitens der weniger beachteten Technikphilosophie.

Zurück zu den Unterschieden zwischen den verschiedenen Arten der Schnittstellen. Die *Mensch-Maschine-Schnittstelle* (MMS), auch *computer-human-interface* (CHI oder HCI), oder *Benutzerschnittstelle* genannt, soll das Menschliche, und damit das schwer in Formeln faßbare, die nicht-technischen Komponenten erfassen und umsetzen können; die nach dem eigenen Anspruch der VR-Philosophie in die Schnittstellen der VR-Technologie integriert werden sollen. Das stellt bis heute ein ungelöstes Problem dar, da der Mensch weitgehend standardisiert, normiert und parametrisiert werden müsste. Auch dies ist ein uraltes gesellschaftspolitisches und geisteswissenschaftliches Untersuchungsfeld, nicht zuletzt das der Psychologie, Ethik, Neurobiologie und vor allem der Anthropologie.

Folgende konkrete Anfangsprobleme, die man allerdings noch nicht im Griff hat, ergeben sich also bei der VR-Technologie:

„Anders hingegen bei der Mensch-Maschine-Schnittstelle. Hier geht es eben nicht um technische Parameter, sondern um die Ansprüche eines lebenden Wesens. Deswegen ist die MMS unter allen Schnittstellen sicherlich die schwierigste. Sie ist durch folgende Gegebenheiten gekennzeichnet:
- Die Schnittstelle muß sich an den Eigenschaften – Stärken und Schwächen – des Menschen orientieren. Nicht an den Eigenschaften der Maschine!
- Menschen können ihre Meinungen ändern. [...].
- Kulturelle Eigenheiten spielen bei der MMS stark herein. Was in einer Kultur als gut empfunden wird, kann anderswo negative Reaktionen auslösen."[188]

Die Mensch-Maschine-Schnittstelle ist generell in einen Regelkreis und Kreislauf von Feedbackschleifen und wechselwirkenden Mechanismen integriert. Die Rückkopplungsmechanismen dieser diffizilen Schnittstelle versucht man erst einmal von der offensichtlichen Seite anzugehen, indem man eher phänomenologisch und empirisch zu ergründen sucht, wie die Benutzersicht, d.h. der Ausschnitt vom

---

[188] Thaler, Georg Erwin, *Interface Design, Die Mensch-Maschine-Schnitttstelle gestalten, Konzepte für Programm- und Web-Oberflächen*, Software&Support Verlag, Frankfurt, 2002, S. 206

Leistungsumfang des Systems, den der Benutzer unmittelbar nutzen kann, also die *Benutzeroberfläche zu gestalten* ist, damit sie in den Status der Eindeutigkeit und damit in die Nähe einer Realisierungsmöglichkeit der Standardisierung und Parametrisierung gelangen kann. *Dieser Ansatz ist eine Gestaltungs- und Designfrage.*
Sich mit dem Produktdesign zu beschäftigen, bedeutet mehr als sich mit dem reinen Oberflächendesign, oder gar einer puren Verzierung, zu beschäftigen. Vielmehr muss über die rein künstlerische, gestalterische Arbeitsbefähigung wie z.B. bei einem Gemälde in der Malerei, zusätzlich eine gewisse Funktionalität hinzukommen, die über jegliche, mögliche Willkür erhaben, sich in die Tiefe bewegen muss, indem die Eigengesetzlichkeiten und Naturbeschaffenheiten, die Wesensheit und das Sosein des Objektes mitberücksichtigt werden. Das heißt, wieder am Beispiel verdeutlicht, dass eine schöne Form und Gestalt einer Kaffeekanne alleine nicht ausreicht, wenn ihr die Gesetze der Statik fehlen und sie umkippt, oder die Materialbeschaffenheit nicht berücksichtigt wurde und die Kanne sich auflöst, wenn der heiße Kaffee sich in ihr befindet. Im künstlerischen Bereich ist das bekannte und anerkannte Beispiel durch eine in den Marmor gehauene Plastik gegeben, die der Künstler herausarbeiten, bzw. in der Materialstruktur ‚finden' muss.
Daraus folgt die komplizierte Aufgabe des Designers: Geschmack und Design sind *nicht durch Test der Software automatisierbar*.[189]
Andererseits existieren Qualitäten und Wesensheiten der Materialien, die vorgegeben, und dadurch weitestgehend automatisierbar sind.
Die übliche Designarbeit von PC-Benutzeroberflächen, bzw. der sogenannten ‚graphischer Oberflächen' beschränkt sich im wesentlichen auf die Grafik und die funktionalisierte Verlinkung, wobei das Ganze im Korsett der Programmiersprachen begrenzt bleibt. Der industrielle Produktdesigner, der das Spektrum der Gebrauchsgegenstände abdeckt, angefangen von Milchtüten über Parfümflaschen bis hin zu Autokarosserien, hat ein umfangreicheres Gestaltungsfeld, weil er nicht an die Programmiersprachen gebunden ist, sondern über das Wissensgebiet der Ingenieurwissenschaften verfügen kann.
Bei einer zunehmenden Komplexität des Designs sollte man meiner Meinung nach, das Spektrum erweitern, indem man ‚grundsätzlichere' und somit ‚einfachere' Gesetzlichkeiten versucht mit einzubezie-

---

[189] Vgl. dazu: ebd.

hen, als da wären vor allem die Physik, oder eventuell die Neurobiologie oder Informatik. Mein Ansatz die Physik, resp. die Neurobiologie und Informatik mit Design in Verbindung zu bringen, mag vielleicht auf den ersten Blick abwegig erscheinen, aber ist sie nicht lediglich die konsequente Wegbeschreitung der eben skizzierten Darlegung? ‚Logik an sich' oder die ‚Naturgesetze an sich' vermögen alleine für sich genommen keine, – auch keine theoretische, – Umsetzung von Schnittstellen.

Das technische Design einer Mensch-Maschine Schnittstelle reicht weit über die graphische Oberflächengestaltung hinaus, die auf der zwei-dimensionalen Ebenen verbleibend, den bereits bekannten künstlerischen und gestaltpsychologischen Rahmengesetzen weitgehend verhaftet bleibt. Die Einbeziehung der Dreidimensionalität und der Körperlichkeit des agierenden Menschen selbst, weist auf eine technische Umsetzung hin, die von dem Designgebrauch und Designverständnis des Menschen selbst Gebrauch macht. *Der Mensch an sich geht selber als Design in die technische Konstruktion und Realisation mit ein.* Als designtes, selber schon naturwissenschaftlich und kunstvoll zusammengesetztes Teilstück wird der Mensch in ein größeres System eingebunden. Dieses System ist ein komplexes, informationstheoretisches *Rückkopplungssystem*, ein gigantisches technologisches Unterfangen, das ohne *interdisziplinäre* Methoden und Erkenntnisse wie z.B. der Biotechnologie, der Nanotechnologie, Psychologie etc. nur unzureichend unternommen werden kann.

Als Teil unter vielen Teilen bringt der Mensch außer seiner chemisch-physikalischen Beschaffenheit zusätzlich eine ihm ganz eigene, spezifische Eigenschaft mit, die im Gegensatz zu früheren Technologien, besonders bei der VR-Technologie, die explizit von einer Mensch-Maschine-Schnittstelle redet, jedoch ebenfalls bei der KI, eine tragende und wesentliche Rolle spielt.

Es ist sein vertieftes-verallgemeinerndes Empfinden und sein rationales Verständnis von Design, allgemeiner ausgedrückt, kann man von einem Schönheitsempfinden reden. Dabei ist nicht die subjektive, schnell veränderliche und vergängliche Kunsterfahrung gemeint, sondern das überdauernde Begreifen und Empfinden, die jedes Mal aufs neue von den einzelnen Individuen ermöglichte Schau und Erkenntnis, die tief beeindruckt und ergreift. Ein Beispiel eines überzeugenden, überredenden Designs, kann eine ‚schöne' Logik sein, ein sogenannter ‚eleganter' mathematischer Beweis, eine Methodik oder ein Gedankengebäude. Innerhalb der Künste gibt es genügend hinreichend bekannte Beispiele, wie der Goldenen Schnitt, um nur ein einziges zu benennen, weil sie hier unwichtig sind.

Es ist von Bedeutung darauf hinzuweisen, dass die naturwissenschaftlichen Gesetze und die abstrakten, logischen und mathematischen Theorien ebenfalls von einer *bestechenden Schönheit* sein können. Das ‚Design', dem diese Theorien unterliegen, ist ein Entwurf und Überwurf des menschlichen Schönheitsempfindens. Es entspringt zugleich einer *Verhaltensweise,* wenngleich diese sich auch auf höchstem, abstrakten Niveau bewegt.

Es ist nicht nur eine Denkweise, sondern Design und Schönheit spiegeln sich in der geschriebenen Formel wider, deren Form und Bewegung ihrerseits wieder auf ‚eleganteste' Weise versucht wird in der Technik weiter auszumalen und auszuführen.

Eine der großartigen Leistungen der antiken Griechen war die Erkenntnis, dass das Welt-All von einer Ordnung durchdrungen sei, und zwar in einer harmonischen Schönheitsweise. Sie belegten die Welt mit dem Begriff Kosmos, in den sowohl das Verständnis von *Ordnung* als auch von *Schmuck* eingeht. Nimmt man die Begrifflichkeiten von Ordnung und Schmuck gleichberechtigt ernst, und gibt dem lógos nicht die Vorrangstellung, was man bei reinen Maschine-Maschine-Schnittstellen allerdings durchaus tun kann, ohne daß es ernstere philosophische und technische Konsequenzen nach sich ziehen würde, und greift den Gedanken des Designs verstärkt auf, das *harmonisch* ordnet und strukturiert, – Design und Schönheit sind keine chaotischen, willkürlichen Angelegenheiten, – dann bedeutet das, dass im Falle von Mensch-Maschine-Schnittstellen innerhalb des Kosmos, den Ort und die für den Menschen zugängliche Quelle zum (eigenen) Schönheitsempfindens, nämlich den Menschen selbst, näher zu hinterfragen und zu untersuchen. Als Grund und Hintergrund von Design und Schönheit ist der Mensch in seiner spiegelbildlichen Abbildfunktion zum Kosmos in seiner Doppelbedeutung näher zu befragen, um sich der Mensch-Maschine-Schnittstelle im besonderen, und vor allem dem Ziel der Untersuchung der Schnittstellenthematik im allgemeinen, annähern zu können.

Die Einbeziehung von Designgedanken in die naturwissenschaftlichen Berechnungen ist meines Erachtens gerade in interdisziplinären Bereichen, wie in den Informations- und Kommunikationstechnologien sehr wichtig, um *technologische* Projekte realisieren zu können.

Die Verbindung von naturwissenschaftlicher Eleganz und Schönheit, verstanden im oben beschriebenen Sinne, und von ästhetischen, designten-gestalteten Theorien könnte, meinem Erachten nach, zu einer annähernden *Vereinheitlichung* von Mensch-Maschine-Schnittstelle, sowie zu ihrer möglichen *Automatisierung* durch die Software führen.

Technik und Technologie, sind keine (reinen) Naturwissenschaften, wie bereits die unterschiedlich existierenden Begrifflichkeiten signalisieren, denn sie benötigen zu ihrer Vollendung die Kunst-Fertigkeit. Im Kunsthandwerk, und nichts anderes sind auch heutzutage im modernen Zeitalter der Technologien die Technik und die Technologien, muss zweierlei hart erlernt werden, die Gesetzlichkeiten und die inhärierte Logik der ‚Maschine' als auch das Erspüren und Mitfühlen mit der ‚Maschine', was im letzten Fall zum Expertentum führt, wo auf scheinbar unerklärliche, nicht vermittelbare Weise z.B. ein Maschinenbauer am Geräusch der Maschine ‚erkennt', was in ihr nicht ‚rund läuft'. Er kann Rechenschaft von den Vorgängen abgeben, indem er durch sein eingreifendes oder konstruierendes Tun recht behält, auch wenn andere es nicht immer logisch nachvollziehen und nur staunend zusehen können; und er übersieht das Gesamtsystem, das Design der Schnittstellen, in ihrem harmonischen, zueinander passenden Gefüge, das obwohl es abgeschlossen und eigengesetzlich zu sein scheint, auf ästhetische Weise über sich hinaus weist und sich selbst mit der System*umgebung* durch eine weitere ‚unsichtbare' Schnittstelle auf ästhetische Gesamtweise verbindet.

Interessant ist in diesem Zusammenhang Friedrich Dessauer, der erste Biophysiker an einer Hochschule[190], also einer der ersten Männer, der in einem ganz modernen, heutigen Sinne versuchte, Biologie und Physik zusammenzuführen, und sich dabei mit der Quantenbiologie und der Kybernetik auseinandersetzte. Er erkannte schon zur damaligen Zeit den zweifachen Aspekt von Technik, den naturwissenschaftlichen und den künstlerischen, indem er ihn mit dem Ausdruck „doppeltes Gesicht des technischen Gebrauchsgegenstandes"[191] zu fassen sucht. Er verbindet „ästhetisches Erleben"[192] mit

---

[190] Anm.: Der Physiker Friedrich Dessauer (1881–1963) wurde 1920 von der Universität Frankfurt am Main als Professor für das *Institut Physikalische Grundlagen der Medizin* berufen.
[191] Dessauer, Friedrich, *Streit um die Technik*, Herder Verlag, 1959, S. 140

der Technik, und nicht wie man eventuell erwarten könnte mit ‚biologischem (ästhetischen) Erleben'.
Er beschreibt ein Beispiel, eigentlich ist es eine Schnittstelle par excellence, deshalb werde ich sie hier zitieren, und weil sie besser ist, als das heutzutage im Kontext der VR-Technologie fast schon gebetsmühlenartig angeführte Beispiel einer Schnittstelle von einer Tür*klinke*. Dessauer schrieb über ein Tür*schloss*:

„Das eine der Gesichter des Türschlosses schaut auf den sachlichen Zweck. Es soll Verbindung und Trennung von Räumen sichern. Dazu dienen „Falle" (abgeschrägter Riegel), [...].
Das andere Gesicht ist zum Menschen gerichtet, der das Türschloß benutzt, der den Griff faßt, mit ihm den Mechanismus bewegt. An den Ständen [einer Ausstellung, v.V.] mit Türschlössern hatte ich das Gefühl, daß einige Griffe die Hand abschrecken, andere sie anlocken. Das Auge eilt voraus, erschaut den Griff. Aber schon krümmt sich die Hand, ihn zu umfassen, zu bewegen. Aber wenn man einmal darauf geachtet hat, wird man dieses Erlebnisses sicher: Griffe, die man meidet, nicht gerne anfaßt, Griffe, die „stumm" sind, nicht locken und nicht abstoßen, Griffe, die durch das Auge die Hand rufen: „ergreife", „bewege mich!"
Was vom Türgriff gilt, das findet sich schier überall. Becher, Weinglas, Tasse und Teller, Volant und Armaturentafel des Autos, Möbel, Bücher, Lampen, – alle Gebrauchsgegenstände haben das doppelte Gesicht: zum Sachdienst, zum Verrichten, Tragen, Leisten *und* zu den Sinnen des Menschen, zum Auge vor allem, zum Tastsinn, Geschmack, zum Ohr und zu der Empfindung des Menschen, die auf den Sinnen aufruht. Sie sollen nicht nur das Sachliche erfüllen, sondern auch erfreuen. Sie sollen locken, nicht zurückstoßen, einladen, nicht verscheuchen. Das ist auch so bei Geräten, bei denen das Sachliche so überwiegt, daß man an das zum Menschen gerichtete kaum denkt. Die Griffe an einer Maschine, auch einer großen, starken tragen auch das Doppelgesicht. Auch der Stil eines Hammers, die Branchen einer Zange, der Schaft eines Rechens, einer Sense trägt es."[193]

Das Beispiel der Türklinke, wird meistens nur als ‚Beispiel an sich' angeführt, eben als Existenzbeweis von (schon lange existierenden)

---

[192] Vgl. ebd., S. 141
[193] Ebd., S. 140

Schnittstellen allgemein, jedoch keiner Analyse unterzogen. Das auffallend ähnliche Beispiel des Türschlosses von Dessauer geht jedoch, meinem Erachten nach, sehr richtig auf die Nuancen und Aspekte von ‚Technik an sich' ein.
Drei wichtige Aspekte gilt es zu betonen, zum einen könnte Dessauer durch seine Einbeziehung des gesamten *Sinnessensoriums* in den Technikgebrauch einem konsequent weiter gedachten, sprich einem modernen VR-Technologen quasi aus dem Mund gesprochen haben, zum anderen ist von großer Bedeutung, dass er die Anziehungskraft und Faszination, das Locken, die *besondere Aura von Technik* herausstreicht, die den Benutzter nicht immer, aber den Experten fast immer erreicht. Was da im Grunde dahinter steckt, darauf komme ich gleich zu sprechen. Der dritte bedeutende Aspekt ist die *Allumfasstheit* und Tiefe mit der Dessauer die positiv wie negativ mögliche Aura von Technik begreift und sie bis in die banalsten menschlichen Technikgebräuche hinein ausdehnt. Mit Hammerstiel und Sense zu argumentieren, bedeutet auf einer weiteren Ebenen, z.B. die Schönheit eines Atompilzes zu beschreiben.
Und damit komme ich auf den möglichen Grund der besonderen Aura zu sprechen, die die technischen Objekte umgibt, und ihnen keinen wertneutralen Status belässt. Und damit wird die eingeschobene, kurze, gemeinsame Wegstrecke mit Dessauer auch schon wieder verlassen, der seine Technikphilosophie anhand einer Struktur- und Relationsontologie (wegen der funktionellen Strukturen und Relationen der Steuer- und Regelkreistechnik) interpretiert, die er neben die „jahrtausendealte Wesensontologie" gesellt, und zugleich in eine stark platonisch-christliche Tradition stellt.[194]
Im übertragenen Sinne bedeutet ‚mit dem Hammer zu philosophieren' Werte zu zerbrechen, in dem Sinne, dass nicht den ethischen Aspekten und Konsequenzen Priorität eingeräumt wird, diese sind erst ein nachfolgendes, empirisches Urteil, sondern z.B. den Atompilz nur von seiner technischen und ästhetischen Seite her zu studieren, also erst einmal frei von moralischen Urteilen betrachtend. In diesem Sinne berührt jeder Gegenstand die Sinne und die Wahrnehmung des Menschen in unmittelbarer Weise, zuallererst, und vor jeder urteilenden Meinung. Auf unbewusste Weise stößt es ab, oder es lockt. Man kann sagen: es hat eine Ausstrahlung, eine Faszination.

---

[194] Vgl. z.B. ebd., S. 194 f.

Es war der Philosoph Friedrich Nietzsche, der aufzeigte, dass und „wie man mit dem Hammer philosophieren" kann, indem man die „*ewigen* Götzen, mit einem Hammer wie mit einer Stimmgabel berührt, um jenen berühmten hohlen Ton hören" zu können, der zu einer „*Umwertung aller Werte*" weiterleiten soll.[195] In der Rangordnung der ewigen Götzen ganz oben, befindet sich nach Nietzsche, die Moral „als Giftmischerin des Lebens"[196]. Dieses Bezeichnung erhält sie unter anderem deswegen, weil sie den Blick auf die Erkenntnisgewinnung verstellt, die da wäre:

„Das Schöne, Ekelhafte usw. ist das ältere Urtheil. [...]. *Dies ist die Aufgabe* – eine Fülle *aesthetischer gleichberechtigter* Werthschätzungen zu creiren: jede für ein Individuum die letzte Thatsache und das Maaß der Dinge. *Reduktion der Moral auf Aesthetik*!!"[197]

Das Bewusstsein ist nach dem lateinischen Begriff ‚conscientia' verstanden ein ‚begleitendes Wissen', d.h. dass die Wahrnehmung und die Empfindungen von einem Wissen getragen werden, dass *Ich* es bin, der wahrnimmt und erkennt. Dieses Getragenwerden ist die Grundlage der Kontrolle; eine notwendige Charakterisierung von Technikbeherrschung, da sie auf naturwissenschaftlicher Gesetzlichkeit und Vorhersagbarkeit beruhen muss.

Auffallend ist jedoch, dass in den theoretischen wie den praktischen Naturwissenschaften, – genauso in den Geistes- und Sozialwissenschaften, dort nur sehr viel schwerer erkennbar, da es oft keine mathematisch-objektive, eindeutige, empirische Überprüfbarkeit gibt, – innerhalb der vielen existierenden Gedankengebäude, viele Theorien, Ordnungsgefüge, dergleichen Logiken sowie mathematische oder physikalische Systeme und Ansätze gleichberechtigt nebeneinander vorhanden und denkbar sind. Sie alle zusammen in ihrem jeweiligen Fachgebiet gesehen, passen nicht stimmig zu einander und decken jeweils nur Teilgebiete ab. Das eigentliche Phänomen, zuerst an einem Beispiel demonstriert, ist in diesen Konstellationen, dass es eine gewisse mögliche Anzahl von Anordnungen von Rädern und Getrieben gibt, aber nur *ein* Motorenmodell optimal ausgelegt ist. Lässt

---

[195] Vgl. Nietzsche, Friedrich, *Götzen-Dämmerung oder Wie man mit dem Hammer philosophiert*, KSA 6, Vorwort
[196] Vgl. Nietzsche, III 652
[197] Nietzsche, KGW V/2:369

man gesellschaftspolitische und wirtschaftliche Machtfaktoren unberücksichtigt, die bei der Forcierung und Lancierung von technischen Produkten und Technologien eine nicht zu unterschätzende Rolle spielen, das gilt selbstverständlich ebenso für geistige Güter, dann fällt auf, dass der Mensch eine *Empfänglichkeit* und ein *Empfinden* im Bewusstsein hat, das ihn nach Art des Archimedes ausrufen lässt: heureka. Das gefühlte Wissen des Rätsels richtiger Lösung gewahr zu werden, ist mit einem starken Gefühl von erkannter Schönheit und Harmonie begleitet.
Dieses Phänomen ist nicht unbedingt nur einem technischen Menschen im Sinne des Aristoteles vorbehalten, der bei aller gebührender Anerkennung des Spielerischen und Experimentellen, den Schwerpunkt des technischen und schöpferischen Schaffens auf das rationale, nüchterne, fast wissenschaftliche Vorgehen legt. Was ich meine, ist der zu beobachtende *Anfang* des *entstehenden Phänomens*, zum Beispiel in den Vorlesungssälen, der noch nicht zur Meisterschaft gelangten, sondern der noch Tastenden, Suchenden, jedoch schon im Prozess und Zustand des werdenden Verstehens und Begreifenkönnens Involvierten, wo sich erstaunlicherweise das *Massenphänomen* einer unvoreingenommenen Übereinstimmung bezüglich des Schönheitsempfindens einer Theorie oder eines Experiments herauskristallisiert, bzw. einer gefühlten Überzeugungskraft derselben, die man nicht in Worten rational zu begründen vermag, da man sich gleichwohl noch auf dem Wege zur Meisterschaft befindet. So findet man innerhalb eines etablierten fachlichen Gedankengebäudes die verschiedensten Sympathiebekundungen und Urteile über die dazugehörigen (unvollständigen) Einzeltheorien, von denen im allgemeinen keine einzige auf Ablehnung stößt, was verständlich ist, da sie sich im Gesamtzusammenhang des Gedankengebäudes bewährt haben, so daß sie in der Regel als faszinierend, beeindruckend, großartig etc. bewertet werden, – aber nur selten, und das interessanterweise, dann mit großer Übereinstimmung, mit ‚schön' als höchstem wertendem Ausdruck bezeichnet werden. In den Bildenden Künsten findet man als ein wohl selten angezweifeltes Beispiel das bekannte Proportionsgesetz des ‚Goldenen Schnitts', das sowohl von Profis als auch von Amateuren Zustimmung erfährt. Es ist von *bestechender Schönheit*.
In den Naturwissenschaften *und* Technikwissenschaften widerfährt allen Theorien und Experimenten *unwillkürlich* und *immerzu* eine

‚menschliche' Wertung. Unabhängig von dem Erfolg, der Durchsetzungskraft, Mächtigkeit und Relevanz einer Theorie und einer Technik, kann die innerste Empfindung und Überzeugung des Menschen bzgl. der Schönheit diesem Faktum entgegenstehen, und zwar durchaus auf breiter Basis. Das spontane und naive Anfangsempfinden im Moment der Erkenntnis und im Akt des Begreifens wird auf die vermeintlich individuelle Subjektivität und Unreife geschoben und verdrängt, da dieses Erkennen lediglich der allererste Schritt für die nachfolgende empirische und profihafte Bewährungsprobe ist, und zumal, wenn sich die vielfältigen theoretischen und vor allem die naturwissenschaftlichen Anwendungen, in ihren Weiterentwicklungen bewährt haben, und diesem Empfinden entgegenstehen; bewahrt man sich jedoch diesen ersten ‚flüchtigen' und zugleich tiefen Eindruck kann man der optimalen Lösung der Theorie vielleicht auf direkterem oder ‚eleganterem' Wege näher kommen.[198]

---

[198] Anm.: In den Naturwissenschaften gibt es, durchaus analog zu den Künsten, unter den Wissenschaftlern solche Schönheitsempfindungen und -urteile, wenngleich sie auch nicht in der selben bewussten und rationalen Art und Weise vorgetragen und vorgestellt werden, wie bei den auf diese Thematik sensibilisierten und trainierten Künstlern, dennoch zeugen im alltäglichen Wissenschaftsbetrieb gebräuchliche Aussagen von der Wichtigkeit des Schönheitsempfindens. So ist der ‚elegante' mathematische Beweis der am besten akzeptierte unter den möglichen Beweisen. Das Attribut elegant lässt sich jedoch nicht immer mit der Anzahl der geführten Beweisschritte, o.ä. rational und quantitativ erklären und ausmachen. Er ist einfach ‚elegant' geführt worden. Er ist der ‚große Wurf', d.h. die geschmackvolle, feine Auslese. Es ist sein Gestus. In der Akustik, obwohl vermeintlich naturwissenschaftlich, nüchtern (!) denkend, wurde schon abertausenden von Studierenden ganz selbstverständlich anhand des weiblichen Körpers physikalisch-mathematische Gesetzlichkeiten nahegebracht. Das letztgenannte Beispiel ist zwar eher in die Kategorie der Gaudierung einzuordnen, es zeigt jedoch deutlich, dass Geschmacksfragen und ästhetische Urteile sich nicht aus den Natur-Wissenschaften heraushalten lassen. Abgesehen von den beiden angeführten Beispielen, dringt das Geschmacksurteil allgemein tief und tiefer in die fachliche Materie ein, und durchzieht sie regelrecht gleich einer netzartigen Struktur.
Im Zusammenhang des Themenkomplexes der *Neuen Technologien*, der hier zur Debatte steht, gibt es eine erstaunliche Entdeckung, die es lohnt zu erwähnen: Voranstellen muss man, dass diese Aussage nicht repräsentativ sein kann, da es keine, so weit mir bekannt, geistes- oder sozialwissenschaftliche Untersuchung zu diesem Sachverhalt zu geben scheint, und ich mich lediglich auf meine eigenen Erfahrungen, bzw. der meines Kollegenkreises stützen kann. So lässt sich festhalten, dass diese Physiker und Physikerinnen die Quantenmechanik *nicht* als ‚bestechende Schönheit' empfanden, ganz im Gegensatz zur Relativitätstheorie oder den so geläufigen Formeln wie der Hamilton und Lagrange-Gleichung der Theoretischen Me-

chanik. Vollständigkeitshalber sei noch ein weiteres ‚unelegantes' Beispiel angeführt: die Stringtheorie. Unabhängig von den Spezialgebieten der Befragten ergab sich dieses nahezu einheitliche Meinungsbild, einschließlich der Theoretiker, deren ‚tägliches Brot' das Instrumentarium der QM ist. Weit entfernt davon das großartige und weitreichende, nicht mehr wegzudenkende Instrumentarium der QM bewerten zu wollen, das steht mir nicht zu, das will ich nicht, und außerdem bin ich selber eine Theoretische Physikerin mit Leib und Seele, ist das eine interessante Meinungsäußerung und vielleicht ein wichtiges Indiz darauf, dass sowohl die technologischen als auch philosophischen Bestrebungen mit quantenmechanischen Wahrscheinlichkeiten zu rechnen, vor allem in ihrer oft reduzierten und singulär betrachteten Weise in Form des 2. Thermodynamischen Hauptsatzes, nicht wirklich hilfreich bei der Lösung von Mensch-Maschine-Schnittstellen im Bereich von Neuro-Chip-Implantaten sein könnten, und man nicht wirklich weiterkommen, bzw. nicht die optimale Lösung dafür finden kann, weil es derart keine ‚elegante' Gesamtlösung ergeben kann, wenn schon Teile davon als ‚unelegant' empfunden werden.

Mag auf den ersten Blick das physikalisch-mathematische Unbestimmtheitsprinzip als ein guter, allumfassender informationstheoretischer Lösungsansatz gelten, so spricht auf den zweiten Blick das *redliche* Geschmacksurteil dagegen, das nicht nur den scheinbar leichtesten Weg gehen will. Im Gesamtgefüge des physikalischen, theoretischen Kosmos, das sollte man vielleicht nicht ganz übersehen, stößt die Quantenmechanik auch an *ihre* Erklärungsgrenzen, übrigens genauso wie die Relativitätstheorie, die an manchen Randgebieten noch nicht lösbar und modifikationsbedürftig ist, vor allem die Grenzübergänge bereiten Schwierigkeiten.

Die QM ist historisch gesehen eine noch relativ junge Entdeckung und Theorie, die *unterschwellig* immer noch in den alten, bekannten Streitgesprächen zwischen Einstein und den quantentheoretischen Koryphäen seiner Zeit (vgl. z.B.: A. Pais) verfangen zu sein scheint, und deren Ausgang noch immer nicht wirklich abgeschlossen werden kann, solange die oben angeführten Schönheitsempfindungen unterschwellig so massiv widerstreben. Mittelpunkt bei den seinerzeit geführten Diskussionen ist der populäre Satz Einsteins:

„Es scheint schwierig, Gott in die Karten zu schauen. Doch kann ich keinen Augenblick lang glauben, daß der Alte würfelt und sich ‚telepathischer' Mittel bedient (wie die gegenwärtige Quantenmechanik von Ihm verlangt)." (s.u.: A. Pais, S. 447)

Auf eine eigentümliche, hartnäckige Weise scheint diese anfängliche Thematik aus den Entdeckerjahren vor allem in der Technologie der Künstlichen Intelligenz wiederaufzuleben, bzw. weiter zu wirken. Ein anderer interessanter Aspekt wird ebenfalls aus der schriftlichen Korrespondenz ersichtlich, nämlich die Verwendung und zu Hilfenahme von Schönheitsurteilen – nicht von ‚guter' oder ‚schlechter' Theorie ist die Rede, – wenn die Kontrahenten sich in einer Pattsituation befinden, sowie der expliziten, immer wieder ins Felde geführte Argumentation der *Einfachheit*. Einfachheit hat immer auch mit Anordnung und mit Proportionen zu tun, die ein (inhaltliches) Maximum umfassen und durch ein (gestalterisches) Minimum erfassen und ausdrücken; und im ästhetisch-menschlichen Geschmacksurteil à la Nietzsche gründen.

Ein anderer historischer, wichtiger Vergleich: Nach dem Perpetuum mobile sucht heute keiner mehr, da die entsprechenden Gesetzlichkeiten auf breiter Basis akzep-

Solche Phänomene entsprechen im allgemeinen einem *Geschmacksurteil*, wie Nietzsche es versteht:

„Die Veränderung des allgemeinen Geschmacks ist wichtiger als die der Meinungen; Meinungen mit allen Beweisen, Widerlegungen und der ganzen intellektuellen Maskerade sind nur Symptome des veränderten Geschmacks und ganz gewiß gerade das *nicht*, wofür man sie noch so häufig anspricht, dessen Ursachen. [...], kurz in der Physis: sie haben aber den Mut, sich zu ihrer Physis zu bekennen und deren Forderungen noch in ihren feinsten Tönen Gehör zu schenken: ihre ästhetischen und moralischen Urteile sind solche »feinste Töne« der Physis." (II 64f (39))

Nietzsche verbindet die Biologie mit dem Gedanken von Geschmack und Schönheit sowie mit der Erkenntnis.

Damit stellt er sich in gewisser Weise in die direkte denkerische Linie der VR und KI, bei der Biologen und Naturwissenschaftler versuchen den menschlichen oder künstlich-roboterhaften Körper darwinistisch auszurichten, d.h. ‚intelligenter' zu machen, indem sie ihn oder seine Umwelt informationstheoretisch computerisieren, und ihm nach Geschmack und Belieben Gestalt verleihen wollen. Lässt man einmal alle Denker mit naturwissenschaftlichem Hintergrund beiseite, und konzentriert sich auf die reinen Geisteswissenschaftler, dann wird Nietzsche in dem Zusammenhang mit solchen Schlagwörtern wie virtual bodies, posthumane Mensch oder Übermensch rezipiert oder indirekt aufgenommen, wie etwa bei Paul Virilio in der „Eroberung des Körpers" oder bei Jean Baudrillard in „Simulacra and Simulation", wo ein nihilistischer Verfall der Werte und der Tod der Bedeutung („There is no more hope for meaning") konstatiert wird. Doch eigentlich müsste die Verbindung von Körper und Erkenntnis keinen dramatischen Verlauf nehmen oder gar eine allge-

---

tiert und mehr noch, einsichtig und verinnerlicht sind. Es ist meiner Ansicht nach entschieden *auch* eine *Frage des Geschmacks*, nicht zu verwechseln mit Subjektivität, sondern im Nietzsche'schen Verständnis und dem Gedanken der Objektivierbarkeit, ob Theorien *und auch* Technologien die Langzeit überdauernde Bewährungsprobe überstehen.

Vgl. Pais, Abraham, „*Raffiniert ist der Herrgott...*" *Albert Einstein. Eine wissenschaftliche Biographie*, übers. von Roman U. Sexl, Vieweg, Braunschweig, 1986, Orig.: „*Subtile is the Lord...*", *The Science and the Life of Albert Einstein*, Oxford University Press, 1982

meine „Ästhetik des Verschwindens" heraufbeschwören.[199] Das geschieht in den Augen dieser Autoren erst durch die verderbende Zutat der Simulation.

Aber was ist Simulation denn anderes als *ein Ausdruck von Stil*, bzw. von Geschmack. Die ‚*elegante*' Geste und Durchführung von naturwissenschaftlichen und technologischen Ausführungen gründet im dem griechischen Wort *légein*. Die Eleganz ist dadurch gekennzeichnet, dass sie auswählt, Geschmack aufweist, und wählerisch bis hin zum Elitären ihre eigene Legion und erlesene Gründe erstellt, und die zugleich intel-legere (lat.), also mit Sinn und Verstand wahrnimmt, erkennt und einsieht. Im umfangreichen griechischen Verständnis wird der lógos mit Zählen und Auswählen als auch mit Proportionen und Strukturen in Verbindung gebracht, aufgrund derer der lógos als Gefüge der Grund des Seienden verstanden wird.

Je nach Perspektive und Sichtweise *auf* das Gefüge, in dem der Mensch punktuell verortet ist, ähnlich einer Spinne im Netz, ändern sich die Relationen und Proportionen des Gefüges in bezug auf den Beobachterstandpunkt. Nicht nur von oben herab auf das Gefüge blickend, sondern vor allem, wenn man die, des beobachtenden Menschen am nächsten, ihm naheliegende Umgebung und das Strukturgefüge sondiert und analysiert, können sich für ihn ausgewählte, besondere und verschiedenartige Ordnungsstrukturen ergeben. Die vorgenommene Auswahl der betrachteten Schnittflächen im Netz- und Strukturgefüge entspricht der eigenen Natur und Physis und kommt einem Geschmacksurteil gleich. Da Technik, nach Schadewaldt, ihrem Wesen nach nichts anderes ist, als der bis in seine letzte Konsequenz durchgeführte Logos[200], und ich diesem Gedankengang folgen will, bedeutet das andererseits das die *Physis* und das *ästhetische Urteil* in die Technik und Technologien mit eingeht, *und zwar vom Menschen her genommen und verstanden*.

---

[199] Baudrillard, Jean, *Simulacra and Simulation*, übers. aus dem Franz. von Sheila Faria Glaser, Michigan, 1994, Zitat: S. 164
Virilio, Paul, *Eroberung des Körpers*, aus dem Franz. von Bernd Wilczek, Fischer, Frankfurt, 1996
ders., *Ästhetik des Verschwindens*, aus dem Franz. von Marianne Karbe und Gustav Roßler, Merve, Berlin, 1986
[200] Vgl. Schadewaldt, Wolfgang, *Die Anfänge der Philosophie bei den Griechen*, a.a.O., S. 185

Die Schnittstelle zwischen Maschine und Mensch darf nicht nur rein logisch, formal ausgelegt sein, sondern muss zusätzlich durch besondere technisch-ästhetische Urteile festgelegt werden, was auch keine wirklichen Probleme bereiten sollte, weil der Logos und das kontrollierende, rationale und empfindende Bewusstsein bereits in ihr in Auszügen und Teilen inkorporiert sind, aufgrund der besonderen Struktur des Logos und der Relativität der Lokalisierungsmöglichkeiten. Es gibt daher ein Empfinden im Bewusstsein, das ein Mehr, ein über den lógos Hinausgreifendes vorfindet, eine Wahlmöglichkeit, die im Moment der alétheia sichtbar, greifbar und technisch umsetzbar wird. Warum?

Die alétheia hat, wie Schadewaldt feststellt, „nichts mit einer Angleichung des Verstandes an die Sache zu tun, sondern sie ist eine bestimmte Weise wie das Seiende selbst sich uns zeigt"[201] und sie zielt auf die „übergreifende funktionale Zuständlichkeit"[202] hin, weil sie das Aufgehobensein des Entzugs, also die Unentzogenheit repräsentiert, wie sie sich im Moment der Wahrheitsfindung in der „Situation des Forschers"[203] darstellt.

Das Aufgehobensein des Entzuges durch die alétheia darf man sich vor dem Hintergrundswissen der modernen Technologien, insbesondere der Technologie der Virtuellen Realität nicht so vorstellen, dass der Mensch zum ‚Bestand' degradiert wird, der auf die Herausforderung und das Angesprochensein durch das Sein, das ‚Gestell'[204] reagiert. Die ontologische Interpretation Heideggers, der die Technik als Schickung des Gestells auf das Sein zurückführt, als auch ihr Entbergen auf ihr Geheimnis, sieht den Menschen, da er über die Unverborgenheit nicht verfügt, vor allem als Entbergenden, als Geschickten, als einen, der die Natur als Bestand bestellt. Heideggers Interpretation orientiert sich stark an der bäuerlichen Feldbestellung

---

[201] Vgl. Schadewaldt, Wolfgang, *Die Anfänge der Philosophie bei den Griechen*, a.a.O., S. 195 (23.)
[202] Vgl. Schadewaldt, Wolfgang, *Die Anfänge der Philosophie bei den Griechen*, a.a.O., S. 199
[203] Vgl. Schadewaldt, Wolfgang, *Die Anfänge der Philosophie bei den Griechen*, a.a.O., S. 200
[204] Anm.: Heidegger schreibt über das Gestell: „Wir nennen jetzt jenen herausfordernden Anspruch, der den Menschen dahin versammelt, das Sichentbergende als Bestand zu bestellen – das Ge-stell." (*Die Frage nach der Technik*. In: ders., *Vorträge und Aufsätze*, Pfullingen, Günther Neske, 1967, S. 27)

und ihrer Verfahrensweisen, wohl aufgrund lebendig gebliebener biographischer Einflüsse, sowie der von ihm ähnlich verwendeten Betrachtungsweise der Energietechnik.[205]

Das führt dazu, dass Technik als kein mögliches wechselseitiges, sondern von vornherein als primär *einseitiges* Entbergen und Bestellen verstanden wird, während der Herstellungsprozess, das Hervorbringen und die Produktivkräfte zurückbleiben. Dieser Wesensplatonismus, in gewissem Maße kann man sogar von einer Personifizierung der Natur sprechen, versetzt den Menschen in eine typisch tragische Situation: „[...], denn letztlich fordert das Sein selbst den Menschen heraus, die Natur herauszufordern, er selbst kann sich aus eigener Macht dieser Situation nicht entziehen."[206]

Dieser „ontologische Tragizismus"[207] hindert den Menschen daran das Wesen der Unverborgenheit und damit der Wahrheit (alétheia) zu erfassen, da ihm durch das Gestell seine ureigenste Sicht verstellt, und er weitgehend der Passivität überantwortet wird.

Die Technologie der Virtuellen Realität legt uns dem entgegen nahe, die Eingleisigkeit der Heideggerschen Betrachtungsweise aufzuheben und zugunsten einer Zweibahnigkeit zu ersetzen. Die Konzentration der Untersuchung müsste auf den *Akt* der Erkenntnis *während* des Aufgehobenseins des Entzugs verlegt werden, d.h. auf die *Momentanität*, die *Augenblicklichkeit*. Mit diesem Akzent versehen und ins Moderne interpretiert, wird die menschliche Komponente stärker in Betracht gezogen.

Das Unverhoffte, Geheimnisvolle der Entschleierung der Matrix, des lógos sowie der „übergreifenden funktionalen Zuständlichkeit", fällt nicht einem Unbedarften plötzlich zu, sondern in der Regel dem fachlich Versierten, d.h. dem ‚Techniker' und dem Logos-Kundigen.[208] Der Moment der Unentzogenheit ist *fern* von allem

---

[205] Anm.: Das die Überlegungen Heideggers zur modernen Technik sich hauptsächlich an der Energietechnik orientieren und damit insgesamt zu „einseitig" ausfallen, wird in dem guten Artikel *Traditionelle Technikphilosophie* von Simon Moser erläutert. In: *Techne, Technik, Technologie*, a.a.O., S. 67f

[206] Ebd., S. 70

[207] Ebd., S. 76

[208] Anm.: Ich enthalte mich bewusst in dieser kompletten Arbeit einer Definitionsbestimmung von ‚Technik' und ‚Technologie', ihren Abgrenzungen zu den angewandten Wissenschaften, und ähnlichen Problemkreisen, da die vorhandene Literatur in ihren Aussagen dazu vielfach auseinander fächert, und diese Erörterung hier zu weit

alltäglichen, *routinemäßigen* Wissenschafts- und Technikbetrieb, so daß er erst zum Vorschein kommt, wenn man loslässt – dem handwerklichen, rationalen lógos sich öffnet – für sich selbst, und sich konzentriert – auf sich selbst. Aber um keine Polarisierungen und Missverständnisse aufkommen zu lassen, sei nochmals in Erinnerung gerufen, das Sich-Hinwenden-zu-sich-selbst geschieht ausschließlich vor dem Hintergrund des Eingebettetseins und Durchdrungenseins in der logischen Denkstruktur, bzw. dem lógos. Da die alétheia nach Schadewaldt „nichts mit einer Angleichung des Verstandes an die Sache zu tun, sondern sie ist eine bestimmte Weise wie das Seiende selbst sich uns zeigt", kann man die Betonung des Satzes von „Seiendem" auf „uns" verlegen, was so viel bedeuten würde, dass der Mensch sich derart in diese Schnittstelle eingebracht hätte, dass er eine natur- oder menschennotwendige Gesetzesmäßigkeit *an sich* (mit-)entdeckt hat; ohne die das Aufheben des Entzugs gar nicht möglich gewesen wäre. Die notwendige Wechselwirkung an dieser verknüpfenden und entscheidenden Stelle eröffnet in einem gewissen, begrenzten Rahmen eine logisch-menschliche Wahlmöglichkeit[209], die ganz seiner (auch) assoziativen Denkweise, sowie seiner Ausdrucks- und Kommunikationsweise entspricht; wie sie ebenso entsprechend die Technologie der Virtuellen Realität durch ihre besondere Art und Weise der *Realisierung* einbringt und aufzuzeigen

---

vom Thema wegführen würde. Hier reicht zum einen das heutige, allgemeine, auch intuitive Verständnis von Technik, bzw. Technologie vollkommen aus. Allerdings fließt zum anderen, jedoch definitiv ein teilweises Verständnis von techné mit ein, wie es bei Platon zu finden ist, aber nur insoweit, wie es – in vorsichtigen Ansätzen – die Zuordnung unter den Begriff techné betrifft: „[...], daß das, was wir unter den exakten Naturwissenschaften verstehen, bei Platon unter dem Begriff der Techne behandelt wird." (Vgl. Zusammenfassung Platon bei: Moser Simon, *Traditionelle Technikphilosophie*, .a.a.O., Kap. 5)

[209] Anm.: Ein Beispiel von vielen ist in der Physik das empirische und mathematische Funktionieren der Verfahren von Newton oder das der Quantenmechanik, die eine Wahl, und zwar durchaus des Ausdrucks, des Gestus und des Geschmacksurteils widerspiegeln, für die die Zeit reif und gekommen war. Der große Geltungsbereich der beiden jeweiligen Naturauffassungen für sich genommen, sollte für sich selbst sprechen. So wie die heutige Neurobiologie mit Sicherheit nicht dieselbe sein wird, wie in vielleicht hundert Jahren, wird es auch die heutige Physik (vor allem die QM) nicht sein, und sich entsprechend einem neuen Zeitgeist mitsamt seiner neuen Ästhetik- und Geschmacksauffassung in einem neuen, wieder sehr großen naturwissenschaftlichen Geltungsbereich behaupten können.

versucht, wie z.B. durch ihre Pioniere, Verfechter und Sprachrohre Jaron Lanier und Douglas Engelbart immer wieder betont wird.
Es ist die *kurze, vergehende* Momentanität, nicht ihre verborgene (zeitlich und räumliche) Dauerhaftigkeit, auch nicht der Seinsgrund eines Logos, die den menschlichen Aspekt zu einem wichtigen integralen Bestandteil der Erkenntnis- und Technikerfassung macht. Der vergängliche Augenblick (ver-)schafft den überdauernden Einblick. Dabei ist der Gedanke an ein Urbild, an eine Fixierung, im Sinne Dessauers, der „prästabilierten Lösungsformen" als Möglichkeitsgrund der Technik annimmt, nicht an- und mitgedacht.[210]
Vielmehr wird im Sinne Nietzsches ein dionysisch-apollinisches Wechselverhältnis unterlegt und angenommen, eines, dass sich notwendig und abwechselnd bedingt und dadurch zu einem vollwertigen Erkenntnisinstrument werden kann, das sowohl das Spektrum der menschlichen Gesetzmäßigkeiten umfassen kann durch seine Attitüde, also seinem *Pathos* und seinem Schönheitsurteil, als auch durch eine (ewig) *wiederkehrende* Abfolge der Erkenntnismöglichkeiten, diese selbst zur Wahl stellt und indirekt favorisieren kann, je nach Gestus, Entwicklungsstand und Geschmack des für den jeweils momentanen Menschen Bedingenden.
Erkenntnis der Wissenschaft, der Technik und der Schnittstelle ist *nicht* wertfrei und neutral. Die alétheia enthält wichtigerweise die zeitgemäße ‚bestechende Schönheit', die überzeugt. Sie initiiert und weist durch ihren daraufffolgenden und ruhenden Entzug auf mögliche neue ‚bestechende Schönheiten' hin. Die alétheia ist das bindende Glied und Mittel innerhalb der Schnittstelle, die zusammenfügt und trennt.

---

[210] Anm.: Die Wortwahl Dessauers von den „prästabilierten Lösungsformen" (vgl. ders.: Streit um die Technik, a.a.O., Kap. 8) mag an die Philosophie von Gottfried Wilhelm Leibniz ‚*System der prästabilierten Harmonie*' erinnern, was meines Erachtens höchstens mit einer gebotenen Vorsicht zu genießen ist, da Leibniz nicht so streng festgelegt zu sein scheint wie Dessauer, und Alternativen des Handelns offen lässt. Der Leibnizsche Gedanke, dass diese Welt die beste aller möglichen Welten sei, mag vielleicht manchmal irreführend sein, wenn man nicht mitberücksichtigt, das jegliches naturgesetzliche Geschehen bei Leibniz sowohl kausal als auch final betrachtet wird. Das bedeutet bei Leibniz, dass die beste aller möglichen Welten keinen Ist-Zustand repräsentiert, sondern das dieser Zustand als Ziel anzustreben sei. „Vollkommenheit der Welt heißt im moralischer Hinsicht nicht *perfectio*, Vollkommenheit, sondern *perfectibilitas*, Vervollkommnungsmöglichkeit." (Vgl. Finster, Reinhard; van der Heuvel, Gerd, *Leibniz*, rowohlt, Hamburg, 4. Aufl., 2000, S. 63)

Die Passgenauigkeit entspricht einem *Entwurf* einer herausmodellierten Schönheit, im Sinne der richtigen Proportionen und des Harmoniegefüges. Man beginnt beim Menschen, kreist um den Menschen herum und endet schließlich wieder beim Menschen. Sie ist für den Menschen. Sie ist passend für den Menschen und seine Erkenntnismöglichkeit von Schnittstellen im besonderen (VR, KI) und im allgemeinen (Mind-Body-Thematik); zumindest als ein Ansatz- und Ausgangspunkt genommen und verstanden, da reine naturwissenschaftliche Betrachtungsweisen nicht ausreichen, bzw. nur für einfache Maschine-Maschine-Schnittstellen hinreichen.

Die Schnittstellen sind dabei (schon) immer irgendwie anteilig anthropomorphisiert. Meines Erachtens müssten ästhetische Schönheits*gesetze* in die Schnittstellen miteinbuchstabiert und -gerechnet werden, und warum nicht von Anfang an, in durchaus *bewusst* anthropomorphisierender Weise. Das würde, um Missverständnisse zu vermeiden, weit über die Deutungen und Erkenntnisse eines Einbezugs von physiologischen Sinneswahrnehmungen und Gestalttheorien, sowie Kulturanthropologie und Psychologie hinaus gehen.

Die Kultivierung der alétheia nach (natur)wissenschaftlichgesetzlichen Kriterien und Methoden zu betreiben, würde ebenfalls über die bisherigen Kreativitätsforschungsrichtungen hinaus reichen.

Da unsere moderne Zivilisation im Laufe ihrer geschichtlichen Entwicklung zunehmend von Wissenschaft und Technik bestimmt wurde, und durch sie ausgerichtet und organisiert wird; und dabei den Menschen an sich als direkten, integralen und konstituierenden Technik- und Technologiebaustein, z.B. im Form von Neuro-Chip-Transplantationen, zu vereinnahmen plant, derart, dass die Grenzen des Subjekt-Objekt Dualismus unscharf zu werden scheinen und zu verwischen drohen, gibt unser heutiges am Anfang der Entwicklung stehendes, informations- und kommunikationstechnologisches Zeitalter einen guten philosophischen Ausgangs- und Entwicklungspunkt ab, sich der folgenden Aussage und Herausforderung von Hans Lenk und Simon Moser zu stellen, mit der ich selbst auch völlig übereinstimme:

„Wenn der Einfluß des Technischen gar nicht überschätzt werden kann, so muß die Philosophie sich dem Problem des Technischen stellen und dies immer wieder von neuem zu einem Schwerpunkt ihrer Anstrengungen machen."[211]

Dieser Herausforderung gerecht zu werden, ist keine leichte Aufgabe, zumal die Technikphilosophie nicht als eine wirklich klassische Disziplin innerhalb der Philosophie empfunden wird, obwohl sich alle großen philosophischen Denker mit ihr mehr oder weniger in mannigfaltiger Art und Weise auseinander gesetzt haben.

So will und kann meine Darstellung auch keine generalisierende und wesensmäßige Lösung und Erfassung von Technikphilosophie anbieten, sondern lediglich einen legitimen, tastenden Versuch darstellen, sich dieser Fragestellung im umgrenzten Kontext meines Untersuchungsfeldes der Neuen Technologien zu *nähern*, verstanden, als ein sozusagen vergessener Aspekt innerhalb der Technikphilosophie, der mit zu den anderen vielfältigen Ansätzen (z.B. kybernetisch, soziologisch, instrumentale usw.) mit hinzugenommen werden könnte. Unterstützt wird meine These durch die Neuen Technologien, weil vor allem die VR-Technologie die Aufmerksamkeit auf diesen Aspekt geradezu hinzulenken scheint.

Eindeutig erkannt und festgestellt worden ist, heute schon, von Beratern für politische Institutionen und für die Industrie, dass die Schnittstellen eine enorme Bedeutung haben und weiterhin erlangen werden; und dieses Faktum bedeutet wiederum für die gesellschaftlichen Auswirkungen und für die Philosophie, dass man um die Auseinandersetzung mit dieser Thematik nicht herumkommen wird.

„Der Entwicklung einer narrensicheren Schnittstelle, die wirklich jeder benutzen kann, müsste eigentlich jeder Computerhersteller Priorität einräumen."[212]

Die Betonung einer „narrensicheren" Schnittstelle, die „jeder" benutzen kann, d.h. unabhängig von Faktoren wie der kulturellen Prägung, dem Bildungsniveau, dem Alter, dem Geschlecht etc., zielt auf die Erforschung und Einarbeitung von *anthropologischen Konstanten* sowie deren Realisierung *innerhalb* der IT-Systeme. Diese Konstan-

---

[211] Lenk, Hans; Moser, Simon (Hg.), *Techne, Technik, Technologie*, UTB, Pullach, 1973, Vorwort
[212] Sherman, Barrie; Judkins, Phil, *Virtual Reality, Cyberspace – Computer kreieren synthetische Welten*, a.a.O., S. 104

ten sind allerdings stark an Geschmacks- und Schönheitsurteile gekoppelt, im Sinne eines Nietzsche' schen Gestus, der allen Menschen, gesetzesmäßig und erfassbar, gemeinsam sein sollte. Die Erforschung solcher anthropologischen Schönheitskonstanten würde außerdem handfeste, praktische und finanzielle Vorteile mit sich bringen, da sie in eine Vereinfachung und Standardisierung der Schnittstellenherstellung münden würde:

„Und da es auf der Hand liegt, daß eine dreidimensionale Schnittstelle die Kapazität des Computers immens steigern kann, sollte man erwarten, daß die westliche Computerindustrie dem Beispiel der Japaner folgt und sich auf diese Technologie stürzt. Vielleicht tut sie es – vielleicht auch nicht. Die Manager der großer Computerkonzerne halten ihre Karten jedenfalls ängstlich verdeckt." [213]

Zehn Jahre später nach erscheinen dieser Zeilen, hat sich die Situation nicht wesentlich verändert, obwohl sich ein paar mehr Konzerne öffentlich zu der VR-Technologie bekennen, geschieht dies immer noch eher bedeckt, als offen und stolz. Durch diese Konkurrenzsituation wird allgemein die Brisanz der VR-Technologie gegenüber der KI-Technologie nochmals unterstrichen, und im besonderen deutlich, wie ernst gerade die Schnittstellenthematik bei der KI sowie bei der VR, besonders auch philosophisch, zu nehmen ist.

---

[213] Ebd.

‚Wenn-das-Wörtchen-wenn-nicht-wäre'-Strategien und die Implikationen von Gedankenexperimenten für die VR-Technologie

Ein Teil des vermeintlich Geheimnisvollen der Schnittstellen allgemein liegt in der Perspektive, die der Mensch bei ihrer Betrachtung einnimmt, als *Brückenfunktion* gesehen, als ein kleines Verbindungsglied zwischen Etwas, ist sie ein rein sachliches, technisches Ding, das zwar mit zunehmender Komplexität an seine Grenzen stoßen mag, die leicht in philosophische Bereiche reichen, was auf dem jetzigen Stand der Technik und Naturwissenschaft noch nicht dringend gegeben ist. Wechselt man die Perspektive allerdings, derart, dass die Sichtweise auf die *Gesamtheit* des Objekts fällt, und man die von der Antike geforderte Attitüde der *téchne* missachtet, indem man das Einzelne, Kleine und scheinbar Unwichtige einfach übergeht und übersieht, welches jedoch in fast allen Fällen für die *Konstruktion* selbst ausschlaggebend ist, dann verfällt man leicht in eine ‚emergent' und ‚verhaltensbasiert' orientierte Denkweise, die ebenso schnell ins Geheimnisvolle abdriften kann, wie das Gebaren des Kapitäns in dem folgenden schönen Schnittstellenbeispiel aus dem Bereich der KI zeigt:

„Descartes stellte sich den künstlichen Menschen als *sensorisierte* Apparatur vor: «Zwar könnte man sich einen Mechanismus denken, der so beschaffen ist, daß er gewisse Worte hervorbringt, ja, der sogar etwas ausspricht, das sich ganz passend auf das Vorhandensein der Gegenstände bezieht, die auf seine äußeren Sinne einwirken, – der z.B. fragt, wenn man ihn an einer bestimmten Stelle berührt, was man von ihm wolle, und wenn man ihn an einer anderen Stelle berührt, schreit er, man tue ihm weh, usw.»"
Descartes soll übrigens selbst einen künstlichen Menschen besessen haben – «ma fille Francine» – ‚wenigstens vorübergehend, denn ein abergläubischer Kapitän soll während einer stürmischen Überfahrt besagte Francine über Bord geworfen haben."[214]

Innerhalb der Schnittstelle tut sich also etwas, ist eine bewirkende und wirkende Kraft im Gange, die einen Übergang und Vorgang ermöglicht oder behindert und, – die dem menschlichen Auge ver-

---

[214] Vgl. Hesse, Stefan, *Mars und die Roboter*, Brandenburgerisches Verlagshaus, Berlin, 1990, S. 13 und S. 129 (Hervorhebung v.V.)

borgen bleibt. Die Undurchsichtigkeit der Bewegung an sich wurde eine philosophische und naturwissenschaftliche Herausforderung. ‚Bewegung an sich' ist heute eine rein physikalische Größe. In der Vergangenheit und noch bis zum 18. Jahrhundert galt sie allenthalben als Mysterium. Bewegung, so definierte einst Aristoteles, sei der Unterschied vom Lebendigen zum Leblosen. Ein solcher Unterschied wurde als unüberbrückbar empfunden, wie Feuer und Wasser."[215]

Es ist durchaus lohnenswert, sich auf die Entwicklung und Umsetzung des geheimnisvollen Aspekts von ‚Bewegung' in der Technikgeschichte, einen Moment lang einzulassen und innezuhalten. Dabei möchte ich einen der markantesten Entwicklungspunkte herausgreifen, dem bis heute unvermindert seine Hochachtung gezollt wird, weil er zu dem Erkennen von physikalischen Erhaltungssätzen beitrug. Meinem Erachten nach könnte die nachfolgende Passage für die heutige Robotik, insbesondere in ihren radikaleren Ausprägungen von Neurochips- und Cyborgforschungen, nicht ganz unrelevant sein:

„Unerfüllt blieb vorerst auch der Wunsch nach völlig autonomen Maschinen. So sehr sich irgendein «Machinarius» (einst Erfinder einer Maschine) mühte: Der Mangel an brauchbarer Antriebskraft lähmte den Vormarsch der Automaten. Aber eines Tages schien ein ehrgeiziger Menschheitstraum Wirklichkeit zu werden, als im Grünenhof bei Merseburg, im Todesjahr LUDWIG XIV. von Frankreich, ein gewisser Dr. Johann Elias Orffyrey alias Karl Bessler sein Perpetuum mobile vorstellte.

Eine Kommission von Fachleuten, darunter der hochgelehrte Aufklärungsphilosoph Ch. Wolff (1679–754) zeigten sich nach augenscheinlicher Begutachtung der Wundermaschine tief beeindruckt. [...]. Leider war die Maschine ein Schwindel, und die mitbeteiligte Dienstmagd legte ein Geständnis ab. Trotzdem können wir noch 200 Jahre später in dem Buch «Odditys A Book of annex plains facts» (1928) eines gewissen A. Gould lesen:

«Über den selbstbewegenden Charakter des Rades von Orffyrey existiert ein bedeutendes und überzeugendes Gutachten. Auch wenn das Geheimnis der ewigen Bewegung mit Orffyrey gestorben sein sollte, ihm war es bestimmt bekannt.»"

---

[215] Hesse, Stefan, *Mars und die Roboter*, a.a.O., S. 7

Aber nicht nur Schwarzkünstler und «Projektemacher» mühten sich um ein Perpetuum mobile physikum mechanikum, sondern auch Geistliche, insbesondere Jesuiten. Sie faszinierte weniger das ratternde Räderwerk irgendeiner Maschinerie, sondern wohl doch mehr der verheißungsvolle Gedanke an einen eventuellen Beweis Gottes. Um ihre Aktivitäten schlummerte der Traum von der Allmacht des Menschen. [...]. Obwohl manches in der Geschichte der Perpetua mobilia in wahrlich grotesken Kleidern daherkommt, konnte es oft nicht als utopisches Irrlicht erkannt werden. Androiden bewiesen offenbar das Gegenteil. [...]."[216]

Zu einer umfassenden Betrachtung über Schnittstellen gehört meinem Erachten nach auch die allgemeine Frage der *Einspeisung und Inbetriebnahme*, nicht nur von einzelnen, sondern des Gesamtsystems an Sensoren, Adaptern, kurz und allgemein, von Schnittstellen. Die Herstellung von Anfangsbewegungen und -energie mag bei kleinen, meinetwegen batterie- oder strombetriebenen Automaten, nicht als ein vermeintliches Problem auffallen, da die Technik heute diesbezüglich Erstaunliches, beinahe Selbstverständliches zu können vermag. Bei immer größer werdenden Systemen, wie einer weltweiten Vernetzung, nicht nur des Internets, sondern auch, wie angestrebt, von Cyborgs und Robotern, stellt sich allerdings die Frage, wie man das Ganze ‚in Bewegung halten' können soll, – und zwar weniger von der praktischen Seite her kommend, sondern von der prinzipiellen.

So ist fragbar, ob es realisierbar ist, oder ob es prinzipielle Grenzen in Form von Erhaltungssätzen, Naturkonstanten etc. gibt. Die Frage nach der Energiegewinnung, ihrer Erhaltung und ihrer ‚Reibungs'verluste lässt sich spätestens ab einer gewissen, kritischen

---

[216] Vgl. Hesse, Stefan, *Mars und die Roboter*, a.a.O., S. 10f
Anm.: „Die ersten ursprünglichen Perpetua mobilia kamen nämlich von dort [Indien, v.V.] nach Europa und zeigten sich in jenem bekannten Rad mit 7 Schlegeln, wie es Villard de Honnecourt im 13. Jahrhundert skizzierte. Die Radform ist keinesfalls zufällig. Das Rad hat in der altindischen Sagenwelt, aber freilich nicht nur dort, starken Symbolcharakter. Der Tschakrawatis, d.h. der Radroller, ist einem alten indischen Märchen zufolge ein großer mächtiger übermenschlicher Herrscher, der im Zeichen des Rades die ganze Welt unter seine Herrschaft zwingt." Hesse, Stefan, *Mars und die Roboter*, a.a.O., S. 11

Größe des Systems nicht mehr vernachlässigen.[217] Das ist sozusagen, jedes Mal aufs neue in der Historie der Naturwissenschaften und Technik die Grenze hin zur Philosophie.

Die Problemstellung der möglichen Erschaffung und Konstruktion eines Perpetuum mobiles ist heutzutage eindeutig gelöst: ein Perpetuum mobile lässt sich nicht konstruieren. Die selben Prinzipien und Naturgesetze, die direkt in das Herz der Thematik des Perpetuum mobiles treffen, nämlich die Gesetze der Thermodynamik, gelten ebenso wie die Wahrscheinlichkeitsmessungen von quantenmechanischen Teilchen, die Aussagen über die Entropie und damit über Information und deren Übertragung, also kurz und bündig: sie gelten ebenso für den Computer insgesamt.

Bei philosophischen Überlegungen über technische Kommunikations- und Informationssysteme aller Art ist es wichtig die thermodynamischen Erhaltungssätze *in ihrer Gänze* mit zu berücksichtigen; und nicht nur einen selektierten Teil von ihnen, zumal die einzelnen thermodynamischen Erhaltungssätze untrennbar miteinander in einer sinnvollen *naturgesetzlichen* Einheit verbunden sind.

Noch gravierender fällt in diesen Grenzfällen die Umkehrung der positiven Fragestellung aus, indem negativ gefragt wird, was ist, was bedeutet es, und was passiert, wenn es, – die Naturgesetze oder die daraus resultierende Techniklimitierung, – nicht funktioniert.

Die Systemzuverlässigkeit des Mensch-Maschine-Systems, oder präziser formuliert der Schnittstellen innerhalb des Gesamtsystem, mit und ohne Einbezug des Menschen, sollte bei den möglichen Realisierungsfällen garantiert werden können. Dieses besondere System der mannigfachen Schnittstellen wird als technischer Regelkreis

---

[217] Anm.: Man kann die denkbare Menge der Perpetua mobilia in zwei unterschiedliche Arten unterscheiden: „Während ein Perpetuum mobile erster Art dem ersten Hauptsatz der Thermodynamik, nämlich dem Gesetz von der Erhaltung der Energie, widerspricht, kann man sich ein Perpetuum mobile der zweiten Art vorstellen, welches dem zweiten Hauptsatz der Thermodynamik zuwiderlaufen würde. In der Tat, wenn wir Wärme zu hundert Prozent umwandeln könnten, würden die konventionellen Maschinenbauer alle hochgepriesenen Atomenergieprojekte bei weitem schlagen.[...]. Aber all diese wunderbaren Aussichten verbietet der zweite Hauptsatz der Thermodynamik, das Gesetz der stets zunehmenden Entropie!" Vgl. Gamow, George, *Biographie der Physik, Forscher-Ideen-Experimente*, Econ-Verlag, Düsseldorf, 1965, S. 126; Amerik. Originaltitel: *Biography of Physics*, in: Harper Modern Science Series, New York, 1961

verstanden und behandelt, von psychologischen und sozialmenschlichen ‚Rückkopplungen' in Form von Folgehandlungen und Wechselwirkungen mal abgesehen. Jeder Regelkreis zeichnet sich durch verschiedenartige Regel- und Zustandsgrößen aus, die aufeinander bezogen sind, und dementsprechend geregelt werden. Die Störung im Normalbereich stellt kein Problem dar, die Störung im echten Störfall indes schon. Normal- *und* Störfall in seiner Gesamtdimension überblicken zu wollen, kommt der Einnahme einer göttlichen Perspektive gleich.

Diese Garantie kann und wird wohl kaum jemand geben wollen, noch nicht einmal im Idealfall, weil er zu absurd und irrelevant wäre, da er eine grundsätzliche Unmöglichkeit darstellt. Nicht nur die Gerätetechnik, die Hardware, sondern auch die Software kann Unsicherheiten und Störanfälligkeiten aufweisen:

„Die Informatiker rechneten 1984 mit 1 Fehler pro 10^3 Programmzeilen. Die Software für das 15 Milliarden Dollar teure «Weltweite militärische Kommando- und Kontrollsystem (WWMCC)» der USA umfaßt 17 Millionen Programmzeilen. Als man es 1977 testete, war es aus Fehlergründen zu 66 Prozent nicht einsetzbar. Für SDI wird ein Softwareumfang von 20 bis 100 Millionen Programmzeilen geschätzt, was einer Programmierarbeit von 20 000 bis 100 000 Mannjahren entspricht."[218]

Das heißt im Klartext, dass jegliche Datenübertragung, über und durch Schnittstellen hindurch, internen störenden Wechselwirkungen und auch äußeren, wechselwirkenden Einflüssen mit der System*umgebung* unterliegt. Innerhalb und außerhalb des begrenzten, jedoch nicht abgeschlossenen Systems Mensch-Maschine, finden Beeinflussungen statt. Im Prinzip fungiert das von uns betrachtete *System selbst als Schnittstelle*. Sie ist eine Diffusionsstelle für die Informations- und Datenübertragung von Innerhalb nach Außerhalb und vice versa.

Es ist zwar möglich sogenannte Übertragungsprotokolle für die Datenübertragung zu erstellen, die eventuell auch die entstandenen Fehler selbstständig korrigieren können, aber nur in einem begrenzten Umfang. Auch hier wieder, eine *prinzipielle Unmöglichkeit* der vollständigen Kontrolle.

---

[218] Hesse, Stefan, *Mars und die* Roboter, a.a.O., S. 249

So kann man bis heute nicht verhindern, dass die Speicherung von *elektronischen* Daten ein riesiges ungelöstes Problem ist: „Die elektronisch gespeicherten Daten der US-Volkszählung von 1960 sind heute unlesbar. [...]. Die Hersteller von CD-ROMs bescheinigen diesem Speichermedium bei entsprechend sorgsamem Umgang eine Nutzungsdauer von 100 Jahren."[219]

Ganz im Gegensatz dazu, besitzen die bereits bekannten Speichermedien wie z.B. Stein- und Tontafeln, säurefreies Papier oder Schallplatten Speicherkapazitäten von erheblich längeren Zeiträumen, die teils bis zu 3000 Jahre oder auch nur ein paar hundert Jahre bis etwa zu Gutenberg zurückreichen können.

Automatik gibt es schon seit Jahrtausenden, wenn man darunter selbsttätige Einrichtungen versteht, die mehrere aufeinanderfolgende vorgeschriebene Bewegungen ausführen.[220] Und genauso alt ist die philosophische und gesellschaftliche Auseinandersetzung und das Ringen des Menschen mit dem Thema der Technik, bzw. den Naturwissenschaften.

Die Faszination an der (ewigen) Bewegung ist schon immer latent oder offen, eng mit der Frage nach einem ‚ewigen Beweger' verknüpft gewesen. Die unterschiedlichen Fragestellungen nach einem mechanistischen oder deterministischen Weltbild bleiben präsent und offen.

Damit soll nochmals ein aktueller Bogen zurückgeschlagen werden zu dem Science-Fiction Roman ‚Neuromancer', der als eine der Inspirationsquellen für die Neuen Technologien wirkte, und damit für eine weltweit umspannende, vernetzte Mega-Maschinerie, in deren Informations-Netzen sich auch künstliche Wesen aller möglicher Couleur aufhalten können. Der Roman ‚Neuromancer' steht meiner Meinung nach, seiner Art gemäß, in der langen Reihe der Suche und

---

[219] Engelmann, Lutz (Hg.), *Kleiner Leitfaden Informatik und ihre Anwendungen*, Berlin, 2000, S. 92

[220] Anm.: In Anlehnung an die allgemein gehaltene Definition von Stefan Hesse, unter die auch Fallgruben, Labyrinthe, Netze, etc. fallen würden. Interessant ist zudem, dass auch *kommerzielle* Aspekte schon von alters her eine wichtige Rolle bei der Automaten- und Technikentwicklung spielten, als Beispiel sei der automatische Verkaufsapparat von Heron angeführt, der nach Münzeinwurf ‚Ware' abgab. In hellenistischer Zeit war das Weihwasser. Vgl. Hesse, Stefan, *Mars und die Roboter*, a.a.O., S. 7 f

Frage nach der Bewegungsphilosophie, d.h. nach der Mechanik an sich, der Technikphilosophie und damit nicht zuletzt nach der umfassenden Fragestellung ‚nach den letzten und ersten bewegenden Dingen':

„Die Alleskönner, Intelligenzriesen und First-Class-Superroboter sind und bleiben Fabelfiguren. Das ist auch deshalb so, weil Science-Fiction nicht prophetengleich die Zukunft voraussagen will und auch nicht kann. Roboter sind in der Science-Fiction nur Requisiten, um letztendlich philosophische Fragen nach dem Sinn des Menschseins in verfremdeter Form zu besprechen. So ist der Roboter in der Science-Fiction eben nicht der Industrieroboter aus der Werkhalle, [...]."[221]

Philosophische Sinnfragen und technische Machbarkeit ergeben zusammen genommen einen komplizierten Themenkomplex, zumal, wenn sowohl *naturwissenschaftliche* Konstanten und Grenzbedingungen als auch etwaige *anthropologische* Konstanten mit einfließen und mit zu berücksichtigen sind, und man diese vor dem Hintergrund der Neuen Technologien denkerisch schärfer zu durchdringen genötigt ist als bisher. Warum liegt eine Schwierigkeit vor? Weil das eine in die höchsten und klarsten, und das andere in die niedrigsten und widrigsten Regionen zu führen scheint. Man kann sich herantasten, und eine alte philosophische Betrachtung befragen: ‚Wenn ein Baum in einem Wald umfällt, macht das ein Geräusch, wenn keiner dort ist und es hört?'

Der Knackpunkt einer philosophischen *Sinn*frage liegt bei unserem modernen Kontext der IT-Technologien in der technischen Ausführbarkeit verborgen. ‚Wenn-das-Wörtchen-wenn-nicht-wäre'- Strategien sind für Sinn-Fragen meist nicht sonderlich hilfreich, es sei denn, sie führen vom reinen Gedankenexperiment wieder zurück zur Empirie, und können diese mit umfassen und erklären. Die Technikbewältigung und die Auseinandersetzung mit ihrer Konstruktion zwingt den Blick des Menschen zuweilen, weg von der großen Geste einer großen Entwurfsskizze hin zu den Kleinigkeiten, zu wenden. Und wie zum Beispiel von der Chaostheorie her bekannt ist, können gerade die kleinen Nebensächlichkeiten immense Auswirkungen nach sich ziehen. Gibt man den kleinen Dingen, den Zufälligkeiten, den Nebensächlichkeiten, den Teilen und Splittern ihre Bedeutung zu-

---

[221] Vgl. Hesse, Stefan, *Mars und die Roboter*, a.a.O., S. 27

rück, erkennt man, dass sie die Räder sind, die die Einheit zum Laufen oder Stoppen bringen. Das Zusammengesetzte mag sehr wohl mehr sein, als seine Einzelteile, jedoch gilt das nur schwerlich für eine unendliche Ausdehnung, da das Zusammengesetzte nur so gut funktionieren kann wie ihre kleinsten Teile. Das Große, die Einheit und das Kleine, Einzelne begrenzen sich gegenseitig. Deshalb gilt:

„Die eigenartige Faszination, die besonders von menschenähnlichen Robotern ausgeht, ist unbegründet, denn sie sind Maschinen wie andere auch. So, wie einstmals die Uhr als Symbol für das Rätsel der Zeit und ihrer Beherrschung stand, so scheint es gegenwärtig der Roboter mit künstlicher Intelligenz. Weder die Uhr noch der Roboter sind mystische Gebilde."[222]

Innerhalb der entsprechenden Literaturrichtung der Science-Fiction, oder technokratischen Gemeinschaften, wird der Technik eine gedankliche Überfunktion zugewiesen, ohne die die Roman- und Gedankenwelt nicht schreibbar wäre und nicht funktionieren würde. Die Überlegenheit, der Perfektionismus und die Dominanz der Technik führt zu einer Umkehrung des traditionellen Denkens von Subjekt und Objekt: „Der Mensch wird seltsamerweise Objekt des Subjekts Technik."[223]

„Folgen wir solchen Gedanken, so finden wir z.B. die Steuerung von Bewußtseinsprozessen anderer Menschen als ein aktuelles Thema. Es soll die Fähigkeit einzelner «paranormaler» Menschen systematisch gezüchtet werden, in die Gedankenwelt anderer Menschen eindringen zu können, deren Inhalt zu lesen und – als Höhepunkt der Beeinflussung – sie gegen ihren Willen lenken zu können. Die absolute Steuerung eines konkreten Individuums im Interesse einer herrschenden Oberschicht wird als Wunschgespenst an die Zukunftswand projiziert. Nicht selten treffen wir dabei auch auf fatalistische Auffassungen wie diese: «Vielleicht treffen einst Roboter auf vernunftbegabte Wesen im All, wenn es Menschen schon nicht mehr gibt.»"[224]

---

[222] Hesse, Stefan, *Mars und die Roboter*, a.a.O., S. 28
[223] Hesse, Stefan, *Mars und die Roboter*, a.a.O., S. 28
[224] Hesse, Stefan, *Mars und die Roboter*, a.a.O., S. 29

Das erscheint mir nicht nur einfach eine fatalistische Einstellung, sondern eine *nihilistische* zugleich zu sein.
Die moderne Science-Fiction-Literatur spiegelt den modernen Zeitgeist wider, genauso wie schon einmal, vor nicht allzu langer Zeit, die literarische Epoche der Romantik das vermeintliche Schreckgespenst der Automaten thematisch aufgriff und verarbeitete, wie es beispielsweise E.T.A. Hoffmann oder Edgar Allen Poe mit ihrer Unterhaltungsliteratur taten.
Den damals heraufkommenden und heraufbeschworenen Nihilismus erkannte vor allem der Philosoph Friedrich Nietzsche in seiner ganzen Schärfe, und hatte sich intensiv mit den Phänomen des Nihilismus auseinandergesetzt. Trotz allem vorhandenen Hochgefühl und der enorm hochgesteckten Erwartungshaltung gegenüber der heutigen, modernen IT-Technologien, insbesondere der KI, ist nicht zu übersehen, dass die Grundstimmung des modernen Menschen sich trotz alledem in einem ähnlichen Zustand, vergleichbar zu damals, befindet. Verantwortlich dafür ist das Unbehagen und die fatalistische Resignation des Gros der Gesellschaft, ausgenommen der Forschergemeinschaften, gegenüber solchen Vorgängen und Konsequenzen wie sie z.B. resultieren aus: der Genforschung, dem Genomprojekt, den Lebensmittelskandalen, der politischen Lage, des Terrorismus und nicht zuletzt der IT-Technologien.
Die Nihilismus-Analyse Nietzsches trifft heute noch genauso präzise den Kern des Sachverhalts, wie zu seiner Zeit:

„Die Frage des Nihilismus »*wozu?*« geht von der bisherigen Gewöhnung aus, vermöge deren das Ziel *von außen her* gestellt, gegeben, gefordert schien – nämlich durch irgendeine *übermenschliche* Autorität. [...] Oder die Autorität der *Vernunft*. [...]. Oder die *Historie* mit einem immanenten Geist, welche ihr Ziel in sich hat und der man sich *überlassen kann*. [...] (– man würde den *Fatalismus* akzeptieren)." (III 554)

Der Bewusstseinsphilosoph Nietzsche, wie er manchmal bezeichnet wird, sieht ein Problem mit nihilistischer Konsequenz darin, von dem gesamtmenschlichen Bewusstseinskreis abzulenken und es dadurch zu ‚verkleinern', indem man es partiell aufspaltet und vereinnahmend fokussiert. Für die Einseitigkeit verantwortlich und in Frage kommend sind all jene Denkansätze, die sich als dominant herausstellen. Das kann dann genauso z.B. die Religion oder die Metaphy-

sik sein, wie die Biologie oder die Naturwissenschaften. Jede Vereinzelung von Etwas, einem Ding, oder einer Idee stellt sich *außerhalb* des kontextuellen Sinn- und Gesamtzusammenhangs des *Menschen* an sich, und kann ihn eo ipso nicht erfassen.
In dem heutigen, modernen Kontext wären da primär die Informatik als auch die Neurobiologie anzuführen. Da Nietzsche sich mit dem Darwinismus intensiv beschäftigt hat, findet man sowohl für die Naturwissenschaften als auch für die evolutionistischen, darwinistischen Theorien nihilistische Einwände, die ebenso in der heutigen Zeit niedergeschrieben hätten werden können:

„Die nihilistischen Konsequenzen der jetzigen Naturwissenschaft (nebst ihren Versuchen, ins Jenseits zu entschlüpfen)." (III 882)
„Das wir nicht auch *End*formen der Entwicklung (z.B. Geist) wieder als ein »An-sich« *hinter* die Entwicklung placieren!" (III 560)

Angewandt, sowie aus den möglichen und eventuell übertragbaren Erfahrungen anderer Denker und Epochen gelernt, bedeutet das, dass der früher lebende Denker Nietzsche, der sich äußerst intensiv mit Theorien von evolutionären Höherentwicklungen bis hin zu seinem bekannten Gedanken des ‚Übermenschen' beschäftigte, *jeglichen Endziel*-Theorien ablehnend gegenüberstehen würde: egal ob es sich dabei um den ins Felde geführten, modernen Gedanken einer Höherentwicklung des Geistes, des Verstandes, des Bewusstseins oder der Informationsübertragung dreht oder um, im Grunde darwinistisch begründete, evolutionäre Beschleunigungstheorien, original mit der Warenkennzeichnung *man-made* versehen, bzw. von Menschenhand gemacht. Ein „Entschlüpfen" in den von Nietzsche abgelehnten, von vielen Forschern der IT-Technologien jedoch favorisierten Buddhismus oder Panpsychismus[225], bzw. in die metaphysischen Bereiche, ist am radikalsten in dem Gedanken des Bewusstseins-Download ausbuchstabiert worden.
Auf der praktischen Seite käme das einer Ablehnung von Genmanipulationen und Neuro-Chip-Implantaten gleich, wenn sie darauf aus-

---

[225] Anm.: Den Panpsychismus im gegeben Kontext kann man nachlesen z.B. bei: Popper, Sir Karl, R. und Eccles, Sir John C., *The Self and Its Brain – An Argument for Interactionism*, Springer Verlag, Berlin, 1977; dt: *Das Ich und sein Gehirn*, Piper, München, 1977, Kap. 3

gerichtet sind, Ziele und Zwecke zu erreichen, die sich vom unmittelbaren Menschensein wegbewegen.[226]

Eine meine Erachtens sehr interessante Aussage Nietzsches ist diese:

„Es scheint mir wichtig, daß man *das* All, die Einheit los wird, [...]. Man muß das All zersplittern; den Respekt vor dem All verlernen; das, was wir dem Unbekannten und Ganzen gegeben haben, zurücknehmen für das Nächste, Unsere. [...]. Also: *es gibt kein All, es fehlt* das große Sensorium oder Inventarium oder Kraft-Magazin." (III 865)

Interessant ist Nietzsches Feststellung darum, weil man sie direkt auf ein modernes allumfassendes Informations- und Datenreservoir, bzw. All-Erklärungsmodell beziehen und übertragen kann. Dieses Reservoir kann durchaus Sinnes- und Bewusstseinsempfindungen, sowie physikalische Vereinheitlichungstheorien mitbetreffen. Nietzsche verlangt all diese Einheiten zu zerbrechen, weil ihm zufolge, nur in den Gegensätzlichkeiten das Menschliche und das Höhere wiederzufinden ist.

Nietzsches folgende, dezidierte Aussage macht zusammengenommen mit den oben zitierten Aussagen nochmals unmissverständlich deutlich, dass Nietzsche *nicht* als ein Verfechter des Gedankens und des Einsatzes des Instrumentariums zur Herstellung von künstlicher Intelligenz gelten kann.

Desgleichen wird zusammenfassend mit demselbigen Zitat auf lapidare Weise die andere Seite der VR-Technologie, nämlich die Technologie der KI, sowie die Vereinigung der beiden Technologien in

---

[226] Anm.: Nietzsches ‚großer Züchtungsgedanke' darf nicht mit einer Verbesserung des genetischen Guts verwechselt werden, sondern er ist lediglich eine „*Lehre*", und die verlangt die *optimale* Ausnutzung des *vorhandenen* Genpools. Aber, und das ist die Crux an der ganzen Entwicklung, ohne die ‚Schwachen' und den ‚Kampf' kann kein ‚Starker', kein ‚höherer Mensch' ge-bildet und ‚gezüchtet' werden. Sie erst sind die conditio sine qua non.
Der Übermensch Nietzsches ist immer nur als ein Relativer zwischen und im *Verhältnis zu den Anderen* und den Unterschiedlichen zu messen und zu verstehen.
„Nicht was die Menschheit ablösen soll in der Reihenfolge der Wesen, ist das Problem, das ich hiermit stelle (– der Mensch ist ein *Ende* –): [...]. Dieser höherwertige Typus ist schon oft genug dagewesen: aber als ein Glücksfall, [...]: etwas, das im Verhältnis zur Gesamt-Menschheit eine Art Übermensch ist." (II, 1166 (3) u. (4))

ihrem End- und Extremfall, bei meinen Betrachtungen im Kontext Nietzsches mitabgedeckt:

„Mein Schlußsatz ist: daß der *wirkliche* Mensch einen viel höheren Wert darstellt als der »wünschbare« Mensch irgendeines bisherigen Ideals: [...]." (III 673)

Nimmt man Nietzsches Analyse des Nihilismus ernst, und wendet sie auf unsere modernen, heutigen Zeiten an, kann man den Eindruck gewinnen, dass ein Rückfall, oder eine (ewige) Wiederkehr der Zeiten im neuen Gewande ansteht.

Im Altertum ging es beim Technikeinsatz zunächst weniger um Arbeitserleichterung als vielmehr um die Schaffung von Kultobjekten: „Der Mensch lernte offenbar schnell, seine bescheidenen Mechanikkenntnisse anzuwenden, um Statuen in bewegliche Menschenkopien, in puppenhafte Nachbildungen und geheimnisvolle Figuren umzuwandeln. [...] bei kirchlich-kultischen Zeremonien [...] hatten den Eindruck von Zauberei und Übersinnlichem zu nähren."[227]

Allen in der Geschichte der Menschheit produzierten Statuen, Puppen, Androiden, Figurenuhren bis hin zu den heutigen Robotern, deren Meisterauszeichnung nicht etwa in der Nachahmung von Tieren oder futuristischen Fantasy-Produkten, sondern in erster Linie in menschenähnlichen Robotern besteht, war und ist gemeinsam, dass sie nur einfach Abbilder vom Menschen darstellen.

Doch mit der Verbesserung der technischen Herstellungsweise und der damit einhergehenden ästhetischen ‚Verbesserung', bzw. mimetischen Angleichung an das Original, lässt sich eine parallel verlaufende Entmythisierung der Kunstprodukte konstatieren. Das lässt sich auch noch bei den Menschenmaschinen des vergangenen Jahrhunderts, also Anfang des 20. Jh.s, beobachten, die auf der Basis von elektromechanischen Gesetzen betrieben wurden, d.h. nach dem etwa gleichen Prinzip wie die heutigen im 21. Jahrhundert:

„Seine Funktionsweise wird ohne Geheimnis sein, und es wird ihm nichts Mystisches anhaften. Das lässt sich auch schon am historischen Beispiel belegen. Mitte des 19. Jahrhunderts erfuhren die Androiden zwar höchste Wertschätzung, aber man war schon weit ent-

---

[227] Hesse, Stefan, *Mars und die Roboter*, a.a.O., S. 8

fernt, darin Magie und Mystik zu sehen. Ja, man präsentierte sogar die Kompliziertheit der Mechanik nicht ohne Stolz, [...]."[228]
Neu hinzugekommen ist bei den modernen Robotern, der Versuch sie direkt an den Menschen mittels Neuro-Chip-Implantate anzuschließen. Das Kopieren des Menschen selbst ist geblieben, vielleicht sogar noch in verstärkterer Weise als je zuvor, da die Verbindung zum Menschen direkt und ‚*hautnah*' gesucht wird, um (‚künstliche') Intelligenz, eine alleine dem Menschen zugesprochene Fähigkeit, zu konstruieren. Die Anknüpfung und Wiederkehr an altertümlich-mystisches Kultgedankengut ist nicht ganz von der Hand zu weisen, da die heutigen Mensch-Roboter mit einem leichten Hauch von „Übermenschlichem" (vgl. z.B. Kevin Warwick, ähnlich Marvin Minsky) umgeben sind.[229]
Die Vergöttlichung und Verherrlichung von selbstbeweglichen Puppen aller Art, ob mit oder ohne Neuro-Chip-Implantate, und unabhängig von ihrer etwaigen physikalischen Machbarkeit, führt interessanterweise zugleich zu einer engen, wie wohl selten so eng dagewesenen, Verknüpfung mit der Kunst.
Die Faszination an Kultobjekten, die gesellschaftliche Verehrung und Wertschätzung der eigenen Kulturgüter und Wertetafeln schlägt

---

[228] Hesse, Stefan, *Mars und die Roboter*, a.a.O., S. 13

[229] Anm.: Die Bedeutung von *Interpretationsgehalten* spielt nicht nur in mystischen und magischen Anschauungen eine wichtige Rolle, sondern in jeder Epoche. Die Übertragung von Begriffsbedeutungen zwischen unterschiedlichen Fachdisziplinen verkompliziert den Verstehensprozess noch zusätzlich. Ein anschauliches Beispiel aus der modernen Robotik, liefert der bekannte Kybernetiker Valentin Braitenberg bei der spannenden Beschreibung seiner ‚Künstlichen Wesen' und deren Verhaltensweisen: Nach einer jeweils sehr guten technischen und anschaulichen Erklärung der Realisierung eines bestimmten kybernetischen Vehikels, folgt eine *Interpretation* und *Übertragung* von den sensorischen, rückkoppelnden Verschaltungskreise in psychologische Gebiete hinein, über die ein Geisteswissenschaftler sich leicht irritiert zeigen kann. Begrifflichkeiten wie Gedächtnis, Liebe, Emotionen, Willensfreiheit werden als emergente, verhaltensbasierte, oberflächlichwirksame Auswirkungen abgeleitet, die jedoch oft so weit von dem Begriffsumfang und -inhalten der geisteswissenschaftlichen Fachrichtungen entfernt sind, dass man beinahe Mühe hätte, sie wiederzuerkennen. Da sie in überredender, überzeugender Weise dargestellt werden, sollte man die Mühe der Distanzierung auf sich nehmen und sich ihrer ‚Magie' entziehen.
Braitenberg, Valentin, *Künstliche Wesen, Verhalten kybernetischer Vehikel*, aus dem Engl. von Dagmar Frank und Valentin Braitenberg, Vieweg, Braunschweig, 1986, Amerik. Originaltitel: *Vehicles. Experiments in Synthetic Psychology*, MIT Press, Cambridge, 1984

sich in der Art und Weise nieder, wie man ihr Tribut zollt, indem man Sich-Selbst-Übertreffen will und die ideellen Werte und Güter zur Hochblüte und Hochkultur zu steigern sucht. So versucht man die Vereinigung von rationaler Wissenschaftlichkeit mit dem Menschen-Bild in einem Cyborg zu vollenden, wobei das Abbild und die Projektion des Menschen als höchste künstlerische und schöpferische Leistung gewertet werden müssen. Sieht man den Menschen an sich als Krönung der Schöpfung an, wie das in der Tradition des Abendlandes üblich ist, und bedenkt man, dass diese Denktradition eines sich zum Herrscher über Natur und Tier aufschwingenden Menschen letztendlich zu der heutigen Dominanz von Technisierung unserer Gesellschaftskultur führte, dann übernimmt der neuartig geschaffene Cyborg automatisch die Besetzung dieser Idealposition. Der Mensch wird, und das ist gleichermaßen für die Technologie der Virtuellen Realität gültig, da man seine Identifikations- und Rollenbilder frei wählen kann, nicht allein von der naturwissenschaftlich-technischen Seite erschaffen und geprägt, sondern auf der anderen, nicht zu unterschätzenden Seite von seinen Schönheits- und Gestaltungsidealen, wie auch immer die aussehen mögen.

Die Technologien der *Künstlichen Intelligenz* und der *Virtuellen Realität* sind eine Art Wende-Technik, die sich selbst in der künstlerischen Realisierung widerspiegeln. Die technischen Grenzen der Schöpfung werden ihre Begrenzung in den ästhetisch-künstlerischen Ansprüchen und Geschmacksurteilen finden, und vice versa. Die Vexierhaftigkeit der Betrachtungsweise, einmal in der Fokussierung des Blickes und *Verstandes* auf die Ästhetik und zum anderen die Fokussierung des *Blickes* und Verstandes auf die Technik, wird in zunehmendem Maße wichtig werden, je weiter die Realisierungsmöglichkeiten der Technologien von KI und VR sich verbessern und umsetzen lassen werden. Es wäre interessant unter diesem Blickwinkel die Historie des Produktdesigns zu verfolgen und zu erforschen, und eventuell daraufhin Gesetzlichkeiten und u.a. Voraussagen über die kommenden ‚Produkte' der Technologien von KI und VR treffen zu können, denn die Roboter und die VR-Welten, mit oder ohne Neuro-Chip-Implantat Systembausteine, werden meines Erachtens nicht nur reine technische Objekte sein können, es ist sowieso fraglich, ob so etwas überhaupt möglich und sinnvoll ist, sondern sie werden nichts anderes als neuartige, kompliziertere oder höherentwickeltere Designprodukte sein, und sich auf einer gesetzesmäßigen

Entwicklungslinie von Designprodukten bewegen und entwickeln lassen.

Das meistens in der Literatur über KI und VR beschworene Schreckgespenst des ‚verlorenen' Körpers und der Leiblichkeit, ist die Kehrseite und Gegendarstellung meiner skizzierten Gedankenfolgerungen. Die meist unbewusst ablaufende Vergöttlichung des Mensch an sich und die eigene Nacheiferung und -bildung seiner selbst, – ob sich dabei nicht die Schlange selbst in der Schwanz beißen, und logisch zirkulär werden wird? – bei *gleichzeitigem* Bewusstsein seiner anthropologischen Mangelhaftigkeit und seiner individuellen psychologischer Komplexe, *implizieren* einerseits eine Verschmelzung und das Verschwinden des *ganzen* Menschen *innerhalb* des technischen Objekts und andererseits gehen sie von der *Annahme* aus, dass die technischen Objekte, selbstlernend und ‚intelligenter', dem Menschen überlegen sind. Der Mittelpunkt des Szenarios bleibt dabei immer noch der Mensch, es ist die Rede von Bewusstseins- und Sinneserweiterungen des Menschen, von einem irgendwie, nicht näher bestimmten, intelligenteren Menschen usw., aber nie oder selten ist die Rede von derart neu ausgestatteten Tieren oder gar Materialien, obwohl man wie selbstverständlich davon ausgeht, in ihre Gedanken- und Gefühlswelt per Neuro-Chips vordringen zu können.

Der bestehende Gedanke der Einseitigkeit des Verfahrens und Vorgehens demonstriert jedoch gerade das Nicht-Verschwinden des Menschen-Bildes und seiner Gestalt.

Der Vorgang der Kommunikation und des Informationsaustauschs, bedingt ähnlich der Schnittstellenthematik, einen Sender und einen Empfänger, die unterschiedlicher Natur, bzw. Art und Weise sein müssen, um in einen gemeinsamen Informationsaustausch treten zu können. Dabei müssen Sender und Empfänger irgendeine Gestalt innehaben, und sich voneinander unterscheiden. Die Differenz der Gestaltung bedeutet zugleich unter Einbeziehung des Menschlichen, dass allgemein eine Identifikation vorgenommen werden kann, und der Mensch selbst sich einer Individuation unterzieht, die ihm eine *Selbst*identifikation ermöglicht. Das heißt konkret, dass jede mögliche Identifikationsfiguration, und sei es in radikaler Form z.B. der leere Raum, das Nichts oder eine Gehirnwindung des Anderen, *designt*, programmiert oder zusammengeschraubt werden muss, und nicht zuletzt deshalb, weil wir uns im Kontext von technischen Rea-

lisierungen bewegen. Das Fehlen von Selbst-Bewusstsein, eines Ego's im Descartes'schen Sinne (cogito, ergo sum) verhindert jegliche menschliche Kommunikations- und Verstehensprozesse, und zwar jenseits aller logischen Zeichenprozesse.
Das individuelle, nicht allgemeine, Bekenntnis zu einer beliebigen ‚Identifikationsfahne' ist eine Voraussetzung für Kommunikation. Weiterhin ist es zugleich das Gegenmittel für die befürchteten verschwindenden, sich selbst auflösenden Zeichen- und Gestaltungsprozesse. Der Informations- und Kommunikationsaustausch allgemein ist mit unterschiedlicher Gestalt und Körperlichkeit gekoppelt, die sich aufeinander beziehen lassen können müssen, wenn der Dialog nicht pathologische Züge annehmen soll, wie beim Autismus oder der Schizophrenie, philosophisch betrachtet, wäre eine dem Solipsismus vergleichbare Situation eine fatale Situationsbedingung. Da aber nicht pathologische, sondern normale, funktionierende Bedingungen angestrebt werden und, wie oben festgestellt, gegeben sind, findet man eine andere Situation vor, nämlich die einer Kette von Zeichenumwandlungen, und zwar liegt eine Metamorphosenkette im besten *Bild*sinne vor. Unabhängig davon, welche Identifikationsfiguration in der ‚Virtuellen Welt' oder im cyberspaceial-neuronalen KI-System gewählt wird, wird meinem Erachten nach der Bedeutungsgehalt und -zusammenhang gewährleistet bleiben, derart, dass ein Kommunikations- und Informationsfluss möglich ist, aus dem einfachen biologisch-entwicklungsgeschichtlichen Grunde heraus, dass der Mensch kein Einzelgänger ist und er dem wechselseitigen Kommunikationsaustausch von seinem anthropologischen Wesensgrund her, bedürftig ist. Der Metamorphosenprozess der Bildlichkeit und Körperlichkeit wird wahrscheinlich *höchstens* neue Tiefsinnigkeiten und Qualitätsmerkmale und -verschiebungen des Menschenwesens aufdecken und nach sich ziehen.

Die VR-Positionen der ‚Zeichenverwischungen' und ‚Entkörperlichungen' gründen meines Erachtens auf dem Gedankenexperiment von Alan Turing.
Sukzessive führt Turing die Entleiblichung bis hin zur Negierung der Körperlichkeit durch. Dies wird in drei verschiedenen Stufen vollzogen. Angefangen von der Untersuchung einer Situation, die eigentlich einer Betrachtung über eine Schnittstelle zwischen Maschine-Maschine korrespondiert, schreitet er weiter zu einer Schnittstelle

zwischen Mensch-Maschine, und zuletzt zu einer Schnittstelle zwischen Mensch-Mensch. Den Kern der Erfassung von Turings Gedanken kann man verkürzt gesagt und unter einem unüblichen Blickwinkel betrachtet, als ein Spiel mit der Kombinatorik von den Begrifflichkeiten ‚Mensch' und ‚Maschine' auffassen.

Turings Artikel *Computing Machinery and Intelligence*, derselbe in dem das *imitation game* beschrieben wird, will durch das Spiel die Frage lösen können, ob Maschinen denken können. („can machines think?" S. 433 ebd.)

Die Ebene der Maschinen-Interaktionen, bzw. ihrer zweckmäßigen, funktionalen ineinandergreifenden Bestandteile, wird von dem Mathematiker Turing vernachlässigt, wohl weil die Maschinen in der Regel ihren gewohnten Dienst erfüllen, und alles Denkbare nach einer gewissen Zeitspanne konstruierbar zu sein scheint, und so wird die Maschine-Maschine-Schnittstelle als perfekt und vollkommen angesehen. Diese stillschweigend gemachte Annahme auf der Ebene der Maschine-Maschine-Schnittstelle fließt bei Turing als implizite Voraussetzung in sein *Gedankenexperiment* ein, wie der Fortlauf seines Gedankenganges offenbaren wird. Wie trügerisch und verführerisch diese Annahme auf der vermeintlich simplen und banalen Ebene der Maschine-Maschine-Schnittstelle jedoch sein kann, zeigt das historische Beispiel des perpetuum mobile.

Somit setzt das Gedankenexperiment von Turing auf der zweiten Ebene, der Thematik der Mensch-Maschine-Schnittstelle ein, wo Turing von der Leiblichkeit weitgehendst abstrahiert, und die rein phänomenologisch-mimetische und programmiertheoretische Funktionalität des Gesamtsystems und seinen abstrakten Versuchsaufbau im Auge hat. Es tauchen auf dieser Stufe zwar gelegentlich gewisse Unsicherheiten auf, was Turings Einwürfe und Exkursionen auf die Leiblichkeit im weitesten Sinne, wie die der Kulturen, der Geschlechtlichkeit etc., zeigen, die scheinbar unmotiviert im Gesamttext erscheinen, und bis heute von den Interpreten nicht schlüssig erfasst werden konnten. Auf der nächsten Stufe tritt, bedingt durch seine implizite Voraussetzung einer funktional-holistisch unterlegten Betrachtungsweise auf der ersten Stufe, die Schwierigkeit deutlicher zutage, wenn auch auf eine ganz andere Art und Weise: Turing verlässt nämlich die Mensch-Maschine-Schnittstelle, indem er sie radikalisiert, und schreitet weiter zu einer Mensch-Mensch-Schnittstelle, der einen breiten Raum in seinem Artikel eingeräumt wird. Bei der

Thematik der „extra-sensory-perception" sollte man meinen, dass sie sich glatt in seine Argumentationslinie einfügen ließe, woran Turing auch sehr gelegen ist, da die Äquivalenz von Neuronenverschaltungen mit Computergehirnen, dieses Phänomen schlichtweg mit erklären und mit umfassen solle, so wie es später in den Positionen der Strong AI seinen Niederschlag finden sollte. Doch Turing ringt mit sich selbst, um eine überzeugende Erklärung. Nur unschwer kann man sich des Eindrucks erwehren, dass nach der vollzogenen funktionalen Prozedur der Entleiblichung, auf der Ebene der *extrasensory* Umgebung nun die *Sensorik* als ein übersprungenes und vergessenes Element mit ins Spiel hereingenommen werden solle, was durch Turings alternativen Vorschlag „to provide the machine with the best sense organs that money can buy, [...]" am Ende seines Artikels unterstrichen zu werden scheint.

Turing lässt eine Erklärungslücke für den Übergang der naturwissenschaftlich fundierten Sensorik zu einem außer- oder überphysikalischen, wie telepathische Vorgänge auch manchmal bezeichnet werden, sensorischen Geschehen. Die Problematik ähnelt dem bekannten, viel diskutierten mind-body explanatory gap.

Turing geht bei der Einbeziehung der „extra-sensory-perception" über den eigentlichen Themenkreis der Maschinenintelligenz, bzw. der Robotik hinaus, vermischt ihn und trennt ihn unscharf, vielleicht auch in visionärer Absicht oder unter militärischen Sachzwängen, von nichtnaturwissenschaftlichen Gesetzlichkeiten. Er verlässt seine eigene eingangs gestellte Aufgabenstellung nach der reinen *Maschinen*intelligenz, indem er auf der dritten Stufe Konzessionen eingeht, und nicht selbstproduzierte und -zusammengebaute Nicht-Maschinen-Bestandteile, nämlich die Körperlichkeit mit hinzuzieht, sich in ‚Leibregionen hinab bewegt', die er eigentlich hinter sich zurück gelassen haben wollte, und er tut dies ohne seine Eingangsvoraussetzungen zu modifizieren, und ohne die *naturwissenschaftlichen* Sensorik-Schnittstellen-Gesetzlichkeiten auch nur annähernd für diese neue Ebene zu korrigieren, oder neu zu erstellen.

Vielleicht empfand Turing die Notwendigkeit der Schnittstellenkorrektur nicht, da er sich schwerpunktmäßig mit der Definition des Begriffs *Berechenbarkeit* beschäftigte, eine von ihm angegebene operationale Präzisierung des Begriffs *Algorithmus* im Kontext von maschinell arbeitenden *Rechenautomaten,* die zu seinem *mathematischen* Modell der *Turing-Maschine,* bzw. zu der *Universellen Tu-*

ringmaschine führte. Das Thema der „extra-sensory-perception" war und ist vor allem ein Studienobjekt der Militärs, das Turing sicherlich, wie seine Texten sachte durchscheinen lassen, nur am Rande interessierte, – und doch, wie nachwirkend, eindrücklich, anregend und präsent diese Thematik heutzutage geblieben ist, zeigen folgende Zeilen, die zugleich den Weg zu einer *naturwissenschaftlichen* Erforschung von Schnittstellenarten versperren, weil ihr Erklärungsansatz meines Erachtens es sich zu einfach macht durch eine gewisse Simplifizierung des Sachverhalts; und gleichzeitig alternative Ansätze durch ihr scheinbar gravitätisches Einherschreiten an Physikdurchdrungenheit abwürgt. Ich greife hier ziemlich wahllos ein beispielhaftes Zitat aus einer kulturübergreifenden Zeitschrift *Philosophy East and West* vom Ende des Jahres 2001 heraus, um zu verdeutlichen, dass sowohl im Abendland als auch im Morgenland diese Thematik Aktualität besitzt:

„We can now see the full analogy with the computer. [...]. Is there any evidence that mental movements of meaning are quantum movements? The telltale signs of quantum movement are discontinuity and nonlocality. The discontinuous movement of mind is apparent in creative acts that can be regarded as a discontinuous shift in meaning [...]. The nonlocality of mental movement is also well known – it is called telepathy. Mental telepathy has been verified in the laboratory by many Experiments (Targ and Puthoff 1977; Jahn 1982)."[230]

Falls es stimmen sollte, dass Information auf quantenmechanischer *Reduktion von Unsicherheiten*, also auf Wahrscheinlichkeiten beruhen sollte, die noch nichts über den Gehalt von ontologischen und anthropologischen Wahrheiten oder Richtigkeiten auszusagen vermögen, wäre es allerdings interessant solch eine *quantenmechanische 'extra-sensory perception'-Theorie* weiter zu entwickeln und tatsächlich quantifizierbar, bzw. messbar in dem Sinne zu machen, dass man *Parameter* versuchen würde einzuführen, die die *subjektive Seite* (first-person methods), nicht nur die objektiv-physikalische, *von Information* zu erfassen imstande wären. Dies könnte vorschlagsweise für den Anfang in einer analogen Konzeption zu den geometrischen Streckenmessungen zwischen zwei Punkten gesche-

---

[230] Goswami, Amit, *Physics within Nondual Consciousness*, In: *Philosophy East and West, A Quarterly of Comparative Philosophy*, Vol. 51, No. 4, (Oct. 2001), University of Hawai'i Press, p. 540

hen, auch wenn die Übertragungsgeschwindigkeit unabhängig von Zeit und Entfernung, wie im Falle der telepathischen, ‚fernfühlenden' Phänomene angenommen, sein sollte; oder aber man müsste die bisherigen physikalischen Raumzeitkonstrukte neu konstruieren, um die *subjektive* und auch *zufällige* Seite der Medaille *Information* komplettieren zu können. Dass eine subjektive Seite von ‚Information an sich' existieren könnte, zeigen wahrscheinlich schon die vielen Bemühungen und Definitionsversuche aus den nichtphysikalischen Gebieten, wie der Biologie, Soziologie, Psychologie etc.

Die Arbeiten Alan Turing verbindet man gewöhnlicherweise mit den Anfängen der Forschungs- und Entwicklungslinie, aus der die computergestützte ‚Künstliche Intelligenz'-Robotik mit hervorging, und die von den Regierungen forciert wurde.

Die von Turing in seinen Arbeiten und seinem Artikel *Computing Machinery and Intelligence* angeschnittene und in Aussicht gestellte Reichweite seines Projekts, das den Begriff des Algorithmus selbst zum Gegenstand der mathematischen Untersuchung erhob, und unterstützt wurde durch die Church'sche These, die in Worten besagt, das „jede im intuitiven Sinne berechenbare Funktion turingmaschinen-berechenbar ist. Oder: der intuitive Begriff ‚Algorithmus' wird mathematisch durch die Turingmaschine erfasst",[231] schien die Turingmaschine als idealen, wenn nicht universalen Ansatzpunkt für die geisteswissenschaftlichen Diskussionen sowie für die technologische Entwicklung der ‚Künstlichen Intelligenz' und (cyborgialen) Robotik zu rechtfertigen.

Nach all dem bisher Gesagten und Erhofften mag es daher verwundern oder überraschen, mit folgender nüchternen, beinahe banalen Feststellung und Tatsache, wie sie in den gebräuchlichen Informatiklehrbüchern zu finden ist, konfrontiert zu werden:

„Die Mensch-Maschine-Schnittstelle dominiert bei Robotern nicht. Vielmehr geht es in erster Linie darum, durch geeignete Sensoren den Status der Umwelt zu erkunden und auszuwerten."[232]

---

[231] Vgl. *Teubner-Taschenbuch der Mathematik, Teil II*, Stuttgart, 1995, 7. Aufl., S. 19

[232] Thaler, Georg Erwin: *Interface Design, Die Mensch-Maschine-Schnitttstelle gestalten, Konzepte für Programm- und Web-Oberflächen*, Software & Support Verlag, Frankfurt, 2002, S. 225

Wie passt das zusammen, das die menschliche Intelligenz oder gar ein Super-Hirn nachgeahmt und angestrebt wird, jedoch die menschliche Schnittstellenbetrachtung, die die Möglichkeit einer Einflussnahme und der Einbringung von menschlichen, intelligenten Qualitätseigenschaften in das technologische System herstellt, nur eine sekundäre bis verschwindende Rolle spielt? Wie steht das in Einklang mit Turings Gedankenexperiment, wo Mensch und Maschine zumindest gleichwertig behandelt werden?

Es liegt der Verdacht nahe, dass es sich bei Computern und Robotern, bzw. Informatik und ‚Künstlicher Intelligenz'-Technologie, um zwei voneinander getrennte Themengebiete handelt, die mit Bedacht miteinander in Verbindung gebracht werden können und technisch ineinander greifen. Im Prinzip liegt eine Maschine-Maschine-Schnittstelle vor.

Die Turing-Maschine besteht ganz allgemein aus drei verschiedenen Einheiten, bzw. Bestandteilen, einem Speicher (Rechenband), einer beweglichen Lese- und Schreibeinheit (Kopf) und einem Steuerungsautomaten. Die Motivation für ihren Bau lag in erster Linie in der Notwendigkeit und Herausforderung zur Entzifferung und Chiffrierung von beliebig langen Zahlen und Buchstabenfolgen, deren Kombinationslänge und damit ihre Berechenbarkeit auf theoretischem Gebiet ins Infinite extrapoliert wurde.[233] Bei allen kryptologischen Vorgehensweisen ist ein Steuerungs- und Kontrollinstrument notwendig, um auf die vorhergehenden Schrittfolgen und Algorithmen rekurrieren und systematisch und logisch aufbauen zu können. Steuerungs- und Kontrollelemente sind ganz allgemein für jegliche Technikbeherrschung von selbstredender Wichtigkeit. Auch die Technologie der Künstlichen Intelligenz, genauso die der Virtuellen Realität, braucht solche Steuerungs- und Kontrollelemente, schon aus ganz systemimmanenten Gründen heraus, um ‚Intelligenz' für den (technischen) Beobachter und Konstrukteur erkennbar und vergleichbar zu machen. Spätestens am Ende der technischen Realisierungsreihe oder der Experimentanordnung steht der Mensch und somit die Mensch-Maschine-Schnittstelle, die wie quantentheoretische (Beobachter-)Betrachtungen zeigen, nicht trivial und gewöhnlich zu sein braucht.

---

[233] Anm.: Alan Turing löste diese Aufgabe nicht nur theoretisch brillant, sondern er erwies sich zugleich als ein fähiger Praktiker.

Bringt man den Mensch und seine Qualitäten, sei es zum Beispiel seine Intelligenz oder die Emotionen, an anderer Ort und Stelle innerhalb der Versuchskette mit ein, bzw. bezieht sie in das technologische System selbst ein, wie Turing ansetzt, dann erwartet man eigentlich mehrere Arten und Ebenen von Mensch-Maschine-Schnittstellen.

Sowohl in der Praxis als auch in der Theorie unterscheidet sich Turings ‚Künstliche Intelligenz'-Versuch jedoch nicht wesentlich von kryptologischen oder auch normalen Computeranwendungen:

„The engineering of AI include using computers to provide new sorts of machines that can be used for practical purposes, whether or not they are accurate models of any form of types of natural intelligence. *These engineering aims of AI are not sharply distinguished from other types of applications for which computers are used which are not described as AI.* Almost any type of application can be enhanced by giving computers more information and more abilities to process such information sensibly, including learning from experience. In other words almost any computers application can be extended using AI techniques.

It should now be clear why computers are relevant to all different sub-domains of AI dealing with specific aspects of natural and artificial intelligence, such as vision, natural language, processing, learning, planning, diagrammatic reasoning, robot control, expert systems, intelligent internet agents, distributed intelligence, etc. – they all some combination of control of physical process and abstract information manipulation processes, *tasks for which computers are better than any pre-existing type of machine.* […].

Thus there is no particular branch of AI or approach to AI that has special links with computation: they all do, although they may make different use of concepts developed in connection with computers and programming languages. *In almost all cases, the notion of Turing machine is completely irrelevant, except as a special case of general class of computers.*

Moreover, Turing machines are not so relevant intrinsically as machines that are designed from the start to have interfaces to external sensors and motors with which they can interact online, unlike Turing machines which at least in their main form are totally self contained, and are designed primarily to run in ballistic mode once set up with an initial machine table and tape configuration."[234]

Meinem Erachten nach unterstützten diese Zeilen meine These, dass es sich bei Turings Gedankenexperiment, bzw. der Turing-Maschine, im Kern weniger um eine Thematik der ‚künstlichen Intelligenz' handelt, als vielmehr um eine neuartig aufgeworfene Schnittstellenthematik,[235] deren Wichtigkeit darin besteht, sämtliche heute bestehenden Neuen Technologien, wie die der Künstlichen Intelligenz, der Virtuellen Realität und des Internets, von ihrem Wesen her zu erfassen, und damit eine reelle Möglichkeit bietet und eröffnen kann, sich einer philosophischen und naturwissenschaftlichen Vereinheitlichungstheorie, und zwar gerade *auch* von der fast vergessenen, bzw. unterbewerteten geisteswissenschaftlichen Seite herkommend, ein kleines Stückchen anzunähern.

Dabei gilt es vorab zu klären, was die Rede „vom Wesen her", sowie „Vereinheitlichungstheorie" zu bedeuten hat, was im folgenden Kapitel ausgeführt wird.

---

[234] Sloman, Aaron, *The Irrelevance of Turing Machines to AI*, S. 12, (Herv. v.Verf.). To appear in a book of Matthias Scheutz. Oder nachzulesen unter: http://www.cs.bham.ac.uk/research/cogaff/sloman.turing.irrelevant.pdf
[235] Anm.: Dies bezeugt nicht zuletzt die intensive Auseinandersetzung Turings mit der „extra-sensory-perception" und der militärische Kontext, verbunden mit der Hoffnung der Militärs diese mit Hilfe der *Kybernetik* in den Griff zu bekommen und zum Einsatz bringen zu können.

Die De-Ontologisierung und die Matrix der Erkenntnis: die Designgesetzlichkeiten

Das ‚Wesen' (griech. usia, lat. essentia) ist ein vieldeutiger philosophischer Grundbegriff, dessen indogermanische Etymologie einen engen Zusammenhang zwischen dem ‚Wesen', also dem substanziellen, unwandelbaren Kern einer Sache, und dem eigentlichen, wahren ‚Sein' aufzeigt. Das metaphysische aristotelische und platonische Verständnis vom Wesen hinter sich lassend, über die Neuzeit hinweg blickend, in der zum Beispiel die englische Metaphysikkritik mit David Hume (1711–1776) das Wesen für unerkennbar und aus diesem Grunde für unerheblich und folgenlos erklärte, begegnet man in der zeitgemäßen Auseinandersetzung mit dem Wesensbegriff Friedrich Nietzsche (1844–1900).[236] Warum gerät Nietzsche ins Visier einer zeitgemäßen Betrachtung über den Wesensbegriff, obwohl er seit über hundert Jahren tot ist, und zeithistorisch gerechnet nicht den aktuellsten Stand wiederzugeben scheint? Über Hume hinausdenkend, der aus der Abweisung des Substanzbegriffs nicht eine Abweisung der Existenz der Materie folgert, verweigert Nietzsche die philosophische Anerkennung der Begriffe Wesen, Substanz und Materie.[237]

---

[236] Anm.: David Hume wird in einer Reihe mit Nietzsche angeführt, weil er eine für Nietzsche und später für die VR wichtige Grundeinsicht über die Kausalität teilt: „Die Frage »warum?« ist immer die Frage nach der *causa finalis*, nach einem »Wozu?«. Von einem »Sinn der *causa efficiens*« haben wir nichts: hier hat *Hume* recht, die Gewohnheit, (aber *nicht* nur die des Individuums!) läßt uns erwarten, daß ein gewisser oft beobachteter Vorgang auf den anderen folgt: weiter nichts! Was uns die außerordentliche Festigkeit des Glaubens an Kausalität gibt, ist *nicht* die große Gewohnheit des Hintereinanders von Vorgängen, sondern unsre Unfähigkeit, ein Geschehen anders *interpretieren* zu können als ein Geschehen aus *Absichten*." (III 501)

[237] Siehe z.B.: „[...], einfach weil es keine Materie gibt." (III 1178); „Geben wir den Begriff »Subjekt« und »Objekt« auf, dann auch den Begriff »Substanz« – und folglich auch dessen verschiedene Modifikationen, z.B. »Materie«, »Geist« und hypothetische Wesen, »Ewigkeit und Unveränderlichkeit des Stoffs« usw. Wir sind die *Stofflichkeit* los." (III 541); „Es gibt kein »Wesen an sich« (die *Relationen* konstituieren erst Wesen –), so wenig wie es eine »Erkenntnis an sich« geben kann." (III 752)

Zusätzlich verweigert Nietzsche die Anerkennung der mit dem Wesensbegriff verknüpften Seinsvorstellung: „[...]: *man darf nichts Seiendes überhaupt zulassen* – [...]." (III 684)

Durch die Forderung und Abschaffung des Seinsbegriffs, sowie des ‚Wesens an sich', und der damit implizit verbundenen teleologischen Ziel- und Zweckgedanken, radikalisiert Nietzsche in der Gesamtheit seines vorgestellten philosophischen Systems, meinem Erachten nach, in bis heute nicht wiederholter konsequenter Denkart die philosophischen Grundbegriffe und Wertigkeiten. Nietzsches eigener Meinung nach, würde man ihn erst hundert Jahre nach seinem Tod zu verstehen beginnen, was insoweit sicherlich zutrifft, wie es seine Bedeutung für die Technologie der KI und der Kryptologie, und vor allem für die Technologie der Virtuellen Realität betrifft, wo auf ‚merkwürdige' Weise das Sein, die Materie, die Substanz und das ‚Wesen an sich' überflüssig und unbrauchbar zu sein scheinen.

Um einer modernen technikphilosophischen Betrachtung gerecht zu werden, sollte man daher nicht hinter einen gewissen Standard der erreichten philosophischen Entwicklung zurückgehen, und sich auf der anderen Seite auch nicht vorbehaltlos auf die neusten Trends stürzen, und somit fiel meine für passend gehaltene Wahl des Stand- und Argumentationsausgangspunktes auf Nietzsches Philosophie.

Meine technikphilosophischen Ansätze und Thesen, beruhen auf der Auseinandersetzung mit der Technologie der Virtuellen Realität, und sind erstens im *Kontext* des Dreigestirns der Neuen Technologien gehalten, und zweitens vom *Diskurs* mit Nietzsche bestimmt.

Nietzsche als Technikphilosoph, bzw. zur Unterstützung und Verdeutlichung meiner technikphilosophischen Ansätze heranzuziehen, mag etwas unvertraut anmuten, und doch ist es gerade seine intensive Beschäftigung mit den Naturwissenschaften und der Ästhetik, die ihn in meinen Augen wertvoll für eine Untersuchung und expliziten Herausarbeitung seiner technikphilosophischen Gedanken machen. Nietzsche erfüllt eine doppelte Aufgabe und Funktion: Zum einen ist seine Philosophie in der Lage meine eigenen technikphilosophischen Ansätze bezüglich eines ‚äußeren', allgemeinen Schemas zu unterstützen, das sich als *Schnittstellenthematik* bezeichnen lässt, und zudem meine, der *alétheia* zugedachte Rolle im technikphilosophischen Geschehen verdeutlichen helfen kann. Zum anderen spiegelt

Nietzsches Philosophie gleichermaßen gut einen ‚inneren' Aspekt wider, der vor allem bei der Technologie der Virtuellen Realität, gesehen von dem Blickwinkel als *Medium* und *technisches Hilfsmittel*, als phänomenologische und erlebte, zutreffender noch, als *gelebte Technikerfahrung* zum Tragen kommt. Solchermaßen lässt sich aus dem ‚äußeren' und ‚inneren' Aspekt von Nietzsches Philosophie ergänzend und wechselseitig erklären und verdeutlichen, was Nietzsche für die Neuen Technologien, die meines Erachtens eine Revision und ein Umdenken in der Technikphilosophie erforderlich machen, bedeuten kann und weshalb ihm eine Bedeutung zugesprochen werden muss; weiterhin besteht die erstmalige Möglichkeit einer zeitgerafften Anwendung und Aus-lebung eines Philosophie-Entwurfs, und zwar innerhalb eines (kommunikations-) technischen Mediums, – speziell geeignet ist Nietzsches Philosophie, wie noch gezeigt werden wird. Die philosophischen Implikationen können durch ihre Rückwirkung durch und auf die Realität, sowie der studierbaren und überprüfbaren Konsequenzen und Ergebnisse für die *Realität* außerhalb des Mediums VR, zu einem vertieferen Verständnis der Neuen Technologien beitragen, sowie neue technikphilosophische Gedankenentwicklungen anregen. Die *Annahme der Gleichwertigkeit* der Relevanz meiner beiden gesetzten Perspektiven, der des Mediums und der der Schnittstellenthematik, führt zu dem Versuch beide im Sinne einer technikphilosophischen Sichtweise zu verbinden.[238]

---

[238] Anm. 1: Um Missverständnisse zu vermeiden sei nochmals erwähnt, dass hier unter dem Ausdruck ‚Medium' nicht primär die diesbezüglichen medien-, kommunikations- oder informationswissenschaftlichen Betrachtungen gemeint sind, sondern er wird im Sinne einer abkürzenden Umschreibung verwendet für: die *menschliche* Lebensverwirklichung *innerhalb* des Erfahrungs- und Wahrnehmungsraums *Cyberspace*, d.h. bezogen auf die *praktischen User-Erfahrungen* im Gegensatz zu den reinen, theoretisch-philosophischen Betrachtungen der VR-Technologie an sich. (Zu meinem Verständnis und Gebrauch des Begriffs Cyberspace siehe bei Bedarf nochmals Tei II, Kap. 1, bzw. entsprechend der (immersiven) VR-Definition von Lanier. *Es ist nicht das Internet gemeint!*)
Anm. 2: Unter dem Zugang zur VR über Schnittstellen versteht man die Kennzeichnung durch die technische Generation der Schnittstellentechnik. Die 1. Generation der Mensch-Maschine Schnittstelle entspricht der Bedienungsweise mit dem zweckorientierten Aufbau mit Steuerung über Schalttafeln, die 2. Generation entspricht den Lochkarten, die 3. Generation entspricht dem Monitor mit alphanumerischer Ein- und Ausgabe, die 4. Generation entspricht den Menüsystemen, die 5. Generati-

Etwas ‚vom Wesen her' zu erfassen, heißt das Seiende nicht unbedingt als etwas Reales zu erfassen, das vor einem steht, sondern die mannigfaltigen Arten des *Sich-Zeigens* zu beachten, so wie es die Sprache im Griechischen differenzierter als die Deutsche kennt, wobei mit Nietzsche gedacht, keine Abstufungsfolge oder Kategorisierung von Wirklichkeitsgraden mitgedacht werden sollte. Am ehesten

---

on entspricht den fensterorientierten grafischen Benutzeroberflächen (GUIs), usw. bis hin zu den neusten Generationen von Datenhelmen, Datenhandschuhen oder Flying Joysticks. „VR als Benutzerschnittstelle (User-Interface) wird im Grunde nicht anders angesehen als eine Erweiterung der menschlichen Fähigkeiten, die die Technik bietet. [...]. Das oberste technische Ziel ist die Technik hinter den Kulissen der Benutzerschnittstelle nur dort durchscheinen zu lassen, wo es nötig und sinnvoll ist. [...]. Die Benutzerschnittstelle soll die Balance zwischen Leistung und Kontrolle bei der Funktionsausübung aufrecherhalten. [...]. VR ist die natürliche Evolution der Mensch-Maschine Schnittstelle." Vgl. Hennig, Alexander, *Die andere Wirklichkeit, Virtual Reality, Konzepte, Standards, Lösungen,* (inkl. CD-ROM), Addison Wesley, Bonn, 1997, S. 18, 24, 25

Solche Aussagen über den Zugang zur VR weisen zugleich die Interpretationswege für die VR aus. Angesetzt wird lediglich bei der neusten (seit dem ersten Datenhelm und -handschuh) Generation von Schnittstellen, und bei der Mensch-Maschine Schnittstelle, die außerdem ‚unsichtbar' funktionieren soll. NB.1: Diese Funktionsweise stellt nichts anderes dar, als ein ästhetisches Geschmacksurteil im Sinne Nietzsches. Die teleologische, biologisch-darwinistische Begriffsverwendung von ‚Evolution', die die parallele Entstehungsgeschichte zur KI enthüllt, statt z.B. des wertneutraleren Begriffes ‚Generation', führt, konsequenter- und richtigerweise zu Ende gedacht, auf die Spuren einer VR-Diskussion über die Charakteristika von Wirklichkeit und Fiktion des Cyberspace, die, außer einer Beibehaltung der Trennlinie, von einer Ontologisierung von ‚VR' oder von ‚Information an sich' bis hin zu ‚nihilistischen Zeichenverwischungspositionen' reicht. NB.2: Im Gegensatz zur KI-Debatte gibt es bei der VR-Debatte keine etablierten Positionsbezeichnungen für die jeweils bezogene philosophische Grundeinstellung der unterschiedlichen Denker.

Wenn ich von Schnittstellen spreche, umfasse ich unter diesem Ausdruck zusätzlich nicht nur die 1. Generation der *Mensch*-Maschine- Schnittstelle, sondern auch jegliche *Maschine*-Maschine-Schnittstelle. Mein Anliegen ist es, die Schnittstellen aller Art nicht ‚verschwinden' zu lassen und ‚unsichtbar' zu machen, sondern ich möchte sie ganz im Gegenteil ins grelle Rampenlicht der Diskussion rücken. Die Schnittstellen technisch ‚verschwinden' zu lassen, bedeutet auf der anderen Seite auch leicht ihre *ureigenste* mögliche *philosophische* Rolle und Bedeutung ‚verschwinden' zu lassen oder zu unterschätzen.

Fern ab von evolutionären Gedanken, – warum eigentlich evolutionär ? – waren meine ersten spontanen Empfindungen und Gedanken mit dem eigenen praktischen Umgang mit der VR und meinen persönlichen, subjektiven Erfahrung in der CAVE (immer wieder) kein zögerliches Fragen „Ist es echt? Tue ich mir weh?", sondern „*Was* kann ich tun, und *wie*? Was kann ich anstellen, ausprobieren? Und schließlich: *Warum*?"

lässt es sich vielleicht anhand des griechischen Begriffs ‚usia'
(ουσία)[239] erfassen und anhand der indogermanischen etymologischen Wurzel von ‚ues', die in dem Wort ‚Wesen' steckt: ‚Verweilen', ‚wohnen', ‚übernachten', kurz der Aufenthalt oder auch der Hausrat, bezeichnet durch das Partizip *ta onta* in der antiken griechischen Alltagssprache, heben zum einen die Bedeutungsebene der Zeitlichkeit, der Verweildauer, der Begrenztheit hervor, und zum anderen ein Sein, das die Form des Vorhandenseins, eines Zuhandenseins innehat. Die Weiterentwicklung des Wortes *usia* zu dem Begriff der Seiendheit, der *pareinai* oder gar der *parusía*, ist bei der gedanklichen Erfassung abzutrennen, da sie zu stark auf die Seiendheit akzentuiert ist. Das Sich-Zeigen gleicht einer Registrierung und bewussten Wahrnehmung von Dingen, die einem momentan etwas be-deuten, wie eben z.B. der Hausrat oder die momentane, begrenzte Verweildauer. Diesen Aspekt findet man, wenn man den Begriff der ‚Wahrheit an sich' extrahiert, in dem bedeutungsstärkeren Begriff der *alétheia* wieder. Das Perspektivische, Subjektive und Wertende, das sowohl in usia als auch in der alétheia angelegt ist, bringt Nietzsche in seinem Verständnis von dem Begriff ‚Wesen' mit zum Ausdruck:
„Das »was ist das?« ist eine *Sinn-Setzung* von etwas anderem aus gesehen. Die »*Essenz*« die »*Wesenheit*« ist etwas Perspektivisches und setzt eine Vielheit schon voraus. Zugrunde liegt immer »was ist das für *mich*?« (für uns, für alles, was lebt usw.)." (III 487)
Die Neuen Technologie vom Wesen her erfassen zu wollen, d.h. primär philosophisch, und nicht kausal-naturwissenschaftlich, außerdem am Leitfaden von Nietzsches Philosophie orientiert, bedeutet mit einem relativierenden, perspektivischen und zugleich gleichwertenden Blick die Neuen Technologien zu betrachten. Die *gleichzeitige* Vereinigung von Relativismus und Gleichwertigkeit muss keinen Widerspruch darstellen.
Es wird die Aufgabe einer Vereinheitlichungstheorie sein, die Leistung zu erbringen, das *dynamische, strukturale Gefüge* einer Vereinigung von Gegensätzen in einer übergreifenden Theorie zu bündeln. Vereinheitlichungstheorien bedeuten ihrem Inhalt nach, selbst in der Physik, nicht alle Dinge auf ein einzelnes (ontologische) Wesen zu-

---

[239] Anm.: Die Deutung des Begriffs ist an Wolfgang Schadewaldt angelehnt: *Die Anfänge der Philosophie bei den Griechen*, a.a.O., S. 193f

rückzuführen, sondern alle *Erscheinungen* in einen erklärbaren Zusammenhang zu bringen, wobei dieses Gefüge durch ein gewisses Maß an Vorhersagbarkeit gekennzeichnet ist. Solche (idealen) Modelle weisen allgemein das Charakteristikum auf, durch Parameter oder Gesetzlichkeiten von einer Perspektive in eine andere überführen zu können, und somit den *Übergang*, sowie die jeweilige *Perspektive* erklären zu können. Der Anspruch das Werden und Wandelbare auf ein *festgelegtes* Gesetz oder Sein zu reduzieren, das unabwandelbar feststeht, kann hier nicht erhoben werden, da sich dadurch jegliche Vereinheitlichungstheorie (‚unified theory') zu einer Gleichmacherei- oder gar Identitätstheorie degradieren würde, die sich eo ipso aufheben würde, da Identisches nicht vereinigt werden muss oder zu einem sinnvollen Ganzen zusammengefügt zu werden braucht – immer unter der Prämisse gesehen, dass mit Nietzsche das ‚*an sich*' abgeschafft worden ist, und seiner Aversion gegen „den Satz von der Identität" (III 457f), der *statisch*, und damit nach Nietzsches Meinung, falsch interpretiert wird.[240]

Unter einer Vereinheitlichungstheorie der Neuen Technologien kann man also ein Modell verstehen, dass die verschiedenen Technologien erklärend ineinander überführt, und ihnen zugleich ihre Wesensart, bzw. die Perspektivität erhält. Von diesen Überlegungen aus lässt sich dann eine übergreifende Technikphilosophie konstruieren, bzw. eine allgemein gefasstere Schnittstellenthematik eröffnen.

Ausgehend von Turings Gedankenexperiment, dem ‚imitation game', da wir uns im Kontext der Neuen Technologien bewegen, kann die Schnittstellenthematik als ein vielleicht möglicher Weg und Schlüs-

---

[240] Zum Beispiel: „Der Satz von der Identität hat als Hintergrund den »Augenschein«, daß es gleiche Dinge gibt. Eine werdende Welt könnte im strengen Sinne nicht »begriffen«, nicht »erkannt« werden; [...]." (III 457f) Oder: „Aber tatsächlich gibt es nichts Gleiches [...] waltete der Irrtum, schon da fingieren wir Wesen, Einheiten, die es nicht gibt.– [...]. Bei allen wissenschaftlichen Feststellungen rechnen wie unvermeidlich immer mit einigen falschen Größen: aber weil diese Größen wenigstens *konstant* sind, wie zum Beispiel unsere Zeit- und Raumempfindung, [...]; man kann auf ihnen fortbauen – bis an jenes letzte Ende, wo die irrtümliche Grundannahme, jenen konstanten Fehler, in Widerspruch mit den Resultaten treten, [...]." (I 461)
Anm.: Der Unterschied zu Nietzsches Lehre der „ewigen Wiederkunft des Gleichen" liegt darin, dass sie zutiefst *dynamisch* strukturiert ist und dadurch *Statisch-Gleiches* gleichsam verflüssigt und dynamisiert.

sel zur Vereinigung aufgegriffen werden, und ist von daher als ein *methodologischer, konstruktiv-schematisierender Ansatz* zu verstehen, den man ausprobieren kann. Es handelt sich um einen *Methode*, und nichts außerdem.

Oder nochmals mit Nietzsche gesprochen und von ihm unterstützt, der den ‚Weg der Methode' als einen wichtigen Weg des erkennenden Perspektivismus ansieht: „Die wertvollsten Einsichten werden immer am spätesten gefunden: aber die wertvollsten Einsichten sind die *Methoden*." (III 808)

Die *Logik* und *Vorhersagbarkeit* dieser Methode, der Schnittstellenthematik, liegt in den *Designgesetzen* begründet und verwurzelt. Ein Schönheitsbegriff, der in der Lage ist „Gegensätze zu bändigen" (vgl. III 882) und zu vereinen, kann nicht statisch, sondern muss *dynamisch wirkend* gedacht und *dynamisch konstruiert* werden.[241]
Es ist die alétheia, von der der Mensch seine Gewissheit her bezieht; ihre *Fluktualität* verbürgt eine gewisse Dynamik, die zugleich den Rhythmus und die Dynamik des Menschen, bzw. sein Geschmackurteil widerspiegelt. Die alétheia ist vom Menschen her geprägt, – *nicht von einem Sein genomen*, da dieses Sein mit Nietzsche umgewertet und abgeschafft worden ist.

Dies ist ein zentraler Aspekt innerhalb der Technologie der Virtuellen Realität, wie noch aufgezeigt werden wird.

Zusätzlich gilt es nunmehr mit Nietzsche, sich die Natur, bzw. die Physis, die natür-liche Eigene und die fremde Andere, einzuverleiben.[242] Per definitionem geht in die antike Vorstellung von *physis*

---

[241] Zum Beispiel: „Ist Wille möglich ohne diese beiden Oszillationen des Ja und Nein?" (III 778); oder: „Der Prozeß aller Religionen und Philosophie und Wissenschaft gegenüber der Welt: er beginnt mit den gröbsten Anthropomorphismen und h ö r t n i e a u f s i c h z u v e r f e i n e r n. [...]. Die Metamorphosen sind das Spezifische." (KGW III/4:44); oder: „[...],w e i l w i r a b e r n i c h t s F e s t e s s i n d, i s t e i n D i n g a u c h k e i n e f e s t e Summe." (KGW V/1:768); oder: „Die Metamorphosen des Seienden (Körper, Gott, Ideen, Naturgesetze, Formeln usw.)." (III 895)

[242] Anm.: Gleich als erstes sei ein Zitatbeispiel aus der Antike angeführt, die Nietzsche sehr verehrte, ohne sie jedoch erneut aufleben lassen zu wollen [s. z.B. (KGW IV/1: 159) oder (KGW IV/1:77)], sondern eine neue große Zeit des ‚Übermenschen' und des ‚höheren Menschen' anstrebt, den es als Ausnahmefall allerdings schon oft in der Geschichte gab (s. z.B. II 1166 (3)), und eben besonders oft in der Antike: „Wie anders sahen die Griechen in ihre Natur, wenn ihnen, wie man eingestehen

unweigerlich ein Gerichtetsein, ein *telos* mit ein. Man beachte, wie Nietzsche auch diese antike Begrifflichkeit umgewertet hat, indem er die physis denkerisch weiterhin beibehält, zumal ihr dynamischer Charakter für sie spricht, jedoch das telos hinausgedacht hat. Nietzsche geht gleichermaßen über unser modernes Verständnis von Natur hinaus, das latent folgende Züge aufweist, die er missbilligt und folgenden neuen Umgang mit ihr fordert:

„Natürlicher ist unsre Stellung zur *Natur*: wir lieben sie nicht mehr um ihrer »Unschuld«, »Vernunft«, »Schönheit« willen, wir haben sie hübsch »verteufelt« und »verdummt«. Aber statt sie darum zu verachten, fühlen wir uns seitdem verwandter und heimischer in ihr. Sie aspiriert *nicht* zur Tugend: wir achten sie deshalb." (III 616)

Spannend an dieser Nietzsche'schen Herangehensweise an die Naturwissenschaften, bzw. vor allem an die moderne Technik, wäre die Untersuchung der Frage, ausgehend von der in den Ingenieurwissenschaften dominanten Denk- und Vorgehensweise, ihre Konstruktionen der Natur nachzuahmen, wie z.B. bekannterweise in der Statik, oder in der Chemie und Materialforschung und in anderen Zweigen mehr oder weniger auf den ersten Blick ersichtlich, inwieweit diese

---

muss, das Auge für Blau und Grün blind war, [...] – wie anders und wie viel näher an den Menschen gerückt musste ihnen die Natur erscheinen, weil in ihrem Auge die Farben des Menschen auch in der Natur überwogen und diese gleichsam in dem Farbenäther des Menschen schwamm! (Blau und Grün entmenschlichen die Natur mehr, als alles Andere.) [...]. Dies ist nicht nur eine Mangel. Er sieht vermöge dieser Annäherung und Vereinfachung und Harmonien der Farben i n d i e D i n g e h i n e i n, welche einen grossen Reiz haben und eine Bereicherung der Natur ausmachen können. Vielleicht ist dies sogar der Weg gewesen, auf dem die Menschheit d e n G e n u s s im Anblick des Daseins erst gelernt hat: [...]. Und noch jetzt arbeitet sich mancher Einzelne aus einer theilweisen Farbenblindheit in ein reicheres Sehen und Unterscheiden hinaus: wobei er aber nicht nur neue Genüsse findet, sondern immer auch einige der früheren a u f g e b e n u n d v e r l i e r e n m u s s." (KSA 3, 261f (426)); oder: „All die Schönheit und Erhabenheit, die wir den wirklichen und eingebildeten Dingen geliehen haben, will ich zurückfordern als Eigentum und Erzeugnis des Menschen: als seine schönste Apologie. [...]. Das war bisher seine größte Selbstlosigkeit, daß er bewunderte und anbetete und sich zu verbergen wußte, daß *er* es war, der das geschaffen hat, was er bewunderte. – " (III 680); oder: „Meine Forderung ist, daß man den *Täter* wieder in das Tun hineinnimmt, nachdem man ihn begrifflich aus ihm herausgezogen und damit das Tun entleert hat ; [...] Alle »Zwecke«, »Ziele«, »Sinne« sind nur Ausdrucksweisen und Metamorphosen [...]." (III 679); oder: „Aber zum Menschen treibt mich stets von neuem, mein inbrünstiger Schaffens-Wille; so treibt's den Hammer hin zum Steine." (II 1138 (8))

„Vernatürlichung" des Menschen und seiner *Produkte*, den Blick auf die Menschen selbst und seine *Bedürfnisse* verstellt.
Die Umkehrung dieses latenten Schönheitsgesetzes, die „Vermenschlichung" der Natur kann ebenso in Geltung gebracht werden, da es vielleicht den Blick auf die Natur verstellen und damit ihre Erkenntnis verhindern könnte.
Als prominentes und anschauliches Beispiel der heutigen Tage könnte man als philosophisches und naturwissenschaftliches Untersuchungsobjekt die Technologie der Künstlichen Intelligenz anführen, insofern sie dem Ansatz nachgeht, neuronale Gehirnstrukturen mit informationstechnischen Netz- und Computerstrukturen in Verbindung zu bringen.
Die Grenzfunktion und Schnittstelle inmitten dieser wechselseitig wirkenden Sichtweisen und Wertzuordnungen, die die Strukturen der Erkenntnisfähigkeit festlegt, gilt es freizulegen und auszuwerten.
Die Schnittstelle kann lediglich von ihren sie gestaltenden prinzipiellen Gegensätzen her bestimmt werden. Der jeweilige Maßstab ist der bis an seine Grenze gespannte Bogen der Gegensätze, bzw. der in ihn eingespannte Mensch, der erst in dieser, an ihm wirkenden, vielfachen und vielfältigen Spannung, den Überblick und die ihm gemäße Erkenntnis erfahren kann. In einem instinktiven und automatischen Geschehenlassen „überfällt" (vgl. z.B. II 1129 (1)) einen das Geschmacksurteil, die Ästhetik, die alétheia.
In dem selben denkerischen Spannungsbogen sollte das Empfinden und die implizit allgemein wissenschaftlich akzeptierte Aussage von der Eleganz und der Harmonie eines Beweises, einer Theorie etc. stehen, um erkenntnis- und menschennaturhinderliche Simplifikationen zu vermeiden – ein Beispiel einer einseitigen, anthropozentrischen Simplifikation, wäre das geozentrische Weltbild.[243] Deswegen ist meiner Meinung nach, die folgende Aussage Nietzsches, der er selber eine wichtige Bedeutung zumaß, wie der ihr umgebende Kontext zeigt, gerade auch für technikphilosophische Überlegungen nicht zu unterschätzen oder zu überlesen:

---

[243] Anm.: Ein kleines, technisches Beispiel einer gelungenen Überwindung einer denkerischen und anthropozentrierten Simplifikation und Nachahmung wäre die Erfindung des Flugzeugs. Während das Umbinden von Flügeln gleich einem Vogel am ‚leicht-luftigen' Himmel, dem Menschen nichts einbrachte, führte u.a. erst der Blick in die entgegengesetzte Richtung, nämlich unter und auf das ‚schwer-zähe' Wasser zu dem Erkennen von Auftriebsgesetzen.

„Erster Satz. Die *leichtere* Denkweise siegt über die schwierigere – als *Dogma: simplex sigillum veri.* – *Dico*: daß die *Deutlichkeit* etwas für Wahrheit ausweisen soll, ist eine vollkommne Kinderei..." (III 883)

Die „Ausdrucksweisen" von Natur und Technik sollten also nicht unbedingt *einfachen natür-lichen* Analogiebildungen entsprechen, keine Anpassung um jeden Preis sein, sondern sie können eventuell sogar zu einer „Bereicherung der Natur" führen, wie bei den Griechen (vgl. Fußnotennr. 242), bzw. neue technische und naturwissenschaftliche Perspektiven eröffnen, indem man in der *Annäherung von Gegensätzen* eine größtmögliche Spannung aufbaut, wie zum Beispiel zwischen Mensch und Natur, Mensch und Maschine, oder Geistes- und Naturwissenschaften, um ‚Über-Sehen' und Erkennen zu können.

Auch dies ist ein wichtiger Punkt für die Betrachtungen über die Technologie der VR, sowie für das Innerhalbsein im (immersiven) Cyberspace.

Kann man mit Nietzsche auf den antiken *Logos* zurückgreifen, um die Strukturen und den Rahmen von Erkenntnismöglichkeiten feststellen zu können, oder hat Nietzsche hier ebenfalls Modifikationen angebracht und umgewertet?

Versteht man unter lógos im Sinne eines einheitlichen Gefüges, festgeschriebene Proportionen, Symmetrien und Relationen oder eventuell noch wegen dem weiten Bedeutungsumfang des Wortes lógos, eine umfassende Struktur, die das Sein trägt, in einem Sinne das der lógos bei Gott und dem Wort ist, dann muss man mit Nietzsche den „toten Gott" (vgl. z.B. II 205 (343)) und mit ihm das Objektive, Ontische, die feste Struktur des Seins herausnehmen. Soweit kommt man ungefähr dem am nächsten, was von dem lógos übrig bleibt, mit Heraklit, der in Fragment 1 aussagt:

„[...] dies sei sein Logos, den keiner zu fassen imstande ist, auch nicht die Leute, die mit ihm umgehen."

Man darf sich mit Nietzsche *nichts Systemhaftes* und *nichts Einheitliches* vorstellen, diese beiden Grenzen und Aspekte sind von Nietzsche aufgebrochen worden. Dies bedeutet ein Überschreiten von herkömmlichen Regeln, Symmetrien und Ordnungen.

Das Systemdenken, gemeint ist weniger die geistes- und sozialwissenschaftliche und naturwissenschaftliche Denkart wie sie Nietzsche und seine Zeit vor ihm verstand, sondern auf die heutige Zeit gemünzt, insbesondere das moderne *kybernetische* Denkgeflecht der Steuerungs- und Regelungstechnik und der Computerwissenschaften, das sich heute in alle Fachdisziplinen zu erstrecken beginnt, wird von Nietzsche miterfasst, wenn er schreibt:

„Hüten wir uns zu denken, daß die Welt ein lebendiges Wesen sei. [...] wie es jene tun, die das All einen Organismus nennen [...]. Hüten wir uns schon davor, zu glauben, daß das All eine Maschine sei [...]. Hüten wir uns, zu sagen, daß es Gesetze in der Natur gebe. Es gibt nur Notwendigkeiten: [...]. Wenn ihr wisst, daß es keine Zwecke gibt, so wißt ihr auch, daß es keinen Zufall gibt: [...]. Hüten wir uns, zu denken, die Welt schaffe ewig Neues. Es gibt keine dauerhaften Substanzen; die Materie ist ein ebensolcher Irrtum wie der Gott der Eleaten." (II 115f (109))

Das Einstellen von definierten Regel- und Stellgrößen bzw. -bereichen, wie es ein Organismus, eine Maschine, ein Regelkreis allgemein verlangt, erfordert eine klare Vorgabe und Festsetzung von Rand-, und Anfangs- oder Endbedingungen. Jede Programmierung und Ordnung wird durch Zwecke und Ziele bestimmt, die auch nicht durch gewollte indeterministische Programmbeschreibungen, neuronale Netze etc. aufgehoben werden können, sondern systeminhärent bleiben. Das Programmieren von sogenannten ‚selbstlernenden' Systemen bis hin zu allumfassenden Supergehirnen, mit oder ohne Anbindung des Systems ‚Mensch' an das System ‚Computer' durch informationsübertragende Neuro-Chip-Implantate, bleibt einem naturgesetzlich folgenden Systemgedanken verhaftet, sowie einem (teleologischen) Gedanken einer Höherentwicklung und unbegrenzten, ständigen Neuerungen.

Der *Gedanke der Reduzierung* von Materie auf atomare Teilchen, Masse- und Energieeinheiten bis hin zu der masselosen ‚Information an sich' legt mit Nietzsche nahe, der eine *Begrenzung* der *Anzahl* der Kräfte (s. z.B. III 456 od. III 459) voraussetzt, ebenfalls philosophisch und technisch zu hinterfragen, welche Konsequenz sich daraus für die Entwicklungstendenz ergibt: z.B. ist der Endpunkt eine Wiederholung und „Wiederkehr", oder eine offene Spirale? Und wie steht es um die Hoffnung der Technologie der KI bezüglich einer

Realisierung einer ‚All-Intelligenz', oder mit der ähnlichen Hoffnung der Technologie der VR bezüglich des erhofften Zuwachses an Kreativitätspotential?

Im übrigen geht Nietzsche passend dazu von der Annahme einer begrenzten *Raumgestalt* aus (s. z.B. III 446 od. III 1236), die man also als ein *System* behandeln kann, vergleichbar der modernen Systemtheorie.

Nietzsche begrenzt auf der einen Seite seiner Philosophie den Raum und die Kräfterelationen, und auf der anderen Seite will er die Einheit und die Systemhaftigkeit aufsprengen – in welchem Widerspruch befindet er sich dennoch, trotz dieser äußeren Merkmale und Übereinstimmungen, zu der modernen Kybernetik?

Der Unterschied lässt sich knapp in einem kurzen, aber wichtigen Nebensatz zusammenfassen, der zudem Nietzsches Verständnis von lógos miterschließt:

„[...]; keine konstante Zahl des Werdenden." (III 896)

Anders ausgedrückt, Nietzsches Verständnis von dem Begriff Metamorphose, des sich fortwährend Wandelnde und Verwandelnde, ist der Hauptgrund für einen „Kampf des Werdenden miteinander" (ebd.), der ein konstantes Werden und Geschehen ausschließt. Notwendigkeit zu besitzen, bedeutet, auch für die Naturnotwendigkeiten: „da ist keiner, [..] der übertritt." II 116 (109)), im gegebenen Kontext, verstanden im Sinne von Fehlgehen. Ganz im Gegenteil, da es keine feste, starre Netzstruktur gibt, kann und muss man aus dem Rahmen treten, Symmetrien brechen, Diskontinuitäten aufsuchen, und den eigenen Bahnen mit Notwendigkeit Folge leisten. Es liegt ein flexibles Netz von Notwendigkeiten vor, das keinem einheitlichen Gesetz unterliegt, die passende Gesetzlichkeit müsste ein *vieldeutiges* ‚Gesetz' sein, das die Vieldeutigkeit und Wandlungsfähigkeit widerspiegeln kann, dass das Werden und die Metamorphose erfassen kann. Wenngleich eine gewisse äußere Systemhaftigkeit erhalten bleibt, so doch nicht das Systeminnere, von ihm lässt sich mit Nietzsche nur schlecht von einem Systemgedanken sprechen.

Das Werden auf Dauer und Konstanz einstellen und regulieren zu wollen, auf feste Stellgrößen und Systemparameter, die zur Steuerung und Regulierung von Systemen unabdingbar sind, und noch dazu in vorgeschriebenen Leitungen und Bahnen verlaufen zu lassen, so wie bei jedem Computersystem und Organismus, läuft Nietzsches Philosophie in jedem einzelnen Worte zuwider. Die technische und praktische Fixierungsbandbreite und Intervallgröße der Systemgrößen wäre wohl in jedem Fall zu groß und unflexibel gedacht und gewählt, um einen vexierhaften Werdensprozess adäquat wiedergeben zu können, außerdem widerspricht der technische Denkansatz der Systemregulierung auf einen bestimmten Zustand hin, der ateleologischen Haltung Nietzsches von Grund auf.

Wie tiefgehend die Ablehnung des Ästhetikers Nietzsches gegen statische, andauernde, generelle ‚An-sich'-Denkstrukturen geht, zeigt seine konsequente Abweisung von selbst ästhetischen Gesetzlichkeiten, insofern sie zu einer letzten Weisheits- und Wahrheitsidee erhoben und fixiert werden, und damit einen moralischen Status erlangen: „Der Gesamtcharakter der Welt ist dagegen in alle Ewigkeit Chaos, nicht im Sinne der fehlenden Notwendigkeit, sondern der fehlenden Ordnung, Gliederung, Form, Schönheit, Weisheit, und wie alle unsere ästhetischen Menschlichkeiten heißen." (II 115 (109))
Designgesetze müssen einen dynamischen Charakter aufzuweisen vermögen, so daß man sie auch als *Designnotwendigkeiten* bezeichnen könnte. Dynamik wird immer aus Gegensätzen, aus Kräfterelationen, aus den Will*en* zur Macht, geboren, und als solches ist in ihr die Statik und das Sein zugelassen und inbegriffen. Dynamik und Statik, bzw. Werden und Sein sind wie zwei kommunizierende Röhren miteinander fließend-dynamisch verbunden.[244]
Die *Schnittstelle* zwischen Werden und Sein wird durch ein *notwendiges, dynamisches Designgesetz*, bzw. eine *Designnotwendigkeit* aufgefüllt und erklärbar.

Dass ein solches Designgesetz bei Nietzsche angestrebt wird, zeigen seine zeitlebens andauernden Bemühungen und sein Ringen um die Ästhetik, die er als *allgemeines Prinzip* des Dionysisch-Apollinischen ausformulierte. Die Anwendung des ästhetischen Prinzips auf sämtliche Lebensbereiche, die z.B. von der Physik, für die Nietzsche sich sehr interessierte, über die Biologie, Psychologie,

---

[244] Anm.: Anhand des folgenden, höchsten Gegensatzes bei Nietzsche läßt sich das Gesagte verdeutlichen und unterstreichen: „[...] durch einen Bruderbund beider Gottheiten zu symbolisieren: Dionysus redet die Sprache des Apollo, Apollo aber schließlich die Sprache Dionysus: womit das höchste Ziel [...] erreicht ist." (I 120 (21.))

Historie, Kulturanthropologie, Kunst bis hin zur Politikwissenschaft und des allgemeinen Alltagslebens reichen, wird von Nietzsche in meist ausschließenden, negativ charakterisierenden Beschreibungen vorgenommen; – allerdings lassen sich verstreut durchaus positiv formulierte und ausgearbeitete Beschreibungen von Designgesetzen finden, wie sie z.B. in dem Gedanken der ‚*Ornamentalen Formenkette*' verwirklich werden, die eine *konkrete Anwendung* auf Alltags- und Konsumgegenstände aufzeigt.[245] Der Schritt von hier, zu den unser Leben umgebenden und bestimmenden technischen Produkten, sowie Produktionstechniken und -theorien, also zu allgemeinen technikphilosophischen Überlegungen ist naheliegend, und trifft damit vor allem besonders ins Herz von Nietzsches beständigem Ringen um das *Verhältnis von Erkenntnis zum Leben*.

Nietzsches wichtiger Verdienst war es u.a. *die Richtung zu weisen*, über ihn hinaus: von seinem allgemeinen Prinzip der Ästhetik *hin zur Suche* von einzelnen, konkreten Designgesetzen. Eine nachfolgende Aufgabe im Sinne Nietzsches wäre zu versuchen, sein allgemeines Prinzip der Ästhetik zuerst einmal mit *Inhalten*, und später dann eventuell mit *Leben* zu füllen.

Die im Dunkeln erscheinenden, und merkwürdig metaphorisch verschlüsselt und uneindeutigen Formulierungen Nietzsches mussten, meines Erachtens, u.a. in diesem Stil gehalten werden, weil Nietzsche auf keine, oder kaum bis dato existierende Designgesetze zurückgreifen konnte, auf die er sich eindeutig und für andere verständlich beziehen konnte, und damit nur als Bruchstücke und Vorgestelltes vorstellen und umschreiben konnte. Nietzsche konnte diese Aufgabe zudem zur damaligen Zeit nicht alleine lösen, und nur den allgemeinen Faden ausrollen, da sie auf *interdisziplinäre Beschreibung* und Zusammenarbeit angewiesen ist, und wichtigerweise auch die *historische Entwicklung* berücksichtigen muss.

Meines Erachtens werden es die Neuen Technologien und ihre Implikationen sein, ob bewusst oder unbewusst, die sich dieser Aufgabe früher oder später stellen müssen und bewältigt werden, da die interdisziplinäre Zusammenarbeit der Fachrichtungen bei den Neuen Technologien so groß wie wohl nie zuvor und weiter zunehmend ist;

---

[245] Anm.: Für einen nichttechnischen Kontext findet man Näheres dazu ausgeführt bei: Ommeln, Miriam, *Die Verkörperung von Friedrich Nietzsches Ästhetik ist der Surrealismus*, Peter Lang, Frankfurt, 1999

und gerade die nach Nietzsche verstandenen ästhetischen Daseins-, Lebens- und Realisierungsbedingungen des Menschen an Dringlichkeit gewinnen werden, speziell in der Technologie der Virtuellen Realität.

Wo soll man mit Nietzsche die Dynamik und dynamischen Gesetzlichkeiten, bzw. Notwendigkeiten ansetzen und finden? Zum einen da, wo es auch später durch Alan Turing alternativ vorgezeichnet wurde, und mit der Technologie der Virtuellen Realität zum Entwicklungsschwerpunkt avancierte. Und zum anderen selbstverständlich dort, wo Nietzsches denkerische Wurzeln liegen, von denen aus er seine eigenen Entwicklungsstränge nährte: in der Antike.

„Auch Heraklit tat den Sinnen unrecht. Dieselben lügen weder in der Art, wie die Eleaten es glauben, noch wie er es glaubte – sie lügen überhaupt nicht. Was wir aus ihrem Zeugnis *machen*, das legt erst die Lüge hinein, zum Beispiel die Lüge der Einheit, die Lüge der Dinglichkeit, der Substanz, der Dauer... Die »Vernunft« ist die Ursache, daß wir das Zeugnis der Sinne fälschen. Sofern die Sinne das Werden, das Vergehn, den Wechsel zeigen, lügen sie nicht... Aber damit wird Heraklit ewig recht behalten, daß das Sein eine leere Fiktion ist. Die »scheinbare« Welt ist die einzige: die »wahre« Welt ist nur *hinzugelogen*..." (II 958 (2))

Die Sinneswahrnehmungen dienen als Ausgangspunkt. Die Instinkte und gesammelten Erfahrungen bilden den Hintergrund für jedes zusammenzählendes, gruppierendes, ansammelndes, rechnendes, sprich logisches Vorgehen. Da das Logische bedingt durch seine spezifische Weise des Erfassens auf Statik und Dauer quasi vorprogrammiert ist, ist es immer etwas ‚blind' für den Werdensprozess, und ihm immer retardiert. Ein verharrender Moment ist für Nietzsche insoweit akzeptabel und notwendig, wenn er nicht zu einem andauernden Sein mutiert, und seine Intervalllänge dynamisch gegen Null strebt. Das dem so ist, erkennt man an der Charakterisierung des Gegensatzpaares Dionysos und Apollon. Es ist von der Schärfe der menschlichen Sinne abhängig, wie fein und detailliert der Mensch zu erkennen vermag. Je feiner, je kleiner die Intervalle, und je dynamischer der Gesamtvorgang abläuft, *desto realer* wird der Eindruck von der Welt sein. Der Widerschein der Dynamik und ihrer Erkenntnis ist

der Anschein, der zugleich die den Menschen einzig zugängliche Realität ist.
Hinter dem Schein existiert für den Menschen nichts Erfassbares mehr, da der Rhythmus der eigenen Sinnesorgane mit dem Rhythmus der Erkenntnis und des ‚Seins' getriggert ist; da Sein und Werden bei Nietzsche zusammenfallen und nicht gedanklich, rational getrennt voneinander zu betrachten sind.
Dieser Gedanke der Triggerung ist für den Cyberspace, bzw. die Virtuelle Realität von Relevanz, und zwar im direkten Wortsinne der philosophischen Problematik von ‚Virtualität' und ‚Realität'; dazu wird später mehr gesagt werden.
Es lässt sich festhalten: Die *Matrix der Erkenntnis* bildet ausschließlich der menschliche Körper.

„Eine Verpflichtung, daß er den Logos erkennen müsse, weil er Mensch sei, existiert nicht." (III 377 (7))

Nietzsche formuliert hier ein ungeheures Wagnis einer Umwertung, das auf den ersten Blick beim Lesen von Nietzsches Werken nicht unbedingt klar und deutlich heraustritt, da er als bekennender Bewunderer der Antike, die Antike nicht wirklich unverblümt angreift, sondern in leisen Tönen uminterpretiert, wie zum Beispiel die griechische Tragödie, oder durch den Mund anderer antiker Philosophen, wie z.B. Heraklit, maskiert spricht und fast unmerklich darauf selbst weiter aufbaut und radikalisiert, bzw. zu Ende denkt.
Nietzsches Angleichung von Werden und Sein: „Dem Werden den Charakter des Seins *aufzuprägen* – [...]. *Daß alles wiederkehrt,* [...] *– Gipfel der Betrachtung.*" (III 895), bedeutet zusammen mit z.B. dem obigen, letzten Zitat, eine Eliminierung des klassischen lógos zugunsten der alétheia.
Es ist keine totale Eliminierung des lógos, die Nietzsche hier durchführt, sondern, wenn nach Wolfgang Schadewaldt der antike „Logos als Gefüge geradezu der Grund des Seienden ist", und die „alétheia nichts zu tun hat mit irgendeiner Angleichung des Verstandes an eine Sache, sondern eine bestimmte Weise ist, wie das Seiende selbst sich uns zeigt"[246], dann wandelt sich der lógos von ehedem, unter Nietzsches Betrachtungsweise, in einen lógos, der als Grundgefüge des

---

[246] Vgl. Schadewaldt, Wolfgang, *Die Anfänge der Philosophie bei den Griechen*, a.a.O., S. 187 und S. 195

menschlichen Körpers und seiner Sinneswahrnehmungen zu konstruieren ist, und die alétheia zeigt ihre ‚Unentzogenheit', ihren Wahrheits-, bzw. Wirklichkeitsgehalt *vom* und *durch* den Menschen her genommen, – das Sein war ja mit Nietzsche entwertet und abgeschafft worden. Die Eigenschaft der alétheia „die übergreifende funktionale Zuständlichkeit"[247] herstellen zu können, wird daran sichtbar, wie sich uns selbst der menschliche Wahrnehmungs- und Sinnesapparat offenbart. Wir interpretieren uns selbst, unseren Eigen-Logos, der dynamisch strukturiert ist, analog zu der prozessualen Funktionsweise der biologischen menschlichen Sinnesorgane, und in der alétheia erhalten wir die momentane, zeitlich begrenzte Bestätigung.[248] Ergo, sind bei Nietzsche Werden und Sein so korreliert, das sie als Zeitphänomen ineinander fließen und sichtbar werden können:

„Da aber die Zeit unendlich theilbar ist, so ist die ganze Welt möglich rein als Zeitphänomen, weil [...]." (KGW III/4: 178f)
Oder: „Sondern nur absolut veränderliche Kräfte können wirken, solche die keinen Augenblick dieselben sind. Alle Kräfte sind nur F u n k t i o n e n   d e r   Z e i t." (KGW III/4: 180)

Um die volle Bedeutung des Zeitphänomens, verstehen zu können und den genaueren Zusammenhang zwischen *alétheia und Ästhetik*, bzw. den in diesem Kontext relevanten Designgesetzen für die Technikphilosophie, insbesondere für die Technologie der Virtuellen Realität, möchte ich an dieser Stelle kurz auf das Verbundensein von *Logos und Ästhetik* eingehen: und zwar ausgehend von Günter Abel,

---

[247] Ebd., S. 199
[248] Anm.: An den folgenden Zitaten wird nochmals deutlich, dass die *alétheia* weniger mit dem Begriff der ‚Wahrheit' in Verbindung gebracht werden sollte, sondern als ‚Unentzogenheit' besser einen interpretatorischen und veränderlichen Aspekt wiedergeben kann:
„Das der *Wert der Welt* in unserer Interpretation liegt [...], daß die bisherigen Interpretationen perspektivische Schätzungen sind, vermöge derer wir uns im Leben, d.h. im Willen zur Macht, zum Wachstum der Macht erhalten, daß jede *Erhöhung des Menschen* die Überwindung engerer Interpretationen mit sich bringt, daß jede erreichte Verstärkung und Machterweiterung neue Perspektiven auftut [...] – das geht durch meine Schriften. [...]. Die Welt, *die uns etwas angeht*, ist falsch, d.h. kein Tatsachenbestand, sondern [...]; sie ist »im Flusse«, als etwas Werdendes, als eine sich immer neu verschiebende Falschheit, die sich niemals der Wahrheit nähert: denn – es gibt keine »Wahrheit«." (III 497)

bzw. seiner Nietzsche Interpretation[249], weil sie in meinem eigenen Interpretationssinn nahe kommt.
Abels sogenannter „geschehens-logische Interpretations-Zirkel" stellt eine Interpretationsverknüpfung zwischen Logik und Ästhetik als einen elementaren „Fundamentalvorgang" dar, auf dessen „Grundstruktur sich die Idee einer prinzipiellen Kluft zwischen wissenschaftlicher Erkenntnis und Ästhetik nicht mehr aufrechterhalten lässt."[250] Auf der Grundlage, dass Interpretation eine „interne Eigenschaft jeden Geschehens selbst ist, und „Geschehen nicht nicht-interpretativ sein kann", kann Abel sagen, dass das Logische „nur *als* Interpretation *ist*."[251] Er schreibt weiterhin:
„Vom Menschen aus sind die Interpretationen unterschiedlicher und miteinander verschränkter Art, z.B. Interpretationen wissenschaftlicher, begrifflicher, bildlicher, literarischer, perzeptiver, kurz: logischer und ästhetischer Natur. Da die Ebene des Logischen nicht noch einmal hintergangen werden *kann*, und da sich das Ineinander der logischen und ästhetischen Momente oftmals einer genaueren Auftrennung entzieht, ist unsere Welt das ineinandergreifende Produkt des Logischen und des Ästhetischen. [...]. Das Leben selbst logifiziert und ästhetisiert durch uns, wenn wir dasjenige konstruieren, was uns dann als Welt, Wirklichkeit und Sinn gilt. [...], aufgefaßt als logisch-ästhetische Grenze im Sinne der welt- und sinn-erzeugenden Funktionen des Interpretations-Zirkels, außerhalb dessen es keine Realität bzw. Erfahrung gibt, [...] schließlich als eine *Physio-Logie der Kunst*, als transfigurierte Praxis des Leibes entfaltet."[252]
Abel warnt davor, die Bedeutung des Ästhetischen nicht in ein „metaphysisches Denken" münden zu lassen und den „Interpretations-Zirkel selbst als ‚ästhetisch' zu qualifizieren", da das „umfassende Grundwort ‚Interpretation' heißt", und das „Ästhetische eine Weise der Interpretation ist, nicht umgekehrt."[253] Den wichtigen Gedanken

---

[249] Abel, Günter, *Nietzsche. Die Dynamik der Willen zur Macht und die ewige Wiederkehr*, de Gruyter, Berlin, 2. Aufl., 1998
[250] Ebd., S. 176
[251] Ebd., S. 172
[252] Aus der Zusammenfassung seines oben erwähnten Buches in dem Artikel: Abel, Günter, *Logik und Ästhetik*, In: *Nietzsche-Studien, Internationales Jahrbuch für die Nietzsche-Forschung*, Bd. 16 (1987), de Gruyter, Berlin, S. 120f
[253] Vgl. Abel, Günter, *Nietzsche. Die Dynamik der Willen zur Macht und die ewige Wiederkehr*, a.a.O., S. 180

des „geschehens-logischen Interpretations-Zirkels" möchte ich dahingehend ausdifferenzieren, dass ich einen Unterschied zwischen Ästhetik allgemein und Ästhetik, bzw. alétheia beschreiben möchte, der bei Nietzsche auch ersichtlich ist, und damit doch ein Schwergewicht auf die Ästhetik, resp. die alétheia legen.[254]
In dem philosophischen Zirkel hat man einen Zirkelschlag, in dem das Ästhetische und Logische eine Weise der *Interpretation* ist, – und einen Zirkelschlag, in dem die Interpretation eine Weise der Ästhetik und der Logik ist.
Letzteres trifft zu, weil „hinter aller Logik [...] Wertschätzungen stehen, deutlicher gesprochen, physiologische Forderungen" (vgl. II 569 (3)), und „vom Leibe und der Physiologie auszugehen ist" (vgl. III 475), die eine „*Physiologie der Ästhetik*" (II 853 (8)) darstellen und hervorbringen. „Der Mensch ist *als* Leib-Organisation die Grenze seiner Welt"[255], wie Abel richtigerweise schreibt, damit aber meinem Erachten nach selbstsetzend Ästhetik und Logos. Jeder Willen zur Macht besteht aus der Einheit ‚Ästhetik und Logos', wobei das ‚und' nicht einen verbindenden Gegensatz zwischen Ästhetik und Logos symbolisiert, weil Logos und Ästhetik in eins zusammenfallen. Die Willen zur Macht müssen und können nicht anders als *ästhetisch und logisch* auslegen und interpretieren, – und die Interpretationen selbst sind immer nur ästhetischer und logischer Natur.
Es ist auf alle Fälle wünschenswert und wichtig eine wertfreie und gleichberechtigte Argumentation, innerhalb einer Nietzsche'schen Philosophie des Perspektivismus zu formulieren, etwa die Gleichwertigkeit von Logik/lógos[256] und Ästhetik herauszustellen, die

---

[254] Anm.: Auch Günter Abel erkennt die Einseitigkeit in Nietzsches Philosophie zugunsten der Ästhetik, wenn er schreibt das „diese (die Bedeutung des Ästhetischen, v.V.) ist vielmehr so hoch anzusetzen, daß man sogar auf den Gedanken kommen muß, den Interpretations-Zirkel selbst als ‚ästhetisch' zu qualifizieren." (Ebd., S. 180). Abel weist die Dominanz der Ästhetik u.a. aufgrund der geschichtlichen Entwicklung zurück, da seit der Antike – nach Nietzsches eigenem Bekunden – der ‚theoretische Mensch' bis heute dominiert, und Nietzsche deshalb die Ästhetik als Korrektiv so stark (über-)betonen musste, um die Kluft zwischen dem Logischem und dem Ästhetischen überwinden zu können. (Vgl. ebd., S. 177)
[255] Ebd. S. 304
[256] Anm.: Nietzsche unterscheidet nicht zwischen logos und Logik. Für ihn ist die Logik gleichbedeutend mit dem formellen Verstandesdenken, der formalen Logik, während das philosophisch-philologisch Logische im Sinne des ursprünglichen, antiken logos denkwürdigerweise von dem begeisterten Philologen und Dichter

Nietzsche vor allem durch die Charakterisierung des notwendigen Gegensatzpaars Apollon und Dionysos zum Ausdruck bringt. Man sollte, nebenbei gesagt, den *lógos* und die *theoretische Erkenntnislehre* nicht aus den Augen und den Sinnen, sprich den (geistigen) Betrachtungen verlieren, trotz der modernen Interpretationsströmung und des gängigen Paradigmas, dass ‚vom Leib auszugehen' sei. Die sogenannte *Leibphilosophie* Nietzsches fügt sich scheinbar nahtlos in ein gewisses Denken der modernen Körperkultur (Gesundheit, Ernährung, body-styling-Ideale etc.) und Körperanschauungen, wie z.B. seine Verfügbarkeit in der Gentechnik, als Objekt der Neurobiologie etc. ein: es ist vom Leib auszugehen, diesen zu erforschen und zu ‚erhöhen'. Doch Nietzsches ‚Leib' ist nicht neutral, er wertet, bzw. es wird durch ihn hindurch gewertet. Man mag einwenden, er werte zu eben diesem Denken hin... Ich werde ein paar Zeilen später darauf zurückkommen, was es bei Nietzsche bedeutet ‚*Werte zu setzen*'.

Nietzsches Philosophie ist nicht um Objektivität oder pluralistische Egalität bemüht, vielleicht kann man sie mit tolerant bezeichnen, sie *wertet*. Durch Nietzsches Schriften geht eine sowohl persönliche, sehr subjektive als auch eine philosophische Parteinahme für seine von ihm selbst kreierte Begriffsbedeutung des *Dionysischen*.[257] Eine mögliche These der Überbetonung des Ästhetischen lediglich zum Ausgleich des bisherigen von Nietzsche scheinbar verurteilten Ideals

---

Nietzsche nicht namentlich in seinem schriftlichen Gedankengut Eingang findet. Vielmehr wertet er um, schafft ihn als Gefüge und Grund des Seins ab, – wie schon dargelegt –, oder verlegt diese Seinsstruktur nach Abel in andere Bereiche. In diesem Sinne wird die Rede vom logos, resp. Logik verstanden und gerechtfertigt, und als Gegenpart zur Ästhetik interessant.
Vgl. dazu: Abel, Günter, *Nietzsche. Die Dynamik der Willen zur Macht und die ewige Wiederkehr*, a.a.O., insb. S. 23, 162 ff, 330

[257] Anm. 1: In seinem rückblickenden *Versuch einer Selbstkritik* schreibt Nietzsche über seine Lehre:
„Als Philologe und Mensch der Worte taufte ich sie, nicht ohne einige Freiheit, [...] auf den Namen eines griechischen Gottes: ich hiess sie die d i o n y s i s c h e. –" (KSA 1, 19 (5)).
Anm. 2: Selbst seine sogenannten *Wahnsinnszettel* unterzeichnet Nietzsche, meines Wissens, niemals stellvertretend für seine eigene Person mit ‚Apollon', jedoch mit ‚Dionysos' des öfteren.
Anm. 3: Nietzsche selbst unterscheidet schon vor seiner geistigen Umnachtung stets zwischen seiner „esoterischen und exoterischen Lehre" (siehe z.B.: II 595 (39) oder II 1182 (23)).

des asketischen, christlichen, logischen Menschen, quasi als Gegengewicht, scheint mir aus mehreren Gründen nicht haltbar zu sein.
Auffällig ist zunächst, und nur am Rande erwähnt, dass sich (,mit aus Instinkt' heraus, wie Nietzsche wohl sagen würde) keiner der mir soweit bekannten Nietzsche-Interpreten intensiv mit der philosophischen Figur des Apollon beschäftigt, bzw. sich eventuell sogar intensiver mit ihm *als* mit Dionysos auseinandersetzt.
Was bedeutet die Figur des Dionysos allgemein, erst einmal unabhängig von Disziplinen und Einzelbeispielen betrachtet, für das Setzen und Auswählen von Werten und Normen?
„Dionysos ist ein *Richter!*" (III 463) Warum? „Insgleichen gehört hierzu, die bisher allein bejahrte Seite des Daseins abzuschätzen; zu begreifen, woher diese Wertung stammt und wie wenig sie verbindlich für eine dionysische Wertabmessung des Daseins ist: ich zog heraus und begriff, [...]." (III 834)
Dionysisches Verhalten und Denken ist gekennzeichnet durch ein Abschätzen und Werten, das sowohl auf der gesellschaftlichen als auch der individuellen Ebene greift. Das heißt, sich die Freiheit zu nehmen, Werte in Frage zu stellen, ihnen andere entgegenzusetzen, zu vergleichen, und auch seine eigene Meinung verwerfen zu können. Man wertet. Wertungen sind zu begründen, wenn sie nicht der reinen Willkür entspringen sollen, und das beinhaltet eine irgendwie geartete Prozessentwicklung der Wertefindung, selbst dann, wenn man sie auf der vereinfachenden Ebene einer genetisch-biologischen oder affektgesteuerten Begründung ansiedeln wollte, was Nietzsche jedoch nicht tut, obwohl der ‚instinktbestimmte Leibgedanke' dies nahezulegen scheint. Nietzsche unterscheidet deutlich zwischen Instinkt und Instinkt, d.h. er anerkennt, wertet und richtet zwischen verschiedenen Instinkten. Über allen Instinkten droht ein Richter. Nein, es ist nicht die ratio, der Lebenserhaltungstrieb oder das Gewissen, um die Antwort soweit vorwegzunehmen. Wie verläuft das Geschehen der Wertefindung nach Nietzsches Analyse?

„Hier ist ein *Maßstab* gegeben – man spreche nur das Wort »Dionysos« vor den besten neueren Namen und Dingen aus, vor Goethe etwa oder vor Beethoven oder vor Shakespeare oder vor Raffael: und auf einmal fühlen wir unsere besten Dinge und Augenblicke *gerichtet.*" (III 463)

Deutlich erkennbar ist hieran wieder etwas von dem Nietzsche immer und immer wieder durchgängig spricht, „es überfällt einen" (vgl. z.B. II 1129 (1)). Ausdrücke wie Divination, Suggestion, Kontemplation und Rausch sind nur einige Beispiele, mit denen Nietzsche versucht, das von ihm gemeinte Phänomen einer als positiv befundenen Wertung der Lebens-Erkenntnis und Wertsetzung und -urteile zu umschreiben, das *immer* von einer Art Déjà-vu-Erlebnis herrührt, des plötzlichen Überfalls und eines *aktiv-passiven*[258] „auf einmal fühlen wir [...] gerichtet."
Die in einem Satz gleichzeitig genannten Beispiele zur Demonstration und Unterlegung seines allgemein, anstatt eines klar beschriebenen oder beschreibbaren dionysischen Maßstabes, – darin liegt *die* Schwierigkeit und *das* Manko von Nietzsches Philosophie begründet – machen zum einen die Interpreten neugierig weiter zu hinterfragen, und sie zeigen zum anderen dennoch an, dass das, was man demonstrieren, aufreihen und messen kann, etwas sie Verbindendes, eine Gemeinsamkeit aufweisen muss, das es zu entdecken gilt; und eventuell gilt es einen ersten Versuch zu wagen *umzuformulieren*, trotz der Gefahr eines möglichen Fehltritts bzw. -wortes, doch so kann man selbst durch dieses noch auf dem vorgezeichneten, suchenden Wege vorwärtskommen.
Die Legitimation für einen möglichen, ver-messenen Versuch einer Umformulierung kommt von Nietzsche selbst, wenn er 1886, als *Also sprach Zarathustra* schon längst abgeschlossen war (1883-84), in dem *Versuch einer Selbstkritik* im Rückblick auf die *Geburt der Tragödie* (1869-71) feststellt:[259]

„Ja, was ist dionysisch? – in diesem Buche steht eine Antwort darauf, – [...]. Man versteht, an welche Aufgabe ich bereits mit diesem Buche zu rühren wagte?...Wie sehr bedauere ich jetzt, dass ich damals noch nicht den Muth (oder die Unbescheidenheit?) hatte, um mir in jedem Betrachte für so eigne Anschauungen und Wagnisse auch eine e i g n e Sprache zu erlauben, – dass ich mühsam mit Schopenhauerischen und Kantschen Formeln fremde und neue

---

[258] Anm.: Bei den Begriffen *aktiv* und *passiv* gilt es, die vertauschten Bedeutungsinhalte bei Nietzsche zu beachten: siehe z.B.: KGW V/1:759 oder KSA 1, 66

[259] Anm.: Manchmal wird zur Klärung der dionysisch-apollinischen Weltanschauung einzig die *Geburt der Tragödie* als naheliegendes Werk herangezogen, was zu einer einseitigen Fokussierung führen kann.

Werthschätzungen auszudrücken suchte, welche dem Geiste Kantens und Schopenhauers, ebenso wie ihrem Geschmacke, von Grund aus entgegen gienge! [...]. Wie schade, dass ich, was ich damals zu sagen hatte, es nicht als Dichter zu sagen wagte: ich hätte es vielleicht gekonnt! Oder mindestens als Philologe: – bleibt doch auch heute noch für den Philologen auf diesem Gebiete beinahe Alles zu entdecken und auszugraben!"[260]

Zur Zeit dieser selbstkritischen Aussagen entstand Nietzsches fünfte Buch der *Fröhlichen Wissenschaft* (»*Wir Furchtlosen*«). Die Wissenschaft ist immer noch (Okt. 1886) von akuter Bedeutung für Nietzsches Philosophie.[261] Nietzsche erklärt weiterhin in seiner Selbstkritik, dass er bei der dionysisch verstandenen *Geburt der Tragödie* eigentlich auf etwas anderes als auf die Tragödie alleine für sich betrachtet gestoßen ist, und zwar auf etwas, was ihn zeitlebens beschäftigen sollte:

„Was ich damals zu fassen bekam, etwas Furchtbares und Gefährliches, ein Problem mit Hörnen, nicht nothwendig gerade ein Stier, jedenfalls ein n e u e s Problem: heute würde ich sagen, dass es das P r o b l e m d e r W i s s e n s c h a f t selbst war – [...]." (KSA 1, 13 (2.))

Behält man diese beiden Äußerungen des späten Nietzsche im Hinterkopf, lässt sich der Faden der Untersuchung über die Bedeutung der von Nietzsche genannten Beispiele im Kontext der Klärung der dionysischen Wertabmessung erst einmal weiterhin abrollen, und man kann sich auf die weitere Spurensuche begeben.

Dionysos wird bis hierher von Nietzsche als oberste Instanz der Wertebeurteilung angegeben, er liefert Beispiele der Werteverteilung, und er hinterlässt einen vagen Eindruck der Erkenntnisvermittlung von Werten; welche stellvertretenden Aussagen liefert Nietzsche außerdem, die sich sinngemäß und thematisch wiederholend durch seine Philosophie ziehen?

„Dionysos ist ein *Richter*! – Hat man mich verstanden? – Es ist kein Zweifel, daß die Griechen die letzten Geheimnisse »vom Schicksal

---

[260] Vgl. KSA 1, 15 (4.), 19 (6.), 15 (3.)
[261] Anm.: Schon im Jahre 1881/82 schrieb er *Die Fröhliche Wissenschaft*, die er im Oktober 1886 um das 5. Buch ergänzte.

der Seele« und alles, was sie über die Erziehung und Läuterung, vor allem über die unverrückbare Rangordnung und Werte-Ungleichheit von Mensch und Mensch wussten, sich aus ihren dionysischen Erfahrungen zu deuten suchten: [...]." (III 463f)

Zum einen ist ersichtlich, dass Nietzsches Philosophie *keine bequeme Philosophie* ist, resp. *keine* für denjenigen ist, der alles nur geschehen lassen will, oder auf biologische Veranlagungen schieben, und damit alles mögliche entschuldigen will. Vielmehr zieht sich durch Nietzsches Schriften der Gedanke des *„Kampfes"* der Willen zur Macht, der sich auf allen erdenklichen Organisations- und Handlungsebenen abspielt. Insbesondere findet er auch *im* Individuum selbst statt, und ist gleichbedeutend mit dem *„großen Erziehungs- und Züchtungsgedanken"*, der durchaus gegen das Individuum selbst gerichtet sein kann, verbunden mit dem ebenfalls immer wiederkehrenden Gedanken der *„Redlichkeit"/Scham*[262] als Ausdruck einer Konsequenz, die bis zum ,*tragischen Selbstuntergang*' führen kann.

Diese typischen Elemente und Gedankengrundzüge innerhalb Nietzsches Philosophie sind nur andeutungsweise erwähnt worden, weil sie zur Genüge bekannt und als solche vorausgesetzt werden. Wichtiger erscheint in diesem Kontext die Rahmenstruktur, in die diese Gedankengänge eingebettet sind, sowie ihre sie ermöglichenden Bedingungen. Hier ist vor allem festzuhalten, dass resultierend aus dem Erziehungsgedanken, es einer „Meisterschaft" und „Kultivierung", einer „Fülle von Conventionen" (III 754) bedarf sowie, dass es einen gewissen, festgesetzten Rahmen für eine „unverrückbare Rangordnung" gibt, also eine Matrix der Erkenntnis existiert; beides als Bedingungen genommen, um das Aufspüren von dionysischen ,Gesetzlichkeiten' als möglich betrachten zu können. Die „Werteungleichheit von Mensch zu Mensch" wird durch beide Aspekte relativiert und zurückgenommen, da von Nietzsche in Aussicht gestellt wird, dass man ihr insofern gerecht werden kann, weil man sich ihrer aufgrund der „dionysischen Erfahrungen" habbar machen, sie erfassbar und (objektiv) bewertbar machen kann. Das funktioniert, weil man nach Nietzsche die „letzten Geheimnisse »vom Schicksal der Seele«" mit Hilfe einer dionysischen Verfahrensweise und Haltung erfassen kann. Diese sind, wie gerade in der *Geburt der Tragödie*

---

[262] Siehe dazu z.B. Artikel in den *Nietzsche-Studien*, a.a.O., Bd.27 (1998), S.214 - 238

eindringlich deutlich wird, im Leben selbst verankert. Dabei bedeutet ‚Leben' das Schicksal des Menschen, seine Tragödie des Lebens, die durch das *principiuum individuationis* geprägt ist, und das vor dem tragisch-dionysischen Lebenshintergrund eines gigantischen Zusammenspiels von menschlichen Qualitäten mit Naturgewalten und Wissenschaften stattfindet, und von diesem selbst durchwirkt ist. Der Mensch ist eine *feste Größe* bei Nietzsche, keine Konstante oder fester Wert auf der Werteskala, sondern in dem Sinne, dass er eine gewisse berechenbaren, meßbaren, beurteilbaren Größe darstellt, die einem *dynamischen* Variationsprinzip unterliegt, dem es gelingt die „Seele des Menschen" zu vermessen.

Die aufgezählten Punkte sind Eckpunkte und Indizien dafür, dass es möglich sein müsste, einen dionysischen Maßstab ‚gesetzesmäßig' auszubuchstabieren und vorhersagbar zu machen. Nietzsches eigene Bemühungen in diese Richtung forschend vorzustoßen, werden von der damaligen, von ihm selbst als nötig und schwierig empfundenen Erklärungsarbeit von seiner allgemeinen Bedeutung des Ästhetischen, und von der Darlegung der von ihm erkannten Problemstellung ‚Leben versus Erkenntnis' überschattet, und somit gehen hierüber die logischen Folgeüberlegungen über mögliche Konkretisierungen beinahe unter.[263]

Über allem steht, quasi als Ariadnefaden und Leitmotiv durch seine gesamten Betrachtungen hindurch, die in vielerlei Ausführungen und unterschiedlichster Wortwahl anzutreffende Frage Nietzsches:

„Wo ist Schönheit? Wo ich mit dem Willen *wollen muß*; wo ich leben und untergehn will, daß ein Bild nicht nur Bilde bleibe." (II 379)

Seine mannigfaltigen Beantwortungsversuche auf die ihn leitende Frage: „Wo ist Schönheit?", eröffnen nicht nur eine ganze *Skala an*

---

[263] Anm.: In seinem Buch *Die Fröhliche Wissenschaft* (II 41 (7)) stellt Nietzsche eine Liste an zu bearbeitenden und zu erforschenden Aufgabengebieten zusammen, die seiner Meinung nach „noch keine Geschichte haben", obwohl sie dem „Dasein seine Farbe gegeben haben" und zu den elementaren wissenschaftlichen „Existenz-Bedingungen der Menschen gehören."
Erst nach dieser „getanen Arbeit träte dann die heikelste Frage aller Fragen in den Vordergrund: ob die Wissenschaft imstande sei, Ziele des Handels zu *geben*, nachdem sie bewiesen hat, daß sie solche nehmen und vernichten kann, – [...]." (vgl. ebd.)

Werturteilen[264], sondern entgegengesetzt zur philosophischen Richtung der *Analytischen Ästhetik*[265], die durch sokratische Ausschlussfolgerungen dahinter zukommen versucht, was Schönheit ist und welche Kriterien ihr zugrunde liegen, bzw. den Kunstwerken, ist eine solche Fragestellung Nietzsche fremd, denn für ihn ist ganz eindeutig und unhintergehbar der Mensch das Kunstwerk und er alleine ist schön.[266] Die Frage, die sich ihm stellt, ist vielmehr die nach der Vervollkommnung und Verobjektivierung von Schönheit, also nach der Auslotung von (dionysischen) Gesetzlichkeiten.

Diese Herausarbeitung beginnt Nietzsche anhand einer groben Skalierung von Schönheitswertungen, die den Zweck der ahnenden Anschaulichkeit und Begreiflichmachung erfüllen, und die allen Lebensbereichen entnommen sind. Die daraus resultierende Vermischung von gebräuchlichen, moralischen und ästhetischen Geschmacks- und Werturteilen, wie décadent[267], schön, höherer Mensch, das Erhabene, die gesamte Leibmetaphorik usw. wird von Nietzsche reduzierend systematisiert, indem er allgemein ihre Herkunft und Entstehungsbedingungen analysiert, und daraufhin sämtliche moralische Urteile zugunsten der ästhetischen Urteile verwirft:

„**Dies ist die Aufgabe** – eine Fülle **aesthetischer gleichberechtigter** Werthschätzungen zu creiren: jede für ein Individuum die letzte Thatsache und das Maaß der Dinge. **Reduktion der Moral auf Aesthetik !!!**" (KGW V/2:369)

An diesem Punkt der Denkbewegung angelangt, ist es fast zwingend für jeden Denker weiter zu fragen, wie auf das endlich erreichte Fundament der Ästhetik gebaut, bzw. nach dieser rigorosen, umwertenden Abreißaktion Nietzsches, wieder aufgebaut werden kann, wel-

---

[264] Anm.: Es wäre sicherlich interessant, in einer anderweitigen Untersuchung diese Skala genauer zu analysieren, und ihre Merkmale detaillierter herauszuarbeiten.
[265] Anm.: Die Richtung der Analytischen Ästhetik wird z.B. einführend zusammengefasst von: Lüdeking, Karlheinz, *Analytische Philosophie der Kunst*, UTB, Fink, München, 1998. Oder: Noël, Carroll, *Philosophy of Art. A contemporary introduction*, Routledge, London, 1999
[266] Anm.: „Nichts ist schön, nur der Mensch ist schön: [...]." (KSA 6. 124 (20))
[267] Z.Bsp.: „Den Instinkt bekämpfen *müssen* – das ist die Formel für *décadence*: [...]." (III 956)

ches die dazugehörenden, entsprechenden ästhetischen Gesetzlichkeiten sind.

Nietzsches Gesamtwerk ist durchzogen von unzähligen, verstreut zu findenden Beispielen, die meist aus der positiven oder negativen Kritik und Auseinandersetzung mit anderen Denkern bestehen, und eigentlich nicht viel mit den jeweiligen Denkern an sich zu tun haben, als vielmehr mit ihrem *Stil* – ein für Nietzsche äußert wichtiger Begriff, – der freilich, aber erst sekundär, mit Inhalten verbunden ist. Extrahiert man von den üblichen philosophischen Diskussionen den jeweils eigenen Inhalt und *entpersonifiziert* solchermaßen die dahinterstehenden Denker und Gedanken selbst, dann kann man die ästhetischen, dionysischen Ansätze Nietzsches konkreter erkennen. Im Grunde genommen, ist Nietzsches Gesamtwerk ein Versuch ein einziges, riesiges, lebensnahe Beispiel für seine ästhetischen Prinzipien zu schaffen, das zwischen einer möglichen, theoretischen und praktischen Aufzeigbarkeit oszilliert. Einige dieser ‚entpersonifizierten' Beispiele und tastender, ästhetisch-allgemeiner Versuche Nietzsches sind zum Beispiel:

„Wir entbehren in der *Musik* einer *Ästhetik*, die den Musikern Gesetze aufzuerlegen verstünde und ein Gewissen schüfe; wir entbehren, was eine Folge davon ist, eines eigentlichen Kampfes um »Prinzipien« – [...]: wir wissen die Begriffe »Muster«, »Meisterschaft«, »Vollkommenheit« nicht mehr zu *begründen* – wir tasten mit dem Instinkte alter Liebe und Bewunderung blind herum im Reiche der Werte, wir glauben beinahe, »gut ist, was *uns* gefällt«" (III 835)

Nach der Musik, sei nun ein Beispiel aus dem Gebiet der Literatur angeführt:
„[...], geht uns so lange nichts an, als wir fragen, ob er das Gebäude selbst in guten Proportionen und überall als Ganzes hingestellt hat. Das Gegenteil ist hiervon bekanntlich, ein Buch aus Stücken zusammenzusetzen, [...], sie vertrauen darauf, daß diese Stücke einen Zusammenhang unter sich haben, und verwechseln hierbei den logischen Zusammenhang und den künstlerischen." (I 180f)

Auch vor der Architektur macht Nietzsche nicht halt:
„*Der Stein ist mehr Stein als früher.* – Wir verstehen im allgemeinen Architektur nicht mehr, [...], und zwar in Hinsicht auf eine höhere Ordnung der Dinge: [...]." (I 576 (218))

Für die heutige Kultur gilt im allgemeinen:
„[...] in unserer Kultur, [...] unsere Phantasie ist gemäßigt; selbst im Traume kommt uns das nicht bei, was frühere Völker im Wachen sahen." (I 592 (236))

Ein entmoralisierter, und damit ästhetischer Versuch, ein *über*geordnetes Schönheits- und Designgesetze zu finden, ist:
„Der *Staat* und der *Politiker* hat schon eine mehr *übermoralische* Denkweise nötig: weil er viel größere Komplexe und Wirkungen zu berechnen hat.
Insgleichen wäre eine *Weltwirtschaft* möglich, die so ferne Perspektiven hat, daß alle ihre einzelnen Forderungen für den Augenblick als ungerecht und willkürlich erscheinen dürften." (III 588)[268]

In dem ureigensten Gebiet der Ästhetik, nämlich den Künsten selbst, die die Technik selbstverständlich mit einschließen, da sie sinnlich-handwerklich ist, findet man nach der Nietzsche'schen Abschaffung von Absichten, Zwecken und Ideen an sich:
„*Die Entsinnlichung der höheren Kunst*: [...]. Tatsächlich sind alle unsere Sinne eben dadurch, dass sie sogleich nach der Vernunft, also nach dem »es bedeutet« und nicht mehr nach dem »es ist« fragen, etwas abgestumpft worden: [...]." (I 575 (217))

Nach den vielen Zitaten wollen wir sie ‚setzen' lassen und sie uns ‚durch den Kopf gehen' lassen: Nietzsche erbaut ein Gedankengebäude einer Ästhetik, dass auffallenderweise immer an etwas Höheres und *Über*greifendes appelliert.
So wie am Beispiel des Politikers, wo Nietzsche deutlich zwischen einem Politiker und einem Staatsmann unterscheidet, der sich über das erlernte Handwerkszeug hinaus, durch Gespür, Weit- und Übersicht, und durch eine verinnerlichte Haltung eines Perspektivismus der ‚vielen Gesichtspunkte' auszeichnet. Unabhängig davon, ob Nietzsche mit Formulierungen wie „Phantasie", „es ist" etc. hantiert, wobei bekanntermaßen ‚ist' nicht im Ontischen wieder zu finden ist, sind alle Ausdrücke fern ab von jeglichen metaphysischen und mystifizierenden Intendierungen zu verstehen, da eine solche Vorge-

---

[268] Anm.: Den Typus der Vollkommenheit in der Politik findet Nietzsche im Macciavellismus (siehe z.B. III 687f). Im übrigen steht Nietzsche auf dem Standpunkt, dass sich die „höheren Geister" weder mit der Politik noch mit den Wirtschaftswissenschaften beschäftigen sollten (siehe I 1133 (179)).

hensweise Nietzsches philosophischen Absichten diametral entgegengesetzt wäre.
Jedoch lassen sich alle Formulierungen sinngemäß zusammenfassend betrachten, wenn man fragt, ob wir heute wissen, wie wir die Begriffe »Muster«, »Meisterschaft«, oder »Vollkommenheit« *begründen* würden und könnten?
So wollen wir also innehalten und uns selbst befragen. Wen wir ehrlich sind, merken wir sehr schnell, dass wir in Erklärungsnot geraten und umständlich umschreibende Formulierungsverkettungen benutzen. Was wir von diesen Begriffen wissen, oder erahnen und spüren, ist im Kern eher ein zu *vermeinendes Wissen*. Es trifft tatsächlich meistens und ganz gut, das, was Nietzsche mit als „ein Tasten mit dem Instinkte alter Liebe und Bewunderung" beschreibt. Wenn man z.B. die Gestaltung eines Stuhles ansieht und durch Benutzung testet, fällt man ein Urteil, indem man pauschal sagt ‚er ist gut oder schlecht', weit weniger oft hört man ‚er ist schön oder hässlich'. Es liegt hier im Sprachgebrauch keine ‚saubere', bzw. exakte Trennung, sondern eine Vermischung von moralischen und ästhetischen Begrifflichkeiten vor. Zieht man zur Beurteilung des Möbelstücks, die zu seiner Herstellung benötigten handwerklichen Fertigkeiten hinzu, bzw. den Aspekt der *techné*, dann wird sich für den Nichtsachkundigen in seiner Urteilsbegründung nicht viel oder gar nichts ändern, da er nicht imstande ist wirklich zu *begründen*, wie er zu seinem vermeintlichen Urteil kam. Und der Fachmann? Wie wird er begründen können, worin die *Vollkommenheit*, die *Meisterschaft* des Möbelstücks besteht, was das *Muster* und die *Matrix der techné* ausmacht, die *am Möbelstück selbst zu erkennen* sein soll, und nicht von dem tekton oder Meister vermittelt wird, dessen Tun sich zwar durch den *logos alethes*, die Rechenschaft auszeichnet, die aber, wie jede als oberste Instanz fungierende, anerkannte Einrichtung, wie auch die Tradition selbst, Gefahr läuft sich der Allgemeingültigkeit und starren Festschreibung schuldig machen zu können?
Dieses entspricht ja Nietzsches ewigem Kritikpunkt seiner Umwertungsphilosophie, weil es *allzu schnell* der *Dynamik* und Individualitätsentfaltung innerhalb der Starrheit eines Gefüges, und bei einem fest-gestellten Wertesystem, ermangelt.
Und wie wollte man Vollkommenheit und Meisterschaft *begründen*, wenn es sich um verwandte, aber kompliziertere *Systeme* und keine alltäglichen Gebrauchsgüter handelt, wie etwa um *Technik-, Automa-*

tisierungs- und Produktionsparks? Nach ihrer Zweckmäßigkeit und Einhaltung von Produktionsvorgaben? Nietzsches Ablehnung von Zwecken an sich, bedeutet konsequenterweise auch eine *Umwertung von technischen* und wissenschaftlichen *Zweckverfolgungen an sich*; Technik alleine um ihrer Zweckerfüllung willen zu rechtfertigen, reicht für Nietzsche nicht aus. Oder sollte man dann die Frage nach der Vollkommenheit nicht doch einfach ignorieren? Genau davon hält Nietzsche noch weniger, und würde es mit seinem abwertenden Urteil ‚décadent' belegen, das in sämtlichen Bereichen vom physiologischen bis hin zum geistigen, den menschlichen Verfall charakterisiert.

Technik muss für Nietzsche *schön* sein, bzw. *schön* konzipiert und realisiert werden, weil sie auf der Anthropologie derart beruhen muss, dass das erste Grundgesetz Nietzsches, nämlich des Menschen Schönheit (vgl. KSA 6, 124 (20), bzw. Fußnr. 266) und seine erreichbare Vollkommenheit, in seiner missverständlichen Wortprägung des ‚höheren Menschen', bzw. des ‚Übermenschen' zum Ausdruck gebracht[269], erfüllt wird.

Dieses erste und einzige Grundgesetz der ‚Menschlichkeit' als Bedingung zur Erfüllung von allgemeinster Technikermöglichung und -realisierung kann man in einer gänzlich anderen Formulierung und in einem anderen Zusammenhang wiederfinden, und zwar in der Fragestellung „*What is it like to be a bat?*" von Thomas Nagel.

Wenn man auf Nietzsche zurückgreift, umgeht man die oft umständlichen Modifizierungen und Distanzierungen zu solchen Positionen wie der ‚strong AI thesis', sowie der Erklärungs- und Rechtfertigungsnot als dualistisch, heute oft gleichgesetzt mit veraltet und metaphysisch, zu gelten. Der Kern der Aussage ist jedoch derselbe, wenn Thomas Nagel folgendes einbringt:

„In so far as I can imagine this (which is not very far), it tells me only what it would be like for *me* to behave as a bat behaves. But that is not the question. I want to know what it is like for a *bat* to be a bat. Yet if I try to imagine this, I am restricted to the resources of my own mind, and those resources are inadequate to the task. I cannot per-

---

[269] Anm.: Solange dem Menschen der Zirkelschlag um sein ganzes Wesen herum noch nicht in vollem Umfange gelungen ist, und solange er nicht den Über-blick, und die übergreifende funktionale Zuständlichkeit für sich und von sich selbst genommen, zu schaffen vermag, ist er kein ganzer Mensch, sondern „Bruchstück", und „Brücke zwischen Tier und Übermensch" (vgl. II 281 (4)).

form it either by additions to my present experience, or by imaging segments gradually subtracted from it, or by imaging some combination of additions, subtractions, and modifications. [..] – an objective phenomenology not dependent on empathy or the imagination."[270]

Nagel und Nietzsche machen an dieser (zitierten) Stelle auf die menschliche Ressource aufmerksam, die als einzige uns zur Verfügung stehende Quelle, auch in neurophysiologischer, informations- und datenverarbeitender Hinsicht, den Weg weisen kann, um mit unserer Umwelt in Kommunikation und Austausch treten zu können. Diese menschliche *Quelle* ist gleichsam die *Grenze* der Kommunikation, der allgemeinsten Daten- und Informationsverarbeitungsmöglichkeit *und* der Ausgestaltung und Realisierung von kulturellen Gütern und technischen Hilfsmitteln.

Die Grenzbetrachtungen und Versuche der Grenzziehungen in den besagten ‚wie-wäre-es-wenn'-Diskussionen unterscheiden sich nicht nur durch den vordergründig ersichtlichen Schwerpunkt der Betrachtung von einem Innerhalb und Außerhalb des im Menschen liegenden Hoheitsgebiets, also einer biologisch-neuronalen Wahrnehmungsbegrenzung oder (künstlichen und zweckmittelbaren) Aufweitung derselben, sondern auch durch intentionale Voraussetzungen.

Man könnte in etwa fragen: ist das Wesen Mensch soweit ausgeforscht und seine inhärenten Möglichkeiten ausgeschöpft, so daß man dieses Forschungsgebiet als weitgehend abgeschlossen betrachten kann, und sich damit neuen Gebieten zuwenden soll, wie der Wahrnehmungs- und Bewusstseinserweiterung, die man in andere Objekte und Wesen hinein zu verlängern und aufzuweiten sucht?

Es ist keine Frage, in dem Sinne, ob man sich diesem neuen Gebiet zuwenden soll – diese Wichtigkeit und Bedeutung steht ganz und gar außer Frage, sondern, ob man das ‚alte', begrenzte Gebiet als *abgeschlossen* und *unfruchtbar* für das ‚neue' Forschungsgebiet ansehen kann, oder nicht. Die direkt *auf* der Grenze des Übergangs ausgeführten Untersuchungen, beispielsweise in der gegebenen notwendigen Art von mind-body Diskussionen oder bewusstseinsphilosophischen Betrachtungen, sind von dieser Fragestellung ausgeschlossen und daher nicht relevant. Vielmehr interessiert in diesem Kontext, ob man sich vorstellen kann, „wie es ist und wäre ein (individueller)

---

[270] Nagel, Thomas, *What is it like to be a bat?* In: *The Philosophical Review* LXXXIII, 4 (October 1974), p. 435 - 450

Mensch zu sein?" Diese Fragestellung mag auf den ersten Blick absurd erscheinen, – wir *sind* doch Menschen – und doch, ist sie nicht eigentlich nahe liegend? Warum? Die Fragestellung zielt in die Richtung, ob der Mensch sich innerhalb seiner Technikumgebung hinreichend abgegrenzt und seine technischen Grenzen und Hilfsmittel ausreichend ausgelotet hat. Darunter wird nicht der technische Fortschritt verstanden, sondern ganz in Analogie zu z.B. den Materialgrenzen und ihrer Beschaffenheiten betrachtet, – d.h. ihrer gesetzesmäßigen Berechenbarkeit von Extremwerten und Umschlagpunkten (Adiabaten, Brechungsindizes, Kondensationspunkten, Spannungswerten usw.), oder der Auslegung von Motoren, die eine gewisse Bandbreite der technischen Ausführung gestatten und funktionale Begrenzung erfahren, – wird eine menschliche Skalenbandbreite und Designgesetzlichkeit zu untersuchen sein, innerhalb derer der Mensch für sich und als Systemelement und -einheit zu agieren imstande ist. Und das um so mehr, da heutzutage in den Neuen Technologien die ständige Rede von Systemen ist. Die Auseinandersetzung des Menschen mit und inmitten von menschengerechten *Mitteln*, um seine technischen (und kulturellen Ziele) erreichen zu können, ist durchaus der Frage und Untersuchung wert, um die Beanspruchung, die Möglichkeiten und Designmöglichkeiten jedes einzelnen Kettenglieds in der Reihe und des Verbunds der technischen Systemhaftigkeit erfassen zu können. Bei der Durchschreitung dieser *ästhetischen* Dimensionierung und Auslegung des Menschen spielen, um Missverständnissen vorzubeugen, nicht etwaige ‚Materialeigenschaften' des Menschen eine Rolle, die man material, neurobiologisch, genetisch, prothesenartig, o.ä. veränderbar und technisch einsetzbar machen solle, sondern ganz im Gegenteil, erforderlich ist eine menschliche und reine objektive Phänomenologie von allgemeinen Stil- und Designgesetzen, die sowohl die dynamischen, theoretischen Gesetzmäßigkeiten, als auch die Empirie befriedigen können. Diese Ebene und Klärung der Diskussion wäre quasi eine notwendige denkerische Vorschaltung, betreffs der eigenschaftlichen Systemhaftigkeit, des Diskussionsgegenstandes der Neuen Technologien, sowie der Mind-Body-Philosophie und der Bewusstseinsphilosophie.

Die manchmal von der Technologie der Künstlichen Intelligenz auf die Technologie der Virtuellen Realität übertragenen Assoziationen, Träume und Diskussionen von ‚wie-wäre-es-wenn', bzw. wie würde es sich anfühlen, wenn man per Datenanzug in einen anderen Körper schlüpft, z.B. in den einer Fledermaus, müssen an dieser Stelle zum einen als technisch haltlos zurückgewiesen werden, wie auch schon Florian Rötzer richtigerweise darauf hinwies[271], und zum anderen demselben philosophischen Problemkreis wie dem der KI zugewiesen werden. Relevant ist vielmehr auch hier eine Klärung einer derartigen Fragestellung, wie sie Florian Rötzer anführt, aber nicht näher darauf eingeht:

„Was müssen wir an unserem virtuellen Fernling selbst wahrnehmen können, wenn wir unseren Blick in der virtuellen Welt auf uns richten? Was also ist notwendig, um uns selbst in der virtuellen Welt erkennen zu können? Das ist eine Frage, die erst erkundet werden muß, denn wir müssen wissen, auf welche der unendlichen Details der physischen Realität wir verzichten und welche wir verändern können, ohne den Effekt der Immersion einzubüßen oder auf störende Inkohärenzen zu stoßen."[272]

Davon abgesehen, dass dies eine wichtige interdisziplinäre technische und geisteswissenschaftliche, und somit keine triviale Herausforderung darstellt, erkennt man einen Hinweis auf einen übergeordneten Zusammenhang, der den Menschen nicht in den Mittelpunkt stellt, sondern den derzeit vorherrschenden Schwerpunkt der Technik (inklusive der Bio-, Nanotechnologien, u.ä.) verschiebt, so daß der Mensch an sich als conditio sine qua non der Technik heraus- und hineingearbeitet werden kann. Es dreht sich um die Thematik der *Meisterschaft* und des *Designstils* im Umgang mit dem *Mittel*. Die Bedeutung des ‚Mittels' und ‚Werkzeugs' im Zusammenhang mit den Neuen Technologien wird in Kürze näher erörtert werden.

Die vielen ähnlich gehaltenen Fragestellungen und Untersuchungen im Umfeld der Neuen Technologien, wie z.B. „what is it like to be a robot?", „what is it like to be a women?", etc.[273], zeigen alle eine deutliche Nähe zu Alan Turings *imitation game*. Neben den dort verorteten und weiter schwelenden identifikatorischen Telepathie-Strategiewünschen in Form von künstlicher Intelligenz, ist ein ande-

---

[271] Rötzer, Florian, *Vom zweiten und dritten Körper oder: wie es wäre, eine Fledermaus zu sein oder einen Fernling zu bewohnen? Ein Essay*, In: Krämer, Sybille (Hg.), *Medien, Computer, Realität*, a.a.O., S. 161
[272] Ebd.
[273] Zum Beispiel bei Sloman, Aaron, *What is it like to be a rock?*, nachzulesen unter: http://www.cs.bham.ac.uk/~axs/misc/rock/rock/

rer interessanter Aspekt, der dort ebenfalls als implizit verankert interpretiert werden kann, der die Frage nach der Rolle der Technikphilosophie allgemein aufwirft. Der Mensch spielt als Rezipient, Kommunikationspartner und Benutzer von Technik im *imitation game* eine wichtige Rolle. Seine Rolle ist wichtiger als bei herkömmlichen Technikbetrachtungsweisen, weil er stärker (inter)aktiv in das Technikgeschehen, sprich in Technikvorgang und dessen Handhabung, involviert ist. Während der Mensch *als Rezipient* von Kulturgütern, insbesondere der Schönen Künste, und der allgemeinen Analytischen Ästhetik schon lange wie selbstverständlich mit reflektiert wird, verweist das *imitation game* auf eine diesbezüglich vernachlässigte technikphilosophische Betrachtungsweise, und auf die Überlegung, inwieweit die Technik als ein Kulturgut nicht denselben Überlegungen unterzogen werden kann oder muß, wie die anderen Kulturgüter auch, da sie alle gemeinsam um den Menschen als Rezipienten und Benutzer im weitesten Sinne kreisen.

Um jegliche unerwünschten Assoziationen zu den Thematiken ‚wie-wäre-es-wenn' der Mind-Body-Philosophie und der Bewusstseinsphilosophie zu vermeiden, da sie in den hier geführten Überlegungen zur Technologie der Virtuellen Realität im besonderen und zur Technikphilosophie der Neuen Technologien im allgemeinen *keine* Rolle spielen, und somit eher die Konzentration vom dem Darzustellenden und Wesentlichen abzulenken imstande wären, ist es meines Erachtens angebracht, sich einer anderen Terminologie sowie einer anderen (unmoderneren, in Sinne von unüblicheren) Philosophie zu bedienen.

Nietzsches Philosophie und seine Terminologie sind ein guter *Steigbügel*, um die benötigte Grundlage zum Verständnis einer der ‚Neuen-Technologien'-Technikphilosophie gerechten Terminologie begründen zu können. Die Idee Nietzsches Philosophie als Steigbügel zu benutzen ist wiederum nicht allzu abwegig, da sie durchgängig in den Neuen Technologien, d.h. in der Technologie der Künstlichen Intelligenz, des Internets und ebenso in der Technologie der Virtuellen Realität zur Sprache gebracht wird.

Mit derselben Rechtfertigung und aus den selben stichhaltigen thematischen Gründen ließen sich Nietzsches philosophischen Ansätze für das Gebiet einer philosophisch betrachteten Kryptologie erfolgreich ausbeuten.

Abgesehen von allen Arten der „empathy and imagination", wie Thomas Nagel sich ausdrückt, braucht man diese nicht zur Klärung der allgemeinen Frage nach der ‚Meisterschaft' von Technikprodukten, Systemen und (künstlerischen) Kulturgütern bemühen und heranziehen. Der primäre Miteinbezug von anthropologischen Komponenten, beziehungsweise der ‚Mensch an sich' als elementarer Bezugspunkt im Technikgeschehen, der die *Technik* als *schön* konzipiert und realisiert, bedarf dazu der Logik und eines lógos, sowie eines anthropologisch ästhetisch-objektiven Designgefühls, jedoch keines subjektiv-willkürlichen oder ein- und fernfühlenden Vermögens in fremde, andersartige Objekte, Gegenstände, Materialien und Substanzen. Auch der *Umgang* und die *Benutzung* von technologischen Gerätschaften hat, selbst wenn er im *interaktiven-technischen* Austausch mit anderen Menschen oder Technikwerkzeugen stattfindet, als ein Zwischen- und Bindeglied, als eine Schnittstelle sozusagen, gewisse Design- und Schnittstellengesetzlichkeiten zu erfüllen. Wie ist also die *Matrix der téchne* beschaffen; wie lassen sich methodologisch nach Nietzsche Begriffe, wie »Muster«, »Meisterschaft«, »Vollkommenheit« *begründen*, nachdem sie mit Nietzsche von ihren inhaltlichen Konkreta entleert wurden?

Man kann als ein ungenügendes, aber sich annäherndes, anschauliches Bespiel, da die Anschaulichkeit bei abstrakten, theoretischen Naturwissenschaften oder speziell bei den modernen system- oder netzwerkartigen technischen Konstruktionen oder bei Softwareprogrammen erheblich erschwert ist, die innenarchitektonische und planerische Gestaltung einer Räumlichkeit betrachten.

Die Objektgestaltung von Arbeitswelten, zu denen auch Produktionshallen oder Informatik-Rechenzentren gehören, berücksichtigt Faktoren wie Beleuchtung, Klimatisierung, Sicherheit, Raumnutzungsplanung, Ergonomie, Akustik, vorausschauende Bedarfsanalysen u.v.m., um die Leistungsbereitschaft, die Motivation, das Arbeitsklima, und selbstverständlich die Effizienz, die Logistik und die Zweckmäßigkeit angemessen umsetzen oder verbessern zu können.

Trotz mancher sicherlich gelungener Aufgabenlösung bei der gleichzeitigen Berücksichtigung von mehreren, variablen Ausgangsbedingungen, z.B. bei einigen Hotel-Restaurants, Konzerthallen, Museen, Foyers und Empfangshallen, Chef- und Besprechungszimmern, Kundenräumen etc., entsteht häufig eher das Empfinden des beliebig Zusammengestellten, des einseitig-unausgewogenen Bevorzugten, wenn man sich z.B. in Kaufhäusern verläuft, Gänge zwischen den Auslagen, Korridore und Sitzgruppenabstände zu eng bemessen sind, Büroräume zugig, eintönig und klein ausgelegt werden, das unangenehme Gefühl, wenn man Krankenhäuser betritt, man könnte viele ähnliche, weitere Beispiele anbringen. Noch krasser wird das Missverhältnis, wenn man einen Blick in technische Anlagengebäude und Fabriken wirft, in denen Menschen neben Maschinen und Computern arbeiten und zur Motivations- und Produktivitätssteigerung angehalten werden sollen. Hochöfenhallen in der metallverarbeitenden Industrie zeigen selten eine bläuliche Wandfarbe oder wandbedeckende Wasserfallfotografien, um die Arbeiter etwas vom Schwitzen in der Hitze abzulenken; in der Kanalisation würden helle und lichtreflektierende, säurebeständige Farbanstriche die Arbeit erleichtern; das Pathologieräume in freundlichen Farben gehalten sind – für den Lebendigen, den Sezierenden – ist eher selten der Fall usw. In der Regel wird das technische Ambiente verstärkt und als scheinbar preisgünstigste (konventionelle) Variante abgehandelt; ob der Motivationsschub und die Leistungssteigerung nun einsetzten oder nicht, bzw. ohne zu prüfen, ob es nicht doch mittelfristig lukrativ sein könnte.

Die plumpe und simpel gedachte Verstärkung des Gegebenen, wie des Technisch-sachlich-nüchternen oder des Künstlerisch-chaotisch-ver/rückten oder des Wirtschaftlich-seriös-konventionellen, macht oft mangels der Gegensätze und gedanklichen Reibungs- und Spannungsflächen ‚betriebsblind' und ermüdet.

Verbleiben wir im technischen Kontext: Technische Bedienungsanleitungen offenbaren das oft Ungenügende und Undurchdachte selbstredend, oder die englische Beschriftung von technischen Geräten, die manch einen Techniker, der des Englischen nicht mächtig ist, zur Verärgerung und eigen Nachbesserungs- und Beschriftungsarbeiten an den Geräten treibt usw.

Jedoch, es gibt technische Gegenbeispiele, die annähernd eine gewisse Matrix von téchne, von einem »Muster«, von »Vollkommenheit« erkennen lassen können.

Das sich Autos mit stromlinienförmiger Karosserie und nicht mit der altmodischen ‚kastenförmigen' Form bei den Menschen *weltweit* durchgesetzt haben, ist nicht selbstverständlich, da es primär weder mit dem einhergehenden verringerten und damit vernünftigen Kraftstoffverbrauch noch mit geschickten Marketingstrategien zu tun hatte, sondern weil sie einer (nicht wirklich bekannten) Design- und Schnittstellengesetzlichkeit folgen, die sowohl menschliche als auch technische Bedürfnisse optimal kombiniert. Ein weiteres Beispiel: auch das funktionale und ästhetische Design von Steckdosen scheint ihren Höhepunkt der Akzeptanz und Perfektion erreicht zu haben, wobei wiederum weder Gewohnheit noch Desinteresse als Maßstab gelten gemacht werden können, u.v.m.

Diese beiden letztgenannten Beispiele stellen lediglich eine Annäherung dar, weil sie sich weitgehend *zufällig* so entwickelt haben, wie sie sich entwickelten. Keiner weiß genau, warum es so ist, lediglich, dass es so ist, – aber selbst diesen Punkt könnte man weiter ausdiskutieren. Das Desiderat einer *Produktionstheorie* steht noch aus.[274]

Will man die notwendigen *dynamischen* Aspekte mitberücksichtigen, also eine *dynamische Produktionstheorie* entwickeln, die *Technik an sich* und allgemeinste Technikentwicklung – nicht Technikentwicklung im Sinne von Technikfolgenabschätzung – sowie Mathematik, Naturwissenschaften und Ingenieurwissenschaften, inklusive der Informatik umfasst, kann man die vorhandenen Ansätze, vor allem in der (Innen-)Architektur und dem Produktdesign, heranziehen; jedoch darf man sie nicht überbewerten und nicht vergessen, dass alle die obigen, diesbezüglichen Beispiele lediglich zu einer ungenügenden Veranschaulichung einer rein technischen und naturwissenschaftlichen allgemeinen Schnittstellenbetrachtung dienen, die etwa klären können sollte, *was eine Software schön* macht, oder was eine *schöne physikalische Theorie*, eine *schöne Technologie* etc. ist.

Die Klärung dieser Aufgabenstellung anzugehen, zwingen uns jetzt schon und zwar in zunehmenden Maße die Neuen Technologien, um adäquat mit ihnen kommunikativ-interaktiv umgehen zu können. Die zahlreichen *ethisch* geführten Diskussionsfelder stellen außerdem einen indirekten Indiz auf einen Klärungsbedarf dar, der allerdings eine vornehmlich und vordringlich *technisch-ästhetische* Frage nach allgemeinen Designgesetzlichkeiten und nach der Schnittstellenthematik für die Wissenschaften ist und wird.

---

[274] Anm.: Um Missverständnisse zu vermeiden, hierbei sind keinerlei Anklänge und Übereinstimmungen mit marktwirtschaftlichen, marxistischen oder soziologischen Theorien mitzudenken. Sie beschränkt sich auf den technikphilosophischen Kontext dieser Betrachtungen, und betrifft somit in erster Linie technische und naturwissenschaftliche Angelegenheiten.

Das Produktionsverfahren das diese Produktionstheorie liefert, stellen die dynamischen Design- und Schnittstellengesetzlichkeiten dar.
Die Produktionstheorie, die Suche nach der Beantwortung der Frage, was die *Matrix* von téchne, von einem »*Muster*«, von »*Vollkommenheit*« ist, ist keine Fortschrittstheorie im evolutionären-zeitlichen Sinne und nur bedingt Zukunftsforschung, sondern sie erforscht die Möglichkeiten, die *Bandbreite* der Schnittstellen und Designgesetzlichkeiten, die sich mit einer gewissen logischen Folge wie ein Ariadnefaden durch die Wertabmessungen des Menschen ziehen lassen. Es dreht sich nicht unbedingt darum, Entscheidungsmöglichkeiten bezüglich des schon Gedachten an die Hand zu bekommen, sondern um die noch unentdeckten Denkmöglichkeiten. Die Technik als ein Produkt des Zufalls, oder auch die Kultur als ein Produkt des Zufalls zu begrenzen, nicht auszuschalten, erreicht man nur, wenn man viele Möglichkeiten der Perspektive einzunehmen imstande ist; so wie der Experimentalphysiker oder Ingenieur in seinen Versuchen nur dass, an seinen Meßergebnissen und Konstruktionen wiedererkennen kann, von dem er schon vorher eine Idee hatte, und wenn sie noch so vage sei, aber sie muss vorhanden sein.
Mit Nietzsche kann man diese Produktionstheorie durch das „Erschaffen von neuen Stilgesetzen" (vgl. I 577 (219)) kennzeichnen, die eine „Lehre der Kunst" sind und „als Gegenstand einer gesetzesmäßigen Entwicklung anzusehen" sind, wobei ganz wichtig „der wissenschaftliche Mensch als die Weiterentwicklung des künstlerischen" verstanden wird. Diese Weiterentwicklung ist wertfrei, nicht im Sinne von höher und besser gemeint, sondern als eine Ausdehnung des Gebiets der Ästhetik zu verstehen, da man „die von ihr gelernten Fähigkeiten" sozusagen als einen „Maßstab" in die Wissenschaft mit einbringen sollte. (vgl. I 582 (222))[275]
Diesen Maßstab der Ästhetik in Naturwissenschaften und Technik einzuführen, heißt nicht mit herkömmlichen künstlerischen Stilgesetzen oder Maßstäben zu rechnen, sondern Ästhetik bedeutet nach Nietzsche mehr als Kunst oder die Künste, nämlich die Aufforderung Naturwissenschaft und Technik mit einem tiefen Begreifen der Logik durch die alétheia zu erfahren und auszuarbeiten. Stilgesetze nach

---

[275] Anm.: Aufschlussreich und näher erklärend sind die Seiten: I 577 - 582

dieser neuen und stets aktuellen Art verstanden, sind notwendig dynamisch, und durch das Wesen des Menschen begrenzt.[276]
Die oben genannten, praktizierten Beispiele in bezug auf ‚Meisterschaft' in Technik, Wissenschaft und Kultur bezeugen eine Denkweise, die so unachtsam und nachlässig bei der Umsetzung von und mit errungen Erkenntnissen umgeht, dass man bezweifeln darf, ob in dieser Art und Weise wirklich Großes und Optimales geleistet werden kann, aus dem einfachen Grunde, weil sie nicht in Fleisch und Blut und Gehirnwindungen übergegangen sind und verinnerlicht werden. Die Neuen Technologien, allen voran die immersive Technologie der Virtuellen Realität oder die auf Neurochips beruhende Technologie der Künstlichen Intelligenz, selbst die Branche der Videospiele, sprich der PC-Spiele, werden die vorhandenen nicht ausgelebten, unvollständigen und unpassenden Erkenntnisse aller Art vorführen, und die Chance für eine *ge-* und er*lebte* Wissenschaft im Sinne Nietzsches eröffnen.
Das Auge, die Sehgewohnheiten und die sensuellen Gewöhnungen prägen die Denkgewohnheiten und ihre möglichen Fortschrittsrichtungen, sowie ihre mögliche, für den Menschen erschließbare Bandbreite.
Eine mögliche, allerdings kulturell fremdartige Perspektive eröffnet sich in der Umsetzung von PC-Videospielen bei den Japaner, die vergleichsweise viel Wert auf Grafik legen, eine Vorliebe für sogenannte Kopffüssler-Figuren hegen, und selbstverständlich ihre Samureikultur wiederfinden wollen, und – interessanterweise sind Alltagsspiele sehr beliebt, wie *Straßenbahn-fahren* oder den *Hund-Gassi-führen*.[277]

---

[276] Anm.: Nietzsche schildert in den beiden Aphorismen (I 576 f (218) und (219)), wie es kommt, dass heute „Schönheit nur zufällig in das System hineinkommt", weil uns die Dinge, Zahlen, Symbole nicht wirklich angehen und ansprechen, sondern sie weitestgehend unbesehen übernommen werden, wir würden die „höhere Ordnung der Dinge" im System nicht überblicken, und folglich falsch mit ihnen hantieren, bzw. Unfruchtbares und Unvollständiges produzieren.
Diese Grundauffassung Nietzsches ist für ihn eine Forderung des Lebens selbst, und damit für alle Lebensbereiche und Wissenschaften gültig und zutreffend, wie er an selbiger Stelle kundtut, wie übrigens auch an unzähligen anderen möglichen Zitatstellen: „Diese Lehre der Kunst, Lust am Dasein zu haben [...]." (I 582 (222)
[277] Anm.: Nach den Aussagen von Claus Pias in der TV-Sendung: *Kulturgeschichte des Computerspiels*, 3SAT, 27.11.2002. Oder: Pias, Claus, *Computer Spiel Welten*, Sequenzia, München, 2000

Die Entwicklung der Heim-PC-Videospiele kann durchaus als ein indikatorischer Wert unter vielen, für mögliche Entwicklungstendenzen innerhalb der Technologie der Virtuellen Realität herangezogen werden, weil sie sich im Laufe ihrer Entwicklung immer lebensnäher – nicht unbedingt mit ‚realer' zu verwechseln, sondern im Sinne Nietzsches – den Bedürfnissen der Menschen angenähert hat, und weiterhin wird; wobei die Lebensannäherung nur durch graduelle, technische Abstimmungen und Anpassungen erfolgen konnte, weil z.B. nicht jedes Grafikprogramm zu jeder Hardware hundertprozentig kompatibel ist, so daß der gewünschte Effekt an Grafik (Pixeldarstellung) und damit an Emotionalität, mit der erwünschten Lebensnähe nur annähernd vergleichbar ist.

Spannend wird es allerdings dann, wenn man hinterfragt, was es zu bedeuten hat, dass die Vorstellung und Umsetzung von Vollkommenheit und der Matrix von téchne, sowie von Träumen und Vorstellungen, bei den technologieführenden und -begeisterten Japanern in der Mimesis von Alltagssituationen mündet, – und endet? Ist das eine Anbahnung und Vorausahnung der Verabschiedung von den Prognosen, die eine Explosion an Kreativitätspotential oder eine Steigerung der Intelligenz oder der menschlichen Produktivkräfte voraussagen?

Eine aussagekräftigere und fruchtbarere *ge-* und er*lebte* Wissenschaft im Sinne Nietzsches und der Neuen Technologien wäre bei den Japanern die uns fremdartige Perspektive und Meisterschaft z.B., um die Vergleichsreihe zu den oben angeführten Beispielen aufrechtzuerhalten, in der Objektgestaltung wiederzufinden. Entgegen dem westlichen Hauptkurs der Erreichung von einem optimalen technisch-architektonischen Ausleuchtungsradius einer Räumlichkeit, im Sinne eines maximal erreichbaren Helligkeitsgrades von natürlichem Tageslicht, legen die traditionellen Japaner ihr hauptsächliches Augenmerk auf die vielen möglichen Abstufungsgrade von Licht und ihrem Zusammenwirken. Die Gesamtwirkung der Abstufungen des Schattens reicht von der Integration der zu berücksichtigenden Breite der Fensterbänke in ihrer Lichtwirkung bis hin zu der farblichen Mitwirkung des verwendeten Geschirrs innerhalb der jeweiligen Räumlichkeit.[278] Die japanische Betrachtungsweise des ‚Rätsel des Schattens' ist eng verbunden mit einer anthropologisch gewählten,

---

[278] Anm.: Siehe zum Beispiel: Tanizaki, Jun'ichiro; *Lob des Schattens. Entwurf einer japanischen Ästhetik*, Manesse, Zürich, 1998

möglichen Attitüde des Stils, genau wie andere Richtungen des Stils und der Haltung ebenso gut möglich sind, allerdings geht in diesem spezifisch gewählten Fall eine engere und bewusst-bestimmendere Verzahnung von Mensch und Technik einher, die durch den (jeweiligen) Stil ihren adäquaten Ausdruck sucht und findet. Zur Verdeutlichung und Kontrastierung des japanischen Beispiels, stelle man sich vor, ein Architekt würde vor Baubeginn nach der Art der Möbel fragen, um dann erst, je nach dem, ob sie z.B. aus Mahagoni oder aus Stahl gefertigt sind, die Lichtwirkung des Raumes konzipieren.

Die dynamische alétheia: "It's like going on a hike and being the sculptor of the montain at the same time"

Diese eigenartige, charakteristische Struktur der Betrachtungsweise von Technik und ihren Schönheits- und Designgesetzlichkeiten verlangt dem Menschen bei seiner allgemeinen Produktion von Wissenschaften die Fähigkeit ab, sich gleichzeitig selbst als Passiv-Denkenden und als Aktiv-Handelnden zu betätigen. Nietzsche hebt diese Eigenschaft sehr klar als „zugleich Subject und Object, [...], Schauspieler und Zuschauer sein" (vgl. KSA 1, 48 (5.)) zu können, gerade in seinem Werk *Die Geburt der Tragödie* heraus, in dem er dem Problem der Wissenschaft ansichtig wurde.[279]

---

[279] Anm.: Es wäre interessant Nietzsches Werk *Die Geburt der Tragödie* auf der Grundlage des von ihm selbst an die Hand gegebenen Interpretationsleitfadens und -gesichtspunkts, dem *Wissenschaftsproblem*, durchgängig und hermeneutisch abgeschlossen, aufzurollen und zu interpretieren, und dabei den Pfad des Titels, entlang der historisch-literarisch-künstlerischen Tragödieninterpretation gänzlich beiseite zu lassen, um die übliche Perspektive, um eine weitere, ganz im Sinne Nietzsches, ergänzen zu können.
Nietzsche leitet seine Idee von der Entstehung der Tragödie in *Die Geburt der Tragödie* mit den Worten ein:
„Wir werden viel für die aesthetische Wissenschaft gewonnen haben, wenn wir nicht nur zur logischen Einsicht, sondern zur unmittelbaren Sicherheit der Anschauung gekommen sind, dass die Fortentwicklung der Kunst an die Duplicität des A p o l l i n i s c h e n und des D i o n y s i s c h e n gebunden ist, in ähnlicher Weise, wie die Generation von der Zweiheit der Geschlechter, bei fortwährendem Kampfe und nur periodisch eintretender Versöhnung, abhängt. Diese Namen entlehnen wird dem Griechischen [...]." (KSA 1, 25 (1.))
Nietzsche spricht dezidiert von Wissenschaft, von einer Wissenschaft, die er mit dem Attribut *ästhetisch* versieht, – doch, was bedeutet in Nietzsches Sprachgebrauch ‚ästhetisch'? Ist es lediglich zusammengenommen ein Synonym für Kunst, bzw. die Kunstwissenschaften, oder hat Nietzsche das traditionelle Ästhetikverständnis nicht auch wie so viele andere für ihn wichtige Begriffe *umgewertet*? Und wenn dem so ist, wie findet sich eine derart umgewertete ästhetische Wissenschaft in den Begrifflichkeiten ‚Dionysus' und ‚Apollo' wieder?
Nietzsches meint: „Die Ästhetik ist unablöslich an diese biologischen Voraussetzungen gebunden: es gibt eine *décadence*-Ästhetik, es gibt eine *klassische* Ästhetik – [...]." (II 936). Die Wirkung der Kunst auf die Physiologie und Psyche, die Wirkung von Ethik auf die Physiologie und Psyche, desgleichen die Wirkung von Technik auf die Physiologie und Psyche, insbesondere mit Hilfe von der Neuen Technologien, oder von noch nicht erfundenen Neuro-Silizium-Chips, wird heutzutage fraglos anerkannt. Nietzsches Ansatz ist insofern konsequenter ausbuchstabiert als er *zusätz-*

lich die *Umkehrung dieser Sichtweisen* fordert. Ästhetik wird ihm solcherart zur *Notwendigkeit*.
Er schreibt: „Alles ist Notwendigkeit – so sagt es die neue Erkenntnis; und diese Erkenntnis selber ist Notwendigkeit. Alles ist Unschuld: und die Erkenntnis ist der Weg zur Einsicht in diese Unschuld." (I 514)
Technik erlangt ihre und eine notwendige Wirkung erst durch die Physiologie, oder anders formuliert: Technik- und Wissenschaftsgestaltung wird zuallererst durch die Anthropologie geschöpft, sie bekommt einen notwendigen und ‚im weitesten Sinne, anthropomorphen und dadurch ästhetischen Charakter.
Bekannter ist in der Philosophie Nietzsches die Anwendung der Physiologie auf die Moral, die ihre Verdeutlichung in der sogenannten Herren- und Sklavenmoral findet, von denen die eine generell „bejahenden" und die andere „verneinenden" Charakter hat: „Herren-Moral (»römisch«, »heidnisch«, »klassische«, »Renaissance«), [...] des *aufsteigenden* Lebens, des Willens zur Macht als Prinzips des Leben. [...]. Die erstere gibt aus ihrer Fülle an die Dinge ab – sie verklärt, sie verschönt, sie *vernünftigt* die Welt –, die letztere verarmt, verblasst, verhäßlicht den Wert er Dinge, sie verneint die Welt. [...]. Diese Gegensatzformen in der Optik der Werte sind *beide* notwendig: [...]." (II 936)
Ästhetik ist ein Wort für ein umspannendes theoretisches wie praktisches Weltverständnis, bzw. die Haltung zum Leben an sich, zum Umgang mit den dem Menschen begegnenden Phänomenen, wobei die Struktur und Denkfigur des „Doppelwesens" (vgl. KSA 1, 71 (9.)) in Nietzsches Philosophie ein konstituierendes Element ist, in dem sich die *physiologischen Triebe zur Erkenntnis* wertfrei, sprich ‚unschuldig' in ihren Extrema manifestieren. Es ist zu beachten, dass „aesthetische Wissenschaft" entsprechend der höheren Moral „verschönt" *und* „vernünftigt", was akzentuiert auf die Kunst angewandt bedeutet, ihres *logischen* Aspekts gewahr zu werden, und in der Technik und Naturwissenschaften sich des *verschönernden* Aspekts zu vergewissern. Dies ist nach Nietzsche eine Bedingung der Erkenntnis, der *Notwendigkeit*. Naturwissenschaft und Technik entwickeln sich analog der Kunst- und Geisteswissenschaften nach ein und demselben Schema: dem der „aesthetischen Wissenschaft", das nach Nietzsche an Antagonismen festgemacht ist. *Beispielhaft* und *explizit* exerziert Nietzsche diese Schematik an dem Gegensatzpaar Dionysus und Apollo vor, – er hätte auch ein anderes wählen können.
Wichtig ist, dass Nietzsche annimmt und voraussetzt, dass das physiologisch wirkende Gegensatzpaar, „die Triebe, ein *gemeinsames Ziel*" anstreben, dass sich „verherrlichen" lässt (vgl. KSA 1, 42 (4.); Herv. v.V.), bzw. sie sich gegenseitig widerspiegeln können: „Das ist die Sphäre der Schönheit, in der sie ihre Spiegelbilder, [...], sahen. Mit der Schönheitsspiegelung kämpfte [...] gegen [..]." (vgl. KSA 1, 38 (3.)). Das gemeinsame Ziel ist die *Erkenntnis*. Dementsprechend richtet Nietzsche auch die Charakterisierung von Dionysus und Apollo auf ihre jeweilige spezifische *Art der Erkenntnisgewinnung* aus (vgl. z.B.: KSA 1, 40f (4.)). Ihre grobe Etikettierung mit Kunst versus Logik, muss sich am Ziel angelangt, sozusagen, spiegelbildlich gegenlesen lassen können; und damit be-wertbar und um-wertbar in einem relativen Maßstabe sicht- und erkennbar werden. So kann Nietzsche formulieren: „Der Mensch ist nicht mehr Künstler, er ist Kunstwerk geworden." (KSA 1, 30 (1.), und damit befindet er sich weit entfernt von den Interpretationen, die mit jeglicher

Die Förderung dieser divergenten und spagatähnlichen Fähigkeit beinhaltet und stützt eine wichtige Eigenschaft der téchne, nämlich, dass man *unmittelbar* logos alethes, also Rechenschaft ablegen kann, und zudem imstande ist *flexibel* Korrekturen an Wissenschaften und Logik anbringen zu können.

Die Authentizität von gelebter Wissenschaft und Technik, sowie ihrer Produktionstheorie mitsamt der dynamischen Design- und Schnittstellengesetzlichkeiten, kann offensichtlich *Brüche* bekommen. Vergangene Hochkulturen und Epochen, sei es nun die Japanische oder die von Nietzsche angeführten, die er nicht nur auf das antike Griechenland oder die Renaissance bezieht (vgl. z.B. II 936), sind ein Indikator für die *Möglichkeiten* von menschlicher Leistung, und ein Beweis für ihre wahrscheinlich *gesetzesmäßige Instabilität* und damit Vergänglichkeit. Die Periodizität von Historie spiegelt die Periodizität von Leben an sich und der Menschen wider[280], die sich meines Erachtens ebenso in der Technik wiederfinden lässt. *Periodizität* ist ein Anzeichen von gegensätzlich wirkenden Einflüssen.

Das Auseinanderklaffen von Statik und Dynamik, die mangelnde Integrationsfähigkeit von Perspektiven und Gegensätzen, von Theorie und Praxis, entspricht in der Technik und den Wissenschaften allgemein, einem verwischten und unklaren logos alethes. Logische Theorien existieren für sich gesehen viele, doch die Reichweite ihres Gültigkeitsbereichs zeichnet sie innerhalb der Vielfalt aus. Die übergreifende Einheit lässt sich von der alétheia her erblicken, um sie nachfolgend und wechselwirkend in logische Formen gießen und bestätigen zu können.

Art von manipuliert-künstlichen Eingriffen in die Physiologie des Menschen spekulieren.

[280] Anm.: Man kann an dieser Stelle durchaus an Niccolò Machiavelli erinnern, dessen Sichtweise von Nietzsche geschätzt und übernommen wurde. In allgemeingültiger Weise stellte er fest: „Wenn ich den Lauf der Dinge bedenke, so finde ich, daß die Welt stets dieselbe geblieben ist. Es gab auf ihr immer ebenso viel Gutes wie Schlechtes, nur wechselten das Schlechte und das Gute von Land zu Land. [...]. Denn die menschlichen Dinge sind immer in Bewegung, sie steigen oder sie fallen." (vgl. *Discorsi*, II, Vorwort). Oder ähnlich wie Nietzsches Formulierungen bzgl. der ewigen Wiederkehr im ‚Zarathustra' klingend: „Wenn auf der Welt dieselben Menschen wiederkämen, wie dieselben Ereignisse wiederkommen, so würden keine hundert Jahre vorübergehen, dass wir nicht zum zweitenmal beisammen wären, um es geradeso zu machen wie jetzt." (*Clizia*, Prolog, 63)

Verallgemeinernd und zusammenfassend lässt sich ganz besonders und gerade auch für die Technik- und Naturwissenschaften mit Nietzsche sagen:

„[...] mit dem Maßstab der *richtigen Perzeption*, das heißt mit einem *nicht vorhandenen* Maßstabe, [...] es gibt höchstens ein *ästhetisches* Verhalten, [...]." (III 317)

Eine Bestätigung dieses parallel vorhandenen Gedankenguts innerhalb der angewandten Neuen Technologien, findet man bei dem Pionier der VR, des inzwischen üblicherweise als „Renaissance-Menschen"[281] bezeichneten Jaron Lanier. Seine zutiefst die Dynamik ausdrückende und Gegensätze beeinhaltende Formulierung dieses Vorgehens und dieser Attitüde, die beinahe paradox anmutet, trifft auf die VR-Technologie in vollem Umfange zu, da sie in ihr real, bzw. zur Realität wird. Die *Realität in ihrer Realisierung* wird uns zwingen die alétheia wissenschaftlich, als auch technikphilosophisch zu überdenken.

Jaron Lanier beschriebt diesen wichtigen Aspekt der VR-Technologie so:

„[...] – it's like going on a hike and being the sculptor of the mountain at the same time."[282]

Die metaphorische Merkmalsbeschreibung der Technologie der Virtuellen Realität, auf einen Berg zu wandern, indem man den Fuß quasi ins Leere setzt, um im allerletzten Moment dann doch noch auf einen Boden zu treten, den man sogar äußerst gut kennt, weil man ihn gerade erst selber entworfen hat; oder auch die andere beispielhafte Variante nach Nietzsche, sich selbst im Moment des ausführenden Gestus des Schauspielerns regieführend zuschauen zu können, weist eine methodologische Besonderheit auf, die man deutlich erkennt, indem man den Umkehrschluss zieht: man kann auf einen

---

[281] Vgl. z.B.: *The Guardian Profile: Jaron Lanier, The Virtual Visionary*, in: *The Guardian Saturday Review*, Saturday Dec. 29, 2001. Oder im: *Stern*, April 2002
Oder jeweils im Internet unter:
http://www.guardian.co.uk/saturday_review/story/0,3605,625402,00.html
Und: http://www.stern.de/artikeldruckansich/?id=164110&siteref=/computer-netze/spezial/
[282] Lanier, Jaron, *The Virtual Visionary*, In: *The Guardian Saturday Review*, Dec. 29, 2001

Berg wandern, dessen Felsuntergrund gerade entstanden ist, und den Fußtritt dadurch lenkend auf ihn aufsetzen lässt; oder im anderen Falle, dass man sich beim Schauspielern zuschauend emotional bewegen lässt.
Dieses allgemeine Merkmal der VR-Technologie kann man mit Nietzsche, und zwar in seinem kompletten und umfassenden Verständnissinn, in einem einzigen Begriff vereinfachend zusammenfassen: es ist eine „Schönheitsspiegelung" (vgl. KSA 1, 38 (3.)).
Die Selbst- und Fremdbespieglung und die Mehrfachprojektion sind in der Technologie der Virtuellen Realität eine philosophische *und* technische Charakteristik. Man kann die VR-Technologie technisch durchaus ebenso als eine Theorie der Spiegelungen oder der Projektionen bezeichnen.
Ihre technische Intention und Vision besteht in "Environment Scannings, Point-of-view textures" und "Object Recognition/Tracking."[283] Deutlicher kann man die VR-Technologie durch eine mögliche Definition – von Jaron Lanier – veranschaulichen: „[...]: attempt to fully mirror human capabilities with interfaces."[284]

Dies wird u.a. tatsächlich mit Hilfe einer Vielzahl von Kameras und Projektionsflächen bewerkstelligt. Der heutige Stand der Entwicklung der VR basiert diesbezüglich hauptsächlich auf den Grundlagen der *Optik*.
Abbild-, Brechungs- und Interferenzverfahren usw. bestimmen die VR-Technologie oder, kurz und allgemein formuliert: *Ray-tracing Verfahren*. Die jedermann wohlbekannte (geometrische) Optik ist nicht zu unterschätzen, wenn man sich zum Beispiel vor Augen hält, wie Kepler mit einfachsten optischen Kombinationen das Weltbild ‚auf den Kopf stellte', oder dass die Fortsetzung ihrer Entwicklung bis in die Quantentheorie hineinreicht, da die Quantenmechanik auf einem Interferenzproblem aufgebaut ist.
Noch allgemeiner gefasst, wenn man etwa die Akustik mit einbezieht, die nach ähnlichen Prinzipien funktioniert wie die Optik, kann man die VR-Technologie als eine Thematik der Signalumwand-

---

[283] Vgl. Jaron Lanier, *The National Teleimmersion Initiative*, presentation given for US Army, The Pentagon vom 18.11.1999, Slide 53 of 54. Oder nachzulesen unter: http://www.advanced.org/tele-immersion/Slides/pentagon99/
[284] Ebd., Slide 4 of 54

lungsverfahren, der Sensorik, oder der Interface- bzw. Schnittstellenbetrachtungen bezeichnen.[285]
Der heutige Stand der Entwicklung der VR-Technologie basiert momentan noch hauptsächlich auf der Optik. Die Akustik und Mechanik (für die Haptik) bleiben bislang noch weitestgehend außen vor.
Auf alle sensorischen und sensuellen Bereiche, nicht nur auf die Visualisierung, sondern auch auf die noch nicht technisch realisierten Teilgebiete der VR-Technologie, trifft die obige Metaphorik zur Beschreibung, sowohl der Technikbenutzung des Anwenders von VR, als auch der Philosophie der VR zu.
Die metaphorische Sprechweise Laniers oder Nietzsches weist den philosophischen Weg anschaulich. Die gewissermaßen existierende Doppelbödigkeit des Wanderwegs in seiner gegebenen perspektivischen Oszillationsmöglichkeit, lässt die Frage aufkommen, auf welcher Seite der Spiegelachse man sich befindet, und aus welcher Perspektive man erkennt. Das ist keine Frage nach dem Wirklichkeitsstatus von Realität und Virtualität, keine mit platonischem Gehalt, da (physikalische) Projektionen ontologisch ganz klar in das Reich der Natur, bzw. der Physik gehören, und sich außerhalb dem Reich der philosophischen doxai befinden und nicht mit ihnen verwechselt werden sollten, sondern es ist eine reine Frage nach der Erkenntnisweise, eine der Epistemologie.[286]
Des weiteren ergibt sich aus dem Wanderweg, bzw. aus der Spiegelungsmöglichkeit und Perspektive, die in Bezug auf Nietzsche spezielle Fragestellung, ob in seinen Schriften eine latente einseitige

---

[285] Anm.: Der Vorteil bei dieser Etikettierung ist, das nicht nur die Optik als ein funktionsbestimmendes Prinzip der VR in sie eingeht, sondern selbstverständlich auch die anderen Funktionsprinzipien der Hardware wie z.B. magnetische tracker, oder auch die Software miterfasst werden, die auf der allgemeinsten physikalischen Oberkategorie ‚Schwingungslehre' beruhen, in der die Optik, die Akustik, ebenso wie Elektrodynamik oder -magnetismus eingehen. Der Informationsaustausch findet immer über Überlagerungs- und Ähnlichkeitsprinzipien statt.

[286] Anm.: Eine Arbeit, die weitgehender, weil detaillierter und konkreter, als die meisten (vor allem die, nach der französischen Lesart der ‚Sein-Schein'-Diskussionen') ist, und *zusätzlich* hart an der ontologischen Grenzbestimmung operiert, indem sie die Meinung vertritt, dass „the virtual is equivalent to the actual, [...]. There is no ontological difference between virtual reality and actual reality." (S. XIV), findet man bei:
Zhai Philip, *Get real: A Philosophical Adventure in Virtual Reality*, Rowman&Littlefield Publishers, Boston, 1998

Sympathie und Unausgeglichenheit zwischen den beiden perspektivischen Seiten und Gegenspielern besteht, oder ob er konsequent die Gleichheit von Bild und Spiegelbild anerkennt – bei ihm in der gewählten Ausgestaltung von Dionysus und Apollo vorgetragen, die er sinnbildlich und vereinfacht gesagt, stellvertretend für die Ästhetik und die Logik einsetzt – und damit dem Abel'schen ‚logisch-ästhetischen Interpretationszirkel' folgt.[287]

In einem weitern Schritt, den ich hier nur andeute, kann man den Wirkungskreis der Spiegelungstheorie ausdehnen:

Verallgemeinernd gesagt, ist das entscheidende Merkmal der Technologie der Virtuellen Realität, dass man sich in einer sich ständig verändernden Welt befindet, bzw. das der Mensch, als ein sich selbst im Prozess der Bewegung und Veränderung befindendes Wesen, sich gleichzeitig in dieser verändernden Welt befindet.

Formuliert man das Merkmal der VR-Technologie derart, scheint es beinahe banal zu klingen, weil uns dieser Erkenntnissatz so vertraut und selbstverständlich vorkommt. Allerdings kann man durchaus hinterfragen, ob er, angefangen und angeknüpft an antikes und traditionelles philosophisches Gedankengut, bis zuende gedacht wurde, und zwar gleichzeitig und gleichwertig in seinen beiden Bedeutungssatzhälften. Man kann dabei gleichfalls überdenken, in welcher Satzhälfte sich die Verortung der Technikphilosophie oder der Philosophie der Natur und Naturwissenschaften überwiegend vornehmen lässt. Man wird wohl u.a. finden, dass man den antiken Begriff der alétheia für die Technikphilosophie für wenig wichtig erachtet hat.

Nietzsches gewollte und bewusste Präferenz innerhalb dieser Theorie der Spiegelung kulminiert in dem persönlichen Bekenntnis der fol-

---

[287] Anm.: Die Untersuchung der Frage nach der Unausgewogenheit stellt sich bei den Ingenieuren und Usern der VR-Technologie weniger, weil ihre *praktische Anwendung* der VR sie zu einer Ausgewogenheit herausfordert: Wenn es so ist, das VR-Anwendung sind, wie: „like going on a hike and being the sculptor of the mountain at the same time", dann wird der User unmittelbar gewahr, wie die *Qualität* seiner technischen Umsetzung ist, z.B. ob der Berg zu steil konstruiert wurde und nicht begehbar ist, oder man zu schnell gewandert ist, und der Berg noch gar nicht vorhanden ist, etc. Die gleichzeitige und gleichwertige Berücksichtigung von Logik und Ästhetik wird unabdingbar.
Diese Kontrollfunktion *und* vorantreibenden Kraft einer alétheia ist bei der Technologie der Künstlichen Intelligenz systemimmanent bedingt bisher noch nicht so stark ausgeprägt.

genden bekannten Aussage, von der meistens nur der letzte Teil zitiert wird:
„Nur weiß er – er hat es erlebt, er hat vielleicht nichts anderes erlebt! – daß die Kunst mehr *wert* ist als die Wahrheit." (III 693)
Trotz der sehr persönlich gehaltenen Formulierung Nietzsches, büßt dieser Satz nicht an philosophischer Aussagekraft und Bedeutung ein, da zum einen Nietzsches Leben auf das vorstellbar Engste mit seinen philosophischen Gedanken verknüpft ist, und er zum anderen als anerkannte Quintessenz seiner Philosophie angesehen wird.
Mit der Aussage, dass „die Kunst mehr wert sei als die Wahrheit", wird indirekt auf eine bestimmte Art und Weise die Logik und der Logos ausgehebelt. Das folgende Zitat zeigt auf, wie Nietzsche das handhabt, und warum letztendlich kein Gleichgewicht zwischen Ästhetik und Logik/Logos bestehen kann; denn aufgrund des letzten Zitates ist noch nicht zwingend klar und folgend, dass ein Ungleichgewicht zwischen den beiden bestehen solle, da die Wertung auf dem Fundament und vor dem Hintergrund des logisch-ästhetischen Interpretationszirkel vollzogen werden könnte. Nietzsche setzt den denkerischen Hebel so an:

„Es giebt k e i n e a p a r t e P h i l o s o p h i e , g e t r e n n t v o n d e r W i s s e n s c h a f t : d o r t w i e h i e r w i r d g l e i c h g e d a c h t . Das ein unbeweisbares Philosophiren noch einen Werth hat, mehr als meistens ein wissenschaftlicher Satz, hat seinen Grund in dem ästhetischen W e r t h e [...]. Es ist als K u n s t w e r k noch vorhanden, wenn es sich als wissenschaftlicher Bau nicht erweisen kann. Ist das aber bei wissenschaftlichen Dingen nicht ebenso? [...]. Der Erkenntnißtrieb wird also gebändigt durch die Phantasie in der Kultur eines Volkes.
Dabei ist der Philosoph von höchstem W a h r h e i t s p a t h o s erfüllt: der W e r t h seiner Erkenntniß verbürgt ihm ihre W a h r h e i t . Alle F r u c h t b a r k e i t , und alle treibende Kraft liegt in diesen v o r a u s g e w o r f e n e n Blicken." (KGW III/4:19 [76])

Diese Aussage, die sich durch Nietzsches gesamte Werk zieht, beschreibt exakt die alétheia.

Sie ist keine ‚Unverborgenheit'[288] und nicht die ‚Wahrheit an sich'. Sie ist eine „übergreifende funktionale Zuständlichkeit, innerhalb derer es dann auch »wahrhaftig« bezeichnet werden kann, aber nicht primär. Es geht nicht um die Wahrheit einer Aussage, [...]."[289] Es geht um das Pathos, genauer gesagt um das „Pathos der Distanz" (III 778), das sich als Attitüde gegenüber den Design- und Schnittstellengesetzen erschließt, und die sich ihrerseits, ganz antik nachgedacht, nur in der „übergreifenden Einheit von Subjekt und Objekt"[290] erschließen lassen, die wiederum nach Nietzsche die größtmögliche Gegensätzlichkeit aufweisen und in sich vereinen sollte, um dem angelegten Maßstab der ‚Wahrheit' im Sine der alétheia erfüllen zu können.

Ein häufig von Nietzsche verwendeter Begriff für diesen strategischen und methodischen Vorgang der über- und vorausblickenden Koordinations- und Integrationsfähigkeit ist z.B. neben dem der ‚Kunst' der der Verschönerung: „Verschönerung als Ausdruck eines *siegreichen* Willens, einer gesteigerten Koordination, einer Harmonisierung aller starke Begehrungen, eines unfehlbaren perpendikulären Schwergewichts. [...]. Spitze der Entwicklung: der große Stil." (III 755)

Der solcherart verstandene Bergriff der alétheia ist es, der die entsprechende und benötigte Denk- und Umgangsweise der VR-Technologie mit ihrem Merkmal "like going on a hike and being the sculptor of the mountain at the same time" erklären kann. Ohne ein Verständnis und ohne Erkenntnis der Charakteristik einer „übergreifenden funktionalen Zuständlichkeit" lässt sich schwer ermitteln, wo und wie man den Fuß richtig aufzusetzen hat, bei gleichzeitigem

---

[288] Anm.: Die Interpretation von alétheia nach Wolfgang Schadewaldt, der ich mich anschließe, bedeutet auf „deutsch nicht >Unverborgenheit<, sondern >Unentzogenheit<. Das ist für das griechische Seinsdenken von außerordentlicher Bedeutung." (Ders., *Die Anfänge der Philosophie bei den Griechen*, a.a.O., S. 198).
„Dieser Heideggersche Begriff der >Unverborgenheit<, der in der Philosophie von größter Bedeutung geworden ist, interessiert uns hier nicht als solcher, sondern die Frage ist, ob er korrekt vom griechischen Wort her entwickelt ist. [...] daß sich die Deutung Heideggers bewährt hat, nur daß man es im einzelnen noch genauer fassen muß, weil die Übersetzung >Unverborgenheit< dem Begriff etwas gibt, das er nicht hat. Für uns schwingt durch das >bergen<, >verbergen< etwas Geheimnisvolles mit, [...]." (ebd., S. 194 f)
[289] Schadewaldt, Wolfgang, a.a.O., S. 199
[290] Ebd., S. 197

sinnvollen und adäquaten Erschaffen des Wegs. Dabei wird bei der Technologie der Virtuellen Realität der Vereinheitlichungsgedanke von Subjekt und Objekt auf uns bewusste, bzw. uns allmählich bewusst werdende Weise, im Gegensatz zur Antike, erneut auf die Spitze getrieben, bzw. zurückgetrieben.

Mit Nietzsche lässt sich die Charakteristik der Technologie der Virtuellen Realität nochmals *konkret* beschreiben:

„Die Raum- und Zeit-Empfindungen sind verändert: ungeheure Fernen werden überschaut und gleichsam erst *wahrnehmbar*; die *Ausdehnung* des Blicks über große Mengen und Weiten; die *Verfeinerung des Organs* für die Wahrnehmung vieles Kleinsten und Flüchtigsten; die *Divination*, die Kraft des Verstehens auf die leiseste Hilfe hin, auf jede Suggestion hin: die »intelligente« *Sinnlichkeit* – [...]." (III 755)[291]

---

[291] Anm.: 1.) Die Veränderung der menschlichen Erfahrung sowohl von Raum-, Zeit-, als auch der Kausalitätsempfindung ist ein essentieller Wesenszug der VR-Technologie, auf den ich später noch näher eingehen werde.
Anm.: 2.) Bemerkenswert ist, dass Nietzsche ein Philosoph ist, der auf eine *Wahrnehmungserweiterung* aus ist. Ich spreche absichtlich nicht von einer *Bewusstseins*erweiterung, und grenze sie nahezu komplett aus jenem Bedeutungshorizont aus, weil a.) das Bewusstsein bei Nietzsches etwas Unwichtiges und Sekundäres ist (s. z.B.: II 44 (11)), und weil b.) bewusstseinsphilosophische Debatten in der Technologie der Künstlichen Intelligenz eine wichtige Rolle spielen, von denen VR-Denker sich jedoch, trotz deren Nähe zur Technologie der Virtuellen Realität, gerne distanzieren und lieber von ‚Erfahrung' als von ‚Bewusstsein' sprechen. Zum Beispiel meint Jaron Lanier bei einer Auseinandersetzung mit Daniel Dennett:
„The meaning of the term consciousness has been subjected to a tug-of-war lately. It used to mean "subjective, ineffable experience" and now it might mean "a part of a program that models other parts and can exercise executive control", I like to use the word "experience" to refer to the subjective experience of experience, which is the thing that make consciousness into a hard problem." (*You Can't Argue with a Zombie*, nachzulesen unter: http://www.people.advanced.org/~jaron/zombie.html, Fußnote 5)
Auch diesen Punkt werde ich später näher ausführen, aber jetzt schon anmerken, das dieser Gegensatz aufklafft, weil das Verständnis der meisten VR-Philosophen mit Nietzsches Erfahrungsbegriff korrespondiert, ohne dass sie jedoch speziell auf ihn Bezug nehmen würden.
Anm.: 3.) Dem ersichtlich grundsätzlicheren Bedürfnis des Menschen, der Verfeinerung des Sinnes- und Wahrnehmungsapparates zu Zwecken der allgemeinen Erkenntniserweiterung (wobei die Erfahrungs- und Bewusstseinserweiterung miteingeschlossen sind) nachzukommen, wird, ausgehend von Alan Turings Alternativvorschlag unter Einbeziehung des extremen Gedankens der Telepathie, der ebenfalls als

Devination und Suggestion bekannt ist (vgl. Fußnote 117), von Nietzsche gelöst, indem er sich *gegen* eine „Leistung einer Wahrnehmung außerhalb der uns bekannten Sinnesorgane (= außersinnliche Wahrnehmung) und [...]." (Definition von Bender, vgl. bei Fußnote 115) entscheidet, und sich damit auch indirekt *gegen* die Philosophie der Technologie der Künstlichen Intelligenz wendet.
Nietzsches Gedanken einer Divination und Suggestion (vgl. z.B. III 754) sind dem Gedankengut eines Douglas Engelbart und der Philosophie der Technologie der Virtuellen Realität verwandt, in deren Mittelpunkt der Mensch mit seiner gegebenen Physiologie steht: so wie er geboren wurde, wird er als vollständig erachtet. Der beschrittene Weg kann eindeutig, wie Nietzsche es tut, mit „intelligenter *Sinnlichkeit*" bezeichnet werden, deren Devination und Suggestionskraft lediglich darin besteht, sich in Andere „Hinein-Leben" (vgl. III 754), bzw. sich in sie ‚hineinversetzen' zu können, wie wir es heute formulieren. Damit will Nietzsche im wesentlichen die *Sensibilität* beschreiben, die bis hin zur Disposition des Wahnsinns – bei Nietzsche positiv besetzt (s. z.B. II 139 (152)) – reichen kann. Da die Sensibilitätsfähigkeit der Menschen unterschiedlich stark ausgebildet ist und erst im Kontrast zur vollen Geltung und *Produktivität* kommt, befürwortet Nietzsche eine ‚Rangfolge' zwischen den Menschen, bzw. einen *Individualität*sgedanken (s. z.B. III 544).
Dieselbe starke Akzentuierung der Individualität des Menschen innerhalb der Philosophie der VR-Technologie führt zu einer Ablehnung der Theorie von Karl Marx, und zwar in ihrem Aspekt der ‚proletarischen Gleichmacherei' von Individuen, bedingt durch ihre vorgebliche Funktionalisierbarkeit und Erklärbarkeit. Auch hier sei wiederum Jaron Lanier, der nicht nur als *der* technische Pionier, sondern auch als *der* gedankliche Wegbereiter der VR-Philosophie gilt, angeführt:
„such as Marxism [...]. Life was understood essentially as a form of technology; something entirely empirical and subject to manipulation and eventual perfection." Und: „The greatest crime of Marxism [...] but that it claimed to be the sole and utterly complete path to understanding life and reality. Cybernetic eschatology shares with some of history's worst ideologies a doctrine of predestination." Und: „Thus, under communism we saw an attempt to destroy spirituality, sentimentality, identity, and traditions."
(*Death: The Skeleton Key of Consciousness Studies?*, Part 3, unter: http://www.people.advanced.org/~jaron/deathdenial.html. Und: *One Half a Manifesto*, unter: http://www.edge.org/3rd_culture/lanier/lanier_index.html. Und: *Karma Vertigo: or Considering The Excessive Responsibilities Placed On Us By The Dawn Of The Information Infrastructure*, unter: http://www.people.advanced.org/~jaron/essay.html)
Unter die gleiche Kategorie wie Karl Marx, und zwar aus genau den gleichen Gründen, fallen in der Philosophie der VR-Technologie die Denker Charles Darwin und Sigmund Freud:
„Artificial Intelligence enthusiasts [...] often invoke shameful history of hostile receptions to Galileo and Darwin in order to dramatize their plight as shunned visionaries. [...] first invented, with heroic immodesty, by Freud. [...] his ideas have not held up as well as Darwin's or Galileo's. In retrospect he doesn't seem to have been a particularly objective scientist, if he was a scientist at all."
(*Mindless Thought Experiments, A Critique of Machine Intelligence*, unter:

Der Ausdruck ‚»intelligente« *Sinnlichkeit*' spielt in der Philosophie Nietzsches, der heutzutage oft als ‚Leibphilosoph' bezeichnet wird, eine immens wichtige Rolle. Allerdings lenkt der Oberbegriff ‚Leibphilosophie' leicht in eine andere Denkrichtung ab, die der Zeitepoche entsprechend, in den populären Sog des Gedankenstrudels von allgemeiner Körperschönheitskultur, Verhaltensforschung und gentechnischer Manipulation gerät. Wie jedoch aus dem Zitat ersichtlich ist, reicht Nietzsches Verständnis von ‚»intelligenter« *Sinnlichkeit*' viel weiter.

Der Ausdruck könnte als ‚terminus technicus' innerhalb der Technik und Naturwissenschaft fungieren. Spätestens seit Alan Turing's Gedankenexperiment sollte die Verwendung von „sense organs", bzw. von ‚»intelligenter« *Sinnlichkeit*' in der gedanklichen Erfassung von Technikgeschehen nicht befremdlich erscheinen.

Die ‚»intelligente« *Sinnlichkeit*' konstruiert und konstituiert *Wirklichkeit* im Sinne des alétheia-Verständisses[292], da sie von Nietzsche direkt in Verbindung mit den „Raum- und Zeit-Empfindungen" gebracht wird. Selbst der Wahrheitsgehalt der alétheia basiert darauf und wird von der ‚»intelligenten« *Sinnlichkeit*' hergeleitet. Sie ist es, die bei einem von der Technologie der Virtuellen Realität und einem von Nietzsches scheinbar entzogenen Sein- und Realitätsverständnisses, einem umgewerteten ‚Sein an sich', im Primat über den Logos und die Logik, aber auch im Primat über die Kunst, Wirklichkeit und

---

http://www.people.advanced.org/~jaron/aichapter.html)
Die Divinations- und Individualitätsgedanken Nietzsches sind mit seinem Wiederkehrgedanken eng verknüpft, da nur er in letzter Konsequenz dem Menschen seine Referenz erweisen kann.

[292] Anm.: Das Verständnis von *Wirklichkeit* ist in der Antike, wie Wolfgang Schadewaldt überzeugend darstellt (Kap. 23-4, a.a.O.), eng mit dem der alétheia verbunden, die nicht immer als *Wahrheit* übersetzt werden kann, sondern als *Wirklichkeit* übersetzt werden *muss*.
Das Entzogenheitsein ist der Grundcharakter der Wirklichkeit, der nur in Bezug *auf den Menschen hin* gedacht werden kann: „Immer wieder diese Struktur, daß da ein Sein ist, das bei mir sein kann, und im Vorhandensein erst das Sein ausmacht, in dem ich lebe." (S. 200 f). Diese, das antike Denken spiegelnde, Aussage Schadewaldts spiegelt ebenso gut die ‚virtuelle' Denkweise der Technologie der Virtuellen Realität wider. Mit Nietzsche kann man sagen, dass es die ‚intelligente *Sinnlichkeit*' ist, die alle die den Griechen „bekannten Stufungen von Wirklichkeitsvorstellungen bis hin zur alétheia konstituiert". (vgl. S. 201). Und es ist die griechische alétheia, die ihren *Wahrheitsbegriff* im Lichte eines *sinnvollen*, und nicht willkürlich gewählten, *Perspektivimus* bei Nietzsche erscheinen lassen kann.

Sein entwirft. Ohne die ‚»intelligente« *Sinnlichkeit*', bzw. die alétheia lässt sich ein *technischer Entwurf* im Geiste von: "like going on a hike and being the sculptor of the mountain at the same time" nicht realisieren, genauso wenig wie die *immersive Anwendungsart* dieser Technologie.

Beide Ausdrücke, sowohl die ‚»intelligente« *Sinnlichkeit*' als auch die alétheia, stellen eine *Produktionstheorie* dar. Diese umfasst bei Nietzsche die Entwicklung und Darstellung der Tragödie, ebenso wie die des naturwissenschaftlichen Denkens, oder die der ‚Willen zur Macht', also seine philosophische Grundkonzeption, die er gerne anhand zweier künstlerischen Prinzipien veranschaulicht: „[...]: wie das Dionysische und das Apollinische in immer neuen auf einander folgenden Geburten, sich gegenseitig steigernd [...] das Wesen beherrscht haben: [...]." (KSA 1, 41 (4.))

Aus diesem immer wiederkehrenden Grundtenor in Nietzsches Philosophie folgt genaugenommen, dass es da etwas geben muss, was man als Produkt der ‚Geburt' *namentlich* benennen kann; also dass da etwas ist, das gleichermaßen über das dionysische wie das apollinische Prinzip *wesensmäßig* hinausreicht.

Man findet in seinen Schriften den Begriff „Rausch", dem er die Eigenschaften der ‚»intelligenten« *Sinnlichkeit*' zuschreibt (vgl. z.B. III 755), weil sich im Rausch solcherart die schaffende und produktive „Transfigurationskraft" äußern kann: „[...] wird hier mit der Realität in einer Weise fertig, [...], man *ist* vollkommener... Wir finden hier die Kunst als organische Funktion: [...]: sie tut mehr, als bloß imaginieren: sie verschiebt selbst die Werte." (III 752).

Außer der Zustandsbeschreibung des Rausches, treffender als *Erkenntnismethode* zu sehen, findet man dieselbe Zustandsbeschreibung bei Nietzsche unter der Etikettierung ‚Kunst' wieder. Durch die Charakterisierung der Wertesetzung und -findung ist der Kunsttrieb, bzw. die ‚Kunst an sich' bei Nietzsche zu einer allgemeinen und umfassenden Erkenntnismethode um- und aufgewertet worden, zumal sie „als die höchste Aufgabe und eigentlich metaphysische Tätigkeit dieses Lebens" (I 20) dargestellt wird, und als ein „über das Dasein gebreitete Netz der Kunst, sei es unter dem Namen Religion oder Wissenschaft, [...]." (I 87 (15)) postuliert wird.

Und es gibt noch einen Begriff, der den Bedeutungsgehalt der ‚»intelligenten« *Sinnlichkeit*' näher erläutert, über das Dionysische und Apollinische hinausgreift und sie gemeinsam umfasst, den der ‚tragischen Erkenntnis': „[...] sieht, wie die Logik sich an diesen Grenzen um sich selbst ringelt und endlich sich in den Schwanz beißt – da bricht die neue Form der Erkenntnis durch, *die tragische Erkenntnis*, die, um nur ertragen zu werden, als Schutz und Heilmittel die Kunst braucht." (ebd.)

Alleine die von Nietzsche ins Feld geführte dreifache Etikettierungsmöglichkeit von »intelligenter« *Sinnlichkeit'*, – und ihrer wechselseitigen Austauschbarkeit – weist auf die vielschichtigen Bedeutungsebenen hin, die Nietzsche zudem noch ständig verschiebt und ineinandergreifen lässt. Und sie verdeutlicht die von Nietzsche selbst erkannte und angesprochene Schwierigkeit, etwas philosophisch zu erklären und zu benennen, für das er kein für ihn befriedigendes Wort vorfindet, auf das er, zu seiner Zeit und für seine Zeit(genossen) gedacht, aufbauen konnte.[293] Unbestreitbar ist, dass sein umkreisendes Bemühen, das Neue seiner Gedankengänge sichtbar werden zu lassen, insofern von Erfolg gekrönt ist, als er eine bis heute anhaltend und weitreichend wirkende Philosophie schuf. Jede seiner möglichen Etikettierungsmöglichkeiten birgt einen wichtigen und verbindenden Kern in sich: die *Dynamik*.

„Dies Verwandeln-*müssen* ins Vollkommene – das ist Kunst." (II 995 (9)).

Oder: „[...], daß die Fortentwicklung der Kunst an die Duplizität des *Apollinischen* und *Dionysischen* gebunden ist." (I 21 (1))[294]

---

[293] Anm.: Nietzsche-Interpreten sprechen von einer vorhandenen Esoterik und Exoterik in seinen Schriften.

[294] Anm.: Man beachte, dass Nietzsche Gegenspieler benötigt, um *Realität* konstruieren und wahrnehmen zu können. Dabei wird von ihm das *Symbol* ‚Apollo' mit der *Logik* identifiziert – diese ist für Nietzsche gleichbedeutend mit dem Maler, dem Plastiker, der Architektur, der „Welt der *individuatio*" (I 120 (22)), etc., die Aufzählung lässt sich noch weiter fortführen, – und mit der *Statik* allgemein (vgl. z.B.: KGW III/4:139).

Das ‚statische' Symbol ‚Apollo' kann durch ein anderes Symbolwort ersetzt und überschrieben werden, den ‚*Rausch'*, der seinerseits durch seine Wortbedeutung die Begrenzung des Statischen aufbricht, indem er ein Element des Außer-sich-sein, des Ekstatischen, mit einbringt, und damit der ‚*Dynamik'* das Wort redet, die jedoch im Gegensatz zum Dionysischen *partiell* und lokalisiert bleibt. Der wichtige gedankliche Punkt des Symbols ‚Rausch', egal ob apollinisch oder dionysisch, ist seine *Transfigurationskraft*, seine Fähigkeit der *Metamorphosenbildung*, die die Dynamik bedingt, voraussetzt und erhalten können muss. Das Symbol ‚Dionysus', mit der Kunst, dem Musiker, dem Tänzer, etc., in Verbindung gebracht, wird mit einer

Es handelt sich bei immer wieder um die Darlegung von ‚Fortentwicklung' und ein ‚Verwandeln-müssen'. Das dynamische Element durchwirkt und strukturiert sowohl die technische Konstruktions- und Produktionsarbeit, die Technikanwendung als auch das Lebensprinzip schlechthin. Man kann auf allen Interpretationsebenen, von den konkreten bis hin zu den abstraktesten Regionen, die *Metamorphose* als eine metaphorische Definition des *Realitätsbegriffs* selbst

---

umfassenden, globalen Dynamik versehen, die sogar als das die ‚Dynamik an sich' antreibende Element, als ein Gegensätze überspannender *Bewegungsgestus*, angesehen werden kann. – Wir erinnern uns, dass Nietzsche die „Welt als reines Zeitphänomen" postuliert. Und er ergreift für diese, für ihn wichtige Erkenntnis, eindeutig Partei, indem er in den Wahnsinnszetteln statt mit seinem eigenen Namen mit „Dionysus" unterzeichnet, aber nie mit dem des Apollon. Dionysus und Apollo werden beide nicht nur als ‚Rausch' sondern auch jeweils einzeln mit ‚Kunst' bezeichnet. Das Symbol ‚Rausch' wird inhaltlich nicht von dem Begriff ‚Kunst' unterschieden, und beide Ausdrücke werden sowohl für Dionysus als auch für Apollo zutreffend, von Nietzsche verwendet, weil man sich die beiden Gegenspieler, welche Gegensatz-Symbolik auch immer, – die nicht als traditionelle Kunstrichtungen und auch nicht als ‚Kunst an sich' zu missdeuten sind, nur *vorläufig* als getrennt vorzustellen hat. Sie haben lediglich Verdeutlichungs-, Anschauungs- und Symbolcharakter.
Das Ziel ist ein dynamisierter, metamorphosierender Zustand, der mit der vereinheitlichenden *Zustandsbeschreibung* „Realität" (vgl. z.B. I 121) benannt wird. An dieser Stelle sei darauf hingewiesen, dass dieser Realitätsbegriff, dem das ‚Sein an sich' entzogen wurde, am nächsten dem griechischen *Seins- und Wirklichkeitsverständnis* der *alétheia* entspricht, und die nietzsche'sche, geforderte Syntheseleistung von Statik und Dynamik erbringen kann. Diese ist exakt die Herausforderung, vor die uns die Technologie der Virtuellen Realität stellt. Abschließend seien noch ein paar Zitate hintereinander zur Beweisführung meiner alétheia-These bei Nietzsche angeführt:
„Um uns jene beiden Triebe näher zubringen, denken wir sie uns zunächst als die getrennten Kunstwelten des *Traumes* und des *Rausches*; [...]." (I 21 (1))
„Was bedeutet der von mir in die Ästhetik eingeführte Gegensatz-Begriff *apollinisch* und *dionysisch*, beide als Arten des Rausches begriffen? – Der apollinische Rausch hält vor allem das Auge erregt, so daß es die Kraft der Vision bekommt. [...]. Im dionysischen Zustand ist dagegen das gesamte Affekt-System erregt und gesteigert: so daß es alle seine Mittel des Ausdrucks mit einem Male entladet, [...]. Das Wesentliche bleibt die Leichtigkeit der Metamorphose, [...]. Es ist dem dionysischen Menschen unmöglich irgendeine Suggestion nicht zu verstehn, er übersieht kein Zeichen des Affekts, er hat den höchsten Grad des verstehenden und erratenden Instinkts, wie er den höchsten Grad der Mitteilungs-Kunst besitzt. [...]: er verwandelt sich beständig." (II 996 (10))
„[...] zu symbolisieren: Dionysus redet die Sprache des Apollo, Apollo aber schließlich die Sprache des Dionysus: womit das höchste Ziel der Tragödie und der Kunst überhaupt erreicht ist." (I 120 (21))

ansehen.[295]

Die einhergehende „Veränderung von Raum- und Zeit-Empfindungen" (III 755) ist paradigmatisch bei Nietzsche und der Technologie der Virtuellen Realität.[296]
Das selektive und selektierbare Erschaffen und Entstehen von solchen Zeitfiguren und Simulationsgrafiken ist an die Augenblicklichkeit und Vergänglichkeit gebunden.
Nietzsche bezeichnet die jeweils in Erscheinung tretende und sich ausbildende Konfiguration und Figuration der Raum-Zeit-Struktur als „Zeitfigur" (vgl. KGW III/4: 179).
Das vorgestellte Gefüge, sowie die Pixelgrafik, ein Spezifikum der Bild- und Grafikdarstellung mit Software, bzw. des Computereinsatzes, kann, – wie am Beispiel der Pixelgrafik besonders einsichtig ist, – als ein „Zeitpunkt" mit „punktueller Raum-Atomistik" (vgl. ebd., 181) behandelt werden, oder eben als ein Pixel (= picture element = Bildpunkt). Bei gleichbleibendem Bildschirm, bzw. gleichbleibenden und gleichförmigen Pixeln, spielt dann deren räumliches Vorhandensein als *Informationseinheit* eine so untergeordnete Rolle, dass ihre räumliche, binäre Relevanz, in dem Sinne ihres Seins oder Nichtseins, ihres Aufflimmerns oder Nichtaufflimmerns auf dem

---

[295] Anm.: Die Definition und der Umgang mit dem Realitätsbegriff unterscheidet sich erheblich von den meistens in den philosophischen VR-Debatten geführten Verwendungen, die im wesentlichen einer Untersuchung nach ‚Sein und Nichtsein', im Sinne von ‚real und nichtreal' oder noch krasser gesagt, von ‚existent und nichtexistent' nachgehen. Damit hat der, von mir hier eingeführte Realitätsbegriff rein gar nichts zu tun. Die Technologie der Virtuellen Realität – ein bedeutende Technologie, die daher eines Namens bedurfte – besitzt meines Erachtens eher oder gleichfalls den wichtigen Aspekt der Dynamik oder ‚Metamorphosenhaftigkeit', bzw. dessen was Jaron Lanier so schön anschaulich umschreibt: "like going on a hike and being the sculptor of the mountain at the same time."

[296] Anm.: Gerade die *Anwendungen* der Technologie der Virtuellen Realität eröffnen der Menschheit den Traum Raum und Zeit zu durchfliegen, zudem entgegen und losgelöst von allen physikalisch-naturwissenschaftlichen Gesetzen nach eigenem Gusto und der eigenen Phantasie folgend, zu agieren. Die sich auftuende *surreale* Weltgestaltung und -erfühlung folgt quasi einer Emanzipation und ‚Unabhängigkeitserklärung der Phantasie' gegenüber der Natur, die nur den ‚Rechten des Menschen und seiner Verrücktheiten' verpflichtet scheint.

Dieser zentrale Gedanke scheint in Abwandlung, in Form der ‚Gedankenübertragung' auch bei der Technologie der Künstlichen Intelligenz durch, wobei diese Modifikation wieder deutlich den schon erwähnten Unterschied im philosophischen und technischen Ansatzpunkt erkennen lässt.

Bildschirm, als gänzlich von ihrer zeitlichen, bzw. zeitgleichen Aktivierung abhängig, betrachtet werden kann. Im Prinzip handelt es sich um eine „Zeitatomenlehre", in der ein „Zeitpunkt auf einen anderen Zeitpunkt wirkt, also dynamische Eigenschaften voraussetzt" (vgl. KGW III/4: 181).

Das bedeutet am Bespiel, dass man die einzelnen Bild*punkte* der computertechnisch erzeugten Grafik auf dem Bildschirm nur durch ein übergeordnetes und strukturgebendes ‚Schauen' und vereinzelt, zeitlich variierendes ‚Programmieren' und Aktivieren der Punkte, zu einer Form und Bildlichkeit bringen kann. Man muss selber aktiv einen *übergreifenden funktionalen Zusammenhang* der Bildpunkte herstellen und produzieren. Man muss einen vorausschauenden, alétheia-gemäßen Blickwinkel einnehmen, um programmieren, aktivieren und kreieren zu können Dieser Zusammenhang lässt sich nur dynamisch erzeugen, das bedeutet, entweder ganz oder gar nicht, da sich binäre Funktionen generell nicht halb aktivieren lassen. Im Sprachgebrauch Nietzsches formuliert: „Also ist jede Wirkung actio in distans, d.h. durch Springen." (ebd., 180). Die Metamorphose allgemein, weil das Sein bekanntermaßen als Starre und Statik abqualifiziert und umgewertet wurde, und die Form- und Strukturveränderung, speziell auf dem Computerbildschirm, werden somit durch „dynamische Zeitpunkte" (ebd., 181) bewirkt. Ein und derselbe Punkt kann je nach Einnahme der Perspektive des Users zu etwas anderem werden, bzw. etwas (z.B. bildlich) anderes darstellen und umgewertet werden.

Die Betonung und Herausstellung der Visualistik ist nicht von ungefähr, wenngleich auch beispielhaft und stellvertretend für die Simulation anderer virtueller Wahrnehmungen. Sie spiegelt zum einen den aktuellen, erreichten Stand der Technik wider und zum anderen ist die Visualistik der Dreh- und Angelpunkt zum Verständnis der Technologie der Virtuellen Realität, was am Beispiel einer Schnittstelle, der CAVE, später noch eingehender erklärt werden wird. (Teil III, Kap. 1). Außerdem vermag das wichtige Pixel- und Beispielcharakteristikum anschaulich und praxisnah das, was Nietzsche philosophischer, abstrakter und umfassender denkt, zu verdeutlichen.

Die zentrale Erkenntnis eines „dynamischen Zeitpunktes", die ebenso für die Technologie der Virtuellen Realität von zentraler Bedeutung ist, ist eng mit dem Gedanken der alétheia verknüpft. Dies bedeutet wiederum, dass:

der „d y n a m i s c h e   Z e i t p u n k t identisch ist mit dem E m p f i n d u n g s p u n k t ." (ebd., 181), weil „das, was Empfindung ist, projiciert zugleich F o r m e n , die dann wieder neue Empfindungen erzeugen." (KGW III/4: 36)
So produziert eine Form, ein Gefüge, bzw. eine Erkenntnis mit der *Notwendigkeit* eines tragischen Fatums, oder weniger pathetisch ausgedrückt, dem menschlichen Wesen, seinem Erkenntnisdrang und seiner spielerischen Neugierde gemäß, neue Formen, neue Gefüge und neue Erkenntnisse. Und, eine Empfindung produziert eine neue Empfindung. Die Umstellung der Perspektive, d.h. die Umstrukturierung einer Struktur ist eine fortwährende, dynamische Eigenschaft der alétheia.

Die philosophische, *dynamische Lehre* Nietzsches wird von der Technologie der Virtuellen Realität unterstützt, und sowohl den Usern als auch den Entwicklungsingenieuren nahegelegt und abverlangt. Der mit dem Begriff der *Projektion*, vornehmlich der Bildprojektion, verbundene Bedeutungsgehalt lässt sich sowohl physikalisch, als auch philosophisch meines Erachtens gut zur Annäherung an ein Verständnis des *modernen*, technisch-naturwissenschaftlichen Begriffs der *Simulation* und der Virtuellen Realität, verwenden. Auf den mehr technischen Aspekt der Projektion, der Simulation und der VR werde ich später eingehen. Philosophisch, d.h. in diesem ausgewählten Falle Nietzsche nachgedacht, wirken durch die Projektion die *realen* Formen und die Struktur hindurch, und werden durch die Projektion vorgestellt und ansichtig. Eine nichtstarre Projektionsmethode verbürgt erst die Erkenntnismöglichkeit einer *relationalen Realität*, wie sie nur durch die periodisch wirkende alétheia ermöglicht wird.

Für Nietzsche ist daher „die ganze Welt rein als Zeitphänomen" möglich (KGW III/4: 178), bzw. sind ihm „alle Kräfte nur Funktionen der Zeit" (vgl. KGW III/4: 180) – wie weiter oben bereits angesprochen und zitiert wurde.

Dieser Aspekt nimmt, meinem Erachten nach, für die Technologie der Virtuellen Realität eine Schlüsselrolle zu ihrem Verständnis ein; und innerhalb der Philosophie Nietzsches ist er von solch einer herausragenden Bedeutung, dass die These der Gleichrangigkeit von Logik und Ästhetik, wie sie in dem logisch-ästhetischen-

Interpretationszirkel nach Abel angenommen wird, um den (jeweiligen gleichrangigen) Aspekt der Dynamik ergänzt werden kann. Zweifelsohne ist es von allergrößter Wichtigkeit, dass im Nietzsche-Diskurs die Gleichrangigkeit und die enge Interpretationsverflochtenheit von Logik und Ästhetik erkannt und herausgestellt wurde. Dieser Interpretationssicht – stellt sie doch meinen eigenen Ausgangspunkt dar – kann ich mich ohne weiteres, wie bereits erwähnt, selbst anschließen; ich bin überdies der Meinung, dass selbst bis heute die Bedeutung und der Part der Logik und der wissenschaftlichen Rationalität innerhalb der Philosophie Nietzsches allgemein unterbewertet und unterschätzt wird, und sie als zu subjektivistisch verstanden wird, bzw. die Gleichrangigkeit, wie von Abel herausgearbeitet, und „strenge wechselseitige Proportion" (I 133 (25)) von Gegensatzpaaren nachfolgend noch nicht konsequent interpretatorisch umzusetzen versucht wurde.

Über der Logik und der Kunst, über dem Logos und der Ästhetik, sowie über Apollon und Dionysos, über den (sich widerstreitenden) Willen zur Macht usw., liegt und wirkt die „Zeitfigur". Nietzsche beschreibt sie, indem er schreibt:

„Der Wille zur Macht nicht ein Sein, nicht ein Werden, sondern ein *Pathos* – ist die elementarste Tatsache, aus der sich erst ein Werden, ein Wirken ergibt..." (III 778).

Hier besteht keine tautologisch anmutende Formulierung eines Werdens, wo ein Werden ein Werden hervorruft, sondern das durch das Pathos entstehende Werden beinhaltet mehr als das vorstehende Werden, das im Sinne von Dynamik vorgegeben wird. Das durch das Pathos bedingte Werden ist zu begreifen, als eine alétheia, die eine ‚springende Zeitfigur' darstellt, die ihren Gesamtkomplex ‚Sein-Werden' in jedem einzelnen Augenblick mitnimmt und dabei selbst kreiert. Das Zeitphänomen, bzw. das Pathos ist im Sinne einer Attitüde zu verstehen, die auch als Stil, der gewissen Designgesetzlichkeiten folgt, gehandhabt werden kann. Das Pathos ist die Matrix der Erkenntnis, und stellt das Grundgerüst für den allgemeinen Handlungsrahmen. Das Pathos ist die Realität schlechthin. Und mit diesem gewissen Mehr an Werden in ihm, wird das nötige Ungleichgewicht, bzw. der Antrieb für das Werden an sich konstituiert.

Bei Nietzsche findet man immer wieder eine inhaltlich-begriffliche Doppelbesetzung ein und desselben Ausdrucks. So wie das Pathos mehr beinhaltet als nur das reine Werden an sich, so ist die Ästhetik zuweilen mehr als eine Ästhetik, die lediglich als Gegenspielerin zur Logik fungiert; analog ist Dionysus nicht nur auf seinen Gegenpart zu Apollo beschränkt, sondern hat einen elementaren, ihn konstituierenden Moment eines unbestimmten Mehr-von-sich-selbst, eine Art von Selbstverstärkung, inne. Am Beispiel der Beschreibung seines Begriffsverständnis von ‚Dionysus' soll das Gesagte nochmals kurz verdeutlicht werden:

„[...] von jenem Fundament aller Existenz, von dem dionysischen Untergrunde der Welt, [...]." (I 133 (25)) Oder: „Woher werden wir diese wunderbare Selbstentzweiung abzuleiten haben, wenn nicht aus dem *dionysischen Zauber*, [...]. *Der tragische Mythos* [...] und wieder in den Schoß der wahren und einzigen Realitäten zurückzuflüchten sucht; [...], eine höchst künstlerische Urfreude im Schoße des Ur-Einen [...]." (I 121 (22))

Dionysus wird also *zusätzlich* als Fundament, als das Ur-Eine, etc. betrachtet. Nietzsche ist sich dessen auch sehr bewusst, da er seine Philosophie – nicht als eine apollinische –, sondern als eine dionysische bezeichnete:

„[...], mit diesem fragwürdigen Buche, [...], und erfand sich eine grundsätzliche Gegenlehre und Gegenwerthung des Lebens, eine rein artistische, eine a n t i c h r i s t l i c h e. Wie sie nennen? Als Philologe und Mensch der Worte taufte ich sie, nicht ohne einige Freiheit, [...] auf den Namen eines griechischen Gottes: ich hiess sie die d i o n y s i s c h e. –" (KSA 1, 19 (5)).

Dieses Denken des frühen Nietzsche wird von dem späteren Nietzsche durch eine Vielzahl von äquivalenten Begrifflichkeiten anschaulich zu erklären versucht, wie z.B. durch eine andere, neben *Dionysos*, mystifizierte Begriffs-Figur, nämlich durch seinen *Zarathustra*, oder durch das *Pathos*, die *Tragödie*, oder auch durch sein Begriffverständnis von *Stil*, und von *Schönheit*:

„»Schönheit« ist deshalb für den Künstler etwas außerhalb aller Rangordnung, weil in der Schönheit Gegensätze gebändigt sind, das höchste Zeichen von Macht, nämlich über Entgegengesetztes; außerdem ohne Spannung – daß keine Gewalt mehr not tut, daß alles so leicht *folgt, gehorcht*, und zum Gehorsam die liebenswürdigste Miene macht – das ergötzt den Machtwillen des Künstlers." (III 883)[297]

Die „artistische" Lehre Nietzsches kennt und erstrebt einen ästhetischen Zustand, der dem Zustand der alétheia gleichkommt. Er ist *außerhalb der Rangordnung* und hat nichts mit der, von Nietzsche vielfach angesprochenen „décadenten" Denk- und Lebensweise zu tun, weil er die Realität für Nietzsche repräsentiert. Realität ist eine Zustands-Einheit, die zugleich gegensätzlich, übergreifend-zusammenfassend und dynamisch ist. Das bedeutet, dass das Realitätsverständnis der alétheia imstande ist Sein und Werden in sich zu vereinen. Und zwar im Sinne von Nietzsches Doppelverständnis von Werden, also einem Mehr von Werden[298], so daß man sagen kann: „Dem Werden den Charakter des Seins *aufzuprägen* – [...] – *Gipfel der Betrachtung*." (III 895).

Bei seinen Betrachtungen über Realität, Wahrheit, Sein, Wirklichkeit und Wissenschaft nimmt Nietzsche die *Realitätserfahrung* der Technologie der Virtuellen Realität in aller Deutlichkeit und in ihrem Spektrum an Realisierungspotentialität vorweg, indem er unermüdlich auf die vereinheitlichte *Gegensatzcharakteristik*, nicht nur von Sein und Werden, insistiert: „Ein und dasselbe zu bejahen und zu verneinen misslingt uns: das ist ein subjektiver Erfahrungssatz, darin drückt sich keine »Notwendigkeit« aus, *sondern ein Nichtvermögen*." Schuld an diesem Nichtvermögen, was kein generelles Unvermögen des Menschen ist, ist für Nietzsche z.B. die Logik eines Aristoteles und sein „*Satz vom Widerspruch*", deren „*Imperativ* über das, was als wahr gelten *soll*" den Menschen davon abhält, sich über das „*regierende* Vorurteil" hinwegzusetzen, „daß ich nicht zur gleichen Zeit

---

[297] Anm.: In diesem Sinne von Schönheit, bzw. von einem Mehr von Ästhetikverständnis in dem Kunstbegriff selber, kann Nietzsche die Kunst als dionysisches Lebensprinzip verherrlichen:
„Die Kunst und nichts als die Kunst! Sie ist die große Ermöglicherin des Lebens, die große Verführerin zum Leben, das große Stimulans des Lebens. [...] Die Kunst als die *Erlösung des Erkennenden* – [...]. Die Kunst als die *Erlösung des Handelnden* – [...]. Die Kunst als die *Erlösung des Leidenden* – [...]." (III 692f)

[298] Anm.: Nietzsche verwendet tatsächlich den Ausdruck ‚Mehr', den man, wie gesagt, sorgfältig in seinen Schriften herausarbeiten muss, und der sicherlich eine eigens ihm gewidmete, ausführliche Arbeit verdienen würde (die meines Wissens nach noch nicht existiert): „Das Rauschgefühl, tatsächlich einem *Mehr von Kraft* entsprechend: [...]: Spitze der Entwicklung: der große Stil." (III 755)

von ein und demselben Ding sagen kann, es ist *hart* und es ist *weich*. (Der instinktive Beweis »ich kann nicht zwei entgegengesetzte Empfindungen zugleich haben« – *ganz grob* und *falsch*.)" (III 538)

Genau in diesen paradox-verwirrenden, und obendrein synästhetischen Erfahrungshorizont verwickelt uns die Technologie der Virtuellen Realität; – und letztendlich selbst die Technologie der Künstlichen Intelligenz. Nietzsche macht das Nichtvermögen dieses Denken- und Empfindenkönnens an dem *Seinsverständnis* selbst, und dem unmittelbar daraus abgeleiteten *Wahrheitsbegriff* fest. Eines der bekanntesten, und für die gängige Diskussionsführung der Technologie der Virtuellen Realität relevanten, Zitate Nietzsches resultiert aus der Passage dieser Auseinadersetzung mit Aristoteles[299]:

„[...] als Realitäten zu setzen: das heißt eine metaphysische Welt zu konzipieren, das heißt eine »wahre Welt« (– *diese ist aber die scheinbare Welt noch einmal...*)." (ebd.)

Die Diskussion um Sein und Schein hakt nach Nietzsche an dem „begrifflichen Widerspruchs-Verbot": „Entweder wird mit ihm etwas in betreff des Wirklichen, Seienden behauptet, wie als ob man es anderswoher bereits kennte; nämlich daß ihm nicht entgegengesetzte Prädikate zugesprochen werden *können*. Oder der Satz will sagen: daß ihm entgegengesetzte Prädikate nicht zugesprochen werden *sollen*." (vgl. III 537 f)[300]

Dicht an dieser Trennlinie und sie verstärkend, laboriert die Technologie der VR, indem sie in scheinbar verwirrender Weise der nichtli-

---

[299] Anm.: Wegen dem gewählten Kontext der Technologie der VR wird Aristoteles herangezogen, mit der gleichen Aussagefähigkeit hätte beispielsweise die Interpretation Nietzsches von Platon diesen Platz einnehmen können.

[300] Anm.: Man darf nicht dem Irrtum verfallen, dass Nietzsche der Logik und Naturwissenschaften abgeneigt war, was er hier anspricht, deutet vielmehr, seiner Zeit vorwegnehmend, eine naturwissenschaftliche Situation an, in der wir uns heute ansatzweise befinden. Es ist eine Thematik der *Schnittstelle* und der *Designgesetzlichkeit*, die das Problem hat, das Gebiet der Logik und Naturwissenschaft *aufzuweiten*, um, wenn möglich, neue Interfaces, Schnittstellen und Designverbindungen herstellen zu können. Im Prinzip wird die Aufweitung schon ansatzweise, tastend vorangetrieben, wenn man z.B. versucht die Logik, bzw. Algorithmen von assoziativ, lernenden Computern, mit der von konventionellen Linearrechnern in Einklang zu bringen, oder wenn neue Mathematikmethoden in die Physik eingebracht werden, um Vereinheitlichungen zu erzielen. wie z.B. Hopfalgebren in die Quantengroups, oder die allseits bekannten physikalischen und philosophischen Schnittstellenbemühungen des quantenmechanischen Welle/Teilchen Dualismus.

nearen Bildlichkeit das Primat über die lineare Sprachlichkeit einräumt. Doch Näheres dazu später. Das Sein wird dadurch, in beiden Fällen, untrennbar mit einer eigenen, gewissen Periodizität und Eigengesetzlichkeit verknüpft, bzw. gewissermaßen mit einer ‚ewigen Wiederkehr'.

Nietzsche war sich bewusst, eine Denkrichtung der Philosophie eröffnet zu haben, die sich aufgrund ihrer Ungewohntheit und Unanschaulichkeit schwer in Worte kleiden lässt.

„Ich sage zugleich noch ein allgemeines Wort über meine *Kunst des Stils*. Einen Zustand, eine innere Spannung an Pathos durch Zeichen, eingerechnet das Tempo dieser Zeichen, *mitzuteilen* – das ist der Sinne jeden Stils. [...]. Die Kunst des *großen* Rhythmus, der *große Stil* der Periodik, [...], ist erst von mir entdeckt; [...]." (KSA 6, 304f (4)) od. II 1104 (4))

Als Zusammenfassung der unterschiedlichen Nietzsche'schen Begrifflichkeiten, – die er meinem Erachten nach, für seine, im Grunde genommen, ‚springende Zeitfigur' fand, – möchte ich, um sie für die Technikphilosophie, als auch für die Philosophie Nietzsches selbst, vereinfachend und in erhellender Weise anwenden zu können, mit dem Ausdruck *alétheia* belegen.

In Anbetracht des wichtigen Umstandes, dass Nietzsche selbst darauf hinwies, dass und wie er um eine geeignete Sprachgebung gerungen habe, möchte ich mit einiger Freiheit ;-) einen ersten Schritt in diese Richtung wagen, in der Hoffnung und Überzeugung, dass andere Interpreten weitere Schritte setzen werden.[301]

---

[301] „Ja, was ist dionysisch? – in diesem Buche steht eine Antwort darauf, – [...]. Man versteht, an welche Aufgabe ich bereits mit diesem Buche zu rühren wagte?... Wie sehr bedauere ich jetzt, dass ich damals noch nicht den Muth (oder die Unbescheidenheit?) hatte, um mir in jedem Betrachte für so eigne Anschauungen und Wagnisse auch eine e i g n e Sprache zu erlauben, – dass ich mühsam mit Schopenhauerischen und Kantschen Formeln fremde und neue Werthschätzungen auszudrücken suchte, welche dem Geiste Kantens und Schopenhauers, ebenso wie ihrem Geschmacke, von Grund aus entgegen gienge! [...]. Wie schade, dass ich, was ich damals zu sagen hatte, es nicht als Dichter zu sagen wagte: ich hätte es vielleicht gekonnt! Oder mindestens als Philologe: – bleibt doch auch heute noch für den Philologen auf diesem Gebiete beinahe Alles zu entdecken und auszugraben."
(vgl. KSA 1, 15 (4.), 19 (6.), 15 (3.). Oder schonmals bei Fußnotennr. 260 erwähnt.)
Anm.:
;-) bedeutet ein (lächelndes, verschmitztes) Augenzwinkern. Das Ikon, auch *smiley*

oder *emoticon* genannt, gehört zur Kultur der User im Internet, also im weitesten Sinne zum Kontext der (internetbasierten) Technologie der VR, KI und Kryptologie dazu, und sei mir in meinem philosophischen Ungebrauch nachgesehen.

Programmierte Identitäten

Interessanterweise weist der Philosoph Michael Heim[302], ein weltweit anerkannter Vertreter der Technologie der Virtuellen Realität, der die technische Entwicklung schon seit vielen Jahren begleitet, seit neustem auf die Wichtigkeit einer *Konvergenz von Ästhetik und Technikgeschehen* hin.[303] Resultierend aus seiner Beschäftigung mit der Implementierung von Virtuellen Umgebungen, bzw. Welten ist ihm evident geworden: „Die Herausforderung von Welt- und Avatar-Design erinnern uns an die Notwendigkeit der Kunst, um unsere Beziehung zur Technik im richtigen Rahmen halten zu können."[304] Und weiter an anderer Stelle:

„Avatar-Design ist weder ausschließlich Technologie noch ausschließlich Kunst, es ist beides."[305]

Die Herausforderung besteht in der *Ausgewogenheit*. Die Erkenntnis und Implementierung dieser *Schnittstelle* kann meines Erachtens dann ausreichend gemeistert werden, wenn man beide Gegensätze absichtlich bis an ihre denkbare und realisierbare Grenze treibt, und sie dann zu verbinden sucht. Dadurch eröffnet sich die Möglichkeit, zu erkennen, für was man sich bewusst und konsequent entscheiden will. Die *Designgesetzlichkeit* der *Schnittstelle* sollte damit entlang einem *alétheia*-Begriff konstruiert werden, der zu gleichen Teilen *gegensätzlich, übergreifend*, und *zugleich dynamisch* ist.
Nicht nur die Gegenspieler Ästhetik und Logos, denn Technik ist ja in ihrem Wesen nichts anderes als der bis in seine letzte Konsequenzen durchgeführte lógos [306], müssen ausgewogen und gleichgewichtet werden, sondern die *Dynamik*, ein vorgegebenes Diktat, gerade

---

[302] Anm.: Michal Heim (1944*) lehrt weltweit u.a. seit 1997 am *Art Center College of Design* in Pasadena/Kalifornien, wo er sich mit seiner Arbeitsgruppe mit der Erschaffung von Avatar-Welten beschäftigt, von denen ca. 500 Welten in *Active-Worlds* zu besuchen sind. Browser und Zugang sind dort *kostenlos* zugänglich: http://www.activeworlds.com
[303] Heim, Michael, *Transmogrification*, 1999, nachzulesen im engl.-amerik. Original unter: http://www.mheim.com/html/transmog/transmog.htm, in Deutsch unter: http://www.mheim.com/media/transgerm.pdf
[304] Ebd., S. 52
[305] Ebd., S. 43
[306] Anm.: In Übereinstimmung mit Wolfgang Schadewaldt, *Die Anfänge der Philosophie bei den Griechen*, a.a.O., z.B. S. 185

der Technologie der Virtuellen Realität, muss in diese Triade eingepasst und gewichtet werden, und zwar philosophisch und technisch, – auch dies ist, meiner Meinung nach, eine weitere, nicht zu unterschätzende, wichtige Herausforderung.

So weit geht Michael Heim nicht, sondern er bezieht sich, trotz seiner oben zitierten Aussage, weitgehend auf die Praxis und die empirischen Versuchsreihen, so daß er im wesentlichen und zwangsläufig sein Augenmerk auf die *Navigation*, und damit die Funktionalität richtet. Die Navigation in den technisch erschaffenen ‚Virtuellen Welten' gleicht, ohne auf technische und usergebräuchliche Unterschiede eingehen zu wollen, grob gesagt, der Navigation im Internet; auch dort wurde die Problemlösung der sinnvollen Verknüpfung und Konzeption von sogenannten ‚Links' und des Web-Designs aktuell, – und bis heute nicht befriedigend gelöst.

Da die technische Implementierung, sowie der denkerische Ansatz und Anspruch von ‚Virtuellen Welten' in der revolutionären, unvollendeten Denklinie von Douglas Engelbart stehen, und nicht in der Linie des kryptographisch beeinflussten Internetgedankens, sind mit der Konzeption der allgemeinen Navigation auch andere, und über das Internet weiter hinausführende praktische und philosophisch vertieftere Probleme behaftet. So macht Michael Heim richtigerweise auf folgende wichtige und dringende Design-Fragestellung aufmerksam:

„Weil Avatar-Konzeption und Avatar-Design praktisch nicht zu unterscheiden ist, [...]."[307]

Durch diese konstruktive Besonderheit der Technologie der Virtuellen Realität kann zum einen vordergründig ein Problem mit dem Realitätsbegriff entstehen, und zum anderen eines, das ich lieber in der Reformulierung um die Frage nach dem Verhältnis und den

---

[307] Heim, Michael, *Transmogrification*, a.a.O., S. 43
Anm.: Deshalb unterscheidet er ebenda die Kategorien: humanoid, nicht-humanoid und humanoide Transformation. Er nennt als jeweiliges Beispiel einen menschlich aussehenden Touristen, einen Fisch, und einen ‚Sqaak', das ist ein vogelähnlicher Avatar, der darauf optimiert ist, in großen Räumen ohne Schwerkraft zu navigieren, jedoch ist er absichtlich keine realistische Nachbildung eines Vogels. Man kann sich von den Avataren selber ein Bild machen durch die von Michael Heim abgebildeten *screenshots* (Bildschirm-Aufnahmen) ebd., S. 47 ff. Oder selektiert hier im Anhang des vorliegenden Buchs Abb. 1 und 2.

Übergangsrelationen von *Form und Inhalt*, sowie von *Qualität und Quantität* betrachten würde. Dies bringt nicht nur den Vorteil neuer Aspekte mit sich, sondern, dass man sich, zusätzlich zur Sein/Schein Debatte, mit dem *Kontext*[308] sowie der *Architektur* (Hard- und Software) auseinandersetzen muss, vor allem, wenn man eine weltweite, internetbasierte, perfekt-idealisiert funktionierende VR im Kopf hat, wie sie in vielen VR-Diskussionen stillschweigend als Annahme zugrunde gelegt wird, – genaugenommen sind das sogar drei Annahmen auf einen Schlag.

Doch, um wieder zu Michael Heim zurückzukommen, seine Schlussfolgerung aus dem obigen, letzten Zitat, ist ein mit der Navigation verbundener und weiterführender, sehr wichtiger Aspekt. Navigation ist bei der Technologie der Virtuellen Realität, im Gegensatz zum Internet, direkt mit *Realitäts-Erschaffung* und der *Selbstwahrnehmung*, von Heim als *Identität* (und als ‚self-identity') bezeichnet, verknüpft.

Der *praktische Umgang* und die *Anwendung* der Technologie der VR, und die dadurch an den *User* unmittelbar gestellte Herausforderung, eröffnet einen nicht unwesentlichen philosophischen Aspekt hinsichtlich der Realitätsdebatten: man kann erörtern, erstens, ob das Gesamtsystem real ist oder nicht; zweitens kann man den Fall erörtern, wie die unterteilte Situation eines realen (humanoide Avatare) Menschen in einer virtuellen (Phantasie-)Welt ist; drittens den Fall, wie die Situation eines virtuellen Menschen (nichthumanoide Avatare) in einer virtuellen Welt ist, und viertens, den Fall, eines realen Menschen in einer virtuellen Umgebung (CAVE). Im Zeitalter der allgemeinen *Systemwissenschaften und -betrachtungen* ist es wichtig, sich auf das System als solches einzulassen. Der Systemgedanke legt u.a. nahe, das System, in grober Unterscheidung zum Ding an sich, als ein Zusammengesetztes zu betrachten, das mit seinen Teilen untereinander in gewisser Wechselwirkung steht; und das ein System-

---

[308] Anm.: Dabei denke ich vor allem an Jaron Laniers Worte und den durch die Technologie ausgelösten Paradigmawechsel („paradigma shift") der, meines Erachtens nach, allgemein noch nicht in seiner vollen Bedeutung ausgeschöpft und beachtet wurde: „Some things are just so big that they become the context, or they become the problem." Lanier, Jaron, *A Vintage Reality Interview*, nachzulesen unter: http://people.advanced.org/~jaron/vrint.html

austausch mit anderen Systemen, sprich mit seiner Umgebung, stattfinden kann.

Der praktische Umgang des Users schützt (möglicherweise) vor vorschnellen Pauschalierungen, in der Art des ersten Falls, weil ihm der zentrale Aspekt, nämlich die Fragestellung nach dem Menschen selbst, nicht entgehen kann. Vielmehr wird er damit konfrontiert, weil er sich aktiv eine Identität zulegen, oder sie kreieren muss. Und diese, *zuallererst* von ihm selbst ausgehende Handlung, zieht *nachgeordnet* die (virtuelle) Realitätserschaffung nach sich. Wie bereits gesagt, „[…] – it's like going on a hike and being the sculptor of the mountain at the same time." Dabei spielt es keine Rolle, ob der User sich selbst eine schon bereitgestellte Identitätsrolle (z.B. in einem MUD) aussucht, oder ob er sich eine Identitätsrolle programmiert und designt, weil er sich beide Male erst mit seiner vorab getroffenen Wahl der Virtuellen Realität stellt, und danach mit ihr in zitierter Weise in Wechselwirkung tritt.

Die Annahmen, die für ein *geschlossenes*, also nicht offenes System einer Virtuellen Realität sprechen würden, müssten im ersten Falle begründet werden, bzw. bei apokalyptischen Annahmen kenntlich gemacht werden, wie ein unfreiwilliges, dauerhaftes Eintreten in das (geschlossene) System zustande kam, zudem eine unfreiwillige Annahme oder Übernahme einer *Identität* vonstatten ging, und ein willentliches Entkommen unmöglich sein solle (denn die Annahme, dass die ganze Menschheit sich quasi in einer riesigen Zwangsjacke befindet, will wohl kaum jemand annehmen), – und dieser Einwand stellt sich durchaus, gerade seitens der technischen Frage nach der Implementierung und Machbarkeit.

Die *praktische* Anwendungsseite der Technologie der Virtuellen Realität geht vom *User*, allgemein gesagt, von dem Menschen aus, und stellt den *einzelnen Menschen an sich* in ihren Mittelpunkt, getreuliches Abbild ihrer *theoretischen* Verortung und ihrer Herkunftslinie von Douglas Engelbart.

Jede *Realitätsdebatte*, und im weiteren Sinne, sämtliche Themenkreise der Technologie der Virtuellen Realität, sollte damit vom Menschen, bzw. korrekter seiner *Individualität*, ausgehen, oder sie zumindest verstärkt in Beziehung zu ihr setzen.

So wird verständlich, warum die Frage nach der *Identität* eine so enorme Rolle spielt. Sie ist unabdingbar für die Erkenntnis weiterer sinnvoller technischer Entwicklungs*perspektiven* und *zukünftiger* (virtueller) *Welten*, und für die Erkenntnis des *Selbstverständnisses* des Menschen. Das umfasst u.a. die Selbst- und Fremd-Wahrnehmung, die Träume, das Bewusstsein und Unbewusste, die Reichweite von Erfahrungshorizonten und der Erkenntnishorizonte usf. die selektierte Bandbreite deckt sich mit den in die Technologie der Künstlichen Intelligenz gesetzten Hoffnungen.[309] Die Frage nach der Identität, ist zugleich eine Frage nach der Technik, und zugleich eine Frage nach der Ästhetik. In dieser *ungewohnten* Schärfe führt uns die Technologie der Virtuellen Realität das vor Augen. Die Technologie der Künstlichen Intelligenz braucht diese Schärfe nicht, weil die Frage nach der Technik, und die Frage nach der Ästhetik, sekundär ist, nämlich in dem Sinne, das sie in ihrem Spielraum eingeschränkt ist, und damit vielleicht hinter ihren Möglichkeiten zurückbleibt, weil sie strikt an ein Regelwerk von sie verbindenden Gesetzen der Neurobiologie und physikalischen Informatik etc. gebunden bleiben müssen. Das zeigt sich überdies darin, dass sich selbst die Frage nach der Realität, ihr Überdenken oder einer möglichen und nötigen Neuformulierung, so nicht wirklich stellt, da sie als rein naturwissenschaftlich vorgegeben, angenommen wird, und die einzige Handlungs- und Operationsbasis stellt.

Unter dem historischen, entwicklungsgeschichtlich früheren und dominanten Einfluss der KI stehend, sind die Vertreter der VR oftmals in die Position einer Rechtfertigungshaltung gedrängt worden, wovon nicht zuletzt die vielen philosophisch ausgefochtenen KI-Debatten von Jaron Lanier zeugen. So kristallisiert sich langsam und vereinzelt (z.B. Heim 1999)[310], vor allem unter dem Druck nicht länger zu verdrängender praktischer und wirtschaftlicher Erfordernisse und Anforderungen, der *neue Aspekt der Identität* heraus, und damit auch die Erfordernis und Notwendigkeit einer noch ausstehen-

---

[309] Anm.: Die den Lebensalltag erleichternden Industrieroboterfunktionen, sind nicht mitberücksichtigt, sondern lediglich die vielleicht möglichen, und philosophisch interessanteren Funktionen und Aufgaben der KI, im Sinne Alan Turings.

[310] Anm.: Von der naturwissenschaftlichen Seite u.a. seit vielen Jahren von Nadia Magnenat-Thalmann erkannt. (Prof. für Computerwissenschaften mit weltweiten, vielfachen Ehrungen ihrer Arbeit). Sie ist dabei über die computerwissenschaftliche Realisierung hinaus künstlerischen Aspekten gegenüber aufgeschlossen sowie auf sie spezialisiert, und produzierte mehrere Filme und ‚real-time mixed reality shows'. Die Unterhaltungs- und Filmindustrie hat die VR ebenso für sich entdeckt, wie einst und immer noch die Roboter. Auswahlliteratur von ihr dazu s. Bibliographie.

den, theoretischen, geisteswissenschaftlichen Unterstützung und Untermauerung. Für meine Begriffe ist der von Michael Heim verwendete Begriff ‚Identität' noch zu stark von der KI unterwandert und kann unter Umständen auf eine falsche Fährte führen, da eine gewisse Namensnähe und -assoziation zur *Identitätstheorie* und ihrer verschiedenen Varianten[311] innerhalb der KI, bzw. der Philosophie des Geist besteht.[312]

Um sich inhaltlich, bzw. philosophisch besser von diesem Themenkreis absetzen zu können, benützt der VR-Pionier Jaron Lanier allgemein den Ausdruck „*experience*" und distanziert sich somit absichtlich von dem Ausdruck „consciousness", um bewusstseinsphilosophische Debatten abzuweisen.[313]

Ich persönlich bevorzuge das scheinbar sehr unspektakulär wirkende Wort *Pseudonym*, wie es Barrie Sherman und Phil Hudkins in ihrem gemeinsamen Buch wie selbstverständlich verwenden.[314] Die Ver-

---

[311] Anm.: Für einen Überblick bieten sich z.B. an: Pauen, Michael, *Das Rätsel des Bewusstseins: eine Erklärungsstrategie*, mentis, Paderborn, 1999. Oder: Walter, Hendrik, *Neurophilosophie der Willensfreiheit: von libertarischen Illusionen zum Konzept natürlicher Autonomie*, Schöningh, Paderborn, 1998

[312] Anm. 1: Die extreme Nähe zur KI zeigt sich z.B. schon in der Titelgebung des folgenden Artikels von Florian Rötzer, der eigentlich ein VR-Thema behandelt: *Vom zweiten und dritten Körper oder: wie es wäre, eine Fledermaus zu sein oder einen Fernling zu bewohnen? Ein Essay*. (In: Krämer. S., *Medien, Computer, Realität*, a.a.O.). Damit soll nichts über die Qualität des Artikels ausgesagt werden, sondern lediglich darauf hingewiesen werden, wie unemanzipiert im allgemeinen die VR-Diskussion gegenüber der KI ist. Solche ineinander übergehenden Themenkomplexe, besitzen zwar durchaus eine sinnvolle und notwendige Berechtigung, meinem Erachten nach, jedoch erst am Ende des (langen) Weges, da, wo sich die Wege der KI und der VR kreuzen und ineinander übergehen, – wobei selbst dieser Übergang von beiden Seiten her genauer zu untersuchen wäre, und nicht vorbehaltlos angenommen werden kann.

[313] Vgl. z.B.: Lanier, Jaron: *You Can't Argue with a Zombie*, nachzulesen unter: http://www.people.advanced.org/~jaron/zombie.html, footnote no. 5 und no. 22.

[314] Sherman, Barrie; Judkins, Phil, *Virtual Reality, Cyberspace – Computer kreieren synthetische Welten*, Droemersche Verlagsanstalt Th. Knaur, München 1995, z.B.: S. 152; Englischer Originaltitel: *Glimpses of Heaven, Visions of Hell*, Hodder & Stoughton, London, 1992
Anm.: Hingegen wird der Ausdruck „Identität" für „Virtuelle Rolle" und ihrer Erlebnisqualitäten z.B. von Lars Hitzing bewusst und begründet abgelehnt, jedoch aus einer medienpsychologischen und -pädagogischen Argumentation heraus, der ich nur zustimmen kann, sowie auf MUD's bezogen, was meines Erachtens in diesem Kontext keinen Unterschied zu den sogenannten Avataren macht. (Hitzing, Lars, *Escape – Identität im Cyberspace*, a.a.O. S. 46). Ein MUD ist die Abkürzung für

wendung des Begriffs Pseudonym ist von ihnen im Sinne des common sense und intuitiv vorgenommen worden, also philosophisch relativ unbelastet; und meines Erachtens trotzdem in die richtige philosophische Denkrichtung weisend. Mit dem Begriff des Avatars assoziiert man leicht die Inkarnation des Users in der Erscheinung, der in Echtzeit animierten Computer-Grafik, analog einer Inkarnation des Gottes Vishnu, von dem sich viele PC-Entwickler inspiriert zeigen, und gerne hinduistisch en vogue geben.[315]

Eine Inkarnation oder eine irgendwie geartete Metamorphose des Menschen, in ein von Menschenhand geschaffenes Menschenbild, im Sinn einer echten qualitativen Verwandlung gibt die technische Konstruktion von einem Interface, bzw. der *Schnittstelle „Avatar'* nicht her. Die Schnittstelle allgemein erlaubt eine *quantitative* Umwandlung; – die man eventuell in einem bewusst gefassten, begrifflich-definitorischen Rahmen mit qualitativen Attributen versehen kann. Der andere bestehende Aspekt der Umwandlung und Metamorphose, der, der zur Anpassung an eine bestimmte auszuübende Funktion führen soll, ist näher im Sinne der implementierten Schnittstelle und ihrer Möglichkeiten stehend, nämlich strikt *Mittelgebunden,* und dient einer (technischen) *Zweck-Bedienung.* Die Interaktion von

---

,Multi User Dungeon', die eine *textbasierte* Virtuelle Realität bezeichnet, und die, im Gegensatz zu den Computerspielen, die prinzipiell gleichen Möglichkeiten eröffnet wie die pikturale VR.

[315] Anm. 1: Interessant ist das der Ausdruck *„avatar'* auch bei nicht wenigen UNIX Computern für den *Superuser Account* anstelle von *root* verwendet wird. Diese Angewohnheit fand durch einen Ex-Hacker Verbreitung, der die Begriffe superuser und root recht unanschaulich fand, und überzeugt war, an das Verantwortungsgefühl der Leute besser mit dem Begriff avatar appellieren zu können.
Anm. 2: avātra=Hinabstieg (sanskr.). Hinduistische Inkarnation eines Gottes außerhalb von Samsāra (Kreislauf des Werdens und Vergehens), vor allem Herabstieg des Erhalters Vishnu (sanskr. von *vish*=wirken) aus seinem Götterhimmel auf die Erde in Tier- und/oder Menschengestalt.
Anm. 3: Ein MUD als Analagon zum Avatar als ein ,Viel-Benutzer-*Gefängnis'* zu bezeichnen, statt den positiv wirkenderen Begriff ,Inkarnation' aufzugreifen, zeigt den kursierenden Sinn für Humor und die vorherrschende Denkweise in der Szene der VR auf; das gilt für beide Fälle der Namensgebung, also für ,Avatar' und für ,Multi User Dungeon'.
Das bedeutet insgesamt, das man ohne das hochgehaltene gute, alte Image der Subkultur von Drogen-Ekstasen, Rock'n Roll und Hackern statt des esoterischen Sprachspiels für Insider, genauso gut einen anderen, europäischen, (mythologischen) Begriff hätte wählen können.

Mittel (hier: Avatar) und Zweck (hier: User-Absicht) wird durch die ‚Schnittstelle an sich' determiniert und abgetrennt. Interessanterweise führt noch eine ganz andere Fährte zu einem besseren Verständnis der Schnittstelle ‚Avatar', die von Michael Heim selbst Jahre früher ausgelegt wurde, allerdings in einem ganzen anderen Kontext stehend und von ihm nicht schwerpunktmäßig verfolgt wurde, die aber meines Erachtens konsequenterweise in seine, noch folgende, im Jahre 1999 geäußerte Überlegungen münden musste: die Spur führt über den Scholastiker Johannes Duns Scotus.[316]

Die naheliegende Ausleuchtung des Begriffes ‚virtuell' und seinem Verständnisumfang, impliziert neben einer Modalanalyse und einer allgemeinen Analyse der fiktionalen ‚als ob' Konjunktion, die Einbeziehung der von Duns Scotus, im Gegensatz zum Thomismus, ins Spiel gebrachten Bedeutung des Individuums; zumal dann, wenn Duns Scotus als Stammvater des Begriffes ‚virtuell' gehandelt wird.[317]

Michael Heim erkennt und schreibt: „Duns Scotus used the term *virtual* to bridge the gap between formally unified reality (as defined

---

[316] Anm.: Johannes Duns Scotus (ca. *1266/70 – †1308), auch ‚Doctor subtilis' genannt.

[317] Anm. 1: Michael Heim schreibt: "The dictionary definition [er meint Webster's Dictionary, v.V.] of virtual goes back to a verbal distinction forged with great precision by Duns Scotus, a scholastic philosopher of the late Middle Ages." Heim, Michael, *Crossroads in Virtual Reality*, In: Marchese, Francis T., (ed.), *Understanding Images, Finding Meaning in Digital Imagery*, Springer Verlag/TELOS, New York, 1995, Kap. 14.2, S. 266
Ähnlich in: ders., *The Metaphysics of Virtual Reality*, Oxford University Press, 1993, S. 132-134
Anm. 2: Die Definition von ‚virtuell' in der Fachsprache der Informatiker, ist insofern ebenso betrachtenswert, weil sie auf die Bedeutung von Schnittstellen allgemein, und das ist ein ‚Avatar', und weiter erst mal nichts außerdem, hinzuweisen vermag. Philosophische Extrapolationen sollten meines Erachtens die Schnittstellenthematik mitbegreifen und einfassen können. Zu diesem Zwecke habe ich, eine in diesem Sinne gut verständliche Definition von ‚virtuell' ausgewählt:
Sich auf eine gedachte Funktionseinheit beziehend, deren Funktionen durch tatsächlich vorhandene Funktionseinheiten erbracht werden. Häufig wird der Funktionsumfang einer virtuellen Funktionseinheit (nach Aufgabe oder Wirkung) an einer Schnittstelle festgelegt. Dies ist gleichbedeutend damit, daß die Wechselwirkung zwischen der virtuellen Funktionseinheit und anderen Funktionseinheiten beschrieben wird. Ein Beispiel ist der virtuelle Speicher, der meist durch Hauptspeicher, ‚periphere' Speicher und Teile des Betriebssystems realisiert wird. Schneider, Hans-Jochen (Hg.), *Lexikon der Informatik und Datenverarbeitung*, a.a.O.

by our conceptual expectations) and our messily diverse experiences."[318] Und verwirft ihn dann im großen und ganzen: „But when we look at what various researchers mean today by virtual reality, we are promptly ejected from medieval scholastics [...]."[319]
Meinem Erachten nach, ist es bei der Technologie der Virtuellen Realität enorm wichtig das Individuationsprinzip unbedingt und notwendig in die Realitätsdiskussion mit einzubeziehen. Der im Mittelalter ausgelegte Gedankengang von Duns Scotus, zusammengenommen mit seiner Lehre vom Primat des Willens über die Vernunft, ist seiner Kernaussage nach, und entkernt von mittelalterlichem metaphysischem Gedankengut, trotzdem nicht unrelevant für die Moderne. So findet man bemerkenswerterweise bei dem oftmals als ‚Cyberphilosophen' bezeichneten Nietzsche, diese Themenkreise, unabhängig von Duns Scotus, erneut aufgegriffen und miteinander verknüpft, wieder: der ‚Wille zur Macht', das ‚principiuum individuations', und die ‚Fiktion'.

Die Lehre vom Primat des Willens (über die Vernunft) lässt sich ebenso für die Sinnes- und Wahrnehmungsbereiche, und die Kognitionswissenschaft, durchdenken und postulieren, und das vor allem im Hinblick auf die VR betrachtet. Der Begriff der *Fiktion*, ist ein ebenso wichtiger erkenntnistheoretischer Begriff bei Nietzsche, der auch in seiner Abhandlung für die Moderne von Bedeutung ist.

Jenseits des Denkkonzepts von Realität versus Virtualität, oder ihrer wechselseitigen möglichen und nicht möglichen Durchdringung und ihrer Berührungspunkte, rückt der Begriff von ‚Identität' in den Mittelpunkt der modernen Betrachtung über die Technologie der Virtuellen Realität. Im Jahre 1999 schreibt Michael Heim das Folgende über Identität:

„Das Design des Avatars beeinflußt nicht nur die Wahrnehmung des Selbst, sondern z.B. auch die Möglichkeit zur Navigation durch die virtuelle Welt oder die Aufenthaltsorte, die angemessen oder weniger angemessen sind."[320]

---

[318] Heim, Michael, The Metaphysics of Virtual Reality, a.a.O., S. 132
[319] Heim, Michael, *Crossroads in Virtual Reality*, In: Marchese, Francis T., (ed.), *Understanding Images, Finding Meaning in Digital Imagery*, a.a.O., S. 266
[320] Heim, Michael, *Transmogrification*, a.a.O., S. 42

An dieser Stelle kann man sich durchaus das Bild von einem ‚dungeon', d.h. von einem ‚Gefängnis' vor Augen halten, weil der justierte Sensor-Blickwinkelbereich oder die definierten Intervallgrenzen der Implementierung in ihrer Bildschirm-Repräsentation, bzw. durch den Avatar, handlungs- und wahrnehmungsprägend sowie begrenzend zum unmittelbaren Ausdruck gebracht wird.

Und weiter im Text:

„Das Design des Avatars involviert nicht nur die Virtualität und diejenigen, die ‚dort' präsent sind; es involviert auch das Selbst des Benutzers. Hier kann von der Transformation, der *transmogrification* des Selbst *durch* den Avatar gesprochen werden. Wie das Selbst sich auf den Avatar erstreckt, sich quasi dort inkorporiert, durchdringt der Avatar die Identität des Benutzers. Dieser Transformationsprozeß ist neu, und es ist noch zu früh, definitive Schlußfolgerungen aus diesem Faktum zu ziehen, was die eigene Identität betrifft."[321]

„Das Problem des Avatar-Designs geht weiter als bis zur bloßen ästhetischen Frage im modernen Sinne. Wo die moderne Ästhetik Design im Bereich der Sinne ansiedelt, kann virtuelle Ästhetik tiefer gehen als in den Sinnesbereich, in eine ontologische Dimension hineinreichen, denn etwas in der Virtualität zu erdenken heißt bereits etwas virtuelles zu designen – und eine Identität zu formen heißt bereits festzulegen, was und wie etwas oder jemand in der Virtualität existieren kann. In der Virtualität heißt schaffen existieren, und erdenken designen. Schöpfung in der Virtualität ist dynamisch und unendlich; andererseits ist das Geschaffene viel flüchtiger und nichtständiger als in der physischen Welt."[322]

„Avatar-Identitäten stellen zugleich eine positive Transfiguration dar wie auch eine weniger umfassende Verkehrung des menschlichen Seins dar. Beides gehört zu einem größeren Systemzusammenhang,

---

[321] Anm.: Achtung, im amerikanischen Originaltext steht abweichend dazu: „[...]. Here is where we can speak about the transformation and/or transmogrification of the self through the avatar. [...]." Heim, Michael, ebd., S. 42
[322] Ebd.

in dem virtuelle Menschen computersimulierte Welten bewohnen."³²³

Alle in der Technologie der Virtuellen Realität, und ihr nahestehenden Ansätze, stattfindenden Transformationen sind Handlungs- und Wahrnehmungsformen der 1. Person und gehen ausschließlich in der Ich-Form vonstatten.
Der konträre Ansatz ist in den *autonomen KI-Programmen*, sogenannten *Software-Agenten*, wie das ‚Bob'-Programm von Microsoft, gegeben, oder beispielsweise in der Verkörperung des allseits auch aus TV und Print bekannten Werbeträgers *Robert T-Online Internet-Insider* der Telekom AG. Diese virtuellen Charaktere aus Pixeln und Polygonen, bzw. aus Null und Einser bestehenden *Desktop-Agenten*, haben kein Eigenleben, geschweige denn Intelligenzvermögen, und dienen lediglich in einem geschlossenen und begrenzten Software-Systems als fragwürdige Orientierungshilfe für den User. Der für Marketingzwecke geschaffene Ausdruck *soziale Benutzeroberfläche* von Bill Gates, ist insofern irreführend, weil er eine ‚echte' menschliche, bzw. psychologische und soziale Interaktivitäts- und Kommunikationsmöglichkeit mit den Softwarefiguren vorspiegelt, was Bill Gates durchaus bewusst ist, und von ihm direkt angesprochen wird.³²⁴ Die Problematik dieser geführten Navigation auf und im

---

³²³ Anm.: Achtung, im amerikanischen Originaltext steht genauer und verständlicher: „Avatar identities present both a positive transfiguration *(Verklärung)* as well as a less wholesome transmogrification *(Verkehrung)* of the human being. [...]." (Heim, Michael, ebd., S. 42) Aufmerksamkeit ist dem in Klammern stehenden Ausdruck hinter dem wichtigen Titelwort 'transmogrification' zu widmen, zumal Heim der deutschen Sprache sehr gut mächtig ist, und den englischen Originaltext mit einem aus dem Deutschen entliehenen Ausdruck anreicherte, um den von ihm verwendeten englischen Ausdruck in seinem eigenen interpretatorischen Sinne zu erhellen. Zuvor hatte er ihn, d.h. ‚*transmogrify*', mit Bezug auf *The American Heritage Dictionary of the English Language, Third Edition*, zu erläutern versucht; und den Ausdruck ‚avatar' etymologisch und anhand der hinduistischen Götterwelt verdeutlichte.
Michael Heim übersetzte Martin Heidegger ins Englische: *Translation of Martin Heidegger, The Metaphysical Foundations of Logic*, von Martin Heidegger, Michael Henry Heim (Übersetzer) Indiana University Press, 1992
³²⁴ Gates, Bill, *Der Weg nach vorn: die Zukunft der Informationsgesellschaft*, Hoffmann & Campe, Hamburg, 1995, Kap. 4, S. 121-131; Original: *The Road Ahead*, Penguin Books, New York.
Anm.: Die Agententechnologie, geht nicht auf Bill Gates, respektive Microsoft, zurück, sondern auf die damals 34-jährige Pionierin und MIT-Professorin Pattie

Informations- und Daten-Meer geht sozusagen von einem 3. Person-Ansatz aus, lediglich in dem Sinne verstanden, dass gemäß der Denkphilosophie der Technologie der Künstlichen Intelligenz, und der Wirtschaft, eine Kontrolle des Users und Zielvorgaben angepeilt und gesetzt werden.[325]

Maes, die von der Robotik her kommend, neue Algorithmen einführte und das Programm RINGO schrieb. Mit ihrem Team erstellte sie den ersten funktionierenden Prototypen eines lernfähigen Programms, d.h. einen ‚Software Agenten'. Sie gründete 1995 in Boston die Firma *Agents. Inc*, später umbenannt in *Firefly Network*, die im April 1998 von *Microsoft* übernommen wurde.

[325] Anm.: An dieser Stelle sei Jaron Lanier angeführt, dessen Überlegungen ich vorbehaltlos zustimmen kann:
"Agents are those programs that are supposed to get to know you and act autonomously on your behalf, [...]. I'm concerned that agents will be to the web what commercials were to television; [...]. Proponents pose agents as the next stage in sophistication for interface design. My experience is that 'autonomy' tends to make programmers lazy and user interface worse. It is easier for a programmer to say a program is autonomous because then it has the right to be quirky. [...], because we're caught up in the fantasy of machine intelligence. "[1] Und weiter: "You see, the problem is that the only difference between an autonomous 'agent' program and a non-autonomous 'editor/filter' program is in the psychology of the human user. You change yourself in order to make the agent look smart. Specifically, you make yourself dumb. [...]. Agents only exist in your imagination. [...]. Now, my objections to agent would surely be moot if agents were truthfully, in fact, autonomous and even perhaps conscious. If agents were real, it would be a lie to deny them. To address this possibility is to consider Artificial Intelligence. The problem with the AI school of technology development is that it doesn't say anything about technology at all; rather, it redefines people. As Turing pointed out, the only objective measurement of humanity is the responses and judgments of humans. [...]. Is there an experimental difference, in this setup, between computers getting 'smarter' and humans getting 'stupider'? I don't think so. [...]. Never believe that software models can represent people."[2]

Die Sätze Laniers über Alan Turing kann ich persönlich nur nochmals unterstreichen. Zudem gehört Lanier ebenfalls zu dem Personenkreis, die sich Gedanken über den ‚offensichtlichen Leistungsabfall' Turings machen, der in der Arbeit zum‘ Turing-Test' zu Tage tritt, und so wenig unter seine anderen Arbeiten und zu seiner wissenschaftlichen Brillanz zu passen scheint. Lanier analysiert, und spricht ziemlich direkt Folgendes an: "[...] ...who happened to be a gay and was imprisoned by the British government and subjected to quack treatments for homosexuality. He forced to received large quantities of female hormones and developed breasts. It was under this conditions, shortly before his apparent suicide, that he created the mythical basis for smart machines. Einstein's thought experiments were in vogue, and Turing offered a thought experiment in their spirit. [...]. When I first learned about the test in school, I thought it was odd and superfluous to begin with the man/woman setup, and I learned of its significance much later. Turing was trying to

Die *Transformationen* des Users durch den Avatar werden ausnahmslos in Eigenwahl und Eigenverantwortlichkeit in der Ich-Form erlebt, und entsprechen meines Erachtens einem Umwandlungs- und Übertragungsverständnis wie es in dem Ausdruck *Transfiguration* angelegt ist. Das für die Technologie der Virtuellen Realität relevante und passende Verständnis von Transfiguration findet man, meiner Meinung nach, bei Nietzsche, der den Begriff ‚Tansfiguration' in seiner Philosophie verwendet, schätzt, und in Zusammenhang mit seinem ‚Rausch'-Begriff stellt (z.B. III 752). Das Spektrum der Erfahrbarkeit von Sinnes- und Bewusstseinswahrnehmungen liegt, als Resümee genommen, in der folgenden Art und Weise vor:

---

escape the pain of his circumstances by fantasizing an abstract intelligence, free of the dreadful mysteries of the flesh."[2]
Abweichend von Lanier, bin ich der Meinung, dass das tatsächlich überdenkenswerte Mann/Frau setup, und im Gefolge die Einlassung*en* über Unterschiede von Rasse, Religion, etc., von Turing nicht zugunsten einer psychologischen Zufluchtsuche bei der abstrakten KI hinter sich gelassen werden sollte, sondern, im Gegenteil, dagegen sprechen die Todesumstände Turings, und vor allem das vorherige öffentliche Bekanntwerden seiner, zu jener Zeit strafbaren, Homosexualität (die den Geheimdiensten längst bekannt war), die in allen ihren Stadien und Begleitumständen einem damaligen gebräuchlichen 'Strickmuster' der Geheimdienste zur Eliminierung von unbequemen und nicht (mehr) manipulierbaren Elementen entsprechen. Geheim- und nachrichtendienstlich, sowie militärisch gesehen, ist man an Forschungskonzepten wie der KI äußerst interessiert, und hatte in Turing den dazu passenden Frontmann gefunden. Von daher gesehen, ist es wahrscheinlicher, dass Turing, die ihm vorgegebene Marschrichtung nicht in allen Teilen mitverantworten wollte, und versuchte seine eigene Meinung durchschimmern zu lassen, wohl wissend, um die erschwerten Bedingungen durch die geheimdienstlich gezielt veranlasste Lancierung seiner Homosexualität, die über die öffentliche Einflussnahme und Meinungsbildung (z.B. auch andere Forscher erreicht), und genau dadurch zur (psychologisch-manipulierten) erwünschten Ausschaltung der Passagen in seinem Paper führt, die nicht im Sinne der Dienste, d.h. in der Linie des voranzutreibenden Forschungskonzepts einer reinen, 'strong' KI stehen. (Vgl. dazu z.B.: Andreas von Bülow, *Im Namen des Staates, CIA, BND und die kriminellen Machenschaften der Geheimdienste*, Piper, München, 1998)
Interessant ist, wie tief und weitreichend das Gedankenexperiment von Turing wirkt, – bis hin zu den vermeintlichen ‚Accessoires' und Designgeschmäckern der User und Entwickler in Form von Avataren oder Software-Agenten.
zu[1]: Jaron Lanier, *My problem with Agents*, unter:
http://www.people.advanced.org/~jaron/agentideeforte.html
zu[2]: Jaron Lanier, *Agents of Alienation*, unter:
http://www.people.advanced.org/~jaron/agentalien.html

„[...] *mitzuteilen* – das ist der Sinn jeden Stils; und in Anbetracht, daß die Vielheit innerer Zustände bei mir außerordentlich ist, gibt es bei mir viele Möglichkeiten des Stils, – die vielfachste Kunst des Stils überhaupt, über die je ein Mensch verfügt hat. [...]. Die Kunst des *großen* Rhythmus, des *großen Stils* der Periodik, [...], ist erst von mir entdeckt." (KSA 6, 304f (4)) od. II 1104 (4))

Näher erklärt, bedeutet das:

„[...]; die *Stärke* als Herrschaftsgefühl in den Muskeln, als Geschmeidigkeit und Lust an der Bewegung, als Tanz, als Leichtigkeit und Presto; die Stärke als Lust am Beweis der Stärke, als Bravourstück, Abenteuer, Furchtlosigkeit, Gleichgültigkeit gegen Leben und Tod... Alle diese Höhen-Momente des Lebens regen sich gegenseitig an; die Bilder- und Vorstellungswelt des einen genügt, als Suggestion, für den anderen: – dergestalt sind schließlich Zustände ineinander verwachsen, die vielleicht Grund hätten, sich fremd zu bleiben." (III 755f)

Die „transmogrification" und damit auch die „Transfiguration" kann bei Michael Heim die Zustände „Verklärung" als auch „Verkehrung" beim Menschen hervorrufen, was bei Nietzsche im letzten Falle der „décadence" und einem neurophysiologisch fehlgeleiteten und suggestiv verursachten ‚Stil-Bruch' gleich kommen würde: „[...], Widerspruch und mangelnde Koordination der inneren Begehrungen – bedeutet einen Niedergang an *organisierender* Kraft, an »Willen«, psychologisch geredet." (ebd.)

Insgesamt zeichnet Nietzsche ein Szenario, das wie in der Virtuellen Realität erlaubt, sich unbekümmert, abenteuerlustig, wagehalsig und seinem eigenen Temperament und Charakter entsprechend ‚auszutoben' und beliebig zu agieren. Dabei ist von Bedeutung, dass man *sich ständig selbst Ausdruck verleiht, sich mitteilt*, weil die fundamentale Annahme gemacht wird, dass der Mensch selbst etwas Flüssiges, Nicht-Starres, sich Bewegendes ist, also „das Ich sich als ein *Werdendes* erweist" (III 895), und diese Annahme als *unverzichtbare, systemimmanente und konstituierende Voraussetzung* in der Technologie der Virtuellen Realität, ebenso von Nietzsches Philosophie, erkannt und ernst genommen werden muss.[326]

---

[326] Anm.: Im Prinzip handelt es sich um die philosophische, konsequente Ausbeutung und Einbeziehung der simplen Tatsache, dass der Mensch ein Lebewesen

Nach Michael Heim ist *schaffen* gleichbedeutend mit *existieren*, und *erdenken* gleichbedeutend mit *designen*. Schaffen und erdenken sind jeweils Ausdrucksformen von einem sich mitteilenden Gestus des Ausdrucks, von Stil und Rhythmus, die in den Sinnes- und Wahrnehmungsorganen des Menschen angelegt, und in ihren spezifischen humangenetischen und neurophysiologischen Grenzen variierbar, sind.

Existieren und *designen* sind analoge Ausdrucksformen in Stil und Rhythmus. Dadurch ist der Grundgedanke der Virtuellen Realität *hochdynamisch* und *ästhetisch* konzipiert. Man kann formulieren, dass in der Technologie der Virtuellen Realität versucht wird der *Rhythmus des Lebens* in ein philosophisches und technologisches Konzept zu gießen und umzusetzen, – dabei wird der Akzent auf seine einzelnen Teile, bzw. die Individuen gelegt. Der entscheidende Einfluss geht in aller Konsequenz von den Individuen, bzw. in Nietzsches Sprache, von den Will*en* zur Macht aus, und weniger von einem übergeordneten Systemzusammenhang.[327]

Es sind die Avatare und die Technologie der Virtuellen Realität selbst, die in ihrer Systementstehung und ihrem Systemaufbau den User und Entwickler mit dieser Denkweise konfrontieren. Wohl mag der denkerische Impuls von Anfang an, z.B. von Engelbart, Lanier etc., absichtlich in diese Richtung gelenkt worden sein, aber die Technologie der Virtuellen Realität überrollt beinahe lawinenartig die ‚Geister' mit der weiteren Forcierung in diese Denkrichtung, quasi hin zu den ‚Geistern, die sie riefen.'

Die Technologie der Virtuellen Realität kann man als eine tonischdynamisch wirkende und bewirkende Technologie bezeichnen, die in ihren Wechselwirkungsvorgängen ein echtes (auch ästhetisches) Resonanzphänomen präsentiert. Der konsequente resonante Einfluss

---

ist. Ein Lebewesen in einer sich selbst ständig verändernden Welt und Umwelt. *Technologisch* verbrämt und *umgesetzt* als: "[…] – it's like going on a hike and being the sculptor of the mountain at the same time." Dieser Satz von Lanier läßt sich, meines Erachtens nach, nicht oft genug wiederholen, um seiner vollen Bedeutung gerecht werden zu können. U.a. kann man die Avatare als unvollkommene Vorstufe auf dem Weg zur technologischen *Zielsetzung* und Realisierung dieses Satzes betrachten: „Die Bewegung aber *hebt die Linie auf!*" (KGW V/2: 427)

[327] Anm.: Wie noch nachfolgend anhand von William Gibson ersichtlicher werden wird.

auf die Individuen und der von ihnen selbst ausgehende Effekt, in der Art der Avatare zu ihrer Umgebung und vice versa, oder von der wechselwirkenden Design-Programmierung zu Existenz und zur Realitäts-Wahrnehmung, entspricht tatsächlich einer Art Suggestion à la Nietzsche, bei dem das eine auf das andere beeinflussend wirkt, nicht im rein kausalen physikalischen Sinne, sondern im Sinne von ästhetisch-technischer Weiterbewirkung und -entwicklung, aufgrund von bewusst und unbewusst wahrgenommenen ‚Zeichen'. Deshalb kann man die Spannbreite an Nietzsches *Suggestion*smöglichkeiten mit den Möglichkeiten des vielfältigsten *Stils* eines Individuums, Avatarbenutzers, und Users innerhalb der Virtuellen Realität gleichsetzen.

Der Transfigurationsbegriff nach Michael Heim entspricht zugleich einem ewigen Transformationsprozeß, und einer beständig währenden Metamorphose und Individuation à la Nietzsche. Die Frage des Stils und der Suggestionsfähigkeit, und damit direkt zusammenhängend die Frage nach der Anwendungsbreite der reinen Technologie der Virtuellen Realität, bzw. des Trias, Technik, Ästhetik und Realität, hängt mit der Individualität zusammen.

Der Identitätsbegriff in der Technologie der Virtuellen Realität ist ein reiner Individualitätsbegriff, den man sozusagen als eine ergänzende Seite der Identitätsphilosophie behandeln kann. Die Individualität ist in ihrer Entfaltungs- und Ausdrucksweise, in ihrem Repertoire an Stil- und Suggestionsfähigkeiten begrenzt, und daher an eine gewisse Periodik gebunden.

Diese Begrenzung ist, meiner Überzeugung nach, so stark, dass, wie es in einem so dynamisch durchwirkten Element wie der Technologie der Virtuellen Realität sehr ersichtlich und deutlich wird, gilt: „Dem Werden den Charakter des Seins *aufzuprägen* – [...]. *Daß alles wiederkehrt,* [...] *– Gipfel der Betrachtung.*" (III 895)

Das ist letztendlich der Grund, dass das Wort Pseudonym, meiner Meinung nach, die Virtuellen Rollen und ihre, *seien es noch so ernsthaften*, Spiele und Maskeraden besser zu erfassen imstande ist, als das Wort Identität. Der Begriff ‚Selbst' und das Selbstverständnis, operiert immer im (technisch-ästhetischen) Bereich des (designten) Scheins, weil das ‚Sein an sich' in der Dynamik ‚untergegangen' ist, in sie hinein gelegt, und umgewertet wurde. Sich ein Pseudonym oder gar mehrere zu zulegen, bedeutet sich in Relation zu seinem eigenen Selbst zu setzen, oder gar in mehrfache und

-wertige Relationen. Dies verlangt einen gewissen Pathos der Distanz zu sich selbst, bzw. zu seiner eigenen Relationenhaftigkeit und Komplexität, das selbst einen Moment des Vergessens erlaubt, wenn es zu Relationsverschiebungen kommt.

„– letztendlich ist aber alles *eine* Realität und *eine* Identität"[328],

wie Lars Hitzing mit Bezug auf MUDs herausstellt; dasselbe gilt meines Erachtens für die gesamten, dem User zur Verfügung stehenden Mittel innerhalb der Einsatzbandbreite der Virtuellen Welten.
In einer Interpretationslinie stehend damit, ist Nietzsches ewige, elementare Aufforderung: „Werde, der du bist" (I 133 (25)), die auf einer anderen Bedeutungsebene die korrespondierende Aussage zu seinem Satz: „dem Werden den Charakter des Seins *aufzuprägen*" ist.[329]

---

[328] Hitzing, Lars, *Escape – Identität im Cyberspace*, a.a.O., S. 46
Anm.: Er weist, meiner Meinung nach, richtigerweise darauf hin, dass er den Begriff Identität ablehnt, weil *keine neuen Identitäten* in der VR entstehen, sondern lediglich *Teilaspekte betont* werden, die sonst unterdrückt werden. Aus diesem Grunde werden solche Theorien und Ausdrücke wie ‚Identity-Switch' (Bahl), ‚multiple identies' (Turkle), ‚Patchwork-Identitäten' (Döring), etc. verworfen. Allerdings behält Lars Hitzing leider den Ausdruck Identität in seiner Arbeit bei, wie eben bei dem obigen Zitat.
Für welchen Begriff man sich auch immer entscheiden mag, z.B. Identität, Selbst, Pseudonym, Maske, Rollenspiel, o.ä., entscheidend ist, ihn begrifflich exakt zu klären und zu verorten, um den ‚Transformationsprozess' (Heim) durch den Avatar eindeutig begreifen zu können, und die Unterschiede und Gemeinsamkeiten zu Software-Agenten oder KI-Prozessen eindeutig, schneller, weil positionierbar, und einheitlich erfassen zu können.
[329] Anm.: Einen weiteren Gefahrenherd für Missverständnisse sehe ich persönlich in dem Begriff Ontologie, der oft in einem Atemzug mit der Technologie der Virtuellen Realität genannt wird, und deshalb einer unbedingten *expliziten Positionierung* des jeweiligen Interpreten bedarf, die man leider oftmals nur implizit und spät im Text erkennen kann.
Da ist beispielsweise die Rede davon, dass „an die Stelle einer gefrorenen Ontologie des Parmenides und der modalen Ontologie des Aristoteles sich nun eine fluktuierende Ontologie bilde, bei der es sich um so etwas wie einer onotlogia negativa handele." (Vgl. Müller, Klaus, *Verdoppelte Realität – virtuelle Wahrheit*, auch nachzulesen unter: http://www.uni-muenster.de/ZIV/inforum/1998-2/a06.html)
Demgegenüber weist beispielsweise der Ontologiebegriff von Michael Heim in eine völlig andere Denkrichtung, der ich durchaus, im Gegensatz zur obigen Aussage, zustimmen kann. Die „ontologische Neuorientierung der Kultur" (*Transmogrification*, a.a.O., S. 42) von Michael Heim fußt auf dem Ritus. „Diese Fähigkeit zur Transformation ist der Kern des Rituals." Und auf den folgenden wichtigen Satz, werde

Jaron Lanier, der außerdem Pionierarbeit bei der Entwicklung des ersten Avatars leistete[330], bringt zusammenfassend meine diesbezüglichen Verdeutlichungen anhand meiner Nietzsche-Interpretation präzise und knapp auf den Punkt, indem er allgemein schreibt:

"I express myself by what I do. I exist."[331]

---

ich später noch näher eingehen: „Avatare und Ritual gehören zusammen." (ebd., 51f)

Ergo, persönlich bevorzuge ich den Begriff *Anthropologie* im Zusammenhang mit der Technologie der Virtuellen Realität, da mir der bedeutungsschwere Begriff der Ontologie nicht wirklich angebracht zu sein scheint, es sei denn man, geht definitorisch sehr vorsichtig mit ihm um.

Und noch eine weitere Möglichkeit in betreff der Bestimmung von ‚Ontologie' sei aufgezeigt: Ausgehend von der Technik selbst, und weniger von einer vorweg präferierten philosophischen Richtung eines Ontologiegedankengebäudes, zeigt z.B. Aaron Sloman in seinem interessanten Paper ‚*What are virtual machines? Are they real?*' einen pragmatischen, ontologischen Zusammenhang zu den physikalischen Phänomenen und zu einer „Virtuellen Maschine" auf, sowie verschiedene, informationstechnisch relevante Ontologiebestimmungsversuche. Nachzulesen unter: http://www.cs.bham.ac.uk/research/cogaff/sloman.virtual.slides.pdf

[330] Anm.: Vergleiche detaillierter in seiner Kurzbiografie: „In the late 1980 he lead the team that developed the first implementations of multi-person virtual worlds using head mounted displays, for both local and wide area networks, as well as the first "avatar", or representations of users within such systems. [...]."
(ders., *Brief Biography of Jaron Lanier*. Nachzulesen unter: http://www.well.com/user/jaron/general.html)

[331] Lanier, Jaron, *When Push Comes to Shove*, nachzulesen unter: http://www.people.advanced.org/~jaron/push.html
Anm.: Es sei nochmals eine längere Ausführung Nietzsches angeführt, die diesen Satz inhaltlich inklusive des bekannten „It's like going on a hike and being the sculptor of the mountain at the same time" detailliert erklärt, sowie meinen Begriff der alétheia innerhalb des Gebietes der Technologie der Virtuellen Realität verdeutlicht:
„Die »Scheinbarkeit« gehört selbst zur Realität: sie ist eine Form ihres Seins; d.h. in einer Welt, wo es kein Sein gibt, muß durch den *Schein* erst eine gewisse berechenbare Welt *identischer* Fälle geschaffen werden: ein Tempo, in dem Beobachtung und Vergleichung möglich ist usw.
: »Scheinbarkeit« ist eine zurechtgemachte und vereinfachte Welt, an der unsre *praktischen* Instinkte gearbeitet haben: sie ist für *uns* vollkommen wahr: nämlich wir *leben*, wir können in ihr leben: *Beweis* ihrer Wahrheit für uns...
: die Welt, abgesehen von unsrer Bedingung, in ihr zu leben, die Welt, die wir *nicht* auf unser Sein, unsre Logik und psychologischen Vorurteile reduziert haben, existiert *nicht* als Welt »an sich«; sie ist essentiell Relations-Welt: sie hat, unter Umständen, von jedem Punkt aus ihr *verschiedenes Gesicht*: ihr Sein ist essentiell an

jedem Punkte anders: sie drückt auf jeden Punkt, es widersteht ihr jeder Punkt – und diese Summierungen sind in jedem Falle gänzlich *inkongruent*.
Das *Maß von Macht* bestimmt, welches *Wesen* das andre Maß von Macht hat: unter welcher Form, Gewalt, Nötigung es wirkt oder widersteht. Unser Einzelfall ist interessant genug: wir haben eine Konzeption gemacht, um in einer Welt leben zu können, um gerade genug zu perzipieren, daß wir es noch *aushalten*..." (III 769f)

Netzwerkarchitektur und nodale Wahrnehmung

Der Vorgang der alétheia spielt sich nicht nur auf der *Benutzeroberfläche* der technischen ‚Virtuellen Realität' - Systeme ab, sondern auch eine Ebene tiefer, innerhalb der sogenannten *Netzwerk-Architektur*.

Der Vorgang der alétheia wird, wie eben geschildert, nicht nur von einer puren Formallogik bestimmt, sondern er bedarf eines gewissen ‚unlogischen', intuitiven Überblicks- und Gestaltungsgefühls, um technikgerecht zu handeln; und, um speziell die Technologie der Virtuellen Realität überhaupt erst funktionsfähig und anwendbar zu machen.

Die Parallele und Gemeinsamkeit zwischen dem Oberflächen- und dem Tiefenvorgang der Technologie der Virtuellen Realität lassen sich ausgehend von Laniers Aussage "I express myself by what I do. I exist" darstellen. Es ist eine zutiefst anthropologische und technikphilosophische Aussage, die sich bequemerweise anhand eines Schlagwortes von Protagoras, stellvertretend für die dargelegten Gedanken Nietzsches, und mit Hilfe von William Gibson für die (alétheia gemäße) Netzwerk-Architektur interpretatorisch eignet.

Der Hauptsatz der Philosophie des Protagoras ist der *homo-mensura-Satz*, der besagt, dass „der Mensch, und zwar jeder einzelne, das Maß aller Dinge ist, der seienden, daß sie sind, oder der nichtseienden, daß sie nicht sind, und wie sie sind." Das bedeutet bei ihm zugleich, dass nicht einmal für denselben Menschen dasselbe, zu verschiedenen Zeiten gleich oder ‚wahr' ist, da derselbe Mensch zu verschiedenen Zeitpunkten jedes Mal ein ‚anderer Mensch' ist.[332]

Auf der Grundlage dieses ‚Avatarkompatiblen', dynamisch-kreativen *homo-mensura-Satzes* greifen William Gibson's Aussagen.

William Gibson, der Namenspate des ‚Cyberspace', erfasst in seinem literarischem High-Tech-Werk namens ‚*Idoru*'[333] den Kern des Phä-

---

[332] Vgl. Protagoras, In: Capelle, W., *Die Vorsokratiker*, KTA, Bd. 119. Und: Diels-Kranz, *Die Fragmente der Vorsokratiker II*, 1951. Und: Platon's ‚*Protagoras*'.
[333] Anm.: ‚Idoru' ist ein japanisches Wort für das englische Wort 'idol', da Japan als Inbegriff des IT-Fortschritts verstanden wird. Idoru sind virtuelle Wesen, genauer gesagt, computergenerierte Idol-Sänger/innen, also zukünftige, synthetische Popstars im Cyberspace, die ein Konglomerat von Software-Agenten sind, geschaffen aus der Hand von Informationsdesignern. (vgl. ebd. S. 57, 111)

nomens der Technologie der Virtuellen Realität meines Erachtens vollkommen richtig, indem er betreffs seines Helden Laney schreibt:

„Er hörte, wie ihn [...] bedrängt hatte, sich *nicht* zu konzentrieren. *Was Sie tun, es ist entgegengesetzt zu der Konzentration, aber wir werden lernen es zu* lenken."[334]

Das ist – par excellence – die praxisnahe Beschreibung eines Vorgangs der alétheia.

Genauso paradox, und aufgrund der gleichen philosophischen Grundlage, schreibt Nietzsche passend dazu aus theoretischer Sicht, indem er die Wahrheitserkenntnis und die ratio (in unüblicherweise) wie folgt verbindet:

„[...]: »*es gibt* ein Reich der Wahrheit und des Seins, aber gerade die Vernunft ist davon *ausgeschlossen*!«..." (II 860 (12))

Die Gibson'sche ‚oberflächliche' Denk- und Verhaltensweise schiebt sich quasi aus der netzartigen Struktur der ‚untergründigen' Architektur hervor und dringt nach oben. Das ausformulierte anthropologische oder auch ontologische Verständnis des homo-mensura-Satzes impliziert, ins Moderne übertragen, dass aus einer fluktuierenden, seienden und nicht seienden Informationsdichte und einem ebensolchen Informationsgeflecht sich eine Art „nodale Wahrnehmung"[335] mitsamt der Fähigkeit ihrer Wahrnehmung als solcher, ergibt. Die erforderliche Fähigkeit entspricht den Anforderungen an die alétheia, dem vorherigen Zitat von Gibson, oder dem vorherigen Satz von Lanier.

Nodale Wahrnehmung selbst generiert sich jedoch direkt aus den computerinternen Informations- und Datenknotenpunkten. Man kann sich die Architektur der Computer und Netzwerke verbildlichen, indem man sich eine Mehrzahl an verschiedenen Informationsebenen, Erkennungsmuster, diverse unterschiedlich verarbeitende Pattern und Datenstränge vorstellt, was besonders für eine weltweite Vernetzung zutrifft, bei der eine Unzahl an Usern, zusätzlich zu der Unzahl von Programmieren, relativ unabhängig voneinander in und

---

[334] Vgl. Gibson, William, *Idoru*, Heyne, München, 1999, S. 264
[335] Ebd., S. 244.
Anm.: Zugunsten der verständlicheren Anschauung werde ich in diesem Abschnitt näher an Gibsons Sprachgebrauch verbleiben, als an einwandfreien technischen Formulierungen.

an dem gleichen Netz ‚rumwerkeln' und Zugang haben, d.h. beständig und unaufhaltsam Änderungen durchgeführt werden. Das bedeutet zum einen, einen ständigen Zuwachs an verwertbarer Information und Wissensfülle, und zum anderen einen ständigen Zuwachs an defektem und brachliegendem Datenmaterial. Es fallen unweigerlich Datenschlacken, Informationsdefekte, Reduktionen und Ablagerungen an Datenmaterial und ganzer Datenplattformen, an.[336]

Im Dickicht des dynamischen Datenkonstrukts und der Datenfassade tauchen nun beabsichtigte und unbeabsichtigte Schnittstellen und Datenknotenpunkte auf. Die Ausbildung der Knotenpunkte und -stränge ermöglicht ein flexibles und *perspektivisches* Wahrnehmen von Informationsinhalten. Es gestattet die nodale Wahrnehmung.

Durch die mit forschreitender Zeit weitgehend autonom erscheinende, interne Dynamik der Systemarchitektur bedingt, wird die Informationsdichte von innen nach außen getragen, in ihrer externen, dynamischen Repräsentation nicht nur als Generierung von eindeutigen Daten erscheinen, sondern gleichzeitig *ambivalente* Informationsdaten aufweisen, die ihrerseits wiederum auf die Systemarchitektur zurückschließen lassen. Solch ein Informationsdesign gibt von allen Anfängen seiner Architektur her gesehen, regelrecht und tatsächlich ‚Informations-space' frei, bzw. schafft nachfolgend Raum für Interpretationen und Perspektivismus. Die Architektur ist Ausdruck einer fortschreitenden seriellen Erschaffung von Realität und von Schnittstellendesign, und nicht zuletzt von ihr selber und ihrer Existenz. Die Verwendung des Begriffs der (virtuellen) Realität für die Systemarchitektur, als auch für die Benutzeroberfläche ist eigentlich eher ein Schnittstellenausdruck insofern, da sich in ihm der Begriff der *Realität* (engl. reality) und der Begriff der *Wirklichkeit* (engl. actuality) überschneiden. Inmitten der Überschneidung der Realität, verstanden als das Verdinglichte, Verfestigte in Anlehnung an das lateinischen ‚res', und der Wirklichkeit, verstanden als das Wirkende in Anlehnung an das lateinische ‚actus', also zwischen morphologischem und prozessualem Charakter, befinden sich ir-

---

[336] Anm.: Lanier spricht von einer Sedimentablagerung, die einst provisorisch angelegt, nun schwer korrigierbar geworden ist: "Network architecture, on the other hand, is deposited like sediment." Vgl. dazu komplettes Paper: ders., *Karma Vertigo: Or Considering The Excessive Responsibilities Placed On Us By The Dawn Of The Information Infrastructure*, a.a.O.

gendwo die Informationen und die Datenspuren. Des weiteren ist die Information selbst nicht, wie man nach deutschem Sprachgebrauch leicht annehmen könnte, ein ‚fertiger' und fest-gestellter Zustand, sondern sie besitzt laut ihrer Etymologie (lat. in-formatio) einen vektoriell gestaltenden Aspekt. Damit wird die Navigation und Beherrschung einer unsicheren, weil dynamischen, möglichen Informationseinheit inmitten einer unsicheren, weil dynamischen, Architektur und Datenmatrix nicht ganz unproblematisch. Die Navigation erfolgt *auch* über Informations- und Datenlöcher hinweg, sowie entlang von ambivalenten Datenknoten. Eine erfolgreiche Navigation und Daten- und Informationskommunikation erfordert eine nodale oder der alétheia gemäße Erkenntnis- und Wahrnehmungsfähigkeit, da sie in der Lage ist ergänzend und zusammenfassend zu wirken.

Die Denkrichtung der Informationsästhetik, dass Kunst gleich Information sei, lässt sich auf die zutiefst ästhetisch durchwirkte Technologie der Virtuellen Realität ummünzen, indem man reformuliert, dass Information gleich nodaler Kunst ist. Darin kann man u.a. sicherlich mit einen Grund finden, dass es eine umfassende und allgemeine Informationstheorie (noch) nicht gibt.[337]

---

[337] Anm.: Die Verwendung von der allgemein üblichen Redensart von Informationseinheiten, sowie von meiner, an Gibson angelehnten, Theorie der nodalen Wahrnehmung darf nicht darüber hinwegtäuschen, dass es sich hier in erster Linie um das Verdeutlichen und der Darstellung einer technikphilosophischen *Erkenntnismethode* handelt. Es kommt weniger auf den Begriff der ‚Informationen an sich' an, sondern auf die individuelle und alétheia'ische Erkenntniserfahrung und -gewinnung, die selbst auf die interne Netzwerkarchitektur angewendet werden kann. An dieser Stelle möchte ich wieder den VR-Pionier Jaron Lanier zu Wort kommen lassen, dessen Äußerungen ich als Physiker nicht nur mittragen kann, sondern die mein Informationsverständnis im Kontext der VR untermauern können:
"Is information or experience primary?"[1] (S. 5)
"There also would be no information. Information is another thing that only exists by virtue of experience. (My old catch-phrase: Information is an Alienated Experience.)"[2] (S. 6) "This phrase came to me partially in response to the imperialistic tendency of theorists of politics, art, and computer design to pretend that ideas or words can represent people."[1] (S. 5)
"Back to the physics for a second. One of the most remarkable and startling insights in the 20th century thought was Claude Shannon's connection of information and thermodynamics. Somehow for all these years working with computers I've been looking at these things and I've been thinking "Are these bits the same bits Shannon was talking about, or is there something different?" I still don't know the answer, but I'd like to share my recent thought because I think this all ties together. If you wish to treat the world as being computational and if you wish to say that the pair of

sunglasses I am wearing is a computer that has sunglasses input and output – if you wish to think of things that way, you would have to say that not all of the bits that are potentially measurable are in practice having an effect. Most of them are lost in statistical effects, and the situation has to be rather special for a particular bit to matter.

In fact, bits really do matter. If somebody says "I do" in the right context that means a lot, whereas a similar number of bits of information coming in another context might mean much less. Various measurable bits in the universe have vastly different potentials to have a causal impact. If you could possibly delineate all the bits you would probably see some dramatic power law where there would be a small number of bits that had tremendously greater potential for having an effect, and a vast number that had very small potentials. It's those bits that have the potential for great effect that are probably the ones that computer scientists are concerned with, and probably Shannon doesn't differentiate between those bits as far as he went.

Then the question is how we distinguish between the bits; what differentiates one from the other, how can we talk about them? [...]."[3] (S. 3)

Was Informationsästhetiker, z.B. Günter Pfeiffer mit seiner folgenden Aussage ausdrückt: „Kunst ist Information. [...] sagt der Satz aus, daß es in der Kunst zuallererst auf den Betrachter ankommt. Denn er ist es, der informiert werden soll."[4] (S. 9), unterstreicht die, meinem Erachtens nach, selbstverständliche Bedeutung des Rezipienten und der Subjektivität von Sinnes- und Wahrnehmungseindrücken von Informationsgehalten, unterschätzt aber gewaltig die Bedeutung der Einbettung von Computerinformationen in ihren Kontext, bzw. die der Physik:

"Any purported computer we study can be fully understood as a non-computational complex phenomenon. Computer science is unnecessary to explain the behavior of computers. Computers are simply pieces of the physical universe obeying physical laws. Everything a specific, physical computer can be observed to do can be understood without having to think of it as a computer. What makes a computer a computer is our way of thinking about its potential, not its observed actuality.

This not a trivial point. Computers have been given the ontological kid glove treatment. Relativity is necessary to explain the observed universe, while computer science is not."[2] (S. 4)

"[...], zombies invent new ontologies for the benefits of computers. Inside every zombie is a weird new kind of dualist. The new weird dualism can take a number of forms, distinguished by the choice of meaningless code words, such as 'emergent' or 'semantics'. But the hallmark of zombie dualism is the belief in the independent, objective existence of information and computers." (ebd., S. 5)

[1] Lanier, Jaron, *Agents of Alienation*, a.a.O.
[2] Lanier, Jaron, *You can't Argue with a Zombie*, a.a.O.
[3] Lanier, Jaron, *The Central Metaphor of Everything?*, Nachzulesen unter: http://www.edge.org/documents/day/day_lanier.html, 12.4.2001
[4] Pfeiffer, Günter, *Kunst und Kommunikation*, DuMont Schauberg, Köln, 1972

Technik: Kontext oder Mittel

Im Zuge der Entwicklung der Technologie der Virtuellen Realität wird oftmals die sie begleitende Diskussion um die offensichtliche Beziehung als auch die Grenzziehung zwischen Technik und Kunst aufgeworfen. Dieser Diskussionsgedanke wird in diesem Kapitel verallgemeinert und modifiziert, indem die neuzeitliche Fragestellung nach der Mittelhaftigkeit und dem Funktionalismus von Technik, bzw. Technologie aufgriffen wird; wobei das Gebiet der Kunst mitbetroffen und integriert ist.

Das Wort ‚Mittel' im Gegensatz zu Ziel (persönlich) und Zweck (sachlich), wie schon Dessauer unterschied, ist laut Nietzsche und der Technologie der Virtuellen Realität, weitgehend losgelöst von der Teleologie und Finalität zu untersuchen; was nicht, mit ihrem wesentlich auf der Ästhetik beruhenden, sie konstituierenden Gedankengebäude im Widerspruch zu stehen scheint. Wie muss das Wort ‚Mittel' unter diesen Voraussetzungen und in dem Kontext der modernen Neuen Technologien dann angedacht und verstanden werden?

So, wie schon der frühe Technikphilosoph Friedrich Dessauer, der ebenfalls der Ästhetik verbunden war, bei seiner Erörterung ausgehend von dem „Problem der Holistik, dem Ganzheitsproblem" der Gestaltpsychologie und Wahrnehmungslehre, das ihre wie selbstverständliche Anerkennung in der Biologie und der Kognitionswissenschaft fand, der Technik jedoch genauso selbstverständlich versagt wurde, in seiner Anwendung des holistischen Gedankens auf die (System-)Technik schrieb:

„Aber *jedes* Mittel ist notwendig *mehr als nur Mittel*. Es ist ein Gegenstand, ein Verfahren, ein Ding, das *nicht* isoliert in der Welt steht. [...]. Das Werturteile [...] *Relationsurteile* sind. Nimmt man ihnen die Relation, so wird jegliches Gebiet zu einem ‚Haufen', jede Seinszone, in der man von Mitteln sprechen kann, geht in sinnlose ‚Inbegriffe' über. So entsteht nicht nur der famose ‚Inbegriff aller Mittel', als den man die Technik denunziert, sondern auch Sprache würde zum Inbegriff aller Wörter, [...]. So ergibt sich der Wert eines ‚Mittels' außerhalb seiner eigenen Ordnung in *allen* Gebieten durch Beziehung zu seinem Hintergrund. Und *diese* Beziehung ist nicht isoliert – sie ist ganzheitlich, sinnhaft."[338]

Von Wolfgang Schadewaldt existieren interessante Gedanken, die allein durch *allgemeine philosophische* Überlegungen gewonnen wurden, und aus einer diametralen Denkecke zu Dessauer entstammen, ihnen jedoch ähnlich sind:
„Die Leistungssteigerung, die die Technik auf ihren Wegen erreicht, ist stets partieller Art, und sie wird der Natur gegenüber stets errungen durch den entschiedenen Verzicht auf – Totalität [...]. Dieser Unterschied zwischen Maschine und Organismus: die Abgestelltheit auf das partielle Produkt und die Verwirklichung einer Lebenstotalität, ist so grundlegend, daß er auch durch die kühnsten maschinellen Erfinderträume niemals aufgehoben werden kann. [...] Elektronenhirn [...]. 'Übertrifft' die Technik sie, so vollzieht sich dieses ihr Übertreffen der Natur stets einseitig partiell, und auch das Gesamt einer ganzen technischen Zivilisation ergibt niemals eine Totalität, sondern nur eine Summe. [...]. Hier erhebt sich die Frage, wie man überhaupt so radikal von Naturüberlegenheit der Technik und dann der Beherrschung der Natur durch den Menschen sprechen konnte. [...], und zwar reduzierten Naturbegriff."[339]

Friedrich Nietzsche ist sich über diesen Sachverhalt ebenso bewusst, wie er z.B. in seinem Aphorismus *‚Der Geist der Wissenschaft im Teil, nicht im Ganzen mächtig'* (I 450 (6)) unter Beweis stellt, und seine Verfechtung des Relativismus und Perspektivismus wird ohnehin als dem Leser bekannt angenommen.

Fasst man die Gedankenansätze dieser unterschiedlichen Denker unter dem Blickwinkel der Technologie der Virtuellen Realität zusammen, ergibt sich für diese u.a., dass sie zuallererst ein *relationales* Verfahren, eine *Methodik* ist. Das bedeutet wiederum, dass sie kontextuell und partiell wirksam ist, was wiederum gleichbedeutend damit ist, dass *Kontext und Methode gleich wichtig* sind, und in gleichen Teilen zur Gewichtung und Wertung kommen müssen. Die

---

[338] Dessauer, Friedrich, *Streit um die Technik*, a.a.O., Kap. 2, §16.
Anm.: Die scheinbare Problematik der Anwendung auf die Technik, bzw. die Physik liegt u.a. in dem Themenkomplex von Skalaren und Vektoren verborgen.
[339] Schadewaldt, Wolfgang, *Natur, Technik, Kunst*, Musterschmied-Verlag, Göttingen, 1960, S. 16-27
Anm.: Der „reduzierte Naturbegriff" ist für Schadewaldt ein Symptom der Neuzeit.

bewusste, gewollte Ausbalancierung darf keinen Ausschlag auf Seiten des Kontexts zeigen, sondern muss ebenso die Seite der Methodik austarieren, d.h. in diesem Fall das unablässige konkrete Hinweisen auf die *Notwendigkeit* der *Programmierung* der Technologie der Virtuellen Realität, und ihrer Implikationen. Deshalb gilt mit Jaron Lanier:

"You can't get something for nothing. Nothing can be constructed without the effort of constructing it. The brain is free to synthesize a subjective appreciation of something in a dream without constructing the thing itself. Even if there is some kind of brain reading device in the far future, an artist will still have to do the work of construction that is dream does not have to do."[340]

Diese Fehl- oder Unterschätzung, bzw. der rudimentäre oder ausbleibende Diskussionspunkt von mittel-barer Konstruktionsüberleitung bei den „direct brain-reading interfaces" findet sich meines Erachtens eher bei der Technologie der KI als der VR wieder. „But this notion is probably motivated by a false hope."[341], wie Jaron Lanier mutmaßt.

Den gleichen Ursachengrund hat wohl auch die ausbleibende Erörterung der KI und ihrer möglichen Beziehung zur Kunst. – Das klingt beinahe schon befremdlich, und doch wird u.a. von Phantasie-, Kreativitätsübertragung etc. und Schöpfungsakten, durch das neuronale Silizium-Chipimplantat, bzw. dem zwischen-gefacten „Neuronenabtastenden Lesegerät" ausgegangen, das im Grunde auch nichts anderes ist, als ein sensorisches, rückkoppelndes System, genauso wie es in der Installations-Kunst oder der Technologie der VR wiederzufinden ist.

Die in der Tradition von Jaques Lacan und des französischen Poststrukturalismus stehenden Interpretationen der Virtuellen Realität, stellen die VR-Träume und ihre Verwirklichungsabläufe eher apokalyptisch und traumatisch dar. Durch die extreme Polarisierung und Vereinzelung der ‚überrennenden' übermächtigen Kunstphantasie, wird sie zur Totalität, und verliert damit sozusagen ihren Kontext.

---

[340] Lanier, Jaron, In: *Jaron Lanier Interview* von Franz Fischnaller, in the „e-art" edition INGENIUM spezial edition, teilweise unter:
http://www.fabricat.com/e_ART/e-exerpt.html
[341] Lanier, Jaron, ebd.

Der dadurch bedingte Verlust und die dargestellte, eingeleitete Auflösung der Signifikanten, mitsamt ihren soziologischen und kommunikationswissenschaftlichen Implikationen, ähnelt, meiner Ansicht nach, eher einer psychologisch-philosophischen Untersuchung über tatsächliche, im Schlaf stattfindende Traumprozessen, im Sinne des obigen Zitats von Lanier, als einer der Technologie der Virtuellen Realität adäquaten Untersuchung, mit der notwendigen Miteinbeziehung der Logik, sprich der Programmierung und der individuellen Anstrengung der Konstruktionsarbeit des vor-gestellten Wunsches, des Phantasie-Gebildes und des eigenen Traum-Bildes.

Sie sind die Garanten für eine nichtabbrechende Kommunikation, da sie von einander abhängen, und aufeinander wechselwirkend aufbauen und grundlagenlegend konstruieren müssen.

Man kann Nietzsche nicht zu einer philosophischen Dekonstruktion der Logik und Zeichenketten im Bereich der Technologie der Virtuellen Realität oder des Cyberspace heranziehen.

Das Erkenntnisverlangen und das logisch-rationale Denken aus dem Menschen extrahieren zu wollen, würde bedeuten das Menschsein zu verkennen, er wäre kein vollständiger Mensch mehr, und hätte keinerlei Chance ein „höherer Mensch" im Sinne Nietzsches zu werden:

„*Zukunft der Wissenschaft.* – [...]. Deshalb muß eine höhere Kultur dem Menschen ein Doppelgehirn, gleichsam zwei Hirnkammern geben, einmal um Wissenschaft, sodann um Nicht-Wissenschaft zu empfinden: nebeneinander liegend, ohne Verwirrung, trennbar, abschließbar; es ist dies eine Forderung der Gesundheit. [...]. Wird dieser Forderung der höheren Kultur nicht genügt, so ist der weitere Verlauf der menschlichen Entwicklung fast mit Sicherheit vorherzusagen: [...]: der Ruin der Wissenschaften, das Zurücksinken in die Barbarei ist die nächste Folge; von neuem muß die Menschheit wieder anfangen, [...]. Aber wer bürgt uns dafür, daß sie immer wieder die Kraft dazu findet?" (I 601 (251)[342]

---

[342] Anm.: Nietzsche verbindet die Wissenschaft, wie die Erkenntnis allgemein, mit seinem wertpositiven Begriff ‚Willen zur Macht': „Die Erkenntnis arbeitet als *Werkzeug* der Macht." (III 751). Das die Wissenschaft eine wichtige Partnerin und Voraussetzung für die Ästhetik ist, zeigt folgendes Zitat über die Konvention, die bei Nietzsche stellvertretend für die Sprachlogik und die (Natur)wissenschaft eingesetzt wird: „Jede reife Kunst hat eine Fülle Konvention zur Grundlage: insofern sie Sprache ist. Die Konvention ist die Bedingung der großen Kunst, *nicht* deren Verhinde-

Es wird schlechthin keine Erkenntnis durch die alétheia, – bzw. Nietzsche'anisch-metaphorisch formuliert durch Dionysos und Apollon, – möglich sein, ohne die Integration von Logik/lógos und der Naturwissenschaften, insbesondere der Physik.

Die Programmier-Kunst sowie die Kunst des Umgangs mit Soft- und Hardware ist für den User ein elementarer Baustein in den Neuen Technologien, und desgleichen in der Technologie der Virtuellen Realität. Würde man diesen Baustein entfernen, und sei es nur theoretisch-philosophisch, würde das Gebäude der jeweiligen Technologie einstürzen.

Die philosophische Besonderheit dieses technischen VR-Mittels liegt, nicht nur in seinem Kontext, sondern vor allem in der Methode verborgen.

„[…] exist in the process of experimentation and not in the results. […]. It might be that only the creators and those very near to them are able to experience this kind of art in its truest sense."[343]

Die Prozeßhaftigkeit, nicht das Ziel, ist das entscheidende Merkmal bei dem Einsatz dieses Werkzeugs (tool), der VR-Technologie, wobei die Methode als das Ziel betrachtet werden kann. Das kann mit dem weitergehenden technischen Fortschritt so weitreichend und verwirrend gehandhabt werden, dass sich die Methode mit dem Kontext zu verbinden scheint; wobei diese Verbindung jedoch nicht dauerhaft unentscheidbar zu werden droht, und ihre jeweilige Partialität (z.B. nach Dionysos und Apollon) beibehält:

„Die Erkenntnis wurde also zu einem Stück Leben selber und als Leben zu einer immerfort wachsenden Macht: bis endlich die Er-

---

rung... Jede Erhöhung des Lebens steigert die Mitteilungs-Kraft, insgleichen die Verständnis-Kraft des Menschen." (III 754). Oder es sei noch etwas direkt zum Begriff ‚Mittel' hinzugefügt, der, Erkenntnis und Leben, sprich Methode und Kontext, auf das Engste miteinander verbindet: „*Vorwärts.* – […] bekommt dein eigenes Leben den Wert eines Werkzeuges und Mittels zur Erkenntnis." (I 623 f (292))
[343] Lanier, Jaron, ebd.
Anm.: An anderer Stelle schreibt er anschaulich: „Using the network without being able to program it, at least a little bit, isn't real access, just as reading a book without any ability to write is not an acceptable form of reading." (Ders.: *Karma Vertigo: Or Considering The Excessive Responsibilities Placed On Us By The Dawn Of The Information Infrastructure*, a.a.O.)

kenntnis und die uralten Grundirrtümer aufeinander stießen, beide als Leben, beide als Macht, beide in demselben Menschen. Der Denker: das ist jetzt das Wesen, [...]. Im Verhältnis zu der Wichtigkeit dieses Kampfes ist alles andere gleichgültig: die letzte Frage um die Bedingung des Lebens ist hier gestellt, und der erste Versuch wird hier gemacht, mit dem Experiment auf diese Frage zu antworten. Inwieweit verträgt die Wahrheit die Einverleibung? – Das ist die Frage, das ist das Experiment." (II 118 (110))[344]

Das was Nietzsche mit seinem Wort „Experimental-Philosophie" (III 834)[345] zu bezeichnen sucht, nämlich die beiden widerstrebenden

---

[344] Anm. 1: Nicht nur in *Die Fröhliche Wissenschaft*, sondern auch im Nachlaß findet man eine längere, eindrucksvolle Passage von Nietzsches *Neuem We*g (vgl. III 834 f).
Anm. 2: Meines Erachtens ist mit der Realisierung von Avataren ein experimenteller und konkreter Anfang genau dieses ‚Kampfes' angelegt worden.
Anm. 3: Lanier spricht ebenfalls von einem Experiment im Zusammenhang von Technologie-Erkenntnis und Leben, dem er ein eigenes Paper widmete: „I think of civilization as a grand experiment [...]." (*ders.: Karma Vertigo: Or Considering The Excessive Responsibilities Placed On Us By The Dawn Of The Information Infrastructure*, a.a.O.)

[345] Anm.: Der Ausdruck Experimentalphilosophie geht auf die Theoriendiskussion innerhalb der Naturphilosophie des 17. Jh. zurück, die vor dem Hintergrund der Entstehung der experimentellen Naturlehre geführt wurde. Dabei ging es vor allem um folgende Streitpunkte: 1. Die Frage nach der Erkenntnis und der geeigneten Methode, um Wahrheit zu erlangen. 2. Die Ordnung der Wissenschaften als Abbildung der Ordnung des Universums und wie man sie in der akademischen Lehre darstellen kann. 3. Und den Begriff der *Libertas philosophandi* oder Freiheit des Philosophierens.
Im 17. Jahrhundert lässt sich das vorherrschende Verständnis dessen, was ein philosophisches System und die entsprechende Methode charakterisiert, auf das Reformprogramm von Petrus Ramus zurückführen.
Die entsprechende Diskussion wurde nun zwischen den Verfechtern der systematischen Philosophie, bzw. dem Cartesianismus und den Verfechtern der eklektischen Philosophie ausgetragen, die weder ein eigenes, auf einheitlichen Prinzipien beruhendes System haben, noch sich an einen einzelnen anderen Philosophen anschließen, sondern aus verschiedenen Systemen auswählen (gr.: eklegein), was ihnen passend erscheint und zusammenfügen.
Sollte man Nietzsche zwischen den beiden Positionen verorten, muss man ihn den Systematikern zuordnen, da sein Verständnis von dem, was ein philosophisches System und seine entsprechende Methode charakterisiert nichts derartig ‚Experimentelles' an sich hat: Mit dem Ausdruck *Experimental-Philosophie* bezeichnet Nietzsche nämlich seine dionysische Wertabmessung des Daseins, die sich aus seiner Lehre der ewigen Wiederkehr ableiten lässt, und als Name seiner Gesamtphi-

Bewegungen der wissenschaftlichen und der ästhetischen *Erkenntnis* in Verbindung zueinander zu setzen, indem der Versuch *eines Erkenntnis*konzepts angestrebt wird, der Versuch einer Erfassung von Methode und Kontext in *einem* Entwurf, scheint sich, nach meinem Dafürhalten, heutzutage thematisch innerhalb der Technologie der Virtuellen Realität abzuspielen und auszutragen. Das zeigt sich sowohl auf der praktischen Umsetzungsebene der Entwickler und User als auch bei dem philosophischen Ringen nach ihrem Verständnis und ihrem eigen, an sich selbst gestellten Anspruch, der in der VR-Entstehungsgeschichte verwurzelt ist.

Um das Problem des angeschnittenen Totalitätsgedanken à la Schadewaldt zu umgehen, bzw. das Gedankengut von Kontext und Methode nicht in einem Identitätsgedanken aufgehen zu lassen, was weder im Sinne Nietzsches noch der VR-Technologie ist, *ist es wichtig den Gedanken der Dynamik zu verinnerlichen, vor dessen Hintergrund in beiden Fällen erst alles andere denkbar wird.*

Zusammenfassend formuliert Jaron Lanier:

---

losophie fungiert (vgl. III 834 und I 1231 (453)). Nietzsche bezieht bei der Verwendung dieses Ausdrucks keine Position, sondern hat seine eigene Wortgebung im Sinne: „Durch den Namen, auf welchen ich sie zu taufen wagte [...] es werden Menschen der Experimente sein." (vgl. z.B. II 674 (210))

Darüber hinaus schätzte Nietzsche an Descartes, – über den zahlreiche Zitatstellen bestehen, – dessen wichtige, *konsequente* Vorantreibung des Rationalismus, und bezeichnet ihn anerkennenden als den „Großvater der Revolution", der entgegen der „Herde" Plato überwunden hat (vgl. II 649 (191)). Descartes, und mit ihm der Rationalismus und die Wissenschaft, ist ein notwendiger und wichtiger Bestandteil seiner Philosophie der Gegensätze und seiner „Gegensatzpaare".

Nietzsches einziger Einwand gegen Descartes besteht in dessen „Glauben, an den *Substanz*begriff" (III 577f) und somit an „den *Wert* des Ewig-Gleichbleibenden" (III 559), und von daher der Cartesianismus diametral zu den Fundamenten seiner eigenen Philosophie ist.

Siehe dazu: 1. Wiesenfeldt, Gerhard, *System, Methode und die Freunde der Wahrheit. Theoretisches und Experimentelles in der Naturphilosophie des 17. Jahrhunderts.* In: Jobmann, Anke; Bernd Spindler, *Theorien über Theorien über Theorien,* 1999.

2. Schütt, Hans-Peter, *Substanzen, Subjekte und Personen: eine Studie zum Cartesischen Dualismus,* Manutius-Verlag, Heidelberg, 1990.

3. Schütt, Hans-Peter, *»Iungenda cum arte rationali, ars critica« – Johann Jakob Bruckers hermeneutische Vorsätze.* In: Axel Bühler (Hrsg.), *Unzeitgemäße Hermeneutik. Verstehen und Interpretieren im Denken der Aufklärung,* Klostermann, Frankfurt am Main, 1994.

„In general, whenever discreteness enters a definition of a thing, objectivity is lost."[346]

Zusammenfassend formuliert Friedrich Nietzsche:

„Die Lehre vom *Sein*, vom Ding, von lauter festen Einheiten ist hundertmal leichter als die Lehre vom *Werden*, von der Entwicklung..." (III 883)

Die Methode des Experimentierens, der dabei ständig herbeigeführte Perspektivenwechsel, sowie der damit einhergehende dynamische Entwicklungsgedanke, den Lanier so anschaulich in seinem Satz von „[...] – it's like going on a hike and being the sculptor of the mountain at the same time" nahebrachte, sollen aufgrund ihrer Wichtigkeit für die *Erkenntnisgewinnung* nochmals von Nietzsche in ihrer Bedeutung zusammengefasst werden:

„– Seien wir zuletzt, gerade als Erkennende, nicht undankbar gegen solche resolute Umkehrungen der gewohnten Perspektiven und Wertungen, mit denen der Geist allzu lange scheinbar freventlich und nutzlos gegen sich selbst gewütet hat: dergestalt einmal anders sehen, anders sehen-*wollen* ist eine kleine Zucht und Vorbereitung des Intellekts zu seiner einstmaligen Objektivität – letztere nicht als »interesselose Anschauung« verstanden (als welche ein Unbegriff und Widersinn ist), sondern als das Vermögen, sein Für und Wider *in der Gewalt zu haben* und aus- und einzuhängen: so daß man sich gerade die *Verschiedenheit* der Perspektive und der Affekt-Interpretationen für die Erkenntnis nutzbar zu machen weiß. [...] hüten wir uns, vor den Fangarmen solcher kontradiktorischer Begriffe wie »reine Vernunft«, »absolute Geistigkeit«, »Erkenntnis an sich«; hier wird immer ein Auge zu denken verlangt, das gar nicht gedacht werden kann, ein Auge, das durchaus keine Richtung haben soll, bei dem die aktiven und interpretierenden Kräfte unterbunden sein sollen, fehlen sollen,

---

[346] Lanier, Jaron, *You can't Argue with a Zombie*, a.a.O., S. 9
Anm.: Auf die Thematiken Skalar versus Vektor und Kontinuum versus diskrete Zustände, die hier im Hintergrund bei Lanier stehen und in das Zitat mit hineinspielen, wird von mir nicht näher eingegangen, da sie hier zu weit führen würden. Mit Bezug auf den direkten VR versus KI Kontext sei lediglich ein, meiner Ansicht nach, wichtiger Diskussionspunkt erwähnt, bzw. kurz angeschnitten: "Consciousness is something which is said to exist in altered states, where experience is a thing, as I understand it, without state." (ebd., No. 22)

durch die doch sehen erst ein Etwas-Sehen wird, hier wird also immer ein Widersinn und Unbegriff vom Auge verlangt. Es gibt *nur* ein perspektivisches Sehen, *nur* ein perspektivisches »Erkennen«; und *je mehr* Affekte wir über eine Sache zu Worte kommen lassen, *je mehr* Augen, verschiedne Augen wir uns für dieselbe Sache einzusetzen wissen, um so vollständiger wird unser »Begriff« dieser Sache, unsre »Objektivität« sein. Den Willen aber überhaupt eliminieren, die Affekte samt und sonders aushängen, daß wir dies vermöchten: wie? Hieße das nicht den Intellekt *kastrieren*?...« (II 860f (12))

Schnittstellenthematik

Was erbringt die Anwendung einer Erkenntnis*methode* wie die des *Perspektivismus*? Ist es überhaupt möglich, beispielsweise in dem vorgegebenen Kontext der Neuen Technologien, durch ein gezieltes ‚Umstellen des Blickwinkels' Ergebnisse für die Technologie der Virtuellen Realität zu erzielen?

Der Ansatz der Schnittstellenthematik zeigt durch die Art und die Anzahl der Schnittstellen auf, in welcher Relation die KI und die VR zueinander stehen, und welche Konsequenzen sich daraus ergeben können. Verfolgt man das Untersuchungsmerkmal der Sensorik, lässt sich feststellen, da die technische Ausstattung der Baukastensätze im wesentlichen gleich ist, dass die *Anzahl* der sensorischen Schnittstellen *ein wesentliches Unterscheidungskriterium* darstellt.

Angefangen in Alan Turings kryptologischer Forschungsepoche, in der Douglas Engelbart fast zeitgleich die graphische Benutzeroberfläche mitsamt der Mouse-Handhabung entwickelte, beschränkte sich die Schnittstelle auf eben dieselbe, oder auf die Schaltpult- und Tastatur-Handhabung, und stellte damit ein in sich abgeschlossenes und klar definiertes, begrenztes System dar.

Die Technologie der Künstlichen Intelligenz, insbesondere die Robotik, erweitert das System, indem es sich für die Umgebung öffnet, nicht nur Schreibpult- und Desktopkonfigurationen innehat, sondern mit seinen Sensoren die Umwelt erfasst, analysiert, berechnet und reagiert. Die benötigte Anzahl an Sensoren ist gestiegen und sie *reagieren* in Wechselwirkungsbeziehungen auf eine offene Systemumgebung mitsamt ihren Hindernissen und Herausforderungen.

Die Technologie der Virtuellen Realität benötigt nochmals eine Erhöhung der Sensoren, und damit ihrer Arten und Interface-Übergänge, um im Idealfall die *gesamte menschliche Sinnes- und Wahrnehmungswelt des Menschen* in der totalen und radikalen Perspektive des Computers zu simulieren. Die Eigenschaften der Schnittstellen müssen nicht nur auf die Objekte ihrer Umgebung reagieren, sondern gleichsam den Menschen berechnen, um auf seine Aktionen reagieren zu können. Das System ist im wahrsten Sinne des Wortes ein vollwertiges Gesamtsystem aus *actio und reactio*. Es ist damit so offen und weitreichend, oder umgekehrt, genauso begrenzt, wie der Aktionsradius des Menschen selbst.

In einprägsamer Form kann man festhalten:

Im Falle der Technologie der KI verfolgen die Sensoren die Umgebung, und im Falle der Technologie der VR verfolgen die Sensoren den Menschen.

Bei der Technologie der KI haben wir es mit *punktuellen* Schnittstellen zu tun, die fokussiert und selektiert durch die Sensoren nach außen gerichtet sind, und ihren Input und ihre Berechnungsdaten weitgehend einseitig von außerhalb erhalten.

Die Technologie der KI ist auf eine Arbeitsaufgabe programmiert, die zweck- und zielorientiert ist.

Im Falle der Technologie der VR haben wir es mit *flächenhaften* Schnittstellen zu tun, die den Menschen sozusagen komplett vereinnahmen, und sich ihm wie eine zweite Haut anschmiegen. Der Mensch ist zum Sensor geworden, zu einem Sensor, der im Idealfall mehr, d.h. andere Sinnes- und Wahrnehmungsqualitäten erfahren können soll, z.B. kin- und synästhetische.

Die Programmierung der Arbeitsweise der Technologie der VR sollte dagegen im Idealfall auch so ziel- und planlos ausgestaltet sein, wie das Verhalten des Mensches es auch sein kann.

Im Extremfall und Berührungspunkt der beiden Technologien von KI und VR, wo die allgemeine Kommunikation und die Sinnes- und Wahrnehmungserfahrungen über Neuronen-Chip-Implantate stattfinden soll, nimmt die punktuelle Einbringung des Implantats die Dimensionalität einer flächenhaften Schnittstelle ein, da ihre sensormäßige quantitative und qualitative Reich- und Erfassungsweite einer allumfassenden, flächigen, um nicht zu sagen, mehrdimensionalen Schnittstelle entspricht und mit ihr verschmilzt. Das wäre dann, geometrisch gesprochen, ein *ausgedehnter* oder sogar *deformierter Punkt*. Ein ausgedehnter oder deformierter Punkt? Was für *logische* Konsequenzen würden er dann besitzen? Was für eine mögliche oder unmögliche Schnittstelle würde sein *Sein* ausmachen? Und wären nicht auch die von der KI angestrebten fern-fühlenden, bzw. telepathischen Phänomene, nun lokalisiert und generiert in Implantaten, zudem beinahe ein Paradoxon?

Aus dem Gesagten kann man erkennen, was die Schnittstellen für die Technologie der VR und KI bedeuten können; es besteht sogar die Möglichkeit eine *ansatzweise* greifbare, durchaus (gerne von anderen) weiter entwickelbare Definition, und damit ein handhabbares (philosophisches) Unterscheidungskriterium derselben, über die Schnittstellen anzugeben:

Sondierungsrichtung und Anzahl der Sensoren im Verhältnis zur gegebenen Fläche machen den Unterschied zwischen VR und KI aus.

Dies hat zur Konsequenz, dass die Technologie der Virtuellen Realität und die Technologie der Künstlichen Intelligenz nicht wirklich wesensverschieden sind, so daß sie *thematisch* in weitreichenden (philosophischen) Diskussionsgebieten *gleich* und *ebenbürtig* abgehandelt werden können. Sie können als *gleichartig* behandelt werden, exklusive ihrer Relationalität und Proportionalität ihrer Schnittstellen zueinander, was z.B. in das Gebiet einer Ästhetik oder Epistemologie des *Schnittstellendesigns* führt.

Dies kommt etwa einer allgemeinen, übergreifenden, gesetzesmäßig erfassbaren Theorie von Proportionalitäten gleich, wobei meines Erachtens, wie schon ausführlich dargelegt, der Erkenntnisaspekt der alétheia miteingearbeitet werden sollte, u.a., um den Perspektivismus und die Randbedingungen eines Theorienübergangs, z.B. von der VR zur KI, miterfassen zu können.

Die Thematik des Schnittstellendesigns macht außerdem auf einen weiteren, wichtigen Diskussionspunkt der Relationalität aufmerksam, der bei den ‚Inkarnations'- und Identitätstheorien von VR und KI eine wesentliche Rolle spielt. Mit Nietzsche sei wieder verdeutlicht, was gemeint ist:

„Unser »Erkennen« beschränkt sich darauf, *Quantitäten* festzustellen; aber wir können durch nichts hindern, diese Quantitäts-Differenzen als *Qualitäten* zu empfinden. Die Qualität ist eine *perspektivische* Wahrheit für *uns*; kein »An sich«. [...]: – d.h. wir empfinden auch *Größenverhältnisse* in bezug auf unsre Existenz-Ermöglichung als *Qualitäten*." (III 861)[347]

---

[347] Anm.: Nietzsche schreibt, ganz den humangenetischen, d.h. neurophysiologischen und biologischen Voraussetzungen des Menschen verpflichtet, wenn er fortfährt: „Unsere Sinne haben ein bestimmtes Quantum als Mitte, innerhalb deren sie funktionieren, d.h. wir empfinden groß und klein im Verhältnis zu unserer Existenz. Wenn wir unsere Sinne um das Zehnfache verschärften oder verstumpften, würden wir zugrunde gehen: [...]." (III 861)

Vor der Grundlage und den Voraussetzungen des Schnittstellendesigns gesehen, bedeutet das, dass dieser Aussage ein impliziter ‚Fließzustand' innewohnt, in dem Sinne, dass sie eine Lehre der Dynamik und des Werdens auszudrücken imstande sein muss und beinhaltet.[348]

Der Sensor ist ein spezifisches Gerät zur Umsetzung einer Schnittstelle. Und diese ist unser *window* in die Welt hinaus, und damit zur Erkenntnis. Das Interface ist quasi doppelgesichtig. Es repräsentiert ein Zwischen als Einheit, und ein Übergang in der Einheit. Auf einer nichttechnischen Bedeutungsebene wird an dieser Stelle die Bedeutung der alétheia einsichtig, die die Erkenntnisfähigkeit der Designgesetzlichkeiten um die Schnittstelle herum zu vermitteln vermag. Das bedeutet, dass sie durch ihre übergreifende funktionale Zuständlichkeit und Gegensätze erzwingende und vermittelnde Art, die gegebene Trennung und Verbindung in der Schnitt-Stelle epistemologisch erfassen kann. Dabei wirkt und weist die alétheia sowohl in das (technische) Systeminnere oder einen gegebenen (begrenzten) Kontext hinein als auch über die Systemgrenze oder den gegebenen Kontext hinaus.

Das heißt in diesem Kontext der Technologie der Virtuellen Realität, das der Gedanke der Schnittstellenthematik, bzw. der alétheia, im Systeminneren und der technischen Konstruktion wiederzufinden

---

[348] Anm.: Es ist bekannterweise nochmals darauf hinzuweisen, dass es sich bei dieser Zitataussage über Qualitäten und Quantitäten nicht um kategoriale Begrifflichkeiten handeln kann, und auch nicht um den Versuch einer Quantifizierung. Sehr deutlich wird letzteres anhand des folgenden Satzes: „Die Reduktion aller Qualitäten auf Quantitäten ist Unsinn: was sich ergibt, ist, daß eins und das andre beisammen steht, [...]." (III 485 f)). Außerdem kommt der Gedanke Nietzsches, dass z.B. die gleichzeitige Empfindung von ‚flüssig und hart' (III 538), ‚Sein und Werden' (III 895), etc. zum Tragen, mit dem er folgerichtig versucht seiner dynamischen Lehre gerecht zu werden.
Im Anschluss an Arthur Schopenhauer, der die 12 Kategorien von Immanuel Kant, alle bis auf die der Kausalität reduziert hat, strich Nietzsche, der sich in seinen Schriften mit Kant auseinander setzte, diese letzte, verbleibende Kategorie ebenfalls weg: z.B.: „– daß der Begriff Kausalität völlig unbrauchbar ist. – [..]. Es gibt nicht, wie Kant meint, einen *Kausalitäts-Sinn*." (III 767 f)
Der Kausalitätsgedanke, meinem Erachten nach, *der wichtigste* und *ursprünglichste* überhaupt im Themengebiet der Virtuellen Realität, wird in einem eigenen Kapitel noch behandelt werden.

und verankert sein sollte (s. Teil I und II), und er sollte genauso im Systemäußeren, bzw. in dem Wirkungskreis der Benutzeroberfläche und des Users, also in dem was ich einfachheitshalber Cyberspace nennen werde, wiederzufinden sein (s. Teil II und vor allem III).

Die Bedeutung von der Schaffung ‚schöner' Software und dem Designen von Information

Bedeutet der Anspruch schöne Software zu kreieren, nicht etwas formen und in Gestalt bringen zu wollen, das man nicht sehen kann, oder das als Informationseinheit eine unveränderliche ‚Idee an sich' darstellt?
Ist das gänzlich im Gegensatz zu den sonst üblichen kulturellen und technischen Gebrauchsgegenständen stehend, die eines (gleichermaßen technischen und ästhetischen) Produktdesigns bedürfen? Entzieht sich, aus irgendeinem Grunde, die moderne Wissenschaft der Kommunikations- und Informationstechnologie den ‚ungeschriebenen Gesetzen' der Ingenieurwissenschaften?
Die wichtige Frage nach der Bedeutung von der Schaffung ‚schöner' und ‚nichthässlicher' Software und dem Designen von Information[349], ist im wesentlichen eine Frage nach dem *Produktdesign* und nach den *ingenieurwissenschaftlichen*, nicht nach den üblicherweise in Betracht gezogenen mathematischen oder physikalischen, *Prinzipien*, die jedoch eine Menge philosophischer Implikationen nach sich ziehen.

Die geisteswissenschaftlichen Schwierigkeiten, im Umgang mit technischen und im besonderen mit technologischen Themengebieten, liegen meines Erachtens oftmals in ihrer alleinigen Konzentration auf die ‚reinen' Naturwissenschaften, d.h. sozusagen, auf ihren aufgezeigten ‚klaren und deutlichen Einsichten', und in ihrer Ver-

---

[349] Anm.:
– Unter *Software* versteht man: alles was nicht sinnlich wahrnehmbar ist. Es ist die Gesamtheit der Programme, die zur Steuerung der Hardware und zur Lösung von Aufgaben notwendig ist. Beispiele sind: Computerprogramme und assoziierte Dokumentationen, die die Operationen des Data Processing Systems betreffen, wie compiler, libery routines, manuals und circuit diagramms. Es sind also Informationen, die meist Copyright geschützt, über Befehle den Computer steuern, und die sich ‚soft' verhalten, d.h. leicht veränderbar sind.
– *Hardware*: Das sind alle Bestandteile, die man anfassen kann. Die Vorsilbe ‚hard' verdeutlicht die unveränderbaren Komponenten des Computers. Sie ist die physikalisch-technische Ausrüstung, wie z.B. Prozessor, Chip, Speicher, Ein- und Ausgabegeräte, die Tastatur, der Monitor, Karten, Festplatte, CD-ROM- od. Diskettenlaufwerke, Zubehör usw.
Nebenbemerkung: Der *8080* ist der erste Prozessor, der auf einen einzigen Chip passte; er wurde 1972 von *Intel* entwickelt.

nachlässigung der ingenieurwissenschaftlichen Prinzipien. Diese besitzen zwar den anerkannten Status von Allgemeingültigkeit, sind aber in höchsten Maße im dargelegten Sinne ‚dynamisch', was auch so viel bedeutet kann wie, ihre konkrete Unterschiedenheit von Fall zu Fall. Man kann sich ihrer nicht wie eines Rechenapparats bedienen, wo man die Zahlen durch Formeln und Gleichungen ‚hindurch jagen' kann, um eine allgemeingültige Lösung zu erhalten. Die Ingenieure richten sich oftmals so selbstverständlich danach, dass sie es nicht eigens erwähnen, – und folglich nicht die Beachtung erhalten, die ihnen gebühren würde.

Jedes Instrument und Werkzeug hat eine bestimmte Funktionalität und Zweckdienlichkeit zu erfüllen, und stellt somit im weitesten Sinn ein Kontrollinstrument dar: es gibt einen gewissen Input und einen gewissen Output. Die Rückkopplung, bzw. eine allgemeine Art der Rückmeldung, erfolgt immer, da die Überprüfung des Instruments zu den Entstehungsbedingungen von Technik selbstredend dazugehört.

Aaron Sloman untersucht informationstheoretische Rückkopplungssysteme und ihre Entstehungsbedingungen, und sagt dabei u.a. etwas über die ‚ungeschriebenen' Prinzipien der Ingenieure aus:

„It is perhaps worth mentioning that there is a trade-of between the type of internal calculation required and the physical design of the system. If the physical design constrains behaviour to conform to certain limits then there is no need for control signals to derived in such a way as to ensure conformity, for example. Engineers have known for a long time that good design of mechanical components of a complex system can simplify the task of control mechanisms: it is not a discovery unique to so-called 'situated' AI, but a well known general principle of engineering that one needs to consider the total system, including the environment, when designing a component. Another way of putting this to say that some aspects of a control system can be compiled into physical design."[350]

Computer scheinen dem gegenüber nun ein Werkzeug und Hilfsmittel zu sein, dass unabhängig vom Einsatzgebiet neutral und unspezifisch einsetzbar ist, „they can be used after their production in applications not anticipated by the designers."[351] Auf sie scheinen dem-

---

[350] Sloman, Aaron, *The Irrelevance of Turing Machines to AI*, a.a.O, S. 5
[351] Ebd.

nach die ingenieurwissenschaftlichen Prinzipien und der traditionelle Gedanke der téchne, der Meisterschaft und Kunstfertigkeit, nicht mehr zuzutreffen.

Der Pionier der Technologie der Virtuellen Realität, Jaron Lanier, erkennt diese Zusammenhänge ebenfalls, und zwar in so großer Deutlichkeit, dass man sagen kann, dass die „Morgendämmerung", bzw. das "große Experiment"[352] der Kultur und der Menschheit für ihn in der Konfrontation mit der Architektur liegt, und damit verknüpft in der Software-Gestaltung:

„Computer science is, alas, the only engine of culture that has not concerned itself with beauty. Why should we have?
We didn't know we were making culture. We thought we were making invisible tools. We've been granted a surprise franchise as culture creators. [...].
How do we make beautiful software? General engineering principles, like openness, are good enough to create elegance, but not beauty. Beauty requires an awareness of human affairs outside the computer. When we considering the relationship of people and computers, we're sometimes subject to a figure/ground illusion. We can easily see the computer as the center and the person as the peripheral. This illusion is encouraged by the public obsessions with computers. It reaches its extreme in the Artificial Intelligence approach. Such disconnects from reality are, I believe, among of the primary ways that computers ugliness comes into being. When software decisions aren't made in reference to human concerns, they can only made in reference to each other, leading to a selfreferential bundle of nonsense suspended by a sky hook. The simple way to notice the illusion is to point out that computers don't function independently of people. There are artifacts like language, intelligible only to those who know them. To a Martian, a computer and a toaster are the same."[353]

Die meisten Reflexionen über die *Technologie der Virtuellen Realität* werden eher im Bereich der Wirkung und nicht des Ursachengrundes abgehandelt. Letzterer wird als Black box betrachtet, oder

---

[352] Vgl. Lanier, Jaron, *Karma Vertigo: Or Considering The Excessive Responsibilities Placed On Us By The Dawn Of The Information Infrastructure*, a.a.O.
[353] Lanier, Jaron, *The Frontier Between Us*, a.a.O.

als eine Art Epiphänomenon, wobei nicht etwa in einem Umkehrschluss von der Wirkung auf die Ursache zu schließen versucht wird, sondern die Block box wird vielmehr im Unsichtbaren belassen und der Unauffälligkeit anheim gegeben. Sie bleibt unbemerkt und ‚schwarz'.

Die VR-Benutzeroberfläche wird als losgelöste, einzelne, *isolierte* Systemkomponente einer Ingenieurleistung philosophisch untersucht. Die geisteswissenschaftliche Kontrollfunktion, d.h. die empirische Rückversicherung, ist in einer möglichen, *der Primärwirkung nachgerichteten Sekundärwirkung* gegeben, z.B. wenn ihre gesellschaftlichen Vorhersagen Form annehmen, doch die philosophische Kontroll- und Steuerungsfunktion in Richtung der philosophischen Basis, übertrieben gesagt, von dem verursachenden, qualitativen oder quantitativen, ‚Ding an sich', geht ein Stück weit verloren. So wird mit offensichtlicher Referenz auf den Menschen gedacht, aber doch nur zur Hälfte, da bildlich gesprochen, die ‚unbewusste Tiefenwirkung' und menschliche Vorprägung durch das System selbst, nicht wahrgenommen wird; obwohl es von menschlichen Gedanken durch und durch durchdrungen ist und zuvor erdacht wurde.

Schenkt man, auf der anderen Seite, alleine der Black-box-Methode[354] Beachtung, missachtet man die ingenieurwissenschaftlichen Prinzipien ebenfalls, indem man leicht die Umgebung, übersieht, in der die Technologie anwendbar ist, und von der die Rückmeldung kommt. Das kann dann, wie Lanier sagt, so extreme Formen annehmen wie es in der *Technologie der Künstlichen Intelligenz*, z.B. innerhalb der Richtung der ‚strong AI', vorkommt.

Die Struktur der Black box, der Ursachengrund, d.h. die Architektur, die Hard- und Software, die ihren technischen Konstrukteuren und Ingenieuren bekannt ist, wirkt schon durch ihr angelegtes Fundament kulturprägend. Wir müssen sie philosophisch in Betracht ziehen.

Wir machen Kultur, und sind uns dessen nicht weiter bewusst, als dass wir eine gewisse Ahnung davon haben, dass ein revolutionärer Jahrtausendübergang von einer Industrie- in eine informations- und systemtechnologische Gesellschaft (passiv?) stattfinden wird, doch dem vorher ausgewählte Baumaterial für ihre Grundsteinlegung und ihren tragenden Säulen schenken wir wenig Beachtung. *Doch am*

---

[354] Anm.: Die Black-box-Methode ist ein kybernetisches Verfahren zur Erkennung von unbekannten Systemen.

Anfang steht die Wahlmöglichkeit. Und es ist wirklich erstaunlich, dass in der Kommunikations- und Informationstechnologie eine Wahlmöglichkeit besteht, und nicht *ein einziger*, zwingender Konstruktionsweg vorgegeben ist. Es ist eine Auszeichnung der Technik den Weg er-finden zu können, z.B. verschiedene, gut funktionierende Automodelle. Es liegt auf der Hand, dass sich in der Kommunikations- und Informationstechnologie für die Organisation von Daten und Informationen viele Möglichkeiten anbieten, die nie außerhalb des Computers gelangen werden, sie bilden ihr eigenständiges, unsichtbares Medium. Doch in ihren Auswirkungen, z.B. die Welt der Bilder auf dem Computerbildschirm, wird das ursprünglich technische Werkzeug zu einem (Kommunikations-)Medium, und kann mit ihm kollidieren, bzw. mit sich selbst und seinen multiplen Funktionsaufgaben.

Die einmal gefällte Entscheidung, zum großen Teil ist sie eine qualitative, eine ausgesprochen philosophische, hat weitreichende und brisante Konsequenzen, weil sie nach Laniers Meinung „like the structure of our spoken language" ist oder sogar „network design is like genetic material."[355]

Eine der Schwierigkeiten schöne Software und damit ebensolche Computersimulationen schaffen zu können, liegt in *Moore's Gesetz*[356] verborgen, das seine Kreise bis tief hinein in die Geisteswissenschaften zog.

---

[355] Lanier, Jaron, *Karma Vertigo: Or Considering The Excessive Responsibilities Placed On Us By The Dawn Of The Information Infrastructure*, a.a.O.

[356] Anm.: Der Miterfinder des Chip, bzw. genauer gesagt, der ‚integrierten Schaltung' (engl.: integrated circuit, bezeichnet die in einem Prozessor auf engstem Raum untergebrachten Schaltkreise) Gordon Moore machte seine berühmte Beobachtung im Jahre 1965, in der er eine zeitlich anhaltende, exponentiell anwachsende Entwicklung der Anzahl der Transistoren pro ‚(planar) integrated circuit', bzw. pro integriertem Schaltkreis oder Chip prognostizierte.

Interessant ist in diesem Zusammenhang die Tatsache, dass Gordon Moore Chairman Emeritus der *Intel Corporation* ist, die er im Jahre 1968 mitbegründete. Aufgrund des Erfolgs als eine der größten marktbeherrschenden Firmen, fuhren viele in dem Kielwasser dieser Aussage, dem Moore's Gesetz, mit, indem sie es für sich selbst hoffnungsvoll übernahmen, oder zudem oftmals noch aufgrund seiner scheinbaren Einfachheit weiter simplifizierten, z.B. indem es gleichermaßen der Hard- und Software übergestülpt wird.

Der *Chief Technologie Officier* der *Infineon Technologies AG* Sönke Mehrgardt, zugleich Vorstandsmitglied, stellt Moore's Gesetz sehr gut allgemeinverständlich dar. Er schreibt über die zwei Paradigmen der Halbleiterindustrie, die aus Moore's

Gesetz resultieren: „Die erste Behauptung war, dass sich die Transistorendichte in einer Schaltung in regelmäßigen Abständen verdoppelt. [...]. Damit beschrieb Moore das Gesetz der fortlaufenden Miniaturisierung der Bauteile der Mikroelektronik. Seine zweite Behauptung war, dass sich auch die Rechenleistung der Schaltungen, im gleichen Zeitraum, verdoppelt." Weiter schreibt er, das seit 1965 die Rechenleistung um den beeindruckenden „Faktor eine Million zugenommen" hat, und verweist des weiteren zur Unterstreichung des Moore'schen Gesetzes auf den amerikanischen Computerwissenschaftler Ray Kurzweil, der in seiner Untersuchung über die Leistungsfähigkeit von mechanischen, also vorelektronischen, Rechenmaschinen ebenfalls ein exponentielles Wachstum der Rechenleistung feststellte. An dieser Stelle lässt sich kritisch anmerken, dass das aus-xen einer e-Funktion, also einer exponentiellen Gesetzmäßigkeit, meines Erachtens nicht überbewertet zu werden braucht, bzw. immer besonders kritisch hinterfragt werden sollte, da sie geradezu eine typische Standardfunktion in der Physik ist, die Natur ‚liebt' Entwicklungstendenzen, die exponentiell verlaufen. Sollte man als Physiker in eine Situation kommen, eine Frage einschätzen und beantworten zu sollen, von der man aber kein Wissen parat hat, wie die Entwicklungstendenz von Substanzen, Kräften, o.ä. ist, würde man mit der allgemeinen Antwort: ‚exponentiell' mit größter Wahrscheinlichkeit richtig liegen. Doch erst die Verhältnismäßigkeit zu den anderen Faktoren, z.B. in der Gleichung und Formel, zu den Geltungsintervallen, etc. schafft das richtige Verständnis der e-Funktion.
Im Übrigen sollte an dieser Stelle kurz unterbrochen und erwähnt werden, dass Gordon Moore selbst, ganz der Mentalität eines wahrhaften Naturwissenschaftlers verpflichtet, sich nicht hat hinreißen lassen, von einem Gesetz zu sprechen. In seinem relevanten Paper verwendet er Sätze wie, „Certainly can be expected" oder „Over the long term, the rate of increase is a bit more uncertain..." oder „I believe that...", usf. Nirgendwo legt er sich fest. Seine Prognosen liegen im mittelfristigen Produktionszeitbereich, und er verliert kein Wort über eine bis zum Nimmerleinstag derartig anhaltende Entwicklungstendenz. Somit sollte man korrekterweise von einer *Einschätzung* von Moore sprechen, allerdings von einer, die *bis heute* einen sehr guten Weitblick bewiesen hat.
Ein ähnliches, aber thematisch verwandtes Beispiel, wie es das Gebiet der Informatik hier anbringt, wäre aus den Gebiet der Physik fiktiv herausgegriffen, eine zu erwartende exponentielle Entdeckung von immer neuen Elementarteilchen. Diese Aussage bedarf wohl keines weiteren Kommentars. Die Entwicklung von Moore's Gesetz führt zwangsläufig auf die Frage: *„Wie lassen sich Schaltungen noch weiter verkleinern, wenn die Bauelemente nur noch ein Atom groß sind?"*
Und, um die Fragestellung noch fokussierter und differenzierter zu begreifen, ist zu beachten, dass in die Beantwortung dieser Frage noch folgendes einzugehen hat, damit die Frage überhaupt sinnvoll zu stellen ist: Verfahren der Litographie, des Scannens, des Speicherns, etc., kurz gefasst, die optische Auflösung, bzw. *optische Abbildungsverfahren* sind sowohl bei der *Herstellung* als auch bei der *Überprüfung* der Bauteile ein „unabdingbares Werkzeug", eine *conditio sine qua non*. Das inkludiert die Bedeutung der Kompensations- und Verbesserungsmöglichkeit der Übertragungsfunktion, die zwangsläufig Abbildungsfehlern und Störeinflüssen unterliegt. Das technische und philosophische Problem liegt darin, dass man klären muss, ob es

Lanier paraphrasiert und karikiert den problematischen Kern des dahintersteckenden Denkmusters in Anbetracht manch naturwissenschaftlicher *als auch* geisteswissenschaftlicher Computereinschätzungen und -betrachtungen wie folgt:

„[…]; all you have to do is make it fast and everything will suddenly work, and the computers-will-become-smarter-than-us-if-you-just-wait-for-20-years […]."[357]

Das wichtige Moore'sche Gesetz ist in dem Bereich der Festkörperphysik und der Schaltungstechnik zuhause. Seine Ausweitung auf andere Gebiete und sein ausgedehnter Bedeutungsinhalt als *zentrale Computermetapher* in nahezu allen Lebensbereichen, insbesondere der Wissenschaft der Neurobiologie und der Künstlichen Intelligenz,

---

reicht *gleich große* Referenzobjekte wie die Objekte selbst es sind, *oder kleinere*, zu benutzen, um sie nachweisen und manipulieren zu können?
Auch der Einsatz von, mit Sicherheit neu entwickelbaren Materialien oder der Übergang von Moore's planaren Schaltungen zu den sicherlich zukunftsbestimmenden dreidimensionalen Schaltungen, wird an diesem Sachverhalt nichts ändern oder lösen.
Sönke Mehrgardt verweist auf die Leistungsfähigkeit, die in der Natur vorhanden ist, und führt in einem Atemzug den menschlichen Zellkern an. „Somit ist die DNS der am höchste integrierte ‚Chip', den wir kennen, […], und bleibt damit die Antwort auf seine eigene, oben gestellte Frage schuldig, bzw. weicht in ein gänzlich anderes Themengebiet aus: besteht denn die DNA nicht, gerade konträr, aus einer Unmenge von Atomen? Und ändert er damit irgendwas an der irgendwann, letztendlich verbleibenden technischen und philosophischen Grundfrage?
Im Bereich dieser Betrachtungen sollten, meines Erachtens nach, verstärkt die Philosophen versuchen helfend und vorschlagend einzugreifen
Anzumerken bleibt vollständigkeitshalber noch, dass Ray Kurzweil, auf den sich interessanterweise der Infineon-Sprecher bezieht, den enthusiastischen Transhumanisten, wie der bereits erwähnte Marvin Minsky, zugeordnet wird. Sein Vision von „Gehirnimplantaten in Form von mehreren, verteilt umherwandernden Nanoroboterimplantate" kann man z.B. stark an die bekannte Science-Fiction Schrift *Blood Music* von Greg Bear (1985) anlehnen, die die intellektuelle Szene der Neuen Technologien, – nicht nur die von William Gibson –, mitbeeinflusste.
- Moore, E. Gordon, *Cramming more components onto integrated circuits*, in: *Electronics*, Vol. 38, No. 8, April 19, 1965. Oder auch nachzulesen unter:
http://www.intel.com/research/silicon/mooreslaw.htm
- Mehrgardt, Sönke, *Infineon Technologies AG – Moore's Zukunftsformel, Wo liegen die technischen Grenzen der Mikroelektronik*, 11.9.2002, nachzulesen unter:
http://www.changex.de/d_a00767.html
- Vgl. Kurzweil, Ray, *The Age of Spiritual Machines, When Computers Exceed Human Intelligence*, Viking/ Penguin Books, 1999
[357] Lanier, Jaron, *The Central Metaphor of Everything?*, a.a.O.

die Lanier im gleichen Paper deshalb besonders anprangert, führt zu seiner Überforderung. Seine Skalierung und Vorhersagbarkeit schlägt schon bei dem fachverwandten Versuch, Hardware und Software zu vereinheitlichen, fehl:

„[...] and that is that it leads us by reflection to have an overly simplistic view of computers. The particular simplification of computers I'm concerned with is imagining that Moore's Law applies to things that have to have complicated interfaces with their surroundings as opposed to things that have simple interfaces with their surroundings, which I think is the better distinction.
Moore's Law is truly an overwhelming phenomenon; it represents the greatest triumph of technology ever, the fact that we could keep on this track, that was predicted for all these many years and that we have machines that are million times better than they were at the dawn of our work, which was just a half century ago. And yet during the same period of time our software has really not kept pace. In fact not only could you argue that software has not improved at the same rate as hardware, you could even argue that it's often been in retrograde. It seems to me that our software architecture have not even been able to maintain their initial functionality as they've scaled with hardware, so that in effect we've had worse and worse software. [...]. If you want to have fancy user interface and you run a bigger thing it just gets awful. Windows doesn't scale."[358]

Nur wenn Hardware gleich Software zu setzen wäre, bestünde die Möglichkeit ‚bioware' herstellen zu können. Die Fokussierung des Forschungsschwerpunkts auf entweder die Hardware oder die Software beantwortet u.a. die Frage, weshalb in der VR nicht von einer ‚virtueller Intelligenz' die Rede ist, und bei der KI die Phantasie auf der Strecke bleibt. Die Gegensätze liegen in der Verbindungslinie von Wahrnehmbaren und Nichtwahrnehmbaren, in der physisch anfaßbaren, physikalischen Hardware und der informationstheoretischen und programmierbaren Software-Welt der Symbole und abstrakten Informationseinheiten. Die Schnittstelle ist zu meistern. Da die Schnittstelle eine gemeinsame (Kommunikations-)grenze zwischen zwei Systemen oder Programmen darstellt, würde das nun bedeuten die Schnittstelle aufzuheben, so daß die Hardware sich

---

[358] Lanier, Jaron, *The Central Metaphor of Everything?*, a.a.O.

selber programmieren könnte, also die Software praktisch in der Hardware angelegt ist. Das entspricht dem Versuch selbstlernende und sich selbstorganisierende Computer zu erfinden, bzw. eine Künstliche Intelligenz zu erschaffen. Oder metaphorisch und im allgemeinen Medienkontext ausgedrückt, das Blatt Papier würde sich selber sinnvoll beschreiben wollen, ohne Mithilfe eines Verfassers, – vielleicht in der Art von M. C. Escher?

Wie auch immer, die allgemeine Software-Entwicklung jedenfalls hinkt der Hardware-Entwicklung, inklusive dem Moore'schen Gesetz, hinterher, u.a. aus einem unwissenschaftlichen, marktorientierten Hauptgrund: „Die Schere, die sich damit zwischen Hard- und Software auftut, lädt aber zu brachialen Lösungen nachgerade ein. Die naheliegendste unter ihnen ist wie üblich, das Verhalten bekannter Systeme auf die unbekannten zu projizieren und deren Freiheitsgrade damit drastisch einzuschränken. So kommen Computer auf den Markt, über deren Architektur weniger der Stand der Kunst bestimmt als die vielmehr eine Vorgeschichte oder Firmenbürokratie, die umstandslos in Hardware kristallisiert."[359]

Selbst im besonderen Falle der *Neuronalen Netzen*, die diese Leistung noch am ehesten vollbringen können sollten, und den Hoffnungen der KI am nahestehendsten sind, ist es auf jeden Fall so, dass ein Software-Programm benötigt wird, um das Training zu leiten, selbst wenn es auf dem Chip selbst, der Hardware also, durchgeführt wird.[360]

Dieser Sachverhalt legt zweierlei nahe:

Zum einen, ein ganz allgemein formulierter Satz „[...] we should de-intoxicate ourselves from Moore's Law before continuing with the use of this metaphor."[361]

---

[359] Kittler, Friedrich, *Hardware, das unbekannte Wesen*, in: *Medien, Computer, Realität*, a.a.O., S. 130 f

[360] Anm.: Ein trainiertes Netzwerk kann sowohl über Simulationssoftware als auch über ihr eigenes Programm in Betrieb genommen werden. Es kann auch auf einem neuronalen Netzwerk-Chips implementiert und in ihre eigene Hardware für extrem schnelle Verarbeitung eingebunden werden. Bei manchen Chips ist es möglich, das Training auf dem Chips selbst durchzuführen, aber ein Software-Programm wird trotz allem benötigt, um das Training zu leiten. Siehe dazu eventuell nochmals Fußnotennr. 146 der vorliegenden Arbeit.

[361] Lanier, Jaron, *The Central Metaphor of Everything?*, a.a.O.

Die Verwendung eines an sich wichtigen und richtigen Gesetzes in seiner Simplifizierungsform als Legitimation für kulturelle und evolutionäre Entwicklungstendenzen heranzuziehen, ist nicht unproblematisch, denn allzu leicht erlangen sie den Status eines schwer unumstößlichen Dogmas. Und nicht zuletzt, versperrt man sich durch den unhinterfragten Gültigkeitsbereich von Moore's Gesetz und der daraus resultierenden akzeptierten Einseitigkeit und Einschränkung selbst die Sicht auf mögliche, neue Lösungsansätze, die gerade außerhalb, nämlich in den Problemzonen, in den Schnittstellen- und Randbereichen liegen und dort zu finden sind. Das probierende Überstülpen eines Lösungsansatzes auf andere Problemfälle, selbst wenn sie artfremd sind, kann durchaus ein schlauer und richtig gewählter Weg sein, wobei dann das Ergebnis die Methode rechtfertigt oder zurückweist. Der klassische Normalfall der Ergebniserwartung minimalisiert die Ergebnisse eo ipso durch seine unmittelbare (physikalische) Naturabhängigkeit. Man ist dadurch automatisch davor geschützt langfristig auf falschen Ergebnissen aufzubauen. Diese Sachlage stellt sich bei einer System-Technologie, die aus mehreren Techniken und Systemen zusammengesetzt wird, ganz anders dar; und ist ein überdenkenswerter Umstand, der einen Wendepunkt in der traditionellen Herangehensweise an Aufgabenlösungen markieren könnte, neben der in den Medien laufend kommentierten Technologie- und Kommunikationsrevolution, weil:

„A hard fact of life is that ugliness in software is worse than ugliness in other art forms because it is less perishable. Layers of software became locked in place when new layers refer to them, and ugliness from lower layers percolates upwards."[362]

---

[362] Lanier, Jaron, *The Frontier Between Us*, a.a.O.
Anm. 1: Zu den Neuronalen Netzen der KI, bei denen man schön anschaulich demonstrieren kann, was es dann später generalisierend mit ‚verborgenen' Schichten auf sich haben kann. Ein neuronales Netzwerk zu trainieren bedeutet die Anzahl der Ein- und Ausgabeneuronen zu spezifizieren. Ebenso muss die Anzahl der verborgenen Schichten und Neuronen bestimmt werden, wobei dies keine eindeutige bestimmbare Aufgabe ist. Setzt man zu wenig ein, kann der Trainingsvorgang vorzeitig stagnieren, verwendet man hingegen zu viele verborgene Neuronen besteht die Gefahr, dass das Netzwerk sich aller Fakten erinnert, anstatt von ihnen aus zu generalisieren. Dann ist das Netzwerk zwar gut trainiert, besteht aber den Test äußerst schlecht und ist beim Betreiben sogar kontraproduktiv. Neuronale Netze sind vom Grunde ihrer Konstruktionsvorlage her, nicht in der Lage zugleich präzise und unge-

fähre Aussagen zu treffen, – das sind einander ausschließende Aussagen. Beispielsweise würde ein Neuronales Netzwerk auf die Frage, wieviel 2,01 mal 2,02 ergibt, mit „ungefähr 4" antworten. Bräuchte man die exakten x-y-Koordinaten, die ein Plotter für die Ausgabe einer technische Zeichnung oder für die Wiedergabe eines Gemäldes benötigt, dann wäre ein Neuronales Netzwerk nicht die beste Wahl für ihre computertechnische Umsetzung; deswegen ist der Einsatz von Neuronalen Netzen in der VR heutzutage noch nicht vorstellbar. Will man dagegen, z.B. in der automatischen Produktion, dass ein Roboterarm schnell in eine ungefähre Position gefahren wird als langsam und exakt, dann kann das neuronale Netzwerk das richtige Instrument sein. Ein Neuronales Netz muss vorher, also beim Trainieren, auf einen, den eigenen Bedürfnissen angepassten Prozentsatz (z.B. 90 %) der Vorhersagbarkeit der Ergebnisse, bzw. auf eine tolerierbare Fehlerquote (circa. 5-10 %) festgelegt werden, was u.a. durch die Anzahl der verborgenen Neuronen bestimmt wird.

Ein altes neuronales Netzwerk kann neue Tricks lernen, solange sie den alten ähnlich sind. Wenn mehr Daten zur Verfügung stehen, kann man sie dem alten Trainingssatz hinzufügen und das Training fortsetzen. Wenn jedoch die neuen Fakten Werte enthalten, die über den ursprünglichen Bereich der Trainingswerte hinausgehen, muss das Netzwerk neu trainiert werden, da sonst seine Vorhersagen falsch sein werden. Analog kann ein trainiertes Neuronales Netzwerk keinen Wert ausgeben, der jenseits seiner Trainingserfahrung liegt.

Aus diesen Gründen ist es wichtig, im voraus über die Aufgabenstellung nachzudenken, und über klare Vorstellungen über seine Erwartungen an das Netzwerk verfügen. Und es bedarf mindestens eines Experten, der das spezielle Problem versteht, die Eingaben prüft, klassifiziert und entscheidet, in welcher Weise jede Eingabe die Ausgabe beeinflusst. *Nichtüberwachtes Lernen* des Neuronalen Netzwerks, d.h. *selbstorganisierendes Verhalten* (z.B. Rumelhart und Zipser) ist in der laufenden Forschung ein so unverstandenes Lernschemata, das es de facto nicht in der praktischen Anwendung wiederzufinden ist. Mit dem geisteswissenschaftlich verwendeten Begriff ‚Assoziation' muss man vor diesem Hintergrundwissen vorsichtig umgehen, da er in der Naturwissenschaft bedeutet unvollständige Muster ergänzen zu können, – dabei ist assoziatives Lernen sowohl überwacht als auch nichtüberwacht möglich. Da überwachtes Lernen die elementarste Form der Anpassung darstellt, und ein a priori Wissen über das Ergebnis erfordert, ergibt sich daraus, meinem Erachten nach, ein sehr reduziertes Begriffsverständnis von Assoziation. Neuronale Netze können nicht besonders gut Operationen erlernen, die viele unterschiedliche Schrittfolgen beinhalten, wie etwa Kuchenbacken, sondern es kann die Liste der Zutaten überprüfen. Aber mit der Aufzählung der zum Backen notwendigen Schritte wäre es schon überfordert. Zusätzlich sind überwachtes und nichtüberwachtes Lernen sich einander ausschließende Methoden.

Vielleicht fragen Sie sich, was passieren würde, wenn das Netzwerk darauf trainiert würde, auf jedes einzelne Faktum mit 100 % Genauigkeit zu antworten – statt den gesamten Faktensatz immer wieder neu zu trainieren. Wahrscheinlich würde der Lernalgorithmus versagen! Vollständiges Training eines jeden Faktums hätte die Wirkung, dass alle vorher gelernten Fakten vom Netzwerk nicht mehr beherrscht

Die Einbeziehung des Menschen als konstituierender, integraler Technik-Bestandteil, sowie die noch nicht in der Geschichte dagewesenen umfassenden Ausmaße des Technologiegebildes selbst, erfordern ein gutes Stück weit ‚vermenschlichte' Technik, bzw. eine Anpassung der Physik und Logik des Systems an die Subjektivität und Unlogik des Menschen, nicht nur an seine (naturwissenschaftlich-logische) Biologie. Dieser *zusätzlich gewonnene Freiheitsgrad des Systems* besteht z.B. in der Wahl der Organisation von Information und Daten, – die zwar selbstverständlich den Naturgesetzen und der Logik folgen muss, aber zusätzlich nach einer Lösungsmethode nach dem Gesichtspunkt der *alétheia* verlangt. Die Metaphorik von Moore's Gesetz beinhaltet diesen geforderten Freiheitsgrad nicht. Um ein Maximum an Freiheitsgraden berücksichtigen zu können, ist meines Erachtens eine Betrachtung nach den Kriterien der zusammenspielenden Schnittstellen sinnvoll.

Und daraus folgt dann auch, zum anderen und wichtiger als die erste Schlussfolgerung, das was Lanier ebenfalls erkennt:

---

werden, dass sogar das Netzwerk völlig unfähig wird, mehr als ein Faktum zu lernen.
Der Einsatz von Neuronalen Netzen eignet sich für alles, was mit Muster-Erkennung zu tun hat, unabhängig davon, ob es sich um numerische, visuelle oder symbolische Daten handelt.
Sie eignen sich für Probleme, die keine exakte oder perfekte Antwort erfordern, und sie sind sehr schlecht beim Schlussfolgern oder logischen Denken. Und von der Kreativität, als einer mögliche Steigerungsform der Assoziationsfähigkeit, ist ganz zu schweigen.
Vgl. hierzu auch: Lawrence, J., *Neuronale Netze, Computersimulation biologischer Intelligenz*, a.a.O.
Anm. 2: Weitere Beispiele für Hässlichkeit sind für Jaron Lanier: "There are far more numerous examples of ugliness, such as MS DOS. […]. So we'll be stuck with MS DOS for many, many years, and it will reduce the beauty of all the software created on the top of it." (ebd.) Ähnlich: "I shudder when I realize that in one thousand years, our descendants will still probably stuck with MS DOS and UNIX." (*Karma Vertigo*:..., a.a.O.)
Ein Beispiel für Laniers Verständnis von Schönheit ist: "There are already masterpieces. TCP/IP, […]." (*The Frontier*..., a.a.O.). Anm.: Das ist ein 'Transmission Controll Protocoll/ Internet Protocoll'. Es ermöglicht Rechnern mit unterschiedlichen Betriebssystemen Daten austauschen zu können.

„But I want to emphasize that the real distinction that I see is between systems with simple interfaces to their surroundings and systems with complex interfaces."³⁶³

Der Begriff von Schönheit in Bezug auf Software lässt sich als Alternative zu den handelsüblichen Produkten und zu den in den Wissenschaftsbetrieben gebräuchlichen, *konkret* aufzeigen und zur Diskussion stellen:

"Ideas that were once provisional, such as the existence of separate files, instead of a big connected sea of information, [...]."³⁶⁴

Die sensationellen, schnellen Fortschritte in der Halbleiterforschung, zusammen mit der Prognose des Moore'schen Gesetzes, und den Marktanforderungen, führen dazu, sich überhastet mit der provisorischen Lösung zufrieden zu geben, obwohl manches Forschungslabor der Industrie durchaus den alternativen Weg bevorzugte:

"For instance, there is the idea of the computer file, which was debated up until the early 80s. There was an active contingent that thought that the idea of file wasn't a good thing and we should instead have a massive distributed data base with a micro-structure of some sort. The first (unreleased) version of the Macintosh did not have files. But Unix jumped the fence from the academic to the business world and it had files, and Macintosh ultimately came out with files, and the Microsoft world had files, and basically everything has files.

At this point, when we teach undergraduates computer science, we do not talk about the files as an invention, but speak of it as if it were a photon, because it in effect is more likely to still be around in 50 years than a photon.

I can imagine physicists coming up with some reasons not to believe in photons any more, but I cannot imagine any way that we can tell you not to believe in files. We are stuck with the damn things. That legacy effect is truly astonishing [...]."³⁶⁵

---

³⁶³ Lanier, Jaron, *The Central Metaphor of Everything?*, a.a.O.
³⁶⁴ Vgl., Lanier, Jaron, *Karma Vertigo: Or Considering The Excessive Responsibilities Placed On Us By The Dawn Of The Information Infrastructure*, a.a.O.
³⁶⁵ Lanier, Jaron, *The Central Metaphor of Everything?*, a.a.O.

Macintosh konnte sich bekanntermaßen gegen die starke Konkurrenz von *Microsoft* nur schwer behaupten. Die philosophische Brisanz liegt u.a. in der *Ungleichbehandlung der Informationseinheiten*, die sich kaum aus physikalischer und philosophischer Sicht begründen lässt, und schwer zu den Feldtheorien der modernen Physik korrespondiert. Selbst die Vorstellungen der Gedankenübertragungen per Brainchip in der KI, scheinen bei einer a priori gefällten Informationsselektion und -vorstrukturierung schwer vorstellbar.
Mit diesem Themenkreis eng verknüpft ist die *Frage nach dem Kontinuum*. An dieser Stelle ist interessant kurz auf Gottfried Wilhelm Leibniz hinzuweisen, da er die Vier-Spezies-Rechenmaschine erfand, und dadurch in den Kreis der Lieblingsphilosophen der Neuen Technologien avancierte. Für ihn gibt es kein kleinstes Teilchen, und zwar aufgrund des Kontinuumprinzips, das gewährleistet das Räumliches immer weiter in Räumliches teilbar ist, die Teilung ist unendlich; und eine atomistische Theorie ist nicht gegeben. Voraussetzung ist bei Leibniz, dass die Materie etwas Räumliches ist. Diese Denkweise ist der ideale philosophische Nährboden für das Moore'sche Gesetz, und der unbegrenzten Miniaturisierungsvorstellung der Chiphersteller und der KI-Bestrebungen.
Die Vereinigung der vier bekannten Dimensionen in der modernen Physik zu einer ‚Raum-Zeit'-Punktkoordinate, bzw. Linien, im Zusammenwirken mit quantenmechanischen Prinzipien, lässt nach Modifikationen fragen, die die ‚sprunghafte', diskrete Wesensseite der Natur, die Leibniz zurückweist, mit erfassen kann. Klar ist, wenn man von der Sichtweise der Technologie der Virtuellen Realität profitieren will, dass das Kontinuum als ein wichtiges allgemeines *technikphilosophisches* und *anthropologisches* Charakteristikum beibehalten werden muss, und es eines ist, das die VR ganz wesentlich ausmacht. Ich wiederhole an dieser Stelle nochmals ein schon wiedergegebenes Zitat:
„In general, whenever discreteness enters a definition of a thing, objectivity is lost."[366]

---

[366] Lanier, Jaron, *You can't Argue with a Zombie*, a.a.O., S. 9
Anm. 1: Oder vergleiche dazu Fußnotennr. 346 in dieser vorliegenden Arbeit.
Anm. 2: Eine mögliche, schlüssige philosophische Zusammenführung von diskreten und kontinuierlichen Wesensarten, findet man, meines Erachtens nach, in Nietzsches *dynamischer* Lehre, die den ‚springenden' Empfindungspunkt in seiner *identischen*

Lanier beschreibt diese *grundlegende* Bedeutung in Bezug auf die Software und ihren Schönheitsgehalt:

"Legacies that are created are like lenses that amplify certain bits to be more important. This suggests that legacies are similar to semantics on some fundamental level. And it suggests that the legacy effect might have something to do with the syntax/semantics distinction, to the degree that might be meaningful. And it's the first glimmer of a definition of semantic I've ever had, because I've always thought the word didn't mean a damn thing except 'what we don't understand'. But I'm beginning to think what might be is the legacies that we're stuck with."[367]

"For a start, here is a simple example of the cultural example of the cultural consequences of architecture that will not show up as a coloration of human experience for perhaps decades, but when it does show up, it could appear as a cultural time bomb. I work in Virtual Reality, a medium in which many activities are typically going on at once in a continuous way, the way objects and people move in the physical world, or the way dancers move in a ballet. In contrast, most conventional computer and network designs have based on discreet events, such as the pressing of a mouse button. These are two different universes. Will the information superhighway inspire continuous, ballet like interaction between people, or will human communication be defined as a series of discreet transaction moments?
The answer to this question and many others might effectively predetermined years before the public experiences the results. And this is a rather esoteric example. There are similar structural issues that will, for example, define what truth is in future, how we value beauty, what privacy means, what money is, and what democracy is."[368]

Wiederkehr (vgl. z.B. III 768) in ein Kontinuum überführt, und dabei Raum und Zeit zu einer Raumzeit verbindet. Im Gegensatz zu Leibniz würde dabei das Schwergewicht auf der Zeit liegen, und nicht auf dem Raum.

[367] Lanier, Jaron, *The Central Metaphor of Everything?*, a.a.O., copyright 2001
[368] Lanier, Jaron, *Karma Vertigo: Or Considering The Excessive Responsibilities Placed On Us By The Dawn Of The Information Infrastructure*, a.a.O.

III. Teil:
Das Virtuelle Environment und der erfahrbare ‚Cyber-Space'

Kennzeichen der Technologie der Virtuellen Realität: die fünf i's

Das allgemeine Design der Informationsstruktur, sowie die Verbindung der Datenmatrix mit den Bedeutungsinhalten, ist so miteinander und in sich verknüpft, dass das geschaffene Webgeflecht die Führungslinien des Informationsflusses bildet. Darüber hinaus, leitet das Webgeflecht, die Matrix, auf diese Art nicht nur die Information, sondern verkörpert die Information selbst.

Mit anderen Worten formuliert: Inhalt und Gefäß sind koexistent oder keinesfalls konstruierbar. Sie leiten und bestimmen unsere Erkenntnis und mögliche Verlaufsstrukturen und -richtungen der Erkenntnis.

Untersucht man die Technologie der Virtuellen Realität von innen nach außen hin, also von ihrer systemimannenten, wesenhaften Technik hin zu der angewandten Benutzeroberfläche und ihrer äußerlich erkennbaren Präsentation, im folgenden *Cyberspace*[369] oder *Virtual* Environment[370] genannt, stellt sich die allgemeine Frage, wie sich dieser kreierte Informationsfluss in seiner *Außendarstellung und -wirkung* erkennen lässt. Das heißt, woran lässt sich eine Justierung unserer Konstruktionsideen und der philosophischen Ideale und Positionen konkret ablesen? Falls man auf ein VR-System treffen sollte, anhand welcher Kriterien kann man es dann erkennen, bestimmen und beurteilen? Welches sind die *äußerlichen* Charakteristika der Technologie der Virtuellen Realität, resp. des Virtual Environment oder des Cyberspace?

---

[369] Anm.: Man beachte, dass mit dem Ausdruck ‚Cyberspace' nicht das Internet gemeint ist. Der Ausdruck wird in *diesem* Kontext *lediglich zur Kontrastierung* innerhalb der Technologie der Virtuellen Realität selbst, d.h. zur Unterscheidung von ihrer Innen- und Außendarstellung, zur Erleichterung des Verständnisses verwendet.

[370] Anm.: Der Ausdruck ‚Virtual Environment' anstelle von ‚Virtueller Realität' wird von der NASA (National Aeronautics and Space Administration), dem MIT (Massachusetts Institute of Technology) oder der FhG (Fraunhofer Gesellschaft) bevorzugt, er wird *jedoch* in *diesem Kontext* aufgrund seiner assoziativen Anschaulichkeit wiederum zur oben erwähnten Kontrastierung und somit in Analogie zum ‚Cyberspace' verwendet.

Verkürzt beantwortet sind es die *fünf i's*, die ein neues Werkzeug und eigenständiges Medium gestalten: *intensiv, interaktiv, immersiv, illustrativ und intuitiv.*

Die Regel der fünf i's wird im Nachfolgenden, dort, wo noch Erklärungsbedarf bestehen könnte, erläutert.[371]
„Der Benutzer eines VR-Systems muß in der Lage sein, mit ihm in Interaktion zu treten. Mit anderen Worten, er muß in der Lage sein, sich in dieser Welt zu bewegen, Objekte oder Zustände zu verändern und zu bestimmen, was als nächstes passieren soll."[372]
Im computerwissenschaftlichen Kontext bedeutet *interaktiv* zu sein, für den Benutzer *ein Teil* der synthetisierten, virtuellen Welt zu sein. Das in Wechselbeziehung stehende und aufeinander bezogene allgemeine Handeln wird *zuallererst auf die Objekte und Gegenstände* bezogen. Im Gegensatz dazu, kann man den aus dem soziologisch-psychologischen Umfeld genommenen Begriff Interaktion eher in der Nähe des Internets ansiedeln, aufgrund seiner Dominanz der zwischenmenschlichen Interaktionen und der damit einhergehenden Bedeutung der Subjekte. An dieser Stelle wird automatisch anhand des Begriffverständnisses ‚interaktiv' die wichtige philosophische Differenzierung zwischen dem Umgang mit einem (Kommunikations-)*Medium* und einem (technik-)philosophischen *Werkzeug* zur Raum- und Weltgestaltung ersichtlich.

Selbstverständlich überschneiden sich beide Aspekte in der extrapolierenden Fernsicht der Forschungsziele. Doch die Anfänge sind getrennt, und wir befinden uns erst am Anfang des Weges. Ebenso sind in den Anfängen die latenten Keime der dramatisch differierenden Kommunikationsweisen angelegt: Die traditionelle und sprachliche, sequentielle Informationsverarbeitung versus eine nichtlineare,

---

[371] Anm.: Meines Erachtens ist die Regel der fünf i's die überzeugendste Erklärung der ‚Außen'präsentation der Technologie der VR, die ich der Darstellung von Barrie Sherman und Phil Judkins entlehnt habe und fortführe. Eine andere, ebenfalls empfehlenswerte Darstellung der Charakteristika der VR befindet sich bei Michael Heim.
Sherman, Barrie; Judkins, Phil, *Virtual Reality, Cyberspace – Computer kreieren synthetische Welten*, a.a.O., S. 138.
Heim, Michael, *The Metaphysics of Virtual Reality*, a.a.O., S. 109 - 129
[372] Sherman, Barrie; Judkins, Phil, *Virtual Reality, Cyberspace – Computer kreieren synthetische Welten*, a.a.O., S. 17

bildhafte Codierung, also einer *intuitiv* und *illustrativ* kognitiven Verarbeitungsfähigkeit.
Jeder gewählte Interaktionsbegriff muss der folgenden Anforderung genügen:

„Und dabei darf es zwischen dem Befehl oder der Anweisung und der Ausführung praktisch keine Zeitverzögerung geben; Computerfachleute sprechen in diesem Fall davon, daß der Prozeß in ‚*Echtzeit*' abläuft. Außerdem ist die Interaktion mit einem VR-System eine *sehr intensive* und *aktive* Erfahrung. Es ist nicht möglich sich davon einfach passiv berieseln zu lassen, wie man das gelegentlich bei einer Fernsehsendung oder einem Film tut.
Das zweite maßgebliche Kriterium ist, daß die Benutzer die virtuelle Welt glaubhaft finden müssen. Myron Krueger[373], einer der Pioniere dieser noch jungen Industrie, hat dafür den Begriff ‚*Ducktest*' gefunden. Wenn jemand sich vor einem anfliegenden virtuellen Stein duckt, dann ist dies das Zeichen dafür, daß diese Welt glaubhaft ist. Diesen Effekt bezeichnet man als ‚*Immersion*', und das Ziel vieler VR-Praktiken ist es, eine totale Immersion zu erreichen. Das bedeu-

---

[373] Anm.: Myron Krueger (*1942 in Indiana) ursprünglich an der Künstlichen Intelligenz (Artificial Intelligence) interessiert, prägte den zur VR alternativen Ausdruck ‚Artificial Reality' im Jahre 1974 in seiner Dissertation über *Computer-Controlled Responsive Environments*, die später (1983 u. 1991) unter demselbigen Titel (AR) veröffentlicht wurde. In ihr beschreibt er die Mensch-Maschine-Schnittstelle als eine Installations-Kunstform. Damit ist er ein Pionier der VR und vor allem der interaktiven Multimedia-Kunst, da seine Video-Projektions-Installation VIDEOPLACE (im Jahre 1976) computergenerierte Grafikbilder integriert, und das zu einer Zeit als noch kaum jemand etwas von grafischen Benutzeroberflächen wissen wollte. (s. Abb. 3 hier im Anhang des vorliegenden Buchs.)
Er hält sich außerdem von *Internet*-Interaktionen, wie etwa den Avatar-Welten, fern, da er eine nichtakzeptable Diskrepanz zwischen Soft- und Hardware-Qualität ausmacht: „Actually, I have not done much with Internet-based interactivity. [...]. I would still find the lag between my input and the sytems's reponse too slow for my taste. Finally, I gave up interacting with traditional computer interfaces long ago. [...]. Todays assumption that everything will be based on the internet places another kind of barrier in the way. [...]. For virtual worlds based on centralized web sites accessed through PC's, it is hard to imagine a performance increase that will not be completely consumed in software complexity before the virtual reality simulations are run. Thus, unacceptable lags seem inevitable." (Krueger, M., *Myron Krueger Live*, Interview im Journal: *CTHEORY*, ed. Kroker, Marilouise and Arthur, nachzulesen unter: http://www.softatomic.com/retort/issue9/extras/extra01.htm)

tet mehr oder weniger, dass eine virtuelle Welt *dreidimensional* sein muß."[374]

‚Immersed' zu sein, beinhaltet die generelle *Nichtvorhersagbarkeit*. Im Unterschied dazu sind andere illusionistische Medien wie Kunst, Film, TV, selbst Theater und Multimedia-Installationen prinzipiell vorhersagbar und kalkulierbar. Ebenso die herkömmlichen Computer: „Konventionelle Computer sind fremde Wesen. Bei ihrer Benutzung müssen wir uns an ein System vorgegebener, strenger Regeln halten, von denen keine einzige außerhalb der Welt des Computers angewendet wird."[375]
Die Förderung der eigenaktiven und äußerst intensiven, spontanen *Interaktionsmöglichkeit im Dreidimensionalen* erweckt den Eindruck von *Realität*.

Die Hinzunahme einer weiteren Dimension zu der traditionellen, zweidimensionalen medialen Informationsverarbeitung von Schrift und Bild, kann in ihrer Umsetzung der Dreidimensionalität auf verschiedene Arten erfolgen.
Während Myron Krueger die bereits erwähnten und beschriebenen HMDs (Datenhelme) schon früh ablehnte, geht der neuste Entwicklungstrend der Technologie der Virtuellen Realität nun verstärkt in die von Krueger angedeutete Richtung eines Virtual Environments, d.h. einer Art begehbaren virtuellen Räumlichkeit:
„In 1970, I considered HMDs (Head Mounted Displays) and rejected them because I thought [...]. Whereas the HMDs folks thought that 3D scenery was the essence of reality, I felt that the degree of physical involvement was the measure of immersion. Instead of being concerned about the stagecraft, I focussed on the play."[376]
Betrachtet man sich den technischen Standard eines HMDs dieser Zeit, es sind die allerersten existierenden Exemplare, die von Ivan Sutherland[377] entwickelt wurden, ist man ohne weiteren Kommentar

---

[374] Sherman, Barrie; Judkins, Phil, *Virtual Reality, Cyberspace – Computer kreieren synthetische Welten*, a.a.O., S. 18. (Hervorhebungen v.V.)
[375] Ebd., S. 139 f
[376] Krueger, M., *Myron Krueger Live*, Interview im Journal: *CTHEORY*, a.a.O.
[377] Anm.: Ivan Sutherland (*1938 in Hastings) promovierte bei dem schon berühmten Claude Shannon, der dafür bekannt war von Graduierten nicht unbedingt Notiz nehmen zu wollen, und somit nicht durch die übliche Einreichung eines Papers über die eigene Ph.D.-Arbeit, die von einem Grafikprogramm handelte, genannt *Sketch-*

von Myron Kruegers Aussage überzeugt. (s. Abb. 4 und 5 im Anhang). Da der Eindruck der Immersion jedoch nicht ohne ein *räumliches* Empfinden und *räumliches* Agieren, analog der natürlichen Realität und des vorgefundenen Lebensraums, entstehen kann, sind, besonders um auch Kruegers Forderung nach einer aktiven Interaktion erfüllen zu können, HMDs, bzw. stereoskopische Sichtsysteme notwendig. Die Entwicklung des jungen Forschungsgebietes der Technologie der Virtuellen Realität seit Mitte der sechziger Jahre (Sutherland), über die erste Serienreife der HMDs Mitte der achtziger Jahre (Lanier), hat sich bis heute immens weiterentwickelt, um die unhandlichen HMDs durch alternative Sichtgeräte ersetzen zu können, wie z.B. die *Shutterbrillen,* die fast wie eine normale (Stereo-)Sonnenbrille aussehen, oder die für Konferenzsäle und Vorlesungsräume geeigneten *Polarisationsbrillen* in Verbindung zweier (Polarisations-)Videoprojektoren für Großbildprojektionen, die einfache Pappbrillen mit eingesetzten Polarisationsfolien sind, ähnlich denen zur Betrachtung einer Sonnenfinsternis. Um den gewünschten optischen Eindruck zu erreichen werden u.a. Versuche mit halbdurchlässigen Spiegeln und der Holografie durchgeführt.[378]

---

pad, gefördert und beachtet wurde. Allerdings wurde ihm das Interesse der Teilnehmer eines vom MIT (Massachusetts Institute of Technology) und ARPA (Departement of Defense's Advanced Research Projects Agency) gesponserten Meetings entgegengebracht. Sutherland's Arbeit war eine Pionierarbeit auf dem Feld des computer-unterstützten Designs und der Grafik, und hat unter der Bezeichnung *CAD*-Programme bis heute einen wichtigen Bedeutungsstatus erlangt. Des weiteren entwickelte Ivan Sutherland im Jahr 1965 den ersten Prototypen eines HMD, – bevor Jaron Lanier ihn im Jahre 1987 zur Produktionsreife brachte –, das den Spitznamen ‚Schwert des Damokles' führte, weil das bewegliche Gestänge seines mechanischen Positions-Trackers so bedrohlich-voluminös von der Deckenbefestigung herab reichte. (Anm.: Eine Abb. befindet sich im Anhang des vorliegenden Buchs). (Vgl. zur Biografie auch: *Jones Telecommunications & Multimedia Encyclopedia,* nachzulesen unter: http://www.digitalcentury.com/encyclo/update/sutherland.html. Oder besser bei *Sun* Microsystems, für die Sutherland arbeitete: http://www.sun.com/960710/feature3/alice.html)
[378] Anm. 1: Interessant ist, wie die Künstler Gedanken der Technikentwicklung vorantreiben und reflektieren. Da ist auf der einen Seite z.B. Myron Krueger, der obzwar seines Studiums der Computerwissenschaften an der University of Wisconsin, künstlerisch interessiert war und durch seine Multimedia-Installationen das Virtual Environment, den Raum-Gedanken, vorwegnahm, und auf der anderen Seite, gute hundert Jahre früher, der Surrealist Salvdor Dalí, der den Verfechtern der VR in seinem surrealistischem Wunsch nach Traum- und Phantasievermittlung, nahe steht. Er erkennt die Bedeutung der Holografie, und mehr noch, die des stereoskopischen

In den Neunziger Jahre trat die Interface-Entwicklung der VR in eine neue Ära ein. Das optisch-räumliche Hauptcharakteristika der VR, wird wörtlicher genommen, und mit Carolina Cruz-Neira wird die erste tatsächlich *begehbare* virtuelle Räumlichkeit, die sogenannte CAVE, entwickelt.[379] Die CAVE ist eine Mehrwand 3D-Stereo Projektionsumgebung, im Englischen steht die Abkürzung für *Cave Automatic Virtual Environment*. Statt CAVE wird oft der Ausdruck *Virtual Environment* benutzt.[380] Sie ist quasi ein Raum, bzw. ein raumgroßer Kubus, des-

---

Sehens: „Die Stereoskopie verewigt und *legitimiert die Geometrie*, denn dank ihr haben wir die *dritte Dimension* [...]. Seit dem Impressionismus ist die ganze Geschichte der modernen Malerei auf ein einziges Ziel ausgerichtet: *die Realität*. [...]. Und was danach? Danach kann man nichts wegnehmen. Aber hinzufügen, ja! Hinzufügen zu gleichen Preis, noch mehr >hyper< mit der dritten stereoskopischen Dimension, [...] die kommende Realität ist also genau folgende: [...], den hyperästhetischen Namen der unabwendbaren, drohenden Malerei. Dieser Name ist *Metaphysischer Hyperrealismus*." (Salvador, Dalí: *Retrospektive 1920-1980*, a.a.O., S. 399 ff, Herv. v.V.)
Anm. 2: Meiner Einschätzung nach, werden sich aufgrund der noch relativ jungen Gebiete der Oberflächenphysik und der Kunststoffverarbeitenden Industrie, bzw. der Materialforschung noch große, ungeahnte Erfolge erzielen lassen, wenn man sich, wie bisher weniger geschehen aus Gründen der Konzentration auf die Softwareentwicklung, der Verbesserung der Materialien der *Projektionsflächen selbst* widmet. Als einfachstes Beispiel sei der mögliche Spiegel-Bestandteil Glas angeführt: Glas ist der älteste und sehr lange Zeiten hindurch einzige Werkstoff, der von Menschen erfunden wurde. Aber wir kennen weder den Namen des Erfinders noch die Umstände. Es gibt Überlieferungen die bis zum Jahr 1500 v. Chr. zurückreichen. Man weiß jedoch aus Fundstellen, dass zu diesem Zeitpunkt die Glasherstellung schon seit etwa dreieinhalb Jahrtausenden bekannt war. Wenn man die Entwicklung der Glastechnologie und ihre Einsatzmöglichkeiten verfolgt, erkennt man, dass viele Jahrtausende vergehen mussten, bis man aus dem Werkstoff Glas Hochhaus-Fassaden erschaffen werden konnten. Gemessen an den technischen und künstlerischen Leistungen der Zeiten, die die Glasverarbeitung bis zur Gegenwart hervor gebracht hat, kann man sogar in Zweifel geraten, ob der moderne Glasbau ihren Höhepunkt darstellt. (Vgl. Lerner, Franz, *Geschichte des Deutschen Glaserhandwerks*, Hofmann-Verlag, Schorndorf, 1981, S. 11-20)
[379] Anm.: Die Professorin Carolina Cruz-Neira entwickelte (1992) während ihrer Dissertationsarbeit an der University of Illinois in Chicago die bahnbrechende theoretische und praktische Forschungs- und Umsetzungsarbeit der CAVE. Ihre Betreuer Daniel Sandin und Thomas deFanti waren frühere Kollegen von Myron Krueger, dem Erfinder und Verfechter von Video-Projektions- Installationen.
[380] Anm.: In der deutschen Literatur findet man sowohl den Artikel ‚der' als auch ‚die' für den englisch-eingedeutschten Ausdruck CAVE, der je nach Übersetzungsverständnis stillschweigend entweder als *der* Raum oder als *die* Höhle mitgeführt

sen Wände, Decke und Fußboden man (wahlweise aus drei bis sechs Projektionswänden bestehend) mit Stereoprojektionen überziehen kann. Durch die, den User allseitig umgebenden, an die Wände projizierten Bilder und seine gewonnene Bewegungsfreiheit, d.h. seine Möglichkeit frei, auch mit anderen Usern, in der CAVE umher zu laufen, agieren und navigieren zu können, taucht er völlig in diese projizierte, virtuelle Umgebung ein (s. Abb. 6 im Anhang). Er ist, wie man sagt, *immersed*.

Der Begriff Immersion hat nicht nur den Bedeutungsaspekt des Ein- und Untertauchens, sondern außerdem den der optischen Verzerrung und Veränderung. Denn das, was in ein Medium untergetaucht wird, zeigt von der *Perspektive des Beobachters aus*, der die Beobachtung *außerhalb des Mediums* studiert, ein anderes optisches Verhalten. Es findet ein *Wechsel des Bezugsystems* statt, der nicht nur in physikalischen, sondern auch in philosophischen Untersuchungen in irgendeiner expliziten Form Eingang finden muss. Die Relativität und Verankerung der Bezugssysteme bei Transformationen muss immer bewusst mitreflektiert werden.

Die Projektionen und Schattenspiele an den Wänden der CAVE werden manchmal mit Platons berühmten Höhlengleichnis in Verbindung gebracht, was in den unterschiedlichsten Interpretationsarten geschieht, auf die jedoch nicht näher eingegangen werden soll. Meines Erachtens gilt zu klären, ob und inwieweit die VR Abbildungs- oder Modellcharakter besitzt.

Das Bestreben der Technologie der Virtuellen Realität besteht darin, das Rechnermodell mit den Modellen der menschlichen Wahrnehmung zur Deckung zu bringen. Und daraus möchte man weiterhin neue Gestaltungsgrundsätze z.B. für kognitive, wahrnehmungspsychologische und ästhetische Theorien gewinnen.

Das Prinzip der selektiven Wahrnehmung der Gestaltpsychologie und räumlichen Wahrnehmungstheorien[381], das durch die modernen

---

wird. Die dahinterstehende Unsicherheit liegt darin begründet, dass dieser Ausdruck, der eigentlich den Status eines anerkannten Fachbegriffs innehat, ein eingetragener, geschützter Warenname („Trademark') ist, d.h., dass man verpflichtet ist CAVE[TM] zu schreiben, und von daher eine Vielfalt an Synonyme geschaffen wurde.

[381] Anm.: Gemeint ist vor allem, die Disposition der menschlichen Sinnesorgane und der menschlichen Psyche sich täuschen zu lassen, in dem Sinne, dass fehlende Informationen zu einem sinnhaften Ganzen ergänzt werden, Die gewollte, absichtliche Ausnutzung dieses unbewusst ablaufenden Vorgangs und Gestaltungsdrangs führt

Theorien und Analysen der Sinnesphysiologie und der neurobiologischen Informationsverarbeitung unterstützt wird, wird von der Technologie der VR ausgenützt. Durch diese strukturelle Gemeinsamkeit von Wahrnehmungsapparat und Medium könnte die VR zur wichtigsten Kommunikationstechnik seit der Erfindung der Schrift werden, wie Alexander Henning mutmaßt.[382] Dem kann man sicherlich ohne weiteres zustimmen.
Eine andere Problemlage eröffnet sich jedoch, wenn man den medientheoretischen Hintergrund verlässt, und sich u.a. dem philosophischen Aspekt zuwendet, bei dem man damit konfrontiert wird, dass die Technik von einem handwerklichen Werkzeug zu einem *erkenntnistheoretischen* Werkzeug und Mittel mutiert ist, deren Anspruchshaltung die eines *ultimativen* epistemologischen und anthropologischen *Erkenntniswerkzeugs* einnimmt, ähnlich den Hoffnungen der neurochiptransplantationsfreudigen Strömungen der Strong KI, die sich sozusagen beide Male an Platons Höhlengleichnis (Staat, 7. Buch) orientieren, und den Begriff der Technik mit neuen, den ursprünglichen übersteigend, transzendierenden Inhalten füllen. Die reine Konzentration auf die Wahrnehmung und ihrer einhergehenden Bewusstseinserweiterung zur umfassenden (auch ideellen) Erkenntnisgewinnung, missachtet bei ihrem Legitimationsbezug durch das Höhlengleichnis, dass es sich bei Platon gleichermaßen um eine Gleichnisschilderung der „menschlichen Lebensarten und der doppelten, entgegengesetzten begründeten Blindheit" handelt, wie Karl Jaspers sich ausdrückt.[383]

---

zur Erleichterung der Akzeptanz einer simulierten Realitätstäuschung. Ein ähnliches Phänomen beobachtet man bei der Akzeptanz der KI, bei der die Täuschungsabsicht jedoch nicht explizit gemacht wird. Das Zusammenwirken von Bewusstsein und Sinnen kommt in der Wahrnehmung durch die, in den Gestaltungsgesetzen formulierten Tendenzen z.B. zur Einfachheit, Geometrisierung, Regelmäßigkeit, Einheitlichkeit, Zügigkeit der Kurven, Symmetriebestrebung und der Eingliederung in die bevorzugte Raumrichtung, zum Ausdruck.
[382] Vgl. Hennig, Alexander, *Die andere Wirklichkeit, Virtual Reality, Konzepte, Standards, Lösungen*, (inkl. CD-ROM), Addison Wesley, Bonn, S. 23
Anm.: Realistische Darstellung muss nicht unbedingt die Immersion fördern, wie die Mediengeschichte lehrt: Erst als der Film mit der Schnitttechnik ein Stück Realismus abgelegt hatte – was ja de facto nichts anderes war als ein unnatürlicher Wechsel zwischen räumlichen und zeitlichen Perspektiven – wurde der Film zum kommerziellen Erfolg. (Vgl. ebd.)
[383] Jaspers, Karl, *Plato, Augustin, Kant, Drei Gründer des Philosophierens*, Piper, München, 1962, vgl. insbesondere S. 56

Die alte gedankliche Kluft und Differenz zwischen Empirismus und Rationalismus lässt sich mit größter Wahrscheinlichkeit weder mit Hilfe der VR noch der KI klären und lösen lassen.

In einer CAVE benötigt man statt HMDs immer *Sichtgeräte* wie Shutterbrillen (aktiv) oder Polarisationsbrillen (passiv) zur Displaykonfiguration, und Zeigegeräte, wie etwa die Spacemouse^{TM}, zur Navigation. Diese technische Gesamtausrüstung ist dazu da, um die Stereoprojektionen und dargebotenen Bilder der Position und dem Blickwinkel des Users permanent anzupassen. Die notwendigerweise eingesetzten Eingabe- und Ausgabegeräte (z.B. dataglove, data suit, Trackingsysteme,etc.) der Technologie der VR unterstreichen nochmals anschaulich, nicht nur den Charakter der *Schnittstellenthematik*, sondern vielmehr den der allgemeinen *sensorischen* Erfassung und der *Projizierbarkeit* von optischen Bildern, sowie von Sinnes- und Wahrnehmungsillusionen.

Interessant sind eventuell an dieser Stelle die das Gesagte zu unterstreichen vermögenden Abbildungen 7 und 8 im Anhang, die aufzeigen, wie ausgefeilt die Projektionsmaschinerie im Vergleich zu den Anfängen der Schattenspielereien an der Wand oder von Spiegelkabinett-Spielereien vorangeschritten ist.[384]

---

[384] Anm.: Zum Vergleich dazu, möchte ich zusätzlich zu diesen uralten Menschheitsspielen, die konkreten und individuellen Anfänge und Schlüsselerlebnisse von VR-Pionieren anführen, und damit aufzeigen, was aus sowas werden kann, bzw. hervorheben, wohin – nämlich zur Technologie der VR – die Umsetzung von permanenten, die Jahrhunderte überdauernden, Visionen und Kinderträume viele Jahrhunderte später, genauer gesagt im 21. Jh., führen kann:
„Sutherland pointed out that everything he had done related back to his early interest in his father's blueprint and mechanical drawings." (*Jones Telecommunications & Multimedia Encyclopaedia*, a.a.O.)
Und Lanier erzählt von einer ähnlichen, jugendlichen Faszination und Forschungsmotivation durch diese Art von Schatten-Spiele: „He vividly remembers the day he rigged an old oscilloscope up to a photographic enlarger lens to project wild, constantly changing shapes onto the walls of a darkened room. »I made a sort of haunted house, and I said to the other kids, 'Come on, come see my haunted house!'« He might as well have summoned the devil, such was the abject terror the light-show produced in his peers. »I was mortified«, he says. »I had put so much effort into it and they were just too scared to watch.« More than three decades later, Lanier is still fashioning artificial worlds, but his stage is global now." (*The Virtual Visionary*, in: *The Guardian Saturday Review*, Saturday Dec. 29, 2001, a.a.O.)

Der Paradigmenwechsel vom HMD zur CAVE, bzw. Virtual Environment, geht mit großen, zukunftsversprechenden Vorteilen einher. So ist sie das erste Display, sozusagen der erste Bildschirm, der von dem nahezu direkten Augenkontakt, bedingt durch den Datenhelm zu einer eigenständigen Umgebung für den Benutzer wurde, und damit einer virtuellen Welt eher entspricht. Durch die komfortablere Art eignet sie sich auch gut für Langzeitaufgaben und längere Aufenthalte in der virtuellen Welt. Man kann nicht nur mit einer Mehrzahl von anderen Benutzern in der realen Welt kommunizieren und agieren, sondern währenddessen zugleich noch gemeinsam virtuelle Erfahrungen und Aufgaben teilen und meistern. Für diesen Mix an Bildverschmelzung von realer und virtueller Welt wird auch der Begriff *Augmented Reality* (gesteigerte Realität) verwendet (z.B. in Bezug auf die Telechirurgie). Mit den HMDs müssen die Benutzer dagegen Avatare verwenden, um multiple-user Welten betreten zu können, was ein ziemlicher schwacher Ersatz für den Umgang mit echten Menschen ist.

Eine andere Variante des *Virtual Environments* ist die *Responsive Workbench*[385], die vorzugsweise in der Industrie anstelle der Videoconferencing-Systeme eingesetzt werden kann, während die *CAVE* eher im Bereich der Produktentwicklung und Architektur Anwendung findet. Eine weitere, neue Variante, genannt *Tele-Immersion*[386] hat ihr Haupteinsatzgebiet in der Unterhaltungs- und Kommunikationsindustrie, mitsamt den dazugehörenden interaktiven Ansätzen des Internets. Selbstredend können sich die Einsatzgebiete überschnei-

---

[385] Anm.: Entwickelt von Wolfgang Krueger im Jahre 1994 bei der GMD (Forschungszentrum Informationstechnik, früherer Name: Gesellschaft für Mathematik und Datenverarbeitung) in Deutschland. Die Responsive Workbench (es existiert keine adäquate deutsche Übersetzung) ist insofern eine Art ‚ansprechbarer' Arbeitstisch, da sie ein VR-Display ist, auf deren Tischoberfläche ein 3-D Bild projiziert wird, das mehrere Benutzer sehen können, und mit dem sie mittels verschiedener Methoden, wie der Gestik-Erkennung, Spracherkennung oder 3-D Grafik-User-Interfaces (GUIs) interagieren können.

[386] Anm.: Dieses seit Mitte 1997 gestartete amerikanische Großprojekt (National Tele-Immersion Initiative – NTII) wird maßgeblich von Jaron Lanier angeführt, und als Konsortium mit dem Namen Internet2® vom Pentagon unterstützt. Das Prinzip hinter der Televirtualität und das neue Paradigma, ist, das sich zwei oder mehrere *geographisch von einander getrennte* Personen im gleichen virtuellen Raum treffen können.

den, und sind keinesfalls so scharf voneinander getrennt, wie es vielleicht scheinen mag. (s. Abb. 9 und 10 im Anhang).
Man erkennt leicht, dass hinter der gesamten Bandbreite an Entwürfen die Visionen und Konzepte von Douglas Engelbart stehen, und bis heute den Umgang mit dem Computer bestimmen.

Allen Varianten ist außerdem gemeinsam, dass sie eine *Schnittstelle der VR* darstellen. Ihr Täuschungsmanöver basiert auf der *bewussten* technischen Umsetzung einer *User-zentrierten-Sichtperspektive*. Ziel ist es dabei, jegliche *Visualisierungs-Werkzeuge* und alle *Schnittstellen* vollkommen ‚unsichtbar' werden zu lassen.

Die Verengung und Lenkung des Gesichtskreises, bzw. die Fokussierung und Rückreflexion auf den Menschen selbst und seine Wahrnehmung, steckt den philosophischen Erkenntnishorizont von vornherein ab, wobei diese vermeintliche Einengung auf keinen Fall zu unterschätzen ist, zumal sie mit aller *Konsequenz* betrieben wird, und ihre (noch unbekannten) Folgeerscheinungen mit *empirischen* Mitteln weiter voran getrieben werden können.

Eine vielleicht historisch vergleichbare ‚Einengung' und Konzentration der Perspektive, bzw. die Wurzeln dieser Entwicklung, findet man in der kulturellen Blütezeit der Renaissance, und ihrer Entdekkung und Umsetzung der *Zentralperspektive*.[387]

Doch lassen wir zum Schluss hierzu die Erfinderin der CAVE selbst noch zu Wort kommen:

"The CAVE is a new virtual reality interface. […]. Its design overcomes many of the problems encountered by other virtual reality systems and can be constructed from currently available technology. Suspension of disbelief and viewer-centered perspective, are often used to describe such systems. Suspension of Disbelief: This term arose from film criticism and is defined as the ability to give in to a simulation – to ignore its medium. The early attempts of the entertainment industry to achieve better suspension of disbelief laid the foundations for current virtual reality research. Suspension of disbelief is a fundamental part of the effective use of a virtual reality interface. Until we can ignore the interface and concentrate on the appli-

---

[387] Anm.: Einen ebensolchen Hinweis findet man auch bei: Krämer, Sybille, *Zentralperspektive, Kalkül, Virtuelle Realität*, In: *Medien-Welten. Wirklichkeiten.* (Hg.) Vattimo, Gianni; Welsch, Wolfgang, München 1998, S. 27-38

cation, virtual reality will remain a novel experience instead of a serious visualization tool. Viewer-Centered Perspective: The perspective simulation of common visualization systems dates back to the Renaissance, and is based in a mythical camera positioned along an axis extended perpendicular form the center of the screen. Viewer-centered perspective simulates the perspective view from the location of the viewer. To maintain correct perspective, a sensor that continuously reports the viewer's position to the simulation is commonly used. Without this perspective, the viewer becomes less a part of the environment, and a full suspension of disbelief becomes increasingly difficult." [388]

---

[388] Vgl. Cruz-Neira, C.; Sandin, D.; DeFanti, T.; Kenyon, R.; Hart, J.; *The CAVE: Audio Visual Automatic Virtual Environment*, In: *Communications of the ACM*, vol. 35, no. 6, pp. 65-72

Kausalität und Virtualität

Die Gestaltungsweise der Perspektive, die den Eindruck einer räumlichen Erscheinung erzeugt, ist eine geometrisch konstruierbare Zentralprojektion, ein Verfahren zur gesetzesmäßigen Abbildung von *drei*-dimensionalen, räumlich geometrischen Objekten auf eine *zwei*-dimensionale Ebene. Das primäre Ziel dieser im Grunde genommen *technischen Konstruktionszeichnung* ist, einen Zusammenhang zwischen dem flächige Bild- und Zeichenentwurf, und den Proportionalitäten, also den räumlichen Lage- und Längenbeziehungen der Gegenstandswelt, und des unmittelbaren menschlichen Seheindrucks herzustellen, um sich die gesellschaftliche Praxis der Architektur, Städte- und Landschaftsplanung, der Bewässerungskanäle, geographischer und kartographischer Verkehrswege etc. nicht nur ingenieurmäßig, sondern auch kostengünstig, und juristisch gesehen, hierbei sozialverträglich, zu erleichtern. Der ästhetische Aspekt ist nachgeordnet.

Der historische Lösungsweg einen adäquaten naturwissenschaftlichen und geisteswissenschaftlichen Zusammenhang zwischen Geometrie und Maßabmessungen und dem ‚*Raum*' der Gegenstände herzustellen, ist uralt und noch lange nicht abgeschlossen.

Die Technologie der Virtuellen Realität reiht sich in diese Reihe nahtlos ein.

Ungeachtet der Vielfalt der Positionen, soll hier der spanische Technikphilosoph José Ortega y Gasset erwähnt werden, der meines Erachtens mit seiner folgenden Aussage, alle Fälle betreffend, etwas Zutreffendes und Allgemeingültiges aussagt:

„Die Perspektive ist eine der Komponenten der Wirklichkeit. Sie ist nicht ihre Verzerrung; sie ist ihr Ordnungsschema."[389]

Die Relevanz des Gedankens der *Perspektive als Ordnungsschema* hat eine nicht zu unterschätzende und weitreichende Implikation, da er – meines Erachtens – von, die Philosophie selbst genuin mitkonstituierender und sie sich selbst evolvierender Bedeutung und Tragweite ist. Damit möchte ich auf die gewissermaßen humanimmanent angelegte Denkweise und Überzeugung hinweisen, dass sich die

---

[389] Ortega y Gasset, José, *Die Aufgabe unserer Zeit*, Aus d. Span. von Helene Weyl, Verlag Neue Schweizer Rundschau Girsberger, Zürich, 1923 (1928), S. 104

Struktur der Welt, vor allem die räumliche, durch reine Zahlenverhältnisse, bzw. logische Zeichen und Gesetzmäßigkeiten ausdrücken und epistemologisch oder sogar metaphysisch erkennen lässt. Die Arithmetisierung der Geometrie, bzw. die In-Beziehung-Setzung von arithmetischen und geometrischen Relationen ist von unschätzbarer Wichtigkeit, und birgt implizit nicht nur den Perspektivitäts- und Relativitätsgedanken in sich, sondern ganz allgemein einen *funktionalen Zuordnungsgedanken*. Dieser verfeinerte sich im Laufe der philosophischen Historie immer mehr, und fächert zugleich in die unterschiedlichsten Disziplinen auf: Exemplarisch genannt seien lediglich die Betrachtungen über Raum- und Zeitvorstellungen und der Kausalitätsgedanke.

Dual(istisch)es Gedankengut, die Differenz, oder anders ausbuchstabiert, die *Perspektive*, ist die allgemeinste Basis eines *Zuordnungs- und Ordnungsgedankens*. Ein, in diesem Kontext, interessierender Aspekt ist das duale oder binäre Zeichensystem der Computersprachen, präziser formuliert, der allgemeine Begriff des *Algorithmus*. Ihn präzise zu definieren ist ein sehr kompliziertes Unterfangen, so daß man sich in der Regel mit Beispielen behilft, aber eines ist ihnen allen gemeinsam: Ganz allgemein kann man sagen, dass man bei einem Algorithmus mit wohlunterscheidbaren ‚handgreiflichen' Gegenständen operiert. Solche Gegenstände, oder allgemeiner formuliert, Objekte, welche sich wie die natürliche Zahlen durch solche Gegenstände darstellen lassen, sind manipulierbar.[390] Dabei kann es sich um irgendwelche Zeichen oder Symbole handeln, wie Kieselsteinchen, Strichcodes, Rechenpfennige auf einem Abakus, oder eben die dualen Ziffern Null und Eins, die an und für sich durch die Magnetisierungsrichtung von Magnetringkernen, bzw. durch die Stromdurchlaßrichtung der Transistoren realisiert werden. Die *Positionswertigkeit* ermöglicht aufgrund der Dualität, bzw. der Perspektivenhaftigkeit, einen Algorithmus aufzustellen, bzw. eine sukzessiv berechenbare Schrittfolge festzulegen.[391]

Am Anfang steht also das Bit. Da einzelne Bitkombinationen Zeichen darstellen, und mehrere Zeichenkombinationen Computer-Befehle

---

[390] Vgl. auch: *Historisches Wörterbuch der Philosophie*, (Hg.) Ritter, Joachim; et al., WBG, Darmstadt
[391] Anm.: Die natürlichste Schrittfolge ist tatsächlich die Abfolge der Schritte (z.B. beim Tanzen), die einen der ersten Algorithmen der Menschheit darstellt, und eng mit dem Labyrinth-Gedanken verknüpft wird.

ergeben, kann man durch eine *logische* Folge solcher Befehle ein komplettes Computer-Programm schreiben: Die Struktur einer jeden algorithmischen Sprache muss gewissen formalen Anforderungen genügen, die die *Syntax* der betreffenden Sprache ausmachen. Den inhaltlichen Sinn der sprachlichen Formen beschreibt die *Semantik* der Sprache. Die Gesamtheit der sprachlichen Mittel bildet das Programmiersystem, bzw. ein algorithmisches System.[392]

Das ist im wesentlichen der Kern des Sachverhaltes, der von den Begriffen ‚Information' in Kombination von ‚Verarbeitung' handelt, eben der Informationsverarbeitung allgemein. So abstrakt der Begriff *Information* auch gefasst sein mag, er muss die beiden Elemente der *Perspektive*, bzw. der *Positionswertigkeit* und der *algorithmischen Systemhaftigkeit* beinhalten.

Interessant in diesem Zusammenhang ist ein Blick auf den großen Philosophen und Mathematiker Gottfried Wilhelm Leibniz, weil die in der Darstellenden Geometrie mathematisch berechenbaren Formeln der Zentralperspektive in ihrer Entwicklungsgeschichte u.a. eng mit der von ihm entwickelten Projektiven Geometrie verknüpft sind[393], und Leibniz außerdem, zwar aus altchinesischen Quellen schöpfend, den Binärcode, von ihm Dyadik genannt, erneut erfand. Die *Leistungsfähigkeit* seines *Logik*kalküls, bei dem das inhaltliche Schließen die formale Sicherheit rein syntaktischer Umformungen gewinnt, und für die Kunst des Beweisens sowohl im juristischen als auch wissenschaftlichen Bereich Bedeutung erlangen können soll, wird von Leibniz wie folgt charakterisiert:

---

[392] Anm.: Wenn die Programme sehr umfangreich sind und viele Unterprogramme besitzen, werden sie in übersichtlicher und systematischer Form durch Symbole in graphischer Form dargestellt, z.B. in Schaltplänen, in Datenflussplänen, Flussdiagrammen etc. Die für die Analyse bzw. Synthese eines Satzes verwendete Darstellung heißt Baum.
Manchmal verführt die Diagrammatik, insbesondere die der Syntaxbäume, zu Analogiebildungen mit dem Evolutionsprozess nach Darwin, was jedoch auf einer falschen Metaphernbildung beruht, und im Diskurs von KI und VR nicht wirklich weiterhilft.
[393] Anm. 1: Leibniz erkennt zusätzlich die Wichtigkeit des *philosophischen* Begriffes der *Perspektive*.
Leibniz, G.W., *Theod. III*, § 357. *Die philo. Schr.*, (Hg.) C. I. Gerhardt 6, S. 327, Und: *Monadol.*, § 57, a.a.O., S. 616
Anm. 2: Von außerordentlicher Bedeutung in dieser Reihe der Vordenker, der unbedingt extra erwähnt sein sollte, ist der Philosoph und Mathematiker René Descartes.

„Filum cogitandi voco methodum quandum facilem et certam, quam sequendo, sine agitatione mentis, sine litibus, sine formidine errandi, non minus sicure procedamus, ac is, qui in labyritho filum habet ariadneum."[394]

Üblicherweise wird jegliches Procedere des Beweisens und des Kalküls dadurch charakterisiert, – so unterschiedlich sie auch angelegt sein mögen, – dass es jeweils nach bestimmten Schritten und Gesetzmäßigkeiten erfolgt: sozusagen nach einem *Algorithmus*.

Die generelle Bedeutung eines derartigen *filum logicae*, sowie die besondere innerhalb der Technologie der Virtuellen Realität, wo er im labyrinthartigen Geflecht der möglichen cyberspaceialen Bedeutungsinhalte und des VR-charakteristischen Realisierungsproderes einen unverzichtbaren ‚logischen' Bestandteil, weit über den rein interpretatorischen Gebrauch hinaus darstellt, ist seine *„epistemische Eigenschaft"*, die durch seine *kausale* und *methodische* Vorgehensweise gekennzeichnet ist, und somit als „Regel für *Abschätzungen von Wahrscheinlichkeitsgraden*" dienen kann.[395]

Wenn die Rede von einem Informationsbegriff ist, der im Sinne einer Reduzierung von wahrscheinlichkeitstheoretischen Unsicherheiten verwendet wird, namentlich von quantenmechanischen Perspektiven und Quantencomputern, dann ist eine im Grunde uralte philosophische Überlegung neu zu gewichten und in die Technologie der Virtuellen Realität mit einzubeziehen:

---

[394] Leibniz, G.W., Fragm. 420
[395] Vgl. Schütt, Hans-Peter, *»Iungenda cum arte rationali, ars critica« – Johann Jakob Bruckers hermeneutische Vorsätze*, a.a.O., S. 82
Anm.: In der selben Studie wird aufgezeigt, dass der Leitfaden der Logik, bzw. der Ariadnefaden bei Leibniz ein „sinnlich wahrnehmbarer und gleichsam mechanischer Leitfaden für das Denken ist." (vgl. ebd. S. 83)
Im übrigen kann man interessanterweise ohne weiteres festhalten, dass die hermeneutischen Vorsätze Bruckners, so, wie sie in der Studie von Hans-Peter Schütt dargelegt, und dort als „übergreifender Aspekt historiographischen Methodenbewußtseins" bezeichnet und herausgearbeitet werden, gerade für die *interaktive User-Handlungsperspektive* der VR-Technologie eine übertragbare, neue und wichtige Aktualität erlangen, da die allgemeine „Bedeutung der »Systeme« und die Relevanz der »Umstände« für deren Rekonstruktion" die Entschlüsselungs- und Verständnisrolle überhaupt, sowohl bei der Konstruktion als auch bei der notwendigen Rekonstruktion von Virtuellen Welten, spielen. (vgl. ebd., insbesondere S. 79)

„Die Perspektive gehört zum Objekt und nicht zum Beobachter. [...]. Die Perspektive existiert also, ob jemand sie einnimmt oder nicht."[396]
Wie lässt sich nun die Technologie der Virtuellen Realität in die angesprochenen Sachverhalte einordnen?
Die Technologie der Virtuellen Realität ist eine Simulation, d.h. ein *in sich geschlossenes System* von *Ein- und Ausgabedaten*. Diese sind technisch ganz bewusst so ausgelegt, dass sie dem Benutzer eine künstlich dargestellte Welt mit *seinen Sinnen* erfahrbar machen lassen können.
Dabei sind Meßsyteme, die sogenannten *Trackingsysteme* „die Lebensader einer virtuellen Welt."[397] Die Aufgabe der Tracking-*Sensoren* ist die Erfassung der räumlichen und zeitlichen Position und Orientierung von Körperbewegungen (per Eingabegeräte wie Datenhelm, Datenhandschuh etc.), um ein *perspektivisch* korrektes Bild mit Hilfe der Software *berechnen* zu können; und somit wiederum räumlich und zeitlich, zum Beispiel akustische oder optische Informationen über die Ausgabegeräte realitätsnah abzubilden, bzw. philosophisch neutraler formuliert, *darzustellen*.
Die Projektionsaufgabe der Bildwiedergabe des Virtuellen Environments wird durch das sogenannte *Rendering*, der Darstellung von Polygonen in Echtzeit, umgesetzt. Das funktioniert deshalb, weil sich jede dreidimensionale Form und jedes Objekt aus Polygonen[398] zusammensetzen lässt, also aus kleinsten geometrischen Gebilden.
Die entstehenden, virtuellen Bilder sind *synthetische* Bilder. Um einen Eindruck bezüglich ihres Realisierungsverfahrens zu gewinnen, sollen einige Verfahren namentlich aufgezählt werden: Klassische Algorithmen und Elementaroperationen, die affine, projektive, fraktale und differentielle Geometrie, Signaltheorie, Datenkompression, und Farb- und Beleuchtungstheorien. Ferner spielen zunehmend Parametrische Modelle, zur Beherrschung von *Randbedingungen* (constraints), beim Geometric Modelling eine wichtige Rolle.[399]

---

[396] Vgl. Feibleman, J.K., *Die Unbestimmtheitsrelation in neuer Sicht*, Ratio, 1960, S. 128
[397] Vgl. Hennig, Alexander, *Die andere Wirklichkeit, Virtual Reality, Konzepte, Standards, Lösungen,* (inkl. CD-ROM), a.a.O., S. 74
[398] Anm.: Polygon=Vieleck mit meist mehr als drei Seiten.
[399] Anm.: Interessant ist, dass seit den späten Neunziger Jahren die Bedeutung und Tragweite von ‚Bild-Kommunikation' auch wissenschaftspolitisch erkannt wurde,

Die Aufzählung soll vergegenwärtigen, dass die *technische* Bildgenerierung und ihre induzierte Bildwahrnehmung für den User, unabhängig von dem erzeugten die Realität vortäuschend Wahrnehmungseindruck, auf einer artifiziell-technischen Basis beruht. Der virtuelle Informationscharakter lässt sich von den Polygonen und Bildpunkten (Pixel) auf Nullen und Einser reduzieren. Das bedeutet: pragmatisch und programmatisch: Reduktion auf einen Algorithmus.
– Und, die Kehrseite der Reduktion ist ihre ureigensten Schwierigkeiten und Probleme vom Feinsten bis zum Gröbsten hin bei den Betrachtungen über Virtuelle Realität einkalkulieren, bestimmen und abgrenzen zu müssen. Die Implikationen sind im wesentlichen in der *Arithmetisierung der Geometrie* begründet.
Diese uralte Problematik findet ihre erneute und sehr deutliche Zuspitzung in der Technologie der Virtuellen Realität, wenn zwei vielleicht an sich unvereinbare Gegensätze kompatibel gemacht werden sollen:
„Es wäre eine Herausforderung anstelle von grammatikalischen Verknüpfungen mit Hilfe von geometrischer Verknüpfungen sprachlicher Symbole"[400] den Bezug zur recheninternen Informations- und Wissensverarbeitung herzustellen.
Das allgemein gefasstere Problem der Vereinheitlichung, bzw. der Zusammenführung und Verbindung unterschiedlicher Algorithmen und logischer Operationen miteinander, sowie verschiedener Perspektiven, zieht selbstverständlich nicht nur philosophische und abstrakte, sondern auch in konkreter Weise visuelle und kognitive Wahrnehmungs- und Bewusstseinstheoretische Überlegungen und Problemfelder, nach sich.
Das Agieren des Users in Echtzeit in der Virtuellen Realität, resp. ein ‚algorithmischer Zeitfaktor', – in der technischen Umsetzung allenfalls ein sekundäres, meist sogar vernachlässigbares Problem – ist meines Erachtens nicht ohne philosophische und physikalisch-mathematische Relevanz: Man darf die zeitliche Komponente nicht vorbehaltlos außer acht lassen, auch wenn sie wie selbstverständlich

---

und ein eigener Studiengang in Deutschland konzipiert wurde, der sich *Computervisualistik* nennt, in begrifflicher Anlehnung an die Computerlinguistik, und sich in analogerweise mit der Struktur, Verwendung und Herstellung von Bildern und Bildinhalten beschäftigt.

[400] Vgl. Strothotte, Thomas, *Informationsfluß durch Bilder in der Mensch-Computer-Interaktion*, a.a.O., S. 212

mitgeliefert zu werden scheint, da Messkoordinaten und -vorgänge, die VR-technischen Umsetzung von Algorithmen, immer in Relation zu Ort- und Zeitangaben gegeben und gerechnet werden: da z.B. die Thematiken der Gleichzeitigkeit und Linearität, die sich auf einer anderen Ebenen ebenfalls in der Bild- und Sprachrepräsentation auswirken, hierin eingehen könnten.[401]

Die Relevanz und Agonie der Virtualität tritt meines Erachtens erst dann zu Tage, wenn der *Kausalitätsgedanke* Irritationen unterworfen wird.

Dies betrifft sowohl die abstrakte Ebene der Algorithmen, spezifischer gesagt, die Thematik der ‚Arithmetisierung der Geometrie', als auch die phänomenologische Ebene des Users, die alles umreißen soll, was ich mit dem Begriff des ‚Cyberspace' in dem Gesamtkontext der Technologie der Virtuellen Realität, hier, in und für diese Arbeit definiert habe.

Ein gedanklicher Ausflug in die (von mir selektierte und unvollständige) Begriffsgeschichte von Virtualität' soll meine Position verdeutlichen und verorten helfen. Der Ausdruck der Virtualität war weder der antiken Philosophie noch den Rechtswissenschaften bekannt, ist jedoch in der lateinischen philosophischen Terminologie einer der Gegenbegriffe zu förmlich, und bezieht sich auf das Verhältnis von Ursache und Wirkung. In bestimmten Kontexten ist ‚virtuell' seit dem 14. Jh. synonym mit ‚implizit', und von Logikern und Juristen in Gebrauch. Die These des Johannes Duns Scotus vom virtuellen Enthaltensein der Konklusionen in dem Gegenstand einer Wissenschaft, also dass es epistemisch einen Kausalnexus verbürgt, stellt einen wichtigen Standpunkt innerhalb der Diskussionen um die Virtualität dar, der von G. W. Leibniz noch verschärft wird, indem er postuliert, dass in jedem wahren Satz das Prädikat im Subjekt entweder explizit (analytisch) oder virtuell enthalten sei.[402] Der zeitliche Sprung in das naturwissenschaftlich-technologische 21. Jh. zeigt, dass Physiker und Mathematiker des 21. Jh. sich sowohl mit explizi-

---

[401] Anm.: Es sei an dieser Stelle lediglich kurz angemerkt dass sich Myron Krueger derzeit u.a. mit der philosophischen Thematik auseinandersetzt, ob ‚Gegenwart' ein messbares Phänomen ist, dass von praktischer Bedeutung („practical significance") sein könnte.
[402] Vgl. auch: *Historisches Wörterbuch der Philosophie*, (Hg.) Ritter, Joachim; et al., WBG, Darmstadt

ten als auch impliziten Beweisführungen, Funktionen, Gleichungen etc. befassen. Jenseits aller inhaltlichen Detaildiskussionen, die mit den Thesen der aufgeführten Philosophen behaftet sind, dreht es sich mir nur darum, die grobe Orientierungsrichtung aufzuzeigen in die sich die Technologie der Virtuellen Realität einpendeln lässt. Die Virtualität der Virtuellen Realität wird als ein Kausalnexus verstanden, der in dem Wesen des Algorithmus und der Arithmetisierung der Geometrie verwurzelt ist. Die Schrittfolge des Algorithmus an sich, und seine daraus resultierende logische Weiterentwicklung und Beweisfähigkeit, verbürgt in gewisser Weise, dass ein Ordnungsschema und die Perspektive erhalten bleiben, und somit die Halluzination, ein Ausdruck, der in der Logik einst eine verwirrte, falsche Beweisführung bezeichnete[403], auch nicht zu einer Halluzination im Sinne des modernen Allgemeinverständnis von doxa, bzw. von Trugbild oder Schein wird, mit dem der Ausdruck virtuell manchmal synonym gesetzt wird.

Die photorealistische, physikalisch-materielle Vergegenständlichung der scheinbar trügerischen Bilder auf einem konkreten, materiellen Bildschirm folgt einem im vornherein vorgeschriebenem, vorhersagbarem Algorithmus, der kontinuierlichen Zahlen in diskrete, geometrische Elemente zerlegt und zu wahrnehmbaren Bildern zusammensetzt.

Die *Realität* der Virtuelle Welt *ist gleich* (=) der Welt der gerechneten Daten. Sie beruht auf den kausalen, logischen Gesetzen der technischen Physik, sie ist, in anderen Worte ausgedrückt, eben eine Technologie. Der Begriff der Simulation entspricht damit einer Nachbildung von Vorgängen auf einer Rechenanlage auf der Basis von *Modellen*. Der Begriff der Realität in diesem, auch philosophischen, Kontext, wird durch das Adjektiv virtuell näher bestimmt, und als solches weist es primär auf einen inhärenten Kausalnexus hin, der die (inner-technologische) ‚Realität' durchwirkt, und es gibt damit ebenso dem User im Cyberspace einen korrespondierenden kausalen

---

[403] Anm.: Die historischen Bedeutung und Verwendung des Ausdrucks ‚hallucinatio' als terminus technicus für interpretatorische Fehlleistungen ist nachzulesen bei: Schütt, Hans-Peter, *»Iungenda cum arte rationali, ars critica«* – *Johann Jakob Bruckers hermeneutische Vorsätze*, a.a.O., S. 80f

Leitfaden, bzw. einen Ariadnefaden in die Hand, um sich in dem gesamten Gebilde der ‚Kausalen Realität' orientieren zu können.

Der Vergleich mit dem originären Begriffsverständnis von ‚virtuell', das die Namensgeber der Virtuellen Realität aus der *Informatik* und Datenverarbeitung selbst leitete, ist durchaus berechtigt. Jaron Lanier weist 1999 nochmals auf die Entstehung und Verwendung des viel diskutierten Adjektivs ‚virtuell' hin:
„Long before I showed up, the brilliant computer scientist and father of computer graphics, Ivan Sutherland, had been building what he called ‚virtual worlds'. [...], drew his terminology from the metaphors popular in the sciences at this time. 'Virtual' indicated a substitution that has no impact within a certain frame of reference. In computer science, a 'virtual machine' is a perfect substitute for a machine within the context of abstract computation. There are also 'virtual particles' in physics. For something to be 'virtual', it has to be indistinguishable in some practical context, while it remains distinguishable in another. If it were always indistinguishable, there would be identity, rather than virtuality. A virtual world doesn't fit this definition exactly, since we can't ever perfectly simulate physical reality; so Ivan was using the term metaphorically."[404] – Und Lanier verwendet ihn ebenfalls in dieser metaphorischen Weise.
Der Ausdruck ‚virtuell' bedeutet in dem Fachgebiet der Informatik, sich auf gedachte Funktionseinheiten zu beziehen, deren Funktionen durch tatsächlich vorhandene Funktionen erbracht werden. Häufig wird der Funktionsumfang einer virtuellen Funktionseinheit (nach Aufgabe oder Wirkung) an einer Schnittstelle festgelegt. Dies ist gleichbedeutend damit, dass die Wechselwirkung zwischen der virtuellen Funktionseinheit und anderen Funktionseinheiten beschrieben wird. Der praxisbezogene Grundgedanke besteht darin, anschaulich am Beispiel des ‚virtuellen Speichers' aufgezeigt, den begrenzten Arbeitsspeicher durch Auslagerung von aktuell nicht benötigten Teilen des Programmcodes und der Datenbestände auf die Massenspeicher virtuell zu vergrößern. Ist nicht genügend Speicher vorhanden, versucht das System, mehr Speicher zur Verfügung zu stellen, indem

---

[404] Lanier, Jaron, *Virtual Reality, A techno-metapher with a life on its own*, In: *Whole Earth*, Fall 1999. Oder nachzulesen unter:
htpt://www.wholeearthmag.com/ArticleBin/268.html

die am längsten nicht benutzten Dateien- und Programmbereiche in eine sogenannte Auslagerungsdatei geschrieben werden (swap out).[405]

Die Kombination dieser beiden Überlegungen führt im Grunde genommen wiederum auf die uralte Problematik zurück, die die Pythagoreer im Altertum schon erkannt hatten, und mit der ‚Arithmetisierung der Geometrie' umschrieben werden kann. Der Problemkreis eröffnet umfassend auch schon die modernen Thematiken der *Schnittstellen von virtuellen Funktionseinheiten* und der *Identität*.

Wichtig für die Geometrie und für die Bestimmung räumlicher Beziehungen ist der jeweilige *Rand* der Figuren. Dieser ist geometrisch selbst eine Figur und stellt die *Differenz* der entsprechenden Figuren dar. Weiterhin definierten die Pythagoreer die Einheit als einen Punkt ohne Position, und entsprechend einen Punkt als Einheit, die eine Position hat, was die Grundlage der Beziehung zwischen der Zahl (Eins = Einheit) und der elementarsten geometrischen Größeneinheit (Punkt) ist.[406] Diese wichtigen Axiome stellen bis heute die Grundlage für die postulierte, zusammenhängende Verbindung von Zahl und Form dar. Und sie stellen für die Technologie der Virtuellen Realität das unbefriedigend gelöste Problem der Umrechnung der dargestellten Geometrie, bzw. Bilder, auf dem Bildschirm *zurück* zum Rechner in Zahlenkombinationen, dar, was einem Prozess der Näherung über Parametervariationen entspricht. Anhand dieses konkreten Beispiels wird ersichtlich, dass eine vielleicht angenommene Identität schon von Grunde auf nicht möglich sein kann, da die allgemeinen Übergänge zwischen diskreten und kontinuierlichen Zuständen, von Perspektive zu Perspektive, und von Symmetriebetrachtungen nicht gelöst sind, sowie duale, bzw. binäre Einheiten, bzw. Rechenoperablen vorausgesetzt wurden. Dies lässt nur eine virtuelle Betrachtungsweise zu, d.h. soviel, wie eine kausal-logische Konstituierung von zu bestimmenden Verknüpfungen.

Die historische Herausbildung und Erfindung der Ziffer Null aus einer Leer-Stelle, einem ‚blank' wie man im Computerjargon eventuell sagen könnte, über eine Punkt- und Kreismarkierung, bis hin zu

---

[405] Vgl. z.B.: *Lekixon der Informatik und Datenverarbeitung*, (Hg.) Schneider, Hans-Joachim, Version 4.0, Oldenbourg Verlag, München, 1997
[406] Vgl. z.B. Aristoteles, *Metaphys.* XII 6, 1016b, 24-31; XIII 8, 1084b, 25; *De anima*, I, 4 409 a 6

ihrer elementaren Integration in ein Positionssystem, speziell in die Programmiersprachen, firmiert diese Entwicklungstendenz.
Virtualität definiert und integriert eine Wechselwirkungs- oder Funktionsbeziehung über eine Null-Stelle hinweg, – oder über eine Perspektive, allgemein: über eine Schnittstelle hinweg.
Die wertende Denkweise und Unterteilung in Sein und Schein schleicht sich, mit Nietzsche gesprochen, wie folgt ein: „Das *Perspektivische* also gibt den Charakter der »Scheinbarkeit« ab!" (III 705)
Dabei spielt es bei der Feststellung und Auslegung von *Virtualität* keinerlei Rolle, ob der User die Kausalitätsgesetze im Cyberspace nach seinem eigen, subjektiven, individuellen Gutdünken selbst erfinden und kreieren kann, wie beispielsweise die Schwerkraft außer Kraft zu setzen etc. oder, ob er sich, sozusagen in Anlehnung an die Schopenhauerische Redenweise, die Welt als Wille und Vorstellung erschafft, da der Virtualitätsbegriff meines Erachtens in der Technologie der Virtuellen Realität lediglich darauf aufmerksam machen soll, *dass* es Konventionen, Algorithmen, Zeichenketten, Verkettungen, Gesetzlichkeiten, Interaktionen etc. gibt, ganz gleich welcher Art, oder ihrer möglichen Anzahl und ihrer Kompatibilität (das würde ein späteres Diskussionsfeld ausmachen), die man, um sie vorerst zusammenfassend behandeln zu können, mit dem allgemeinsten denkbaren, beinah schon intuitiv erfassbaren Verständnis des Ausdrucks *Kausalität* belegen kann. Der Kausalitätsgedanke führt dann direkt zur Schnittstellenthematik weiter (z.B. Mensch-Maschine, Arithmetisierung der Geometrie etc.).
Solch eine Setzung von perspektivischen, relationalen und interpretierenden Kräften genügt vorerst einem modernen Begriffsverständnis von Virtualität, zumal es nihilistische Tendenzen zu verhindern imstande ist, und damit den Abbruch eines philosophischen Diskurses über die Technologie der Virtuellen Realität, deren weitreichende Bedeutung für die Menschheit noch gar nicht richtig abzuschätzen ist, auch nicht von naturwissenschaftlicher oder technischer Seite.

Die folgende Aussage eines berühmten Künstlers: „Die Stereoskopie [...] legitimiert die Geometrie."[407], ist an dieser Stelle bemerkenswert, weil sie vom Wortlaut und Sinn, und nicht Subjekt-Objekt vertau-

---

[407] Salvador Dalí: *Retrospektive 1920-1980*, a.a.O., S. 399

schend formuliert, und damit meines Erachtens wiederum direkt auf die *duale* informationstechnologische *Basis* und Problematik rekurrierbar ist, quasi im Umkehrschluss, – sie vermag den Gedanken der ‚Arithmetisierung der Geometrie', und seine Implikationen sowie die Virtualität, zu rechtfertigen.

Der Gedanke der Virtualität, bzw. der Kausalität scheint so stark zu wirken, dass er durch seinen modernen künstlerischen Entwicklungsanfang in der Stereoskopie, die die direkte Vorläuferin der CAVE, bzw. der Virtuellen Realität bildet, – in der Nachfolge der Perspektive, also der perspectiva artificialis und der perspectiva communis, – das Konzept und das Verständnis von Kunst und Malerei nachhaltig zu beeinflussen vermag, was aus den Worten dieses Künstlers, der sich als einer der ersten überhaupt mit der Stereoskopie beschäftigte, deutlich wird, wenn er, gemeint ist Salvador Dalí, sagt: „Die kommende Realität ist also folgende: [...]. Dieser Name ist: *Metaphysischer Hyperrealismus.*"[408]

Doch nicht nur in der Darstellenden Kunst wird der *Kausalitätsgedanke direkt mit dem Realitätsgedanken* verknüpft, sondern ebenso in der Epistemologie und der Philosophie allgemein.

Welches ureigene *Realitätsverständnis* findet man demnach bei den Pionieren der Technologie der Virtuellen Realität vorliegen?

Der VR-Pionier Jaron Lanier formuliert:

"Basically, all that Absolute Physics [die VR, Anm. v. Verf.] is, is a physics that has any kind of causality at all, so you can have all this tools. [...]. It's as shared and as objectively real as the physical world is, no more, no less."[409]

Oder, ein gutes Jahrzehnt später niedergeschrieben:
"You might think of it as a general-purpose simulation, or as a fantasy machine. [...]. Virtual reality is an epistemological milestone, an a new reality that's shared as the physical world is. Yet it is open and unhindered like dreams."[410]

---

[408] Ebd., S. 401
[409] Lanier, Jaron, *A Vintage Virtual Reality Interview*, a.a.O
[410] Lanier, Jaron, *Interview with Jaron Lanier*, von Doug Stewart geführt. In: *OMNI*, Online-Magazin, Jan. 1999, unter: http://www.protovision.textfiles.com/computers/CYBERSPACE/lanier.txt. Anm.: Die *Materialität* des projizierten Bildes auf den Bildschirmen ist mit Stützung auf physikalisch-technische Gesetzlichkeiten

Myron Krueger, der Vordenker der CAVE formuliert: "Ultimately, reality is whatever we say it is."[411]

Friedrich Nietzsche, oftmals als Cyberphilosoph bezeichnet, formuliert: „Das Bewußtsein hebt an mit der Kausalitätsempfindung." (KGW III/4:57)

Durch die Kausalität, resp. Virtualität, verschmilzt die sogenannte ‚virtuelle' Realität mit der ‚physikalischen' Realität zu einer Einheit an *Realität*, und sie ist wiederum genau durch das allgemeine Kriterium der Kausalität kommunizierbar und bewertbar, da der Kausalitätsbegriff nicht nur auf der technisch-naturwissenschaftlichen Ebene anzutreffen ist, sondern er sich quasi algorithmisch und kausal fortsetzt, und bis tief in die menschlichen Wahrnehmungs- und Bewusstseinsgefilde hineinreicht.

---

physikalisch-technische Gesetzlichkeiten gesetzt, und wird in dem Rahmen dieser Arbeit von mir nicht weiter ausdiskutiert.
[411] Krueger, M., *Myron Krueger Live*, Interview im Journal: *CTHEORY*, a.a.O.
Anm.: Siehe z.B.: Segall, Marshall; Campbell, Donald; Herskovits, Melville, *The Influence of Culture on Visual Perception*, Bobbs-Merrill, New York, 1966, insb. Kap. 4 und 7

Kreativität und Postsymbolische Kommunikation

Jaron Lanier sieht seine Vision von der Virtuellen Realität darin erfüllt, was er mit seiner Formulierung der *postsymbolischen Kommunikation* auszudrücken versucht. Diese Kommunikationsart der Mensch-Maschine-Schnittstelle soll weitgehend durch menschliche Gestik und Mimik bestimmt werden, und unter möglicher Umgehung von Spracheinsatz, Visuelles transportieren können, in der Annahme, dass durch diese Art der Informationsverarbeitung und -vermittlung menschliche Träume und Phantasien kommunizierbar werden, aber genauso gut auch komplizierte, kognitive und abstrakte Inhalte leichter verständlich und anschaulich vermittelbar werden. Solche Visionen beruhen auf der Beobachtung, dass die phänomenologische Welt, von dem ‚Gesichts-Punkt' der Sinnes- und Wahrnehmungsperspektive des Menschen aus beurteilt, aus einem *Kontinuum* besteht; während die Sprache die Welt in kleine, *diskrete* Zeichen und Symbole zerteilt und zerlegt, die sich letztendlich nicht dazu eignen, das Kontinuum in angemessener Form zu simulieren, bzw. zu berechnen und zu modellieren.

Wie man unschwer erkennen kann, tritt hiermit ein weiterer, philosophischer Aspekt der zugrundeliegenden Thematik der ‚Arithmetisierung der Geometrie' zu Tage.

Betrachtet man die Virtuelle Realität aus der Perspektive der Empirie und der Phänomenologie, und begibt sich direkt in den ‚Cyberspace', lässt sich leichter nachvollziehen oder verifizieren, ob Laniers theoretisierten Visionen Bestand haben könnten.

Hier wird evident, dass der Cyberphilosoph Nietzsche in seiner perspektivischen Denkweise mit seiner postulierten Verbindung des Kausalitätsgedankens mit dem Bewusstsein recht behält. Es erweist sich, dass die Akzentuierung der Perspektive deziert auf den Menschen ausgerichtet werden muss, derart, dass technisch nicht versucht wird, alleine die wahrgenommene Objektwelt perspektivisch darzustellen und zu gestalten, oder in irgendeiner realen Weise erfassbar und objektivierbar zu machen, sondern den Beobachter in das Wahrnehmungs- und Bewusstseinsgefüge zu integrieren, und ihn mit zu berechnen oder auszubuchstabieren. Das ist nicht selbstverständlich, und nicht immer so gesehen worden. Die Industrie und angewandte Forschung erkennt:

„Neben der Präsentationstechnik spielen auch inhaltliche Elemente eine bislang unterschätzte Rolle für die Immersion. Wichtig ist dabei die körperliche Repräsentation des Benutzers mit Hilfe eines virtuellen Menschenmodells. Da der Benutzer eines Datenhelms den eigenen physischen Körper visuell nicht wahrnehmen kann, entsteht ein widersprüchlicher Eindruck. Erst durch die Simulation und Darstellung eines virtuellen Körpers, der auch die eigenen Bewegungen nachvollzieht, wird dieser Widerspruch aufgelöst."[412]
Das empfundene Nicht-Vorhandensein der Eigenkörperlichkeit, und die entstehenden Irritationen bei komplexen Bewegungs- und Handlungsabläufen, führt nicht nur zu einem nachgewiesenen Verlust der Geist-Körper-Integration, und damit indirekt der Kausalität, sondern in letzter Konsequenz zu einem Totalverlust der Realität, weil: „Ohne sich selbst und andere Menschen wahrnehmen zu können, eine dreidimensionale Welt an Attraktivität verliert."[413]
Forscht man nach der bedeutendsten Kommunikationsschnittstelle des Menschen, so stößt man unweigerlich auf die Mimik, als eine der ältesten Sprache der Welt, die von allen Kulturen verstanden werden kann. Da das Gesicht, mehr als der Rest des Körpers, „ein starker Attraktor ist, und die Hirnprozesse der Verallgemeinerung des Dingbegriffes bei der Wahrnehmung eines Antlitzes widerstreben."[414], macht sich die Technologie der Virtuellen Realität diesen Umstand zunutze.
Die Modellierung und Animation von naturgetreuer Mimik in Echtzeit, die sogenannte *Character Animation*, gehört mit zu den schwierigsten Algorithmen und programmiertechnischen Aufgaben mit denen sich führend und unabhängig voneinander, Jaron Lanier in den USA und vor allem die Professorin Nadja Magnenat-Thalmann in Genf, die dafür mit vielen Auszeichnungen geehrt wurde, schon früh auseinandersetzten.[415]

---

[412] Rößler, Andreas; Lippmann, Roland, *Virtuelle Menschenmodelle in der Produktentwicklung*, a.a.O.
[413] Vgl. Hennig, Alexander, *Die andere Wirklichkeit, Virtual Reality, Konzepte, Standards, Lösungen*, (inkl. CD-ROM), a.a.O., S. 106f
[414] Vgl. Linke, Detlef, *Kunst und Gehirn, Die Eroberung des Unsichtbaren*, Rowohlt, Reinbek, 2001, S. 111
[415] Anm. 1: Die Echtheit der synthetischen, virtuellen Menschen ist derart gut gelungen (z.B. James Dean, Marilyn Monroe und Elvis Presley), dass sie außerdem mit vielen Rechtsprozessen von den Rechtsnachfolgern der Verstorbenen zu tun bekam.

Jaron Lanier umreißt die gesamte philosophische Problematik, die Technologie der Künstlichen Intelligenz miteinbezogen, indem er über die Schnittstelle der Gesichtsmimik hinaus auf *die* umfassende Mensch-Maschine-Schnittstelle hinweist: „Ultimately there is nothing more important to us than our definition of what a person is. Isn't this core question in a great many controversies? [...] that the most important question about information technology is »How does it effect our definition of what a person is?«"[416]

Am Beginn seiner Karriere beschreibt er seine empirischen Erfahrungen mit der phänomenologischen Schnittstelle ‚Mensch', und folgert daraus seine visionären Schlüsse, bzw. sieht seine eigenen Forschungsintentionen im großen und ganzen bestätigt, wie sich dann am Ende des Kapitels herausstellen wird:

„At VLP we often played with becoming different creatures – lobsters, gazelles, winged angels. Taking on a different body in virtual reality is more profound than merely putting on a costume, because you're actually changing your bodies dynamics. What surprised us is that people adapt almost instantly to manipulating radically different body images."[417]

Auf die Frage von Doug Stewart, ob man auf bewusste Art und Weise lernen könne seine neuen Gliedmaßen zu kontrollieren und einzusetzen, antwortete Lanier: „It's too complex to do consciously. You'd learn to control it intuitively, by getting feedback."[418]

Wichtig ist festzuhalten, dass diese Erfahrungswerte und Verhaltensweisen weder mit einem Transfer, noch mit einem Identitätswechsel oder -verlust der Personalität in die des vorgestellten Avatars verwechselt werden dürfen, wie das bei der Technologie der

---

Anm. 2: Literatur, auch mit philosophischen Aspekten, siehe z.B.: Magnenat-Thalmann, N.; Kalra, P.; Pandzic, I., *Direct Face To Face Communication Between Real And Virtual Humans*, In: *International Journal of Information Technology*, Vol. 1, No. 2, S. 145-157, 1995. Oder:
Magnenat-Thalmann, Nadia; Kshirsagar, Sumedha, *The Emotional Talking Virtual Humans*, In: Riegler, Alexander; et. al. (eds.), *Virtual Reality, Cognitive Foundations, Technological Issues & Philosophical Implications*, Peter Lang, Frankfurt, 2001

[416] Lanier, Jaron, *Agents of Alienation*, a.a.O.
[417] Lanier, Jaron, *Interview with Jaron Lanier*, von Doug Stewart geführt. In: *OMNI*, a.a.O.
[418] Ebd.

Künstlichen Intelligenz im Zusammenhang mit implantierten Neurochips diskutiert wird. Die Betonung dieses Adaptionsvorgangs liegt auf der Änderung der Dynamik, – einer angepassten körperlichen Bewegungsrhythmik, die einer starren vorgegeben, programmierten Schematik in der *Gestalt*ung eines *Werkzeugs*, z.B. einem Avatar oder einem dataglove, o.ä. diktiert wird. Metaphorisch gesprochen, fühlt es sich beispielsweise beengt an wie in einer Zwangsjacke, oder positiver betrachtet, ist es wie das Ausdrucksmittel Tanzschritt, das an die entsprechend vorgespielte Musik angepasst wird. Ob der Freiheitsgrad des Bewegungsausdrucks nun größer oder kleiner gestaltet wird, spielt in der Fortführung dieser Gedankenkette insofern keine Rolle, weil er in allen Fällen an die Wahrnehmungs- und Bewusstseinzustände sein Tribut zollen muss, da diese freilich manchmal mehr und manchmal weniger, durch ihn modifiziert werden. Das ausgehende Feedback vom tool, von der Mimik im begrenztspeziellen oder von dem Gestus, im den Menschen umfassendengenerellen Sinne, ist von der Qualität der Schnittstelle abhängig. Der Idealfall, der zu erreichende Mindeststandard, das Vorbild für die Realisierung innerhalb der Technologie der Virtuellen Realität ist nach Lanier folgende Werkzeugvorgabe:

"[…] musical instruments because I find them to be most eloquent tools ever made. I want to make tools for VR that are like musical instruments. […]. You'd be using gestures instead of building something stone by stone. When you can improvise while inside it, making it up as fast as you think and feel, you can reach other people. […]. In the future I see virtual reality as a medium of communications where people improvise worlds instead of words, making up dreams to share. An ideal VR conversation would have the continuity, spontaneity, expressiveness of a jazz jam but the literal content that 's missing from music. […]. It would be a reality conversation, an objective form of the Jungian dream, the collective unconscious. You might call it the collective conscious."[419]

---

[419] Lanier, Jaron, *Interview with Jaron Lanier*, von Doug Stewart geführt. In: *OMNI*, a.a.O.
Anm.: Zehn Jahre später nach diesen Aussagen, im Jahre 2003, sieht Lanier sich in seiner Meinung bestärkt, dass das ‚Musikinstrument an sich die einzige gute und eine ideale Schnittstelle ist, die je designt wurde', weil sie „connects your mind and

Die Visualistik und Vorrangstellung des Sehens, was sehr deutlich durch die Entwicklungsanfänge der Technologie der Virtuellen Realität und der bis heute bestehenden Entwicklungspriorität des HMD und in Folge von weiteren ‚Augentäuschungsbrillen' bis hin zu ihrem vorläufigen Ende mit der CAVE Kombination demonstriert wird, fußt nicht nur auf den industriellen Feststellungen und Überzeugungen, dass „80% aller Informationen des Menschen über seine Umwelt über die Augen aufgenommen wird"[420], sondern auf alle jenen Theorien, die davon ausgehen, dass Sprach- und Denkprozesse weitgehend metaphorisch ablaufen, sowie auf situationsabhängigen Interaktionsparametern beruhen. Lanier zieht zudem, unausgesprochen, zur Erklärung und Rechtfertigung der VR die Gestalttheorie und die Sinnesphysiologie heran, wenn er erklärt: „Das Geheimnis

---

body, allowing you to be emotionally authentic and expressive." (Vgl.: Part Two des Interviews, 25. Feb. 2003)
Und von noch größerer Wichtigkeit als je zuvor, ist ihm im Jahre 2003 der Gedanke der ‚Schönheit' von Software, bzw. „ultra-large-scale software" zu entwickeln, für die er ein eigens entworfenes Konzept mit Namen ‚*phenotropics*' vorstellt. Seine technisch-philosophische Bedeutung liegt, neben den damit verbundenen individuellen und gesellschaftlichen Umsetzungs*auswirkungen* auf die User *in der VR-Anwendung*, darin: „I think the whole way we write and think about software is wrong. If you look how things work right now, it's strange – nobody – and I mean nobody – can really create big programs in a reliable way. […]. We need a system in which errors are more often proportional to the source of the error." (Siehe: Part One des Interviews, 23. Jan. 2003). Kürzer und in inhaltlich abgeschwächter Form, dafür in deutscher Sprache, findet man diese Gedanken auch in einem Artikel mit der Überschrift "*Komplexitätsgrenze*" in dem Buch von John Brockman aus dem Jahr 2002.
- Lanier, Jaron, *Coding from Scratch*, A Conversation with Virtual Reality Pioneer Jaron Lanier, Part One, by Janice Heiss, 2. März 2003. Nachzulesen unter: http://www.java.sun.com/features/2003/01/lanier_qa1.html
- *Und:* Lanier, Jaron, *The Future of Virtual Reality*, Part Two of a Conversation with Jaron Lanier by Janice Heiss 2. März 2003. Nachzulesen unter: http://www.java.sun.com/features/2003/02/lanier_qa2.html
- Und: Lanier, Jaron, Die Komplexitätsgrenze, In: (Hg.) John Brockman, *Die nächsten fünfzig Jahre. Wie die Wissenschaft unser Leben verändern wird*, Ullstein, Berlin, München, 2002, S. 254-269. Originaltitel: *The Next Fifty Years. Science in the First Half of the Twenty-First Century*, Vintage/Random House, New York, 2002

[420] Vgl. z.B.: Drozkowski, Stefan, *Virtual Reality bei Daimler Benz*, 1995 Nachzulesen unter: http://www.idw-online.de/public/pmid-125/zeige_pm.html

der Virtuellen Realität besteht darin, daß das Gehirn Illusionen aufnehmen möchte."[421]

Nietzsche geht, ganz seinem Namen als Cyberphilosoph gerecht werdend, in diesem Diskussionspunkt konform mit den philosophischen Grundgedanken der VR, wenn er nicht nur auf die fundamentale Bedeutung der Augen und der Rolle der Mathematiker insistiert[422], sondern über die Mimik und den Gestus folgendes schreibt: „Der ästhetische Zustand hat einen Überreichtum von *Mitteilungsmitteln*, zugleich mit einer extremen *Empfänglichkeit* für Reize und Zeichen. Er ist der Höhepunkt der Mitteilsamkeit und Übertragbarkeit zwischen lebenden Wesen – [...]. Man teilt sich nie Gedanken mit: man teilt sich Bewegungen mit, mimische Zeichen, welche von uns auf Gedanken hin *zurückgelesen* werden."(III 753f)

Ob die Technologie der VR jedoch jemals ganz ohne Sprache auskommen kann, ist sehr fraglich, und ein noch offenes technisches und philosophisches Problem. Deswegen sei nochmals präzise auf die Ausgangslage der VR hingewiesen, die zur postsymbolischen Kommunikation führen soll:

"My sensitivity to the mood of a particular room was sometimes so intensive I could hardly talk. I didn't know how to communicate that feeling to others. I love words – I love to read, write, talk – but I think words leave out almost everything. That frustration more than anything else – feeling that we can share with other people is so much more limited than what we actually experience – is what driven me into this technology."[423]

Der Informatiker Lanier, der mit Zahlen, präzise formulierten Computer-Sprachbefehlen, und Algorithmen tagtäglich meisterhaft jongliert, muss selbstverständlich eine gewisse Affinität und Liebe zur Sprache allgemein, zu ihrer Philosophie, und zu codierten Zeichen

---

[421] Zitiert aus: Sherman, Barrie; Judkins, Phil, *Virtual Reality, Cyberspace – Computer kreieren synthetische Welten*, a.a.O., S. 151

[422] Siehe z.B.: „Also der Mensch will alles Geschehen sich als ein *Geschehen für Auge und Getast* zurechtlegen, folglich als Bewegung: er will *Formeln* finden, die ungeheure Masse dieser Erfahrungen zu *vereinfachen*. *Reduktion alles Geschehens* auf den Sinnesmenschen und den Mathematiker. Es handelt sich um ein *Inventarium* der *menschlichen Erfahrungen*: gesetzt, daß der Mensch, oder das *menschliche Auge und Begriffsvermögen*, der ewige Zeuge aller Dinge gewesen sei." (III 902)

[423] Lanier, Jaron, *Interview with Jaron Lanier*, von Doug Stewart geführt. In: *OMNI*, a.a.O.

und Symbolen entwickeln, um seinen Job als ‚Hacker' und Forscher erfüllen zu können.[424] Seine Sensibilisierung für Grenzen und Gegensätze versucht er in seinem Konzept der *postsymbolischen Kommunikation* zu thematisieren und zu charakterisieren:

„[...] ohne Symbole zu kommunizieren. Das hat einen anderen Rhythmus. [...] und deshalb hat man statt dessen Knoten relativer Statik gegenüber Perioden großer Dynamik. [...]. Die Idee könnte sich als falsch erweisen: [...]. Es ist also ein großartiges Experiment, [...]. Natürlich laufen Kommunikationen ohne Symbole immerzu ab. Das deutlichste Beispiel [...], ist das Erleben in der Natur. Die direkte Wahrnehmung, die man hat, wenn man einen Waldspaziergang macht und von der Natur angesprochen wird, geht den Symbolen voraus und übertrifft sie. Das braucht man nicht zu beweisen. Ein Beispiel für eine nach außen gehende Kommunikation ohne Symbole ist die Bewegung des eigenen Körpers. [...]: man teilt seinem Körper vorsymbolisch mit. [...]. Freilich, das sind gereinigte Beispiele, gereinigte Beispiele für nichtsymbolische Kommunikation, die es schon gibt. Aber natürlich ist das ganze Leben tief von nichtsymbolischer Kommunikation durchdrungen. Ein Buch hat nichtsymbolische Aspekte, das heißt [...]. Alles und jedes hat symbolische und nichtsymbolische Aspekte. Ein Ding ist kein Symbol, man kann bloß alles als Symbol gebrauchen. Ein Symbol bedeutet einen bestimmten Gebrauch eines Dinges, aber alles ist auch ein Ding an und für sich; alles hat eine ursprüngliche Dinghaftigkeit. (vertrackte Sätze wie

---

[424] Anm.: Amüsanterweise belegt Lanier mit dem von ihm als Kompliment verstandenen Ausdruck *Hacker*, – mit der Akzentuierung auf einen „*serious*" Hacker, – nicht nur Alan Turing, sonder auch Claude Shannon und John von Neumann, und zudem auch alle nachfolgenden ‚Cracks' der Computerbranche, die imstande sein werden, das Problem der ‚phenotropics', bzw. das ‚ultra-large-scale software'-Problem zu lösen. Der Gebrauch des Ausdrucks ist jedoch nicht weiter verwunderlich, sonder folgerichtig, da mit allen ‚krpytographischen' und symbolbehafteten Prozessen, eben auch der Sprache, ein Decodierungskonzept mit einhergeht. Des weiteren steht Lanier, wie schon angesprochen, in der Tradition der intellektuellen, seriösen Hacker-Bewegung und ist ihren Werten verbunden.
Vgl. Lanier, Jaron, *Coding from Scratch*, A Conversation with Virtual Reality Pioneer Jaron Lanier, Part One, 2003, a.a.O.

dieser haben mich auf die Suche nach postsymbolischen Kommunikationsformen gebracht!)."⁴²⁵

Interessant an dieser Charakterisierung ist, wie nahe doch Jaron Lanier mit ihr an die Darstellungsweise und Begriffserklärung der *alétheia* bei Wolfgang Schadewaldt heranreicht. Selbst die von Nietzsche darüber hinaus reichende Charakterisierung des *dynamischen* Wechselverhältnisses des Rhythmus von Erkenntnis allgemein, durch Apollon und Dionysos symbolisiert, ist von Lanier vom Prinzip her miterkannt worden.

Falls man jetzt auf den Gedanken verfallen könnte, dass dem Konzept der postsymbolischen Kommunikation ein so vereinnahmendes und gleichzeitig vereinfachendes Kommunikationselement wie dem der Künstlichen Intelligenz innewohnt, wie das, wenn von einem gleichartigen und gleichförmigen Transfer von Bewusstseins- und Wahrnehmungszuständen oder gar parapsychologisch anmutenden Aspekten gesprochen wird, dann sieht man sich hier auf das Entschiedenste enttäuscht:

"I don't think virtual reality will ever serve as a substitute for the physical world. [...]. By putting it into a computer, you remove its mystery; it's blander and clunkier. You turn it into a finite model. [...]. The emotional character of virtual reality is completely different from that of physical world. VR is a craft you create. People say, 'I want to try virtual reality because I want to the thrill of having these experiences wash over me,' but in fact the experience is the opposite of that. It's very intentional. A better name for it, actually, might be intentional reality. The physical world is thrilling because it's infinitely subtle: There's always more to perceive. It surrounds us with a sea of mystery. [...]. What's exciting are the frontiers of imagination, the waves of creativity as people makes up new things."⁴²⁶

Es gibt keinen rein passiven Umgang mit einem Werkzeug oder tool, bzw. mit der Technologie an sich, – und insbesondere, in diesem Kontext, auch nicht mit der VR.

---

[425] Lanier, Jaron, *Kommunikation ohne Symbole*, in: Waffender, Manfred und Moos Ludwig (Hg.), *Cyberspace, Ausflüge in virtuelle Wirklichkeiten*, a.a.O., S. 88-9. Oder im engl. Original: Lanier, Jaron, *A Vintage Virtual Reality Interview*, a.a.O.
[426] Lanier, Jaron, *Interview with Jaron Lanier*, von Doug Stewart geführt. In: *OMNI*, a.a.O.

Die Funktionsfähigkeit von visueller Kommunikation und deren Vermittlung von Intentionalität und Inhalten lässt sich eventuell grob und anfänglich am Versuch des Surrealismus ablesen und einschätzten, da er ähnlich der Technologie der Virtuellen Realität eine *surreale* Welt mitsamt ihren Phantasiegebilden, Unbewusstem und Träume kommunizieren wollte. Trotz seiner großen Beliebtheit, muss man das Scheitern der Ziele des Surrealismus konstatieren.
Die Übertragungsleistung war zu gering. Die Decodierung muss auf der Grundlage einer ihr entsprechenden Basis stattfinden. Auch bei einer in Echtzeit ablaufenden interaktiven (visuellen) Kommunikationsart, dem Vorteil der Virtuellen Realität gegenüber dem Surrealismus, bleibt zu beachten, dass die Metamorphosen und Transformationen dargestellt durch beliebige Phantasie-Avatare nur *durch sich selbst* wirken und zu bewirken vermögen, und genau darin ihre Kommunikationsgrenzen liegen. Michael Heim weist allgemein auf den wichtigen Zusammenhang mit dem Ritual hin, das im Cyberspace, trotz aller Modernität und Umwertung der Werte nicht wegzudenken ist:
„Avatare knüpfen an die Magie der Transformation an. [...]. Diese Fähigkeit ist der Kern des Rituals."[427]
Das Ritual wird in der Regel von einem vielschichtigen Flair umgeben: seine Komponenten sind, um hier nur die in diesem Kontext interessierenden zu nennen: das Geheimnis, die (eigene) Maske im Sinne Nietzsches und das aufbegehrende, Widerstand auslösende Moment.
Kreativität beruht meines Erachtens analog wie in der ‚normalen' Wirklichkeit auch in der Virtuellen Realität auf den gleichen Voraussetzungen und Entwicklungsbedingungen, zu denen meiner Überzeugung nach, u.a. die gerade aufgezählten Faktoren des Rituals und der Konvention gehören.
Kreativität, Assoziativität und Phantasie werden oft miteinander vermengt, und im wesentlichen gilt, was Hartmut von Hentig festhält: „Die allgemeinen Merkmale der Kreativität übernimmt der Deutsche von den Amerikanern", und „der glaubt die Kreativität von der Intelligenz ablösen zu sollen".[428] Des weiteren wird mit dieser

---

[427] Michael Heim, *Transmogrification*, a.a.O., S. 52
[428] Vgl.: Hentig von, Hartmut, *Kreativität. Hohe Erwartungen an einen schwachen Begriff*, Beltz Taschenbuch, Weinheim, Basel, 2000, S. 33

Polarisierung, entsprechend der Einteilung in KI versus VR, die Anregung von Kreativitätsentfaltung mit dem Visuellen und die der Intelligenz mit dem Sprachlogischen assoziiert.[429] Dies ist sicherlich eine Einteilung, die in eine Sackgasse führt, da sie zu oberflächlich ist, und trotz Neuronaler Netze, die mit dem *sogenannten* ‚assoziativen Lernen' verbunden werden, damit am zu untersuchenden Phänomen vorbei forscht.

Beim Aufenthalt im ‚Cyberspace', oder in der CAVE, bzw. in der phänomenologischen Welt der Technologie der Virtuellen Realität wird man folgendes bemerken können:

„Basically, in Virtual Reality everything is in infinite supply, except for one mysterious thing, called creativity.[...]. Personality will be accentuated since form will be so cheap, [...]."[430]

Die Technologie der Virtuellen Realität wird unter Garantie unser *Wahrnehmungs- und Intuitionsvermögen* bedeutend verändern.
Dabei werden wir sicherlich etwas über die Performance, bzw. die (Selbst)darstellung des Menschen lernen, über seinen Spieltrieb und die Phantasie, genauso über seine Psyche und das Unbewusste, wie auch die Forschung der Visual Literacy vorangetrieben werden, und die wissenschaftlichen Theorien aller Art durch ihren neu gewonnenen Anschaulichkeitsgrad zu einer ‚Demokratisierung' des Wissensstandards beitragen, sowie vielleicht zu einer schnelleren Erkenntnisgewinnung und zu einer industriellen Produktivitätssteigerung usw.
Doch neben all diesen wichtigen Einzelaspekten scheint mir das wirklich Bedeutende und Neuartige der neuen Technologie der Virtuellen Realität darin zu liegen, dass *durch* ihre *Bedienungs-Charakteristik* der Weg offen steht für eine methodische Erfahrung und Erfassung einer Intelligenz-Kreativität, oder auch einer Kreativitäts-Intelligenz, kurz zusammengefasst und wiedergegeben, unter dem Ausdruck *alétheia*.

Entgegen der weitverbreiteten Hoffnung, dass mit der fortschreitenden Entwicklung der Technologie der Virtuellen Realität ein explo-

---

[429] Vgl. z.B.: Pettersson, Rune, *Visual Literacy und Infologie*, in: Weidenmann, Bernd (Hg.), *Wissenserwerb mit Bildern*, a.a.O., S. 223
[430] Lanier, Jaron, *A Vintage Virtual Reality Interview*, a.a.O.

sionsartiger Zuwachs an Kreativitätspotential zu erwarten sei und sich gesellschaftlich nutzen lasse[431], bin ich persönlich in dieser Hinsicht eher zurückhaltend und skeptisch eingestellt:

Kreativität, Phantasie und Träume aus der notwendigen, perspektivischen Vielfalt heraus *schaffend zu erstreiten*, und diese darüber hinaus *zu erhalten*, ist meines Erachtens sicherlich genauso schwierig und wichtig, wie der steinige, lange und nichtendende intellektuelle Weg der individuellen freien Meinungsbildung und -äußerung, oder gesellschaftspolitisch und historisch gefasst, wie das Gut der *Freiheit* schaffend zu erstreiten und zu erhalten.

---

[431] Anm.: Lanier prognostiziert: „Virtuelle Realität, in der wir unsere Träume teilen können, gibt es frühestens in 300, vielleicht aber auch erst in 500 Jahren." Siehe: Lanier, Jaron, *Visionen. Treffen der Ersatzwesen*, In: *Stern*, 2002. Nachzulesen unter: http://www.stern.de/artikeldruckansich/?id=164110&siteref=/computernetze/spezial/

Anhang:

1. Abbildung: Avatar, transhumanoides Beispiel: Sqaak

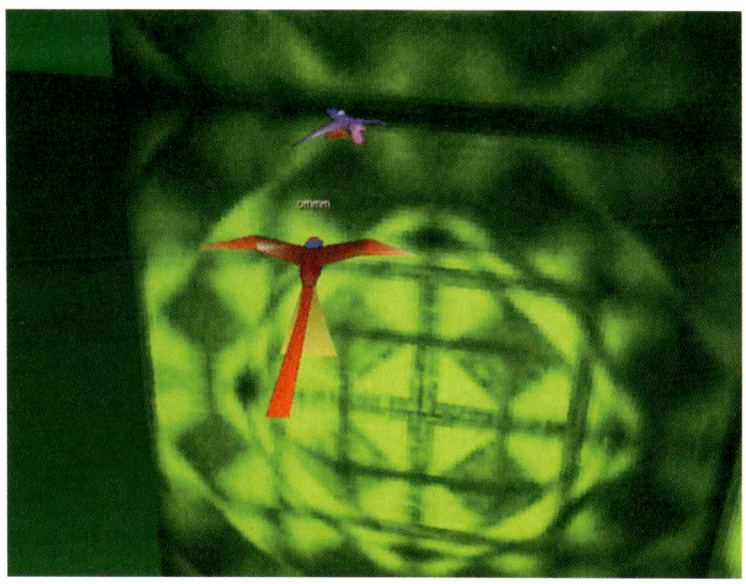

Abdruck mit freundlicher Genehmigung von
Michael Heim.

Aus: *Transmogrification*
Dokument: http://www.mheim.com/html/transmog/transmog.htm

2. Abbildung: Avatar, transhumanoides Beispiel: Tweek

Abdruck mit freundlicher Genehmigung von
Michael Heim.

Aus: *Transmogrification*
Dokument: http://www.mheim.com/html/transmog/transmog.htm

3. Abbildung: *Videoplace-System* von Myron Krueger.

Interaktion mit Critter, einer kleinen grünen Computerfigur, die sich wie ein scheues, verspieltes Wesen verhält. Bewegt sich der User langsam im Raum, gewinnt sie nach und nach Zutrauen und nimmt das Spiel mit ihm auf. Man kann sich dabei selbst auf der Leinwand beim Spielen beobachten.

Abdruck mit freundlicher Genehmigung von Myron W. Krueger,
Artificial Reality Corp., Vernon/ USA

4. Abbildung: Head-Mounted-Display (HMD) zur Zeit von Ivan Sutherland.

Abdruck mit freundlicher Genehmigung von,
Corporate Office Sun Microsystems, Inc.
4150 Network Circle
Santa Clara, CA 95054

Dokument:
http://www.sun.com/960710/feature3/alice.html

5. Abbildung: HMD (aktuellere Version)

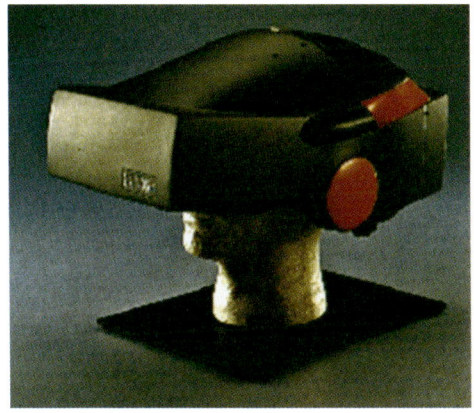

Abdruck mit freundlicher Genehmigung von Klaus-Peter Beier,
University of Michigan Virtual Reality Laboratory

Dokument:
http://www-vrl.umich.edu/intro/index.html

6. Abbildung: CAVE (schematisch)

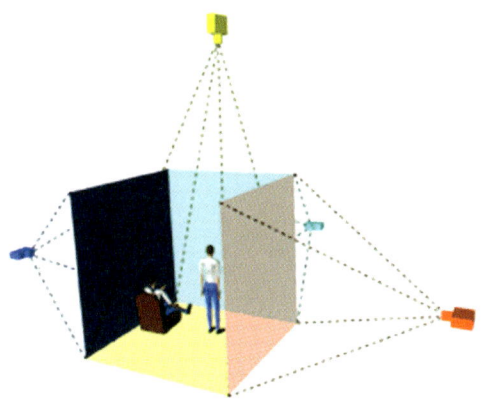

Abdruck mit freundlicher Genehmigung von Klaus-Peter Beier,
University of Michigan Virtual Reality Laboratory

Dokument:
http://www-vrl.umich.edu/intro/index.html

7. Abbildung:

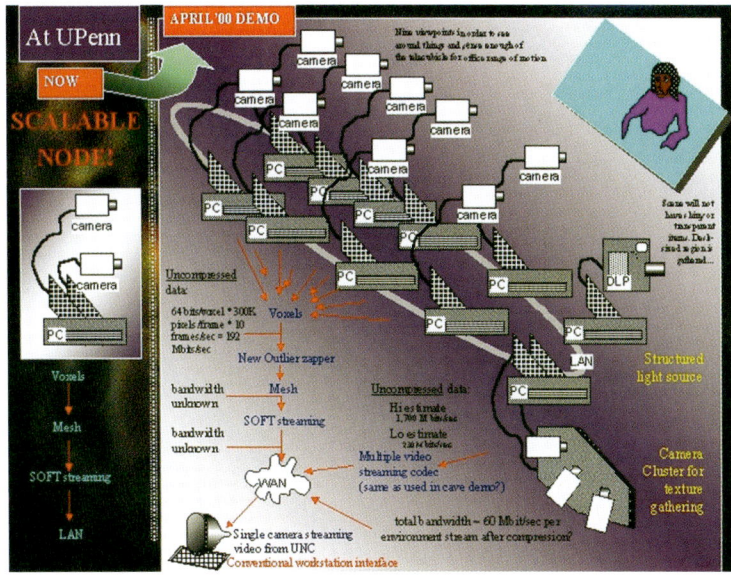

Abdruck mit freundlicher Genehmigung von
Jaron Lanier.

Advanced Network &Services in Armonk, NY, USA
Server: http://www.advanced.org/tele-immersion/Slides/pentagon99

8. Abbildung: Three views of the same data

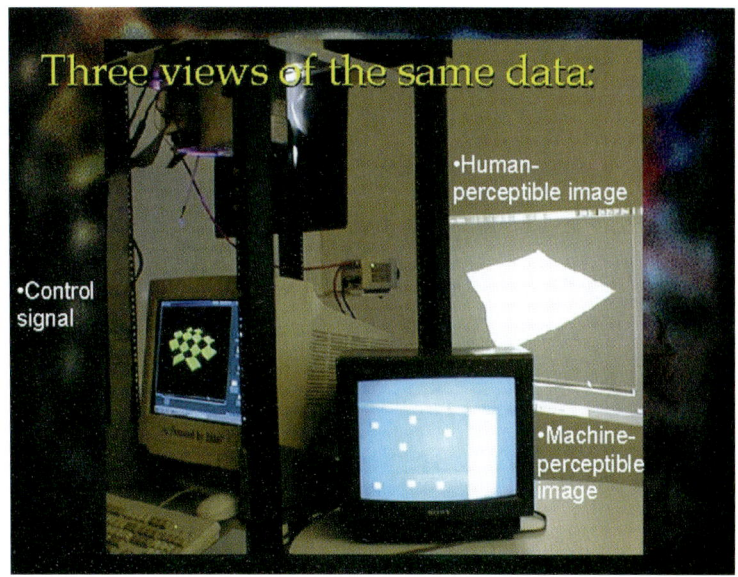

Abdruck mit freundlicher Genehmigung von
Jaron Lanier.

Advanced Network &Services in Armonk, NY, USA
Server: http://www.advanced.org/tele-immersion/Slides/pentagon99/

9. Abbildung: Behold the Telecubicle

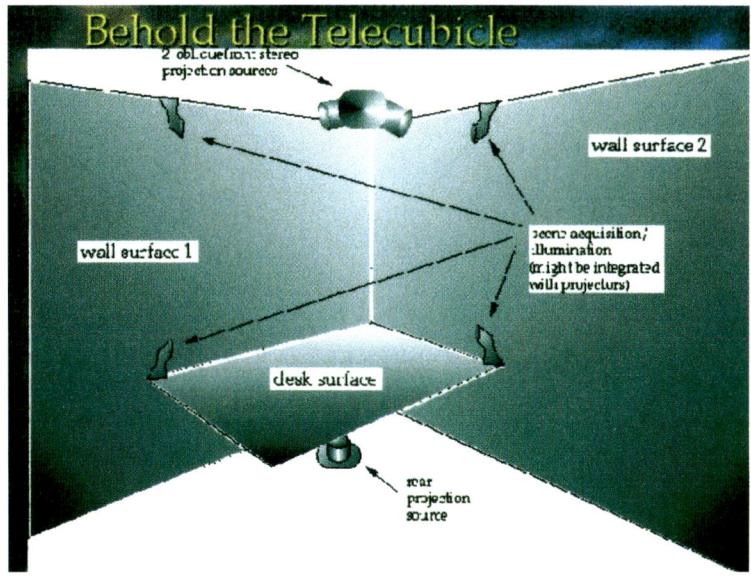

Abdruck mit freundlicher Genehmigung von
Jaron Lanier.

Advanced Network &Services in Armonk, NY, USA
Server: http://www.advanced.org/tele-immersion/Slides/pentagon99

10. Abbildung: Transcending ‚Avatars'

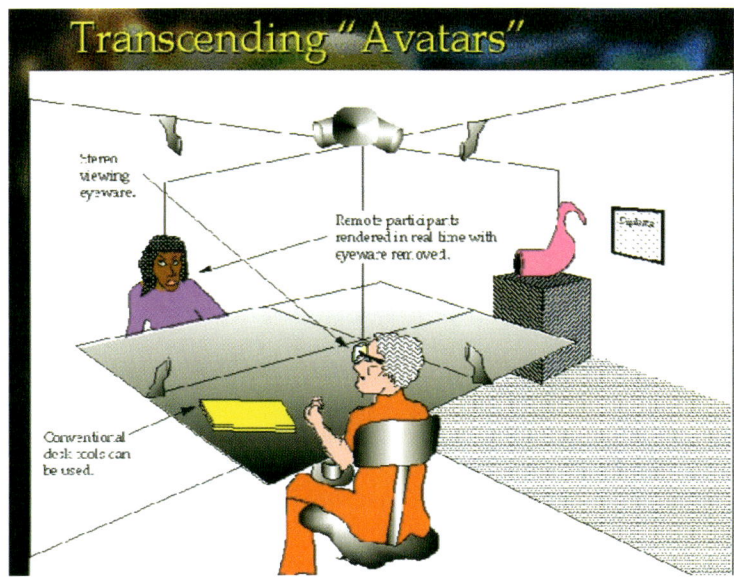

Abdruck mit freundlicher Genehmigung von
Jaron Lanier.

Advanced Network &Services in Armonk, NY, USA
Server: http://www.advanced.org/tele-immersion/Slides/pentagon99

Literatur- und URL-Verzeichnis

Es liegt in der Thematik der Neuen Technologien begründet, das manche Literatur-Quellen nur im Internet zur Verfügung stehen. Alle angegebenen Adressen wurden am 30.05.2003 nochmals auf ihre Richtigkeit und Verfügbarkeit überprüft.

Adorno, Theodor, W., *Gesammelte Schriften*, 20 Bde., Hrsg. von Rolf Tiedemann, Frankfurt a. M., 1970-86

Abel, Günter, *Nietzsche. Die Dynamik der Willen zur Macht und die ewige Wiederkehr*, de Gruyter, Berlin, 1998

Abel, Günter, *Logik und Ästhetik*, In: *Nietzsche-Studien, Internationales Jahrbuch für die Nietzsche-Forschung*, Bd. 16 (1987), de Gruyter, Berlin

Abrams, H.; Watsen, K.; Zyda, M., *Three Tiered Interest Management for Large-Scale Virtual Environments*, in the Proceedings of VRST 98, November 1998, Taipei.

Arbib, Michael A., *Handbook of Brain Theory and Neuronal Networks*, MIT Press, Cambridge, 1995

Aristoteles, *Poetik*, übersetzt von Manfred Fuhrmann, Stuttgart, 1982

Aristoteles, *Werke in deutscher Übersetzung*, Begr. von Ernst Grumach, Hrsg. von Hellmut Flashar, Wissenschaftliche Buchgesellschaft, Darmstadt

Babbage, Charles, M., *Notions sur la Machine Analytique de M. Charles Babbage*, by L. F. Menabrea, Bibliotheque Universelle de Geneve, 41, 352-76; tr. with additional notes by Ada Lovelace as *Sketch of the Analytical Engine*, (1843) *Scientific Memoirs*, iii, 666-731.

Bardini, Thierry, *The Augmentation of Human Intellect as an Alternative Research Program to Artificial Intelligence: Implications for the Definition of the Human-Machine-Boundary*, Universität Montreal, 2000

Bardini, Thierry; *Bootstrapping: Douglas Engelbert, Coevolution, and the Origins of Personal Computing*, Stanford University Press, 2000

Bartels, Andreas, *Grundprobleme der modernen Naturphilosophie*, Ferdinand Schöningh Verlag, Paderborn, 1996

Baudrillard, Jean; Böhringer, Hannes; Flusser, Vilém; von Foerster, Heinz; Kittler Friedrich; Weibel, Peter, *Philosophien der neuen Technologie*, (Hg.) ars electronica, Merve, Berlin, 1988

Baudrillard, Jean, *Simulacra and Simulation*, übers. aus dem Franz. von Sheila Faria Glaser, Michigan, 1994

Baudrillard, Jean, *Agonie des Realen*, übers. aus dem Franz. von Lothar Kurzawa und Volker Schaefer, Merve, Berlin, 1978

Bear, Greg, *Blood Music*, New York, Ace Books, 1985

Bender, Hans; *Parapsychologie, Entwicklung, Ergebnisse, Probleme*, In: *Wege der Forschung*, Bd. IV, Wissenschaftliche Buchgesellschaft Darmstadt, 1976

Blumenberg, Hans, *Technik und Wahrheit. In: Actes Du Xième Congrès International de Philosophie.* Vol. 11, Amsterdam 1953

Böhme, Gernot, *Natürlich Natur. Über Natur im Zeitalter ihrer technischen Reproduzierbarkeit*, Suhrkamp, Frankfurt a. M., 1992

Braitenberg, Valentin, *Künstliche Wesen. Verhalten kybernetischer Vehikel*, aus dem Engl. von Dagmar Frank und Valentin Braitenberg, Vieweg, Braunschweig, 1986, Amerik. Originaltitel: *Vehicles. Experiments in Synthetic Psychology*, MIT Press, Cambridge, 1984

Bromley, Roger; Göttlich Udo; Winter Carsten (Hrsg.), *Cultural Studies. Grundlagentexte zur Einführung*, aus dem Engl. von Kreuzner Gabriele; Suppelt Bettina; Haupt Michael, zu Klampen Verlag, Lüneburg, 1999

Bronstein,I. N.; Semendjajew, K.A.; *Taschenbuch der Mathematik*, Verlag Harri Deutsch, Frankfurt

Brooks, F.P.Jr., *What's Real About Virtual Reality?*, IEEE Computer Graphics & Applications, Volume 19, Number 6, November/December 1999, pages 16-27

von Bülow, Andreas, *Im Namen des Staates, CIA, BND und die kriminellen Machenschaften der Geheimdienste*, Piper Verlag, München, 1998

Capelle, Wilhelm, *Die Vorsokratiker. Die Fragmente und Quellenberichte*, Kröner TA, Bd. 119, Stuttgart, 1953

Capurro, Rafael, *Information: ein Beitrag zur etymologischen und ideengeschichtlichen Begründung des Informationsbegriffs*, Saur, München, 1978

Capurro, Rafael, *Leben im Informationszeitalter*, Akademie-Verlag, Berlin, 1995

Capurro, Rafael, *Beiträge zu einer digitalen Ontologie*, nachzulesen unter: http://www.capurro.de/diont.htm

Capurro Rafael, *Einführung in den Informationsbegriff*, Kap. III, nachzulesen unter: http://www.capurro.de/infovorl-kap3.htm

Chalmers, David J., *The Conscious Mind. In Search of a Fundamental Theory*, Oxford University Press, New York, 1996

Charon, Jean Emile, *L'Esprit, cet inconnu*, übersetzt von Alexandra Auer, *Der Geist der Materie*, Zsolnay Verlag, Wien, Hamburg, 1979

Chomsky, Noam, *Regeln und Repräsentationen*, Suhrkamp Verlag, Frankfurt, 1981

Chomsky, Noam, *Reflexionen über die Sprache*, Suhrkamp Verlag, Frankfurt, 1977

Church, Alonzo, *An Unsolvable Problem of Elementary Number Theory*, American J. of. Math. 58, (1936), pp 345-363

Countesse of Lovelace, Ada Augusta, *Translator's notes to an Article on Babbage's Analytical Engine*, Scientific Memoir (ed. by R. Taylor), Vol. 3 (1842), pp 691-731

Cruz-Neira, Carolina.; Sandin, D.J.; DeFanti, T.A., *Surround-Screen Projection-Based Virtual Reality: The Design and Implementation of the CAVE*, ACM Computer Graphics, Vol. 27, Number 2, July 1993, pp 135-142

Cruz-Neira, C.; DeFanti, T.A and Sandin, D.J., *A Room with a View*, IEEE Spectrum, October 1993, pp 28-35

Cruz-Neira, C.; Leigh, J.; Papka, M.; Barnes, C.; Cohen, S. M.; Das, S.; Engelmann, R.; Hudson, R.; Roy, T.; Siegel, L.; Vasilakis, C.; DeFanti, T. A. & Sandin, D. J. (1993). *Scientists in wonderland: A report on visualization applications in the CAVE™ virtual reality environment*, In Proceedings of the IEEE 1993 Symposium on Research Frontiers in Virtual Reality, San Jose, CA, USA, (pp. 59-66). Los Alamitos, CA, USA: IEEE Comput. Soc. Press.

Darwin, Charles, *On the origin of species by means of natural Selection, or the preservation of favored races in the struggle for life*, aus dem Englischen übersetzt: *Über die Entstehung der Arten durch natürliche Zuchtwahl oder die Erhaltung der begünstigten Rassen im Kampfe um's Dasein*. 4. Auflage.

Durchges. und berichtigt von J. Victor Carus, Stuttgart: Schweizerbart, 1870

Darwin, Charles, *The collected papers*, Chicago, Chicago Press, 1977

Dawkins, Richard, *Das egoistische Gen*, Heidelberg, Spektrum, Akad. Verl., 1994

Dennett, C. Daniel, *Spielarten des Geistes, Wie erkennen wir die Welt?*, Goldmann, München, 2001

Dennett, Daniel Clement, *Consciousness explained*, Penguin Press, London, 1991

Descartes, René, *Œuvres de DESCARTES*, publ. par Charles Adam et Paul Tannery, [AT], in 11 Bd.e, Paris 1897-1909; nouv. présent., en co-édition avec le CNRS, Paris 1973-87

Descartes René, *Correspondance*, in AT I-V; dt., Briefe 1629-1650, hrsg. und Anm. von Max Bense, übersetzt von F. Baumgart, Köln, Krefeld, 1949

Dessauer, Friedrich, *Streit um die Technik*, Herder Verlag, Freiburg, 1959

Dessauer, Friedrich, *Quantenbiologie: Einführung in einen neuen Wissenszweig*, Berlin, Springer, 1954

Diels, Hermann, *Herakleitos von Ephesos*, Berlin, 1909

Diels, Hermann, *Die Fragmente der Vorsokratiker*, hg. v. Walter Kranz, Weidmann, Berlin, 1934

Diels, Hermann, *Antike Technik*, Teubner, Leipzig, 1940

Drozkowski, Stefan, *Virtual Reality bei Daimler Benz*, 1995 Nachzulesen unter: http://www.idw-online.de/public/pmid-125/zeige_pm.html

Dueck, Gunter, *Wild Duck. Empirische Philosophie Mensch – Computer – Vernetzung*, Springer, Heidelberg, 2002

Duns Scotus, Johannes, *Duns Scotus on the Will and Morality*, selected and translated with an introd. by Allan B. Wolter, Catholic Univ. of America Pr., Washington, 1986 (engl., lat.)

Engelbart, Carl Douglas, *Augmenting Human Intellect. A Conceptual Framework*, Stanford, Stanford Research Institute, Oktober 1962

Engelmann, Lutz (Hg.), *Kleiner Leitfaden Informatik und ihre Anwendungen*, Gesellschaft für Bildung und Technik, Berlin, 2000

Erlach, Klaus, *Eine Kritik der poiëtischen Vernunft. Anmerkungen* zur Wissenschaftstheorie vom technischen Gestalten. In: *Journal of General Philosophy of Science*, Vol. 32, No 1, Kluwer Verlag, 2000

Feynman, Richard; Leigthon, Robert B.; Sands Matthew, *Vorlesungen über Physik*, Bd. III, *Quantenmechanik*, Oldenbourg Verlag, München, 1988. Originaltitel: *The Feynman Lectures on Phsysics*, 1965

Finster, Reinhard; van der Heuvel, Gerd, *Leibniz*, rowohlt, Hamburg, 4. Aufl., 2000

von Foerster, Heinz, *Sicht und Einsicht. Versuche zu einer operativen Erkenntnistheorie*. Aus dem Engl. übersetzt. von Wolfram K. Köck, Vieweg, Braunschweig, 1985

Gamm, Gerhard, *Nicht nichts, Studien zu einer Semantik des Unbestimmten*, Suhrkamp, Frankfurt, 2000

Gamow, George, *Biographie der Physik, Forscher–Ideen–Experimente*, Econ-Verlag, Düsseldorf, 1965. Amerik. Originaltitel: *Biography of Physics*, in: Harper Modern Science Series, New York, 1961

Gates, Bill, *Der Weg nach vorn: die Zukunft der Informationsgesellschaft*, Hoffmann & Campe, Hamburg, 1995. Original: *The Road Ahead*, Penguin Books, New York

Getzels, Jakob W.; Jackson, Philip W., *Creativity and Intelligence. Explorations with Gifted Students*, John Wiley & Sons, London, New York, 1962

Gibson William, *Neuromancer*, Heyne, München, 1987, aus dem Amerik. von Reinhard Heinz; Amerik. Originaltitel: *Neuromancer*, New York, Ace Books, 1984

Gibson, William, *Idoru*, Heyne, München, 1999, aus dem Amerik. von Peter Robert; Amerik. Originaltitel: *Idoru*, Putnam's Sons, New York, 1996

Gibson, William, *Biochips*, Heyne, München 1991. Originaltitel: *Count Zero*, 1986

Glasenapp, von Helmuth, *Indische Geisteswelt*, Bd. 1, Verlag Werne Dausien, Hanau, 1986

Gödel, Kurt, *Über formal unentscheidbare Sätze der Principia Mathematica und verwandter Systeme*, Monatshefte für Math. und Phys., 1931

Gödel, Kurt, *Unpublished philosophical essays, with a historico-*

philosophical introduction, Ed. by Francisco A. Rodríguez Consuegra, Birkhäuser, Basel, 1995

Gödel, Kurt, *Collected works*, Ed. by Solomon Feferman, Oxford Univ. Press, New York

Goodman, Nelson, *Fact, Fiction, and Forecast*, Bobbs-Merrill, Indianapolis, NY, 1973

Goswami, Amit, *Physiscs with nondual consciousness*, In: *Philosophy East & West, A Quarterly of Comparative Philosophy*, Vol. 51, No. 4 (Okt.), 2001, S. 535-544

Guillford, J.P. et al., *A factor-analytic study of creative thinking II: administration of tests and analysis of results*. In: *Reports from Psychology Laboratory*, No. 8 (1952), University of Southern California, Los Angeles

Haken, Hermann, *Synergetik, Nichtgleichgewichts-Phasenübergänge und Selbstorganisation in Physik, Chemie u. Biologie*, Springer, Berlin, 1983

Halfmann, Jost (Hrsg.), *Technische Zivilisation. Zur Aktualität in der gesellschaftlichen Selbstbeschreibung*, Leske und Budrich, Opladen, 1998

Hawking, Stephen W.; Penrose, Roger; *The nature of space and time*, Princeton Univ. Press, Princeton, 1996

Hayles, Katherine, *How we became posthuman, Virtual Bodies in Cybernetics, Literature and Informatics*, Univ. of Chicago Press, Chicago, 1999

Heckmann, Herbert; Dette, Gerhard (Hg.), *Phantasie als Leistung, Voraussetzungen der Literatur und Wirtschaft*, Wallstein Verlag, Göttingen, 1996

Heidegger, Martin, *Gesamtausgabe*, Vittorio Klostermann, Frankfurt a.M., IV Abteilungen, etwa 80 Bde.

Heidegger, Martin, *Die Frage nach der Technik*. In: ders., *Vorträge und Aufsätze*, Günther Neske, Pfullingen, 1967

Heim, Michael, *The Metaphysics of Virtual Reality*, Oxford University Press, New York, 1993

Heim, Michael, *Virtual Realism*, Oxford University Press, New York, 1998

Heim, Michael, *The Metaphysical Foundations of Logic von Martin Heidegger*, Michael Henry Heim (Übersetzer) Indiana University Press, 1992

Heim, Michael, *Transmogrification*, Vortrag auf dem Symposium:

Ritus- Kult-Virtualität, 9.-10. Juni 1999 in Graz. Nachzulesen unter: http://www.mheim.com/media/transgerm.pdf. Auch im Englischen Original unter: http://www.mheim.com/html/transmog/transmog.htm

Heim Michael, *Crossroads in Virtual Reality*, In: Marchese, Francis T., (ed.), *UnderstandingImages, Finding Meaning in Digital Imagery*, Springer Verlag/ TELOS, New York, 1995, Kap. 14

Heisenberg, Werner, *Das Naturbild der heutigen Physik*, Rowohlt, Hamburg, 1955

Hennig, Alexander, *Die andere Wirklichkeit, Virtual Reality, Konzepte, Standards, Lösungen, (inkl. CD-ROM)*, Addison Wesley, Bonn, 1997

Hentig von, Hartmut, *Kreativität. Hohe Erwartungen an einen schwachen Begriff*, Beltz Taschenbuch, Weinheim, Basel, 2000

Herodot, *Werke*, hg. v. H. W. Häussig, Stuttgart, 1963

Hesse, Stefan, *Mars und die Roboter*, Brandenburgerisches Verlagshaus, Berlin, 1990

Hitzing, Lars, *Escape – Identität im Cyberspace. Eine medienpädagogische Betrachtung über den Einfluss von Multi User Dungeons auf die Persönlichkeitsentwicklung*, Dipl.arbeit, TU Dresden, 2002

Hobbes, Thomas, *The English Works of Thomas Hobbes*, Bd. 1-11, (Hg.) Molesworth, William, Scienta-Verlag, Aalen

Horkheimer, Max; *Gesammelte Schriften*, Hrsg. von Alfred Schmidt, Fischer, Frankfurt a.M.

Jaspers, Karl, *Plato, Augustin, Kant, Drei Gründer des Philosophierens*, Piper, München, 1962

Jütte, Robert; *Die Geschichte der Sinne. Von der Antike bis zum Cyberspace*, Beck Verlag, 2002

Kamberova, G.; Bajcsy, R., *Sensor Errors and the Uncertainties in Stereo Reconstruction, Empirical Evaluation Techniques in Computer Vision*, (Eds.) K. Bowyer and P. Jonathon Phillips, IEEE Computer Soc. Press, 1998

Kant, Immanuel, *Gesammelte Schriften*, Kritische Ausgabe, in 4 Abteilungen, (hg.) Berliner Akademie der Wissenschaften, 1900 ff

Kippenhahn, Rudolf, *Verschlüsselte Botschaften, Geheimschrift, Enigma und Chipkarte*, Rowohlt, Hamburg, 1999

Kirk, Geoffrey Stephan, *Heraclitus, The Cosmic Fragments*, Univ. Press, Cambridge, 1954

Kirk, Geoffrey S.; Raven, John E., *The Presocratic Philosophers*, Univ. Press, Cambridge, 1957

Kittler, Friedrich, *Hardware, das unbekannte Wesen*. In: (Hg.) Sybille Krämer, *Medien, Computer, Realität. Wirklichkeisvorstellungen und Neue Medien*, Suhrkamp, Frankfurt a.M., 1998

Kleene, S.C., *General Recursive Functions of Natural Numbers*, American J. of Math., 57, (1935), pp. 153-173 u. 219-244

Krämer, Sybille, *Zentralperspektive, Kalkül, Virtuelle Realität*, In: *Medien-Welten. Wirklichkeiten*. (Hg.) Vattimo, Gianni; Welsch, Wolfgang, München, 1998

Krämer, Sybille (Hg.), *Medien Computer, Realität. Wirklichkeitsvorstellungen und Neue Medien*, Suhrkamp, Frankfurt a.M., 1998

Krueger, Myron W., *Computer-Controlled Responsive Environments*, Dissertation an der University of Wisconsin, 1974, veröffentlicht 1983, als *Artificial Reality*, Addison-Wesley, (1nd Ed.) und updated als *Artificial Reality II*, (2nd Ed., 1991)

Krueger, Myron W., *When, Why, and Whether to Experience Virtual Reality*, In: *Virtual Reality World '95*, IDG-Verlag, 1995, S. 477ff

Krueger, Myron W., *Die Kunstgeschichte der Künstlichen Realität*, In: *Cyberspace. Zum medialen Gesamtkunstwerk*, hg. von Florian Rötzer und Peter Weibel, Boer, München, 1993, S. 289-304

Krueger, Myron., *Myron Krueger Live*, Interview im Journal: *CTHEORY*, ed. Kroker, Marilouise and Arthur, nachzulesen unter: http://www.softatomic.com/retort/issue9/extras/extra01.htm

Krüger, Wolfgang; C. Bohn; B. Fröhlich; H. Scheuth; W. Strauss; G. Wesche, *The Responsive Workbench*, IEEE Computer, Vol. 28, No. 7, 1995.

Krüger, Wolfgang.; Fröhlich, B., *Responsive Workbench*, IPA/IAO Forum: *Virtual Reality '94, Anwendungen und Trends*, Warnecke, H.J.; Bullinger, H.J., (eds.), Springer Verlag 1994

Kuhn, Thomas S., *Die Struktur der wissenschaftlichen Revolution*, Suhrkamp, Frankfurt a.M., 1967

Kurzweil, Ray, *Homo sapiens, Leben im 21. Jahrhundert*, Kiepenheuer&Witsch, 1999 Originaltitel: *The Age of Spiritual Machines. When Computers Exceed Human Intelligence*, Viking/ Penguin Books, 1999

Lakoff, George; Johnson, Mark, *Metaphors We Live By*, Chicago University Press, Chigago, 1980

Lämmel, Uwe; Cleve, Jürgen, *Lehr- und Übungsbuch Künstliche Intelligenz*, Hanser, München, 2001

Lanier, Jaron, *Die Komplexitätsgrenze*, In: (Hg.) John Brockman, *Die nächsten fünfzig Jahre. Wie die Wissenschaft unser Leben verändern wird*, Ullstein, Berlin, München, 2002, S. 254-269. Originaltitel: *The Next Fifty Years. Science in the First Half of the Twenty-First Century*, Vintage/ Random House, New York, 2002

Lanier, Jaron, *Mindless Thought Experiments, a Critique of Machine Intelligence*. Nachzulesen unter: http://people.advanced.org/~jaron/aichapter.html

Lanier, Jaron, *Interview*, in: *Whole Earth Review*, 1988, oder unter: http://people.advanced.org/~jaron/vrint.html

Lanier, Jaron, *The Evolution of Culture*, 1999. Nachzulesen unter: http://www.edge.org/discourse/evolutionofculture.html

Lanier, Jaron, *A friendly discussion with Richard Dawkins*, unter: http://www.nyu.edu/classes/neimark/evolution.html

Lanier, Jaron, *You Can't Argue with a Zombie*, unter: http://people.advanced.org/~jaron/zombie.html

Lanier, Jaron, *Brief Biography of Jaron Lanier*, nachzulesen unter: http://www.well.com/user/jaron/general.html

Lanier, Jaron, *A Vintage Reality Interview*, nachzulesen unter: http://people.advanced.org/~jaron/vrint.html

Lanier, Jaron, *The Frontier Between Us*, nachzulesen unter: http://people.advanced.org/~jaron/cacam50.html

Lanier, Jaron, *Taking Stock*, nachzulesen unter: http://www.wired.com/wired/6.01/lanier.html

Lanier, Jaron, *When Push Comes to Shove*, nachzulesen unter: http://people.advanced.org/~jaron/push.html

Lanier, Jaron, *Agents of Alienation*, nachzulesen unter: http://www.people.advanced.org/~jaron/agentalien.html

Lanier, Jaron, *Virtual Reality, A techno-metapher with a life of its own*, In: *Whole Earth*, Fall 1999. Oder unter: htpt://www.wholeearthmag.com/ArticleBin/268.html

Lanier, Jaron, *Interview with Jaron Lanier*, von Doug Stewart geführt. In: *OMNI*, Online-Magazine, Jan. 1991, Nachzulesen unter: http://www.protovision.textfiles.com/computers/CYBERSPACE/lanier.txt

Lanier, Jaron, *My problem with Agents*, nachzulesen unter: http://www.people.advanced.org/~jaron/agentideeforte.html

Lanier, Jaron, *The Central Metaphor of Everything?*, Unter: http://www.edge.org/documents/day/day_lanier.html, 12.4.2001

Lanier, Jaron, *Jaron Lanier Interview* von Franz Fischnaller, in the „e-art" edition INGENIUM spezial edition, teilweise unter: http://www.fabricat.com/e_ART/e-exerpt.html

Lanier, Jaon, *The virtual visionary*, In: *The Guardian Saturday Review*, Dec. 29, 2001. Oder nachzulesen unter: http://www.guardian.co.uk/saturday_review/story/0,3605,625402,00.html

Lanier, Jaron, *The National Teleimmersion Initiative*, presentation given for US Army, The Pentagon vom 18.11.1999. Nachzulesen unter: http://www.advanced.org/tele-immersion/Slides/pentagon99/

Lanier, Jaron, *Coding from Scratch, A Conversation with Virtual Reality Pioneer Jaron Lanier*, Part One, by Janice Heiss, 2. März 2003. Nachzulesen unter: http://www.java.sun.com/features/2003/01/lanier_qa1.html

Lanier, Jaron, *The Future of Virtual Reality*, Part Two of a Conversation with Jaron Lanier by Janice Heiss 2. März 2003. Nachzulesen unter: http://www.java.sun.com/features/2003/02/lanier_qa2.html

Laurin, Stefan; *Virtuelle Realitäten – Über die Zukunft unserer Phantasie*, nachzulesen unter: www.intro-online.de/z5.html

Lawrence, Jeannette, *Neuronale Netze. Computersimulation biologischer Intelligenz*, Systema Verlag, München, 1992

Leibniz, Gottfried Wilhelm, *Das Neueste von China*, (1697) =

Novissima Sinica, (lat. u. dt.) Mit erg. Dokumenten hrsg., übers., erl. von Nesselrath u. Reinbothe, Dt. China-Ges., Köln, 1979

Leibniz, Gottfried Wilhelm, *Sämtliche Schriften und Briefe*, Hrsg. von der Akademie der Wissenschaften, (dt., lat., franz.), Teilw. im Verl. Koehler, Leipzig, erschienen. Später hrsg. von der Berlin-Brandenburgischen Akademie der Wissenschaften

Leibniz, Gottfried Wilhelm, *Opuscules et fragments inédits de Leibniz*, (Ed.) L. Couturat, Paris, 1903. (= C.)

Lenk, Hans, *Philosophie im technologischen Zeitalter*, Kohlhammer, Stuttgart, 1971

Lenk, Hans und Ropohl, Günther: *Technik zwischen Können und Sollen.* In: ders. (Hg.), *Technik und Ethik*, Reclam, Stuttgart, 1987

Lenk, Hans und Moser, Simon *(Hg.), Techne, Technik, Technologie. Philosophische Perspektiven*, Verlag Dokumentation Saur, Pullach, 1973

Lenk, Hans, *Interpretationskonstrukte. Zur Kritik der interpretatorischen Vernunft*, Suhrkamp, Frankfurt, 1993

Lenzen, Manuela, *Natürliche und Künstliche Intelligenz. Einführung in die Kognitionswissenschaft*, Campus Verlag, Frankfurt am M., 2002

Lerner, Franz, *Geschichte des Deutschen Glaserhandwerks*, Hofmann-Verlag, Schorndorf, 1981

Lettvin, J., H. Maturana; W. McCulloch und W. Pitts. (1959), *What the frog's eye tells the frog's brain.* Proceedings of the IRE 47:1940-1959. Reprinted in *Embodiments of Mind.*

Linke, Detlef, *Kunst und Gehirn. Die Eroberung des Unsichtbaren*, Rowohlt, Reinbek, 2001

Luhmann, Niklas, *Die Realität der Massenmedien*, Westdeutscher Verlag, Opladen, 1995

Luhmann, Niklas, *Die Kunst der Gesellschaft*, Suhrkamp, Frankfurt, 1997

Lyons, John, *Semantics*, Cambridge University Press, Cambridge, 1977

Machiavelli, Niccolò, *Discorsi, Gedanken über Politik und Staatsführung*, Kröner, Stuttgart, 1977

Machiavelli, Niccolò, *Il Principe, Der Fürst*, Kröner, Stuttgart,

1978

Machiavelli, Niccolò, *Mandragola, Clizia, Andria, Komödien*, Weinkler, München, 1976

Maes, Pattie, (ed.), *Designing Autonomous Agents: Theory and Practice from Biology to Engineering and Back*, MIT Press, 1991

Magnenat-Thalmann, N.; Kshirsagar, S.; Goto, T.; *Automatic Face Cloning and Animation*, IEEE Signal Processing Magazine May 2001, Vol. 18, No. 3, S. 17-25

Magnenat-Thalmann, Nadia, *Living both in the Real and the Virtual Worlds*, European Review – Interdisciplinary Journal of the Academia Europaea, Cambridge University Press, 2001

Magnenat-Thalmann, N.; Kalra, P.; Pandzic, I., *Direct Face To Face Communication Between Real And Virtual Humans*, In: *International Journal of Information Technology*, Vol. 1, No. 2, S. 145-157, 1995

Magnenat-Thalmann, Nadia; Kshirsagar, Sumedha, *The Emotional Talking Virtual Humans*, In: Riegler, Alexander; et.al. (eds.), *Virtual Reality, Cognitive Foundations, Technological Issues & Philosophical Implications,* Peter Lang, Frankfurt, 2001

Mall, Ram Adahr, *Intercultural Philosophy*, Rowman & Littlefield Publishers, USA, 2000

Marchese, Francis T., (ed.), *Understanding Images, Finding Meaning in Digital Imagery*, Springer Verlag/ TELOS, New York, 1995

Marx, Karl; Engels, Friedrich, *Gesamtausgabe*, bearb. von Hans-Peter Harstick, 1999

McCulloch, R., Ed. (1989), *Collected Works of Warren S. McCulloch*, 4 volumes, Salinas, CA: Intersystems Publications

Mehrgardt, Sönke, *Infineon Technologies AG – Moore's Zukunftsformel. Wo liegen die technischen Grenzen der Mikroelektronik,* 11.9.2002, Nachzulesen unter: http://www.changex.de/da00767.html

Minsky, Marvin, *Neural Nets and the Brain Model Problem,* Ph.D. dissertation, Princeton University, 1954

Minsky, Marvin, *Computation: Finite and Infinite Machines*, Prentice-Hall, 1967

Minsky, Marvin, *Perceptrons*, with Seymour A. Papert, MIT Press,

1969 (Enlarged edition, 1988).
Minsky, Marvin, *Artificial Intelligence*, with Seymour Papert, Univ. of Oregon Press, 1972.(Er schreibt dazu: Out of print, and we'd love to buy a copy!)
Miser, Charles W.; Thorne, Kip S.; Wheeler, John Archibald, *Gravitation*, by W.H. Freeman and Company, New York, 1973
Moore, E. Gordon, *Cramming more components onto integrated circuits*, in: Electronics, Vol. 38, No. 8, April 19, 1965. Oder auch: http://www.intel.com/research/silicon/mooreslaw.htm
Moravec, Hans, *Mind Children. The Future of Robot and Human Intelligence*, University Press, Cambridge, 1988
Müller-Fargurell, Roger W., *Tanz Figuren. Zur metaphorischen Konstitution von Bewegung in Texten, Schiller, Kleist, Heine, Nietzsche*, Fink Verlag, München, 1995
Mussgnug, Oliver, *Netzwesen Mensch. Vom Alltag im Cyberspace*, (Hg.) Hans Lenk und Robert Weimar, Peter Lang Verlag, Frankfurt a.M., 2002
Nagel, Thomas, *What is it like to be a bat*? In: The Philosophical Review LXXXIII, 4 (October 1974)
Nagel, Thomas, *The Structure of Science*, Harcourt, Brace, New York, 1961
Neumann, Helmut, *Das Lexikon der Internetpioniere*, Imprint Verlag, Berlin, 2002
von Neumann, John, *Collected Works*, Vol. 1-6, General ed. A. H. Taub, Pergamon Press, Oxford
Nietzsche, Friedrich, *Werke in drei Bänden*, Hrsg. Karl Schlechta, Carl Hanser Verlag, München, 1965 (und ein Index-Band) = I, II, III
Nietzsche, Friedrich, *Sämtliche Werke*, Kritische Studienausgabe in 15 Einzelbänden, Hrsg. von Giorgio Colli und Mazzino Montinari, de Gruyter, Berlin, New York, München, 1980 = KSA
Nietzsche, Friedrich, *Werke*, Kritische Gesamtausgabe in ca. 33 Bänden in 8 Abteilungen, Hrsg. von Giorgio Colli und Mazzino Montinari, de Gruyter, Berlin, New York, München, ab 1967 ff = KGW
Ommeln, Miriam, *Die Verkörperung von Friedrich Nietzsches*

Ästhetik ist der Surrealismus, Peter Lang Verlag, Frankfurt, 1999
Ortega y Gasset, José, *Die Aufgabe unserer Zeit*, Aus d. Span. von Helene Weyl, Verlag Neue Schweizer Rundschau Girsberger, Zürich, 1928
Pais, Abraham, *„Raffiniert ist der Herrgott..." Albert Einstein. Eine wissenschaftliche Biographie*, übers. von Roman U. Sexl, Vieweg, Braunschweig, 1986, Orig.: *„Subtile is the Lord..." The Science and the Life of Albert Einstein*, Oxford University Press, 1982
Parmenides, *Die Fragmente*, hrsg., übers. u. erl. von Ernst Heitsch, (griech., dt.), Artemis, München, 1991
Parmenides, *Vom Wesen des Seienden. Die Fragmente*, Hrsg., übers. u. erl. von Uvo Hölscher, Suhrkamp, Frankfurt am Main, 1986
Pauen, Michael, *Das Rätsel des Bewusstseins. Eine Erklärungsstrategie*, mentis, Paderborn, 1999
Paulinyi, Ákos, *Karl Marx und die Technik seiner Zeit*, Mannheim, Landesmuseum für Technik und Arbeit, 1998
Penrose, Roger, *Shadows of the Mind*, aus dem Englischen: *Schatten des Geistes. Wege zu einer neuen Physik des Bewusstseins*, Spektrum Akad. Verl., Heidelberg, 1995
Penrose, Roger, *The Emperor's New Mind. Concerning Computers, Minds, and The Laws of Physics*, Oxford Univ. Press, New York, 1989
Penrose, Roger (Hrsg.), *Quantum Concepts in Space and Time*, Clarendon Press, Oxford, 1986
Pettersson, Rune, *Visual Literacy und Infologie*, In: Weidenmann, Bernd (Hg.), *Wissenserwerb mit Bildern*, Verlag Hans Huber, Bern, 1994
Pfeiffer, Günter, *Kunst und Kommunikation*, DuMont, Schauberg, Köln, 1972
Pias, Claus, *Computer Spiel Welten*, Sequenzia, München, 2000
Picht, Georg, *Die Kunst des Denkens*. In: ders.: *Wahrheit. Vernunft. Verantwortung*, Klett, Stuttgart, 1969
Platon, *Werke*, in acht Bänden, griechisch und deutsch, Hrsg. von Gunther Eigler, Wissenschaftliche Buchgesellschaft, Darmstadt
Poincaré, Henri, *Wissenschaft und Methode*, Teubner, Leipzig, 1914

Popper, Sir Karl, R. und Eccles, Sir John, C., *The Self and Its Brain – An Argument for Interactionism*, Springer Verlag, Berlin, 1977; dt: *Das Ich und sein Gehirn*, Piper, München, 1977

Putnam, Hilary, *Vernunft, Wahrheit und Geschichte*, Übers. von Joachim Schulte, Suhrkamp, Frankfurt am Main, 1990

Ramesh, Raskar; Cutts, Matt; Welch, Greg; Stüerzlinger, Wolfgang, *Efficient Image Generation for Multiprojector and Multisurface Displays*, Rendering Techniques '98, Proceedings of the 9th EuroGraphics Rendering Workshop, Austria, June 29-July 1, 1998. (eds. Drettakis, G., Max, N.)

Reheis, Fritz, *Die Kreativität der Langsamkeit. Neuer Wohlstand durch Entschleunigung*, WB-Verlag, Darmstadt, 1996

Richter, Vladimir, *Studien zum literarischen Werk von Johannes Duns Scotus*, Verl. d. Bayer. Akad. d. Wiss., München, 1988, (dt., lat.), (Veröffentlichungen der Kommission für die Herausgabe ungedruckter Texte aus der mittelalterlichen Geisteswelt; 14)

Riegler, Alexander; et. al. (eds.), *Virtual Reality, Cognitive Foundations, Technological Issues & Philosophical Implications*, Peter Lang, Frankfurt, 2001

Roch Willy, *Adam Ries, ein Lebensbild*, Sachsenbuch Verlag, Leipzig, 1992

Rosenblum, L.; Durbin, J.; Doyle, R. und Tate, D., *The Virtual Reality Responsive Workbench*, Virtual Worlds on the WWW, Internet, and Networks, IEEE Computer Society Press, 1998

Rößler, Andreas; Lippmann, Roland, *Virtuelle Menschenmodelle in der Produktentwicklung*, nachzulesen unter: http://www.vr.iao.fhg.de/papers/anthropos.pdf

Rotman, Brian, *Signifying Nothing. The Semiotics of Zero*, New York, 1987

Rotman, Brian, *Ad Infinitum – the Ghost in Turing's Machine: Taking God Out of Mathematics & Putting the Body Back In An Essay in Corporeal Semiotics*, Stanford University Press, 1993

Rötzer, Florian, *Vom zweiten und dritten Körper oder: wie es wäre, eine Fledermaus zu sein oder einen Fernling zu bewohnen? Ein Essay*, In: Krämer, Sybille (Hg.), *Medien Computer,*

Realität. Wirklichkeitsvorstellungen und Neue Medien, Suhrkamp, Frankfurt a.M., 1998

Rötzer, Florian, *Digitale Weltentwürfe, Streifzüge durch die Netzkultur*, Hanser, München, 1998

Rumelhart, D.; Zipser, D., *Feature discovery by competitive learning*. In: Cognitive Science, 1985

Sadagic, Amela, *National Tele-immersion Initiative: Towards Compelling Tele-Immersive Collaborative Environments*, presentation given at the conference Medicine Meets Virtual Reality 2001, Newport Beach, CA, Jan 2001. Oder nachzulesen unter: http://www.advanced.org/teleimmersion/Slides/MMVR2001/MMVR01/frame.htm

Schadewaldt, Wolfgang, *Die Anfänge der Philosophie bei den Griechen*, Suhrkamp Verlag, Frankfurt 1995

Schadewaldt, Wolfgang, *Natur, Technik, Kunst*, Musterschmied-Verlag, Göttingen, 1960

Schäfer Lothar, Ströker Elisabeth (Hg.), *Naturauffassungen in Philosophie, Wissenschaft, Technik*, Verlag Karl Alber, Freiburg, 1996

Schmeh, Klaus, *Kryptographie und Public-Key-Infrastrukturen im Internet*, dpunkt Verlag, Heidelberg, 2001

Schneider, Bruno, *Applied Cryptography*, John Wiley&Sons, New York, 1996

Schneider, Hans-Jochen (Hg.), *Lexikon der Informatik und Datenverarbeitung*, Version 4.0, Oldenbourg Verlag, München, 1997

Schneider, Norbert, *Geschichte der Ästhetik von der Aufklärung bis zur Postmoderne*, Reclam, Stuttgart, 1996

Schneider, Norbert, *Erkenntnistheorie im 20. Jahrhundert*, Reclam, Stuttgart, 1998

Schopenhauer, Arthur, *Die Welt als Wille und Vorstellung*, Haffman, Zürich, (Werke in fünf Bänden)

Schütt, Hans-Peter, *»Iungenda cum arte rationali, ars critica« – Johann Jakob Bruckers hermeneutische Vorsätze*. In: Axel Bühler (Hrsg.), *Unzeitgemäße Hermeneutik. Verstehen und Interpretieren im Denken der Aufklärung*, Klostermann, Frankfurt am Main, 1994

Schütt, Hans-Peter; Kemmerling, Andreas,(Hg.), *Descartes nach-*

gedacht, Klostermann Verlag, Frankfurt am Main, 1996
Schütt, Hans-Peter, *Die Adoption des „Vaters der modernen Philosophie". Studien zu einem Gemeinplatz der Ideengeschichte*, Klostermann, Frankfurt am Main, 1998
Schütt, Hans-Peter, *Von der Vernunft der Tiere*, Keip, Frankfurt, 1990
Schütt, Hans-Peter, *Substanzen, Subjekte und Personen: eine Studie zum Cartesischen Dualismus*, Manutius-Verlag, Heidelberg, 1990
Schütt, Hans-Peter, *Freiheit in der Philosophie*, In: Spitzley, Thomas; Stoecker, Ralf, (Hrsg.), *Philosophie à la carte*, mentis, Paderborn, 2002
Searle, John R., *The Mystery of Consciousness*, The New York Review of Books, New York, 1997
Searle, John R., *Geist, Sprache und Gesellschaft. Philosophie in der wirklichen Welt*, Suhrkamp, Frankfurt am Main, 2001
Searle, John R., *The Rediscovery of the Mind*, dt: *Die Wiederentdeckung des Geistes*, Artemis & Winkler, München, 1993
Segall, Marshall; Campbell, Donald; Herskovits, Melville, *The Influence of Culture on Visual Perception*, Bobbs-Merrill, New York, 1966
Seubold, Günther, *Heideggers Analyse der neuzeitlichen Technik*, Freiburg, 1986
Shannon, Claude E.; Weaver Warren, *The Mathematical Theory of Communication*, Urbana, Univ. of Illinois Press, 1972
Sherman, Barrie; Judkins, Phil, *Virtual Reality, Cyberspace – Computer kreieren synthetische Welten*, Droemersche Verlagsanstalt Th. Knaur, München 1995. Englischer Originaltitel: *Glimpses of Heaven, Visions of Hell*, Hodder & Stoughton, London, 1992
Singh, Simon, *Geheime Botschaften*, dtv, 2. Auflage, 2002
Singhal, Sandeep; Zyda, Michael, *Networked Virtual Environments*, ACM Press, 1999
Sloman Aaron, *The Irrelevance of Turing Maschines to AI*, to appear in a book of Matthias Schulz, Oder nachzulesen unter: http://www.cs.bham.ac.uk/research/cogaff/sloman.turing.irrelevant.pdf
Sloman, Aaron, *What is it like to be a rock?*, nachzulesen unter: http://www.cs.bham.ac.uk/~axs/misc/rock/rock/

Sloman, Aaron, *What are virtual machines? Are they real?*, nachzulesen unter: http://www.cs.bham.ac.uk/research/cogaff/sloman.virtual.slides.pdf

Snell, Bruno, *Heraclitus, Fragmente*, (griech./deutsch), Heimeran, München, 1965

Snell, Bruno, *Gesammelte Schriften*, Vandenhoeck & Ruprecht, Göttingen, 1966

Sutherland, Ivan, *The Ultimate Display*, In: *Proceedings of the Fall Joint Computer Conference*, Vol. 33, 1968, pp. 757-64

Sutherland, Ivan; Lexau, Jon, *Designing Fast Asynchronous Circuits*, Proceedings of the Seventh International Symposium on Advanced Research in Asynchronous Circuits and Systems, Salt Lake city, Utah, USA, 11-14 March 2001, pp. 184-193

Stahl, Martin, *Fraktale, Experimente mit mathematischer Grafik: Julia- und Mandelbrotmengen auf dem PC*, Vogel Verlag, Würzburg, 1991

Strothotte, Thomas, *Informationsfluß durch Bilder in der Mensch-Computer-Interaktion*, In: Weidenmann, Bernd (Hg.), *Wissenserwerb mit Bildern*, Verlag Hans Huber, Bern, 1994

Tanizaki, Jun'ichiro; *Lob des Schattens. Entwurf einer japanischen Ästhetik*, aus dem Japanischen übertragen von Eduard Klopfenstein, Manesse, Zürich, 1998; Japanischer Originaltitel: *In'ei-raisan*, Chuokoransha, Tokyo, 1987 *Teubner-Taschenbuch der Mathematik*, (Hg.) G. Grosche, V. Ziegler, u.a., 7. Auflage, Stuttgart, 1995

Thaler, Georg Erwin: *Interface Design. Die Mensch-Maschine-Schnittstelle gestalten, Konzepte für Programm- und Web-Oberflächen*, Software&Support Verlag, Frankfurt, 2002

Thompson, E.; Varela F., *Why the Mind is not in the Head*, Havard University Press, Cambridge, 1997

Turing, Alan M., *Computing Machinery and Intelligence*, In: *Mind. A Quarterly Review of Psychology and Philosophy*, Vol. 59, No. 236, Oct. 1950

Turing, Alan M., *On Computable Numbers, with an Application to the Entscheidungsproblem*, Proc. London Math. Soc. (2), 42 (1937), pp. 230-265

Turkle, Sherry, *Life on the Screen. Identity in the Age of Internet*, Simon and Schuster, New York, 1995

Urban, Dieter, *Kreativitätstechniken für Werbung und Design*, Econ Verlag, Düsseldorf, 1994

Vaihinger, Hans, *Die Philosophie des Als Ob. System der theoretischen, praktischen und religiösen Fiktionen der Menschheit auf Grund eines idealistischen Positivismus; mit einem Anhang über Kant u. Nietzsche*, Reuther & Reichard, Berlin, 1913

Vallenilla, Ernesto Mayz, *Grundlagen der Meta-Technik*, aus dem Spanischen von Friedrich Welsch, Peter Lang, 2002

Varela, Francisco J., *Kognitionswissenschaft – Kognitionstechnik*, Suhrkamp, 1990

Varela, Francisco J., *A Neurophenomenology of Time Consciousness*, In: J. Petitot; F.J. Varela; J.-M. Roy; B. Pachoud (Eds.), *Naturalizing Phenomenology: Issues in Contemporary Phenomenology and Cognitive Science*, Stanford University Press, Stanford, 1997

Virilio, Paul, *Ästhetik des Verschwindens*, übers. aus dem Franz. von Marianne Karbe und Gustav Roßler, Merve, Berlin, 1986

Virilio, Paul, *Die Eroberung des Körpers. Vom Übermenschen zum überreizten Menschen*, übers. aus dem Franz. von Bernd Wilcek, Fischer, Frankfurt/ M., 1996

Vogel Verlag, *100 Jahre Technischer Fortschritt*, Sonderpublikation aus dem Vogel Verlag, Würzburg, 1991

Waffender, Manfred; Moos Ludwig (Hg.), *Cyberspace. Ausflüge in virtuelle Wirklichkeiten*, rowohlt, Reinbek bei Hamburg, 1991

Walter, Hendrik, *Neurophilosophie der Willensfreiheit. Von libertarischen Illusionen zum Konzept natürlicher Autonomie*, Schöningh, Paderborn, 1998

Warwick, Kevin, *Cyborg, Kevin Warwick outlines his plan to become one with his computer*. Nachzulesen unter: http://www.wired.com/wired/archive/8.02/warwick_pr.html

Warwick, Kevin, *Will the Real Cyborg Please Stand Up*, in: *Mind, Art and Technology*, D. Bornardi (ed.), Temple University Press, 2002

Warwick, Kevin, *Thought to computer communication*, in: *Future of Health Technology*, R. Bushko (ed.), OIS Press, 2001

Weidenmann, Bernd (Hg.), *Wissenserwerb mit Bildern*, Verlag Hans Huber, Bern, 1994

Weidenmann, Bernd, *Psychische Prozesse beim Verstehen von Bildern*, Verlag Hans Huber, Bern, 1988

Wiener, Norbert, *Cybernetics or Control and Communication in the Animal and the Machine*, New York, 1961. Dt.: *Kybernetik. Regelung und Nachrichtenübertragung im Lebewesen und in der Maschine*, Econ, Düsseldorf, 1963

Williams, Bernard, *Descartes: The Project of Pure Enquiry*, Penguin Books, Harmondsworth, 1978. Aus dem Englischen von Wolfgang Dittel und Annalisa Viviani, *Descartes. Das Vorhaben der reinen philosophischen Untersuchung*, Athenäum Verlag, Königstein/ Ts., 1981

Winterhalder, Ludwig, *Das Wort Heraklits*, Rentsch Verlag, Zürich, 1962

Wodaski, Ron; Brown, Donna, *Virtual Reality für Insider*, (inkl. CD-ROM), Verlag: SAMS, München, 1995

Wohlfart, Günter, *Also sprach Herakleitos. Heraklits Fragment B 52 und Nietzsches Heraklit-Rezeption*, Verlag Karl Alber, Freiburg, 1991

Zbinden, H.; Gisin, N.; Huttner, B.; Muller, A.; Tittel W.; *Practical Aspects of Quantum Cryptographic Key Distribution*, In: *Journal of Cryptology*, Springer, New York, Vol. 13, No. 2, 2000

Zehou, Li, *Der Weg des Schönen. Wesen und Geschichte der chinesischen Kultur und Ästhetik*, Herder, Freiburg, 1992

Zhai Philip, *Get real. A Philosophical Adventure in Virtual Reality*, Rowman & Littlefield Publishers, Boston, 1998

Zuse, Konrad, *Der Computer – mein Lebenswerk*, Springer, Berlin, 1984

Susanne Dungs / Uwe Gerber (Hrsg.)

Der Mensch im virtuellen Zeitalter

Wissensschöpfer oder Informationsnull

Frankfurt am Main, Berlin, Bern, Bruxelles, New York, Oxford, Wien, 2003.
224 S., zahlr. Abb.
Darmstädter Theologische Beiträge zu Gegenwartsfragen.
Herausgegeben von Walter Bechinger und Uwe Gerber. Bd. 9
ISBN 3-631-51167-1 · br. € 35.–*

Mit dem Übergang zur Informationsgesellschaft verändern wir Bürger und Bürgerinnen uns selbst. Es entstehen neue Menschenbilder. Herkömmliche Orientierungen verlieren ihre integrierende Kraft. Biographische Muster lösen sich auf. Und die Trennung von Natur und künstlichem Artefakt erweist sich an uns selbst als Illusion, denn längst sind diverse technische Geräte in unseren Körper vorgedrungen. Unser Alltag wird durch digitale Medien geprägt. Diese Prozesse bringen Chancen und Risiken mit sich, die in diesem Band von verschiedenen Disziplinen in Blick genommen werden. Der Band ist im Rahmen der Tagung *Information – Virtualität – Cyborg* entstanden.

Aus dem Inhalt: Das Zwischenmenschliche in der Informations- und Biotechnologiegesellschaft · Herausforderungen des Cyberspace für den Religionsunterricht · Videoüberwachung öffentlicher Räume

Frankfurt am Main · Berlin · Bern · Bruxelles · New York · Oxford · Wien
Auslieferung: Verlag Peter Lang AG
Moosstr. 1, CH-2542 Pieterlen
Telefax 00 41 (0) 32 / 376 17 27

*inklusive der in Deutschland gültigen Mehrwertsteuer
Preisänderungen vorbehalten

Homepage http://www.peterlang.de